高等院校"十三五"规划教材——经济管理系列

投　资　学

高广阔　编著

清华大学出版社
北　京

内 容 简 介

本书在借鉴国内外较前沿的理论与学术成果的基础上,科学、全面、系统地阐述与分析了投资学的基本概念和一般原理,并结合我国资本市场发展的特点有机融入投资新理念与新方法,使管理学、经济学、财务学、金融学、统计学的相关知识互相衔接,涵盖了包括金融工程、行为金融学、大数据技术量化投资应用等投资学领域的最新成果;以大量的例题、案例和阅读资料帮助学生掌握或理解投资学的基本理念、分析方法和实务操作,培养学生的投资学理论素养和分析解决实际问题的能力。

本书适合经济管理类专业的高年级本科生、研究生以及对投资学理论有兴趣的实务工作者使用。

图书在版编目(CIP)数据

投资学/高广阔编著. —北京:清华大学出版社,2019 (2024.7 重印)
(高等院校"十三五"规划教材——经济管理系列)
ISBN 978-7-302-53084-8

Ⅰ. ①投… Ⅱ. ①高… Ⅲ. ①投资经济学—高等学校—教材 Ⅳ. ①F830.59

中国版本图书馆 CIP 数据核字(2019)第 102157 号

责任编辑:陈立静　梁媛媛
装帧设计:刘孝琼
责任校对:周剑云
责任印制:杨　艳
出版发行:清华大学出版社
　　　　　网　　址:https://www.tup.com.cn, https://www.wqxuetang.com
　　　　　地　　址:北京清华大学学研大厦 A 座　　　邮　　编:100084
　　　　　社 总 机:010-83470000　　　　　　　　邮　　购:010-62786544
　　　　　投稿与读者服务:010-62776969, c-service@tup.tsinghua.edu.cn
　　　　　质量反馈:010-62772015, zhiliang@tup.tsinghua.edu.cn
　　　　　课件下载:https://www.tup.com.cn, 010-62791865
印 装 者:三河市龙大印装有限公司
经　　销:全国新华书店
开　　本:185mm×260mm　　　印　　张:19　　　字　　数:457 千字
版　　次:2019 年 8 月第 1 版　　　印　　次:2024 年 7 月第 5 次印刷
定　　价:49.00 元

产品编号:071919-01

前　言

无论是初学者还是专业投资人士，都需要深刻理解投资的本质。"天下熙熙皆为利来，天下攘攘皆为利往"，大千世界，芸芸众生，追逐利益，乐此不疲。换言之，古今中外，人人都有发财的梦；但君子爱财取之有道，而通过投资活动获取盈利(笔者认为这也是劳动创造价值的体现)是推动时代发展的原动力。投资人出钱或融资预先垫付成本后，投资一定的标的，因货币具有时间与空间的价值，在经历时空交替后，终值就有可能远远高于初值。

投资学是研究投资者如何投资的科学，包括什么是投资、为何投资、谁来投资、在哪投资、如何投资、投资好坏等问题。这涉及投资主体(投资者)、投资客体(投资、标的、工具)、投资活动(买卖证券、投资实业)及其有效性评价(盈亏程度、价值增减)等概念。需要研究各种概念的内涵与外延、属性与特征、分类等。因此，作为指导投资者成功投资的一门学问，投资学能引导投资者掌握投资学的基本原理，理解投资环境、投资市场中参与各方的角色与定位、投资品种的功能与特点、投资方法与策略。

目前国内出版的投资学研究成果有两类，一类是翻译出版国外学者的著作，有(美)博迪(Bodie，Z.)、凯恩(Kane，A.)和马库斯(Marcus，A.J.)的《投资学》(2007)，(美)赖利(Reilly，F.K.)和诺顿(Norton，E.A.)的《投资学》(2006)，(美)埃尔顿的《现代投资组合理论与投资分析》(2007)。这些著作反映了当今国外的研究成果，详细讲解了投资领域中的风险组合理论、资本资产定价模型、套利定价理论、市场有效性、证券评估、衍生证券、资产组合管理等重要内容，但与我国投融资市场的实际情况有较大差距。另一类是国内学者编写的教材，有马君潞、李学峰的《投资学(第二版)》(2011)，刘红忠的《投资学(第二版)》(2003)，李治的《投资学》(2009)等，主要综合了前述译著的内容，介绍了有关投资学的基本概念，讲解了投资学理论模型，并研究了在证券领域实现资产组合过程中的定价、管理、绩效评估等问题，为本学科建设做出了贡献。但国内教材大多缺乏案例分析而脱离实践，比如只包括证券投资，并未包括实业投资的内容，而实业投资也应该属于投资学的范畴，特别是现在我国在优化产业结构、制造业全面升级换代以及推行"一带一路"走出去战略的背景之下，对实业投资的研究也显得格外重要。而值得重点关注的是，在云计算、物联网、大数据技术应用背景下，主观判断或定性投资的逻辑已失去光环，取而代之的是在客观、准确、及时地度量并锁定风险的基础上获取更高收益的量化投资。量化投资是指以数据为基础、以模型为中心、以程序化交易为手段的一种交易方式，作为一种新的投资策略或者有效的、主动的投资方法正在弱有效的中国资本市场发出耀眼的光芒。而目前国内的《投资学》教科书尚未涵盖量化投资的相关内容。总之，以上教材较为滞后，教学内容缺乏针对性、系统性，教学深度也有待加强，亟需更新知识结构与数据资料，增加内容并深入挖掘投资热点。本书无疑弥补了这两类教材的不足，建设理念来自编者二十多年的教学改革实践，基于国际学术界最新研究成果、结合中国的实际情况，组织相关人员利用国外学术界最新研究成果编写，从而更加符合经济与管理类学科范围和专业性，更好地全方位传授投资学知识给学生，作为21世纪经济管理精品教材在全国高校使用将具有很大的成效。

"投资学"是上海理工大学的核心课程，历经十余年的建设与发展，日臻成熟，主要面向金融学、国际贸易、管理科学、信息管理与信息系统及工商管理等专业学生，培养目标是为企业及金融机构培养具备投资业务操作能力并具备一定的投资分析能力和理财基本知识的岗位型、操作型人才。本课程经过上海理工大学重点实验室课程建设，在吸收国内外优秀教材的基础上，已经出版《证券投资理论与实务》教材一部，具有完备的教案，案例库较为丰富。该课程全部采用多媒体教学，依托上海理工大学国家级经济科学实验中心所属的证券期货投资模拟实验室、经济科学实验中心金融信息统计实验室、证券期货接收与软件系统，建立了包括国泰君安证券有限公司、光大证券有限公司、湘财证券有限公司、富国基金公司、广发基金公司、上海大朴资产管理有限公司等企业在内的多个教学、实习基地；在上海理工大学"课程中心"网站(http://cc.usst.edu.cn)建设"投资学"课程网页。将所有教学资源都放在网上，包括 PPT 教案、教学大纲、教学进度表、习题及答案。网站内容包括师资队伍、教材教案、教学资料、实验教学、多媒体教学等栏目，并制作《投资学》多媒体课件，利用网络平台向学生传递本课程的教学信息并在线解答问题。本教材获得了2016 年"上海理工大学'精品本科'系列教材"立项资助。我们致力将"投资学"建设成为充分吸收高等教育教学理念、教学内容科学合理、教学方法与手段先进、具有示范作用的精品课程。

随着我国金融业的繁荣发展，投资学作为现代金融学学科体系的重要学科之一，已经成为一个必不可少的研究领域，各大高校教师以及广大学子对投资学的兴趣也日益倍增。在中国资本市场不断成熟而国内专业的金融人才缺乏的背景下，本书以"适应中国之需要，传授投资之真谛"为宗旨，借鉴中外最新的投资学研究成果编写而成，系统地阐述投资学所涉及的基本概念、理论和模型，涵盖了马柯维茨的资产组合理论(MPT)、资本资产定价模型(CAPM)、有效市场理论(EMH)、套利定价理论(APT)、Fama-French 三因素模型和期权定价等理论。在编写过程中力求做到实践与理论相结合、重点突出、体系完整、简单易懂，方便金融学本科层次的学习者以及初学投资者的使用。

全书共分为六大部分，共计十六章，第一部分为导论，包括第一章和第二章，主要介绍投资学概述、证券市场、参与者和投资工具；第二部分为资产组合、资产定价与投资绩效评价，包括第三章、第四章、第五章、第六章和第七章，主要讲述风险、收益与投资者效用，资产组合理论，资本资产定价模型，因素模型与套利定价理论以及投资绩效评价；第三部分为市场有效性假说与行为金融理论，包括第八章和第九章，主要介绍有效市场假说和行为金融理论；第四部分为资产价值的评估，包括第十章、第十一章、第十二章，主要介绍债券价值分析、股票价值分析以及衍生证券分析；第五部分为大数据时代量化投资：功能、挑战与监管，包括第十三章和第十四章，主要介绍量化投资概述、量化投资的挑战与监管；第六部分为实业投资，包括第十五章和第十六章，主要介绍实业投资以及不确定条件下实业投资决策。

本书各章选取诸多案例，以便实现理论知识和实践的紧密结合，力图达到国际投资学界 21 世纪初期同类教材的水平。本教材有如下特点：①采用三维视角来介绍投资学的理论、方法与实务。在介绍基本理论时，采用"研究者"的视角，力求严谨、完整、详细地阐明不同理论间的关系、局限性和可能的研究方向；在介绍基本方法和应用时，采用"投资者"的视角，不局限于理论公式的套用范式，而是从接近现实的投资环境出发，讲述如何选择理论、修正模型；在介绍实务时，采用"操盘手"的视角，讲述如何正确地运用理论、方法来建立股票池与投资组合，解决实际问题，让学生有一种身临其境的感觉。②突出时代要求，注重时效性，充分借鉴了国内外投资领域新的研究成果，比如新加入量化投资新方法的介绍，并力求贴近和反映中国实业与资本市场近年来的改革实践，以满足投资学教学质量提高的要求；采用全新或开放的学习案例，文字、图表及数据均采用最新成果。③突出理论框架，系统、全面地介绍和分析投资学理论，根据不同专业需要分别制定教学内容，不同专业在课程内容讲解上有不同的侧重。④突出投资案例教学内容的设计，进一步加大案例教学的比重。有关章节附有案例，通过阅读案例资料、小组讨论、课堂讨论环节，启发、引导和鼓励学生积极参与和主动思考，踊跃发表自己的见解，培养学生分析问题、解决问题的能力，全面提高学生对证券投资知识的理解和应用水平。⑤注重其实用性，增加实践教学操作流程的衔接。"投资学"是一门实践性很强的课程，实践教学安排是课程讲授成功的关键。在有关章节后增加实践教学操作流程衔接，让学生们在有趣的过程中，简洁明快地掌握投资学的方法、对策、手段等，也力求体现系统化、规范化、理论化的原则。

编者多年在实业界和证券及投资基金公司担任注册分析师与投资顾问，具备扎实的国际金融与投资学、统计学、会计学、产业经济学的理论基础和研究积累，拥有参与了十几家公司首次上市公开发行、增发及配股等投资银行业务的实践经验。本教材是编者在多年为应用经济学及其他专业本科生、研究生讲授证券投资学课程的基础上，带领 9 位金融学方向硕士研究生、本科生[李丹黎(第二章)，王艺群(第三、七章)，黄阳阳(第五、十五、十六章)，赵文怡(第六、十章)，马书尧(第八、九章)，姜慧(第十一、十二章)，郭飞行(第十三章)、吴轶(第一、四、十四章)、陈家宇(第三至七章的习题答案)]搜集资料的基础上编写与总纂，历时两年几易其稿而成。在此，首先感谢上述各位，还要感谢在编写中所参考的国内外专家学者的研究成果，主要包括马君潞和李学峰主编的《投资学》(第二版)、马宪奎的论文《开放式证券投资基金绩效及选股与择时能力研究》、(美)博迪等著和汪昌云等编译的《投资学》(第 9 版)、斯蒂芬·A. 罗斯著和吴世农等译的《公司理财》(原著第 9 版)、张中华主编的《投资学》(第 3 版)等，再要感谢上海理工大学 2016 年度"精品本科"系列教材项目的支持，最后感谢清华大学出版社编辑的热情与鼓励。当然，书中难免存在瑕疵、遗漏和不足之处，敬请读者批评指正，编者将及时更正或再版。

编　者

目　　录

第一部分　导　论

第二部分　资产组合、资产定价与投资绩效评价

第三部分 市场有效性假说与行为金融理论

第四部分 资产价值的评估

第五部分　大数据时代量化投资：功能、挑战与监管

第六部分　实业投资

第一部分

导论

所谓投资(Investment)，即为了获得可能但并不确定的更大未来值(Future Value)而作出牺牲确定的现在值(Present Value)的行为。换言之，投资行为包括三大特性，即时间性——牺牲当前消费以获得期望的未来消费；不确定性——期望值的存在与否及其大小类似于一个概率事件；收益性——如果投资成功将获得更大的未来值。

投资学所研究的投资包括实物资产投资与金融资产投资。实物资产投资简称实业投资，是指通过建造机器设备或厂房、道路桥梁等有形资产，直接或间接形成生产能力，向社会提供产品或服务的投资。所谓金融资产投资，主要是指在证券市场上通过各种金融工具并按照一定的交易规则以不同的交易方式进行投资。因此本导论由两章内容组成：第一章对投资的概念、特征及种类、投资过程、投资学的基本范畴进行介绍；第二章对证券市场、参与者和投资工具进行分析与界定。导论为本书以下各章的研究提供了必要的背景知识和基础概念，并界定了投资学的研究领域。

第一章 投资学概述

【学习要点及目标】

通过本章的学习,可以掌握投资的概念、投资过程和投资学理论体系,了解投资的基本特征与种类、投资过程五个步骤之间的动态反馈调整关系以及对投资组合的动态管理、投资学的研究内容与研究方法。

【关键概念】

投资 实业投资 金融投资 投资过程 投资学理论体系

第一节 投资的概念、特征及种类

一、投资的概念

投资是为民众所熟悉并与日常的工作、学习密切相关的一个关键词。什么是投资?人们常说:投资是驱动国内生产总值(Gross Domestic Product,GDP)三驾马车(投资、消费与进出口贸易)的首要因素,一个国家需要投资,一个企业的生存与发展更离不开投资,一个家庭的投资理财活动也是生活中的重要组成部分,所谓"你不理财,财不理你"。另外家庭的部分开支要供子女上学⋯⋯比如政府投入数万亿元(人民币)用于国内外"一带一路"的基础设施建设;某企业投入数千万元生产某种产品;某个人投入若干万元购买某种股票;某个人为交学费支出若干元等。上述活动的共同之处:都是行为主体现在支付一笔一定数量的资金,为了在未来获得某种形式的报酬或某些方面的发展。政府投资"一带一路"基础建设是为了在更大范围内实现资源优化配置、拓展市场空间,为中国经济增长提供新的动力;企业对生产某种产品的资金投入是为了将来获得利润;购买股票的人是为了获得股息或资本收入;而学费支出则是人力资本投资,以便获得知识技能,报效社会。

从最广泛的意义上讲,所谓投资(Investment),即为了获得可能但并不确定的更大未来值(Future Value)而作出牺牲确定的现在值(Present Value)的行为。通俗地说,投资就是一定的经济主体投入一定量的货币资本或其他资源于某些事业,以期获得未来收益的经济活动。投资发生在现在,并且其数量是确定的;而回报发生在一段时间后,其数量常常是不确定的。所以,投资一般会涉及两种不同的属性:投资周期和风险。投资活动是由一个经济主体来进行的,这个主体简称投资主体或投资者,即各种从事投资的经济法人和自然人。在现实经济生活中,投资主体有多种类型,如各级政府、企业单位、事业单位或个人。投资是这些人格化的组织或个人进行的一种有意识、有目的的经济活动,而投资的目的就是实现资金回流和价值增值。

二、投资的特征

投资者在投资过程中让渡现行货币使用权来获取未来收益，其实就是用延期消费来进行投资，期望在将来能够获得比期初投入更多的资金。这种延期消费的行为特点，使得投资活动具有三个重要特征：时间性、不确定性和收益性。①时间性——牺牲当前消费以获得期望的未来消费；投资有一定的周期，从当前垫付一定量的资金到将来报酬的获得，或长或短要经过一定的时间间隔。②不确定性——期望值的存在与否及其大小类似于一个概率事件；投资报酬具有预期的特性，而这一特性决定了投资报酬的不确定性，即投资的风险性。③收益性——如果投资成功将获得更大的未来值；每种情况下都是当前支出一笔一定数量的资金，以期在将来获得更高的回报。因而，从静态的角度来看，投资是现在垫付一定量的资金；从动态的角度来看，投资是为未来获得更多的收益而进行的经济活动。

在跨期消费—投资决策的过程中，时间和风险这两个因素是投资者所必须考虑的。由于延期消费，投资者期望在将来能够获得比期初投入更多的钱。未来消费额(终值)和当期消费额(现值)之间的差额的交换率就是纯利率(Pure Rate of Interest)。在金融市场上，借贷双方的供求均衡就产生了利率，即货币的净时间价值(Pure Time Value of Money)。这种货币的净时间价值来源于货币的时间因素，它是由贷款人让渡货币使用权所带来的收益。例如，投资者现在投资 100 元，1 年后可获得 104 元的收入，那么无风险投资的收益率就是 4%(货币的时间价值)。

然而让渡现行货币使用权是当前发生的而且是确定的，但未来回报则是不确定的，而不确定性本身就是风险。这就使跨期消费的投资活动必须考虑另一个重要因素，即风险因素。由于投资者放弃当前消费进行投资，首先面对的就是在延期消费期间的物价变动风险。在上例中，投资者放弃当期的 100 元消费，期望在将来能够获得 104 元的商品和服务，这是以经济的总物价水平不变为前提的。如果投资者预期未来物价将上升，那么将会要求一个更高的收益率作为补偿。例如，投资者预期未来 1 年的通货膨胀率为 2%，那么他所要求的利率水平也要相应提高 2%。在上例中，投资者会要求在期末获得 106 元作为在通胀期内延迟 100 元消费的补偿。

而且，由于投资的未来收益是不确定的，所以投资者会要求一个比货币的净时间价值与通货膨胀率之和更高的利率。投资收益的不确定性被称为投资风险，而名义利率以外的额外收益率则被称为风险溢价(Risk Premium)。在前例中，由于投资者考虑了投资收益的不确定性，所以会要求在 1 年后获得超过 106 元的回报作为这种不确定性风险的补偿。若投资者要求的回报是 110 元，则其中的 4 元(或 4%)就是风险溢价。

综上所述，投资者通过延迟即时消费来获取收益，其获得的收益率必须能够补偿投资的时间价值、预期通货膨胀率和未来收益的不确定性。对这种收益率而言，实质上是投资者的必要收益率，关于必要收益率分析将贯穿本书始终。投资学的一个中心问题就是投资者如何选择投资工具以获得必要的收益率。

进入 21 世纪以来，现代投资呈现全球化、信息化、多元化、高风险性等特点。伴随着经济全球化与全球经济一体化进程的加速，不同投资主体的投资目标呈现多样化。比如在实现资本保值、增值总体目标的前提下，国际投资的具体目的更加多样化，总体来说包括转移污染、开拓和维护出口市场、降低成本、分散资产风险、学习国外先进技术和获得东道国资源等。在物联网、云计算以及大数据技术浪潮冲击下，信息化技术日新月异，互联网+下的各个行业竞争日趋激烈、不断洗牌，投资机会稍纵即逝，企业靠传统、单一的投资方式难以生存，更谈不上发展，因此投资又呈现出多元化与高风险性的特点。

三、投资的种类

投资在社会再生产过程中涉及的范围极为广泛，可以根据不同的标准加以分类，常见的分类有以下几种。

(一)实物资产投资和金融资产投资

根据是否与自然界有密切关系，投资可以分为实物资产投资和金融资产投资。实物资产投资简称实业投资，又称产业投资，是指通过建造机器设备或厂房、道路桥梁等有形资产，直接或间接形成生产能力，向社会提供产品或服务的投资。金融资产投资简称金融投资，是以金融市场为依托的一种投资。例如购买股票、债券等有价证券。金融投资主要从资本增值的角度考虑问题，购买股票、债券等金融资产。从资本增值角度来看，用于实物资产的投资和购买股票、债券的投资对于投资者而言并没有什么本质上的差别。在市场经济体系中，不但存在实物商品交易，还存在金融商品交易，无形的金融商品是一种特殊的商品，同样受市场经济规律的支配和制约，参加社会的自由竞争。从事金融商品交易的资本市场，在市场经济体系中起着日益重要和广泛的作用，它促进着现代企业制度的形成和完善，并且对资源配置和优化发挥着基础性的作用。

实业投资与金融投资的主要差异在于是否与自然界有密切关系。其中，实业投资不仅涉及人与人之间的金融关系，而且涉及人与自然界的关系，如开办厂矿和开垦农场的行为等，而金融投资只涉及人与人之间的财务交易，并不涉及与自然界的关系，如进行一笔借款和贷款、购买或转卖债券或股票、领取股息等行为。尽管我们对国际投资有这一区分，但在现代经济社会中，大多数的投资具有金融形态，这两类投资之间并不是互斥的，而应该是互补的，如高度发达的金融投资可以使实业投资更加方便快捷，从而可以促进实业投资，因此这两种投资是互补的而非竞争的。

(二)直接投资和间接投资

根据投资资金筹集和运用的形式不同，投资可以分为直接投资和间接投资。直接投资是指投资主体将资金、物质、土地、劳力、技术及其他生产要素直接投入投资项目的建设，形成实物资产的投资。直接投资的内容包括各种有形资产，如建筑，购置机器设备，购买土地使用权、原材料等；各种无形资产，如购买专利、商标、商誉、技术秘诀等。一般来说，直接投资都是"经济"意义上的"生产性"投资，直接投资可以扩大生产能力，使实物资产存量增加，能为直接生产物质产品和劳务产品提供物质基础，为经济增长创造条件。

间接投资是指投资主体以购买股票、债券、储蓄存款等方式所进行的投资，不直接构成实际生产能力。间接投资的实质是资金所有者和资金使用者的分离，资金所有权和经营权的分离。在资产的经营管理上不体现投资者的意志，投资者按规定只收取红利或利息。

与直接投资和间接投资密不可分的是实物投资和金融投资。实物投资显然是直接的"经济"意义上的投资；而金融投资的实质就是金融资产投资，即把货币转化为货币资本，使之增值，一般应属于间接投资。作为一般的投资者购买股票，不可能对实际的生产经营活动进行决策，所以属于间接投资。但如果股票投资者占有一个企业股份的一定比例以上，获得经营管理控制权之后，这种股票的投资行为就不应属于间接投资，而属于直接投资的性质。例如，过去人们常认为，只要占有一个企业全部股份 10%～15% 的比例，就算是控制了企业经营管理控制权的直接投资，低于这个比例则为间接投资。随着企业股权的多元化，股票作为所有权象征的意义越来越弱化，而作为金融商品以获取收益的特性在加强。

(三)长期投资和短期投资

按投资期限不同来划分，投资可以分为长期投资和短期投资。投资中的短期投资仅指投资期限在一年以内的投资，主要包括暂时的相互借贷、存款、购买一年到期的汇票及债券等金融投资；而生产性投资中的短期投资一般较少。

投资中的长期投资是指投资期限在一年以上的投资。一般而言，对跨国债券、股票的投资都属于长期投资；若在短期内转手出售，则为短期投资。在实践中，投资的生产性投资和项目投资一般以一年以上的期限居多，均属于长期投资。

(四)政府投资、企业投资和个人投资

按主体性质来划分，投资可以分为政府投资、企业投资和个人投资。政府投资包括中央政府和地方政府所进行的投资。政府投资的资金来源主要是财政资金，所以也称为财政投资。它可以由国家直接拨款来安排，也可以委托管理投资的专业银行或投资公司实行贷款，有偿使用。政府投资的方向主要是非营利性的、公益性的和基础性的提供公共产品或服务的投资项目，其宗旨是引导社会生产、稳定社会生活、保持社会经济和社会的正常发展。

企业投资是指国有企业、集体企业、民营企业、港澳台投资企业和外商投资企业的投资。企业投资的范围涉及社会生活的方方面面，在社会总投资中，企业投资占非常大的比重。企业是营利组织，作为独立的投资主体，其投资的动机和目的是为了向市场提供产品，实现预期的经济利益。

个人投资是指个人用手中的资金购买股票、债券等金融资产而获利的投资，不包括个体企业的投资，个体企业投资属于企业投资。个人投资是居民个人储蓄转化为社会积累的投资行为。

企业和个人投资的方向主要是营利性、竞争性投资项目。在市场经济条件下，企业投资虽然一般不受国家干预，但企业作为独立的投资主体可以充分发挥作用。政府必须建立良好的宏观调控机制和企业自我约束机制，以防止和减少企业为追求自身利益而进行的不良投资行为。

(五)竞争性投资、基础性投资和公益性投资

根据形成资本的性质来划分，投资可以分为竞争性投资、基础性投资和公益性投资。竞争性投资主要是指投资收益比较高、受益上具有排他性的投资。竞争性投资主要以

企业为投资主体，产品具有比较明确的需求对象，产品数量和价格由市场自发地调节，政府对其经营活动不直接进行干预。

基础性投资是指基础设施、基础产业和高新技术产业等建设周期长、投资数额大、回收期长，所提供的服务产品需求对象不确定、企业不易控制其收益或收益低的投资项目，如港口建设、高速公路、航天事业、改善环境等方面的投资。基础性投资项目一般以政府为投资主体，政府集中必要的财力、物力，通过经济实体进行投资，也有一些基础项目投资是通过发动和吸引国内各方投资参与和吸引外商直接投资。

公益性投资是指以提高人民福利为宗旨的投资。公益性投资主要以政府或私人慈善团体为投资主体，主要包括科技、教育文化、卫生、体育、环保等事业，以及司法行政、国防设施建设项目。

(六)国内投资和国际投资

按国别的不同，投资可以分为国内投资和国际投资。国内投资是指政府、企业、个人在本国境内的直接投资和间接投资。国际投资是指资本的跨国界流动。

国际投资对于资本输出国来讲就是对外投资，它是指一个国家向国外输出资本。对于资本输入国来讲，是引进外资，也称为外商投资，即外国企业、个人、政府以及国际机构在本国所进行的投资，包括外国资本及以各种形式直接进入本国的投资，本国筹资者对境外投资者发行债券和股票所筹集的在本国使用的资本两类。国际投资是一国参与国际分工，在世界范围内进行资源配置，发展经济的重要措施。国际投资包括直接投资和间接投资，随着世界经济的发展和经济全球一体化的逐步形成，国际投资出现了一些新的特征：跨国公司、跨国并购迅速发展，国际直接投资在国际投资中占有越来越大的比重。

阅读资料

国家战略催生投资机遇，"一带一路"营造资本市场热点

新华网上海6月9日电(记者王原)：对外顺应中国资本输出和区域合作的时代需要，对内则推动改革深化和转型升级，重塑全球贸易和金融格局的"丝绸之路经济带"及"21世纪海上丝绸之路"国家战略正在资本市场营造长期投资热点。

"'一带一路'东接生机勃勃的亚太经济圈，西连发达的欧洲经济圈，建成后将成为世界上最长、最具有发展潜力的经济大走廊，深刻改变世界经济版图。"新华社副社长慎海雄9日在"一带一路"背景下的企业国际化与跨境并购圆桌会议上表示，从某种意义上说，"一带一路"就是将"资本高地"与"投资洼地"连接起来，引领新一轮全球资源重新优化配置，是中国与世界合作共赢的伟大创意。

"大国崛起将迈入2.0版本，资本输出刚刚起步，构成了'一带一路'主题概念最基础的投资逻辑。"博时丝路主题基金经理沙炜认为，由于"一带一路"是未来几十年的大战略，是一个复杂的系统工程，实施必然是一个渐进的过程。从目前时间点来看只是刚刚起步，丝路基金首个项目刚刚落地，央企重组只落地一家，而中国的资本输出则是未来几十年的大方向，未来发展空间仍巨大。

随着我们国家和其他国家签订的投资保护协定不断扩大完善，将带来投资新机遇。上海WTO事务咨询中心总裁王新奎当日在会议上表示，目前企业走出去的投资领域在不断扩

大。"以前投资规则描述的只是准入阶段的国民待遇,比如说并购,现在则是包括经营、运营、并购、破产、转让,使全过程的生命周期权益都受到保护。我们今后股票市场开放以后,人家来买股票,这也属于投资保护的区域。"

根据民生证券此前发布的报告显示,目前各地方"一带一路"拟建、在建基础设施规模已经达到 1.04 万亿元,跨国投资规模约 524 亿美元,预计影响 2015 年新增投资 4000 亿元左右,拉动 GDP 增长 0.25 个百分点。同时,"一带一路"战略将涵盖 26 个国家和地区的 44 亿人口,将产生 21 万亿美元的经济效应。

"从初期来看,在资本市场上兑现较快的一是中国最擅长的基建领域,包括交通、能源、通信等基础设施建设,项目落地会最快,企业直接获得海外订单;二是中国为适应对外输出的新形势而作出的一系列改革举措,包括推动央企重组、国企改革、自贸区建设、军工资产证券化、对外签署自贸协定等,这些政策极大地影响了相关行业的供需环境、竞争格局和企业竞争力。过去一年相关股票也取得了很好的收益。"沙炜说。

从企业层面来看,海外并购是企业获取海外资源、市场、技术和品牌的捷径。过去几年,中国对外投资快速增长,涉及行业越来越多,相关标的在资本市场表现不俗。

慎海雄也表示,伴随"一带一路"建设,未来将涌现出更多中国企业,通过跨境并购、海外投资等在全球范围内配置生产要素,成为大国经济的中流砥柱。

作为过去 30 多年全球最成功的经济体,中国已积累了巨大的经济体量、工业能力和资本实力,传统经济增长动力的衰减抑制了资本回报率,中国开始进入资本输出时代。另一方面,过去 20 年,不少国家经济生活发展水平停滞不前,中国的经济发展经验契合许多国家真实迫切的需要。

"中国发起成立亚洲基础设施投资银行,世界上 57 个国家申请加入,成为创始成员国。此外,金砖国家开发银行也正在紧锣密鼓筹备中。"慎海雄说。

亚投行的广受欢迎极好地印证了中国的实力、吸引力和智慧。南方基金产业活力经理张旭认为,国企改革、"一带一路"等措施改变将为资本市场注入更加高效的市场化资本力量,通过改革盘活存量价值,产生的巨大红利会推动新一轮资产重估。

(资料来源:王原. 国家战略催生投资机遇,"一带一路"营造资本市场热点. 新华网,
http://news.xinhuanet.com/fortune/2015-06/09/c_1115563842.htm.)

第二节 投 资 过 程

在阐述投资概念、特征及种类的基础上,本节从一个完整的投资项目实施的角度介绍投资的过程。事实上,本书的逻辑体系正是按照投资过程展开的。一般来说,一个完整的投资过程可以分为五个步骤:投资目标的设定、投资策略的选择、资产的价值分析、投资组合的构建以及投资组合的业绩评价。在本书的分析中,我们将以证券投资分析为例,介绍投资的全过程。

一、投资目标的设定

投资目标的设定作为投资过程的第一阶段,确定了投资的路径和投资的风格。

在投资目标的确定过程中，有两个因素非常重要：投资者行为偏好，对风险和收益的衡量。投资者的行为偏好通过自选择过程，把不同偏好的投资者区别开来，并在不同的金融市场中进行投资。在既定的投资者行为偏好下，投资者通过对风险和收益的衡量，并通过对可选择的投资项目的风险和收益的权衡，进行投资决策，同时确定投资目标。所以，投资目标的确定事实上是对投资机会的一个认识过程。在这个认识过程中，投资者行为偏好以及对风险和收益的权衡这两个因素相互影响，并最终决定了投资目标。

为了理解投资者行为偏好，有必要对比传统经济学的理性概念和行为金融学的理性概念。两者的差别，关键表现在认识维度上的完全理性与有限理性以及整体理性和个体理性之间的差异。在分析中，我们通过对信息的认识和反应讨论上述差异，这一思路将贯穿全书。

在收益与风险的衡量方面，本书着重介绍了单一资产的风险与收益、资产组合的风险与收益、市场模型与系统性风险、风险度量的下半方差法和风险价值(Value at Risk)等方法。一旦投资目标设定以后，接下来就是选择投资策略。

二、选择投资策略

投资策略的选择与市场的属性、投资者具备的条件和其他投资者状况密切关联，所以只有在理解这三个条件的基础上，才能够选择最优的投资策略。

从市场属性的角度看，对市场的认识构成了对投资环境的基本认识。对一个市场来说，其微观结构由五个关键部分组成：技术、规则、信息、市场参与者和金融工具。市场的属性和市场的特征是客观存在的，并随上述五个因素的变化而变化。但是，人们对市场的认识是有差别的。在不同的市场认识理论中，最优的投资策略是不一样的。例如，利用有效市场理论分析，从长久来看，投资者不可能击败市场，其隐含的投资策略是被动投资策略。然而，当市场并非有效时，价格行为就具有某种可预测性，那么就应该选择主动投资策略。所以，对市场的认识决定着投资策略的选择。

从投资者对自己和其他投资者认识的角度看，其知己知彼的程度对投资策略的选择有着重要影响。在一定的投资市场环境条件下，由于一项交易事实上是作为市场参与者的交易双方之间的博弈，所以投资策略的选择是一种动态调整的过程，并且随着交易的进行而彼此互动。在这种策略互动的过程中，投资者需要不断地获取信息并通过贝叶斯(Bayes)学习过程而调整投资策略。市场微观结构理论认为，由于存在信息对价格的重要影响，知情交易者将利用自身的信息垄断的优势而在交易中获取最大收益，同时未知情交易者一方面要尽量避免信息劣势导致的交易损失，另一方面要尽可能地达到自己的交易目的，所以两者的投资策略存在显著差异。

此外，根据人类行为模式的一些共同特性，人们总结出了一些具有共性的投资策略。例如，行为金融学分析了许多与投资策略相关的行为投资模式，如噪声交易者风险、投资者情绪模型、正反馈投资策略、行为套利策略等，对这些行为投资策略进行分析，有助于更全面地理解投资策略的选择和实施。

三、资产价值的分析

投资过程的第三个阶段是资产价值的分析，反映到证券投资中就是证券价值的分析，即对具体的可供选择的投资产品进行精确的价值计算，从而为投资品的选择奠定基础。

以证券投资为例，证券价值的分析主要包括债券价值分析、股票价值分析以及衍生证券价值分析。从原理上看，证券价值分析方法与投资收益分析方法，都以预期收益的折现为基础。在时间价值分析方法中，证券价值分析的关键是确定预期收益和折现率。在本质上，证券价值的分析是一种预测行为，并且是用对未来现金流的预测去分析资产的未来价值，这种价值分析的预测行为通过指导交易反映到市场供求上，就形成了证券的价格。在有关证券价值分析的各种理论中，一直存在着关于价格的可预测性以及可预测性的时间属性等的争论。尽管如此，对于具体的投资实践来说，我们仍然需要进行与投资目标和投资策略匹配的证券投资价值分析，否则就属于一种"不选择也是一种选择"的投资。

在债券的价值分析中，我们将着重分析收入资本化法与债券价值分析、债券属性与价值分析、债券定价原理、利率期限结构等内容；在普通股价值分析中，我们将着重分析收入资本化法与普通股价值分析、股息贴现模型、市盈率模型等内容；在衍生证券的价值分析中，我们将着重分析远期与期货价值分析、互换价值分析、期权价值分析等内容。这些内容从资产类别的角度概括了证券价值分析的各种基本方法，并且有助于理解一般的资产价值分析方法。

四、投资组合的构建

上述三个步骤完成之后，就需要进行投资组合的构建，以实现投资收益—风险的最优匹配。构建投资组合之前，首先需要进行投资组合的价值分析。与第三步骤中资产价值分析不同的是，因为组合中各种资产在收益和风险方面的不同相关性，使投资组合的价值有别于各种资产价值的简单加总。所以，有必要对各种资产的相关性进行分析，并在此基础上以实现最大组合价值为目标进行投资组合构建。

以证券投资组合的构建为例，投资组合的理论一直处于一种发展状态，并指导着不同阶段的投资实践。在理论发展脉络中，经典的投资组合理论主要包括：托宾(Tobin)的资产组合理论、马柯维茨(Markowitz)的证券组合理论、资本资产定价模型和套利定价模型。这四种理论都在不同程度上把有效市场假设和投资者理性作为两项基础的理论假设。这之后，投资组合理论又有了许多新的发展，其中包括跨期资本资产定价模型(Intertemporal Capital Asset Pricing Model，ICAPM)、消费资本资产定价模型(Consumption Capital Asset Pricing Model，CCAPM)以及在批判性地审视有效市场和投资者理性假设基础上发展起来的行为资产定价理论(Behavioral Asset Pricing Model，BAPM)。

在广义的投资组合构建过程中，应该首先考虑消费与投资的最优组合。在离散时间和连续时间两种模型中，如何实现单期的静态组合构建及跨期的动态最优组合构建，都是最优组合构建的研究内容。

最后，为了检验投资的业绩是否与预期的投资目标相吻合，有必要进行投资过程的第五个步骤——业绩的评价。

五、业绩的评价

从时间上看，业绩评价可以分为过程评价和事后评价两种。过程评价是一种阶段性的评价，为投资过程的动态调整提供了必要的信息。事后评价是一种检验性和总结性评价，为以后的投资提供了必需的经验性信息。事实上，两种业绩评价在投资过程中是不断交替进行的。业绩评价最重要的作用是为投资者的投资组合调整提供指导。在现代投资实践中，由于品种繁多、市场复杂且专业分工细密，绝大多数投资是由职业投资经理通过委托—代理关系代表投资者进行的。如何评价职业投资者的职业经验和投资业绩，不仅成为投资者选择投资代理的必要参考信息，同时也是约束和激励职业投资者的重要手段。所以，业绩评价可为投资过程的良性循环提供必要的检验和支持。

投资组合的业绩评价着重讨论组合业绩评价基准的选择，以及如何通过跟踪投资收益与评价基准之间的误差来分析导致这些误差的原因，并总结经验为下一阶段的投资提供指导。我们将着重从单因素整体业绩评估模型、多因素整体业绩评估模型、时机选择与证券选择能力评估模型、投资组合变动评估模型等方面，分析如何进行投资组合的业绩评价。

至此，业绩评价完成后，一个完整的投资过程就结束了。需要强调的是，在投资实践中，投资过程五个步骤的工作并不是机械地进行的，而是应该根据投资实践的变化而不断地作出适应性调整。

上述五个步骤之间的关系是一种动态反馈调整的关系，而投资过程就在这种反馈调整循环中不断地进行着。只有注重对投资组合的动态管理，才能不断地提高投资水平。

【案例 1.1】 证券基金投资公司的投资过程(见图 1.1)

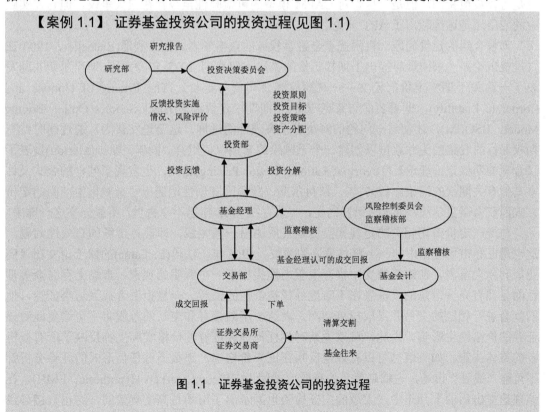

图 1.1 证券基金投资公司的投资过程

第三节　投资学的基本范畴

一、投资学理论体系的发展

投资学的起源可以追溯到 1952 年马柯维茨发表的经典论文《资产组合选择》。在这篇论文中，作者阐述了如何构造一个投资组合的边界以使在给定的风险水平下组合证券的预期收益率实现最大化(或者就任意给定的目标收益率而言，投资者怎样实现最低的可能风险)。在此基础上夏普(1964)、林特纳(1965)和莫森(1966)提出了著名的资本资产定价模型(Capital Asset Pricing Model，CAPM)。

这一模型在其后的十多年间一直在金融领域中占据着统治地位，它不仅被写入了金融专业的教科书，还被广泛地运用于投资实践中资产组合表现的衡量、证券的估值、资本预算决策等。然而，罗尔(R. Roll)却在 1977 年对这一模型提出了重大质疑，认为这一模型根本无法进行实证检验，因此应将其抛弃。与此同时，罗斯(S. Ross，1976)则提出了另一个定价模型，即套利定价理论(Arbitrage Pricing Theory，APT)。这一理论认为预期收益率和风险密切相关，按照"无套利均衡原则"，利用套利概念定义均衡市场，以资产回报率形成的多因素模型为基础，从而推导出风险—回报率的关系，即没有任何一个投资者可以通过套利创造无限财富。相对资本资产定价模型而言，这一理论的基本假设较少，大大放松了 CAPM 的前提假设，而且罗尔和罗斯(Roll & Ross，1980)也都认为，至少从原理上 APT 理论是可以被检验的。但是，尽管对 CAPM 模型的可检验性至今存在很大争议，但它在实践中的应用还是远远超出了 APT 理论。

期权合约的定价问题一直困扰着金融学领域的众多学者。巴士利耶(Bachelier，1900)在《投机理论》一书中最早提出了期权定价的雏形，但直到 1973 年布莱克-斯科尔斯共同发表了一篇关于期权定价的论文——《期权和公司债务定价》(The Pricing of Options and Corporate Liability)，即著名的布莱克-斯科尔斯期权定价模型(Black-Scholes Option Pricing Model，BSOPM)，才使这一问题的解决有了突破性的进展。这篇论文认为，通过同时持有期权和标的股票的头寸就可以创建一个无风险的套期保值组合。同年，默顿(Merton)发表了《合理的期权定价理论》(Theory of Rational Option Pricing)论文，也发现了同样的公式及许多其他有关期权的结论。1997 年，斯科尔斯、默顿因开创性地提出了金融衍生产品的定价方式而获得诺贝尔经济学奖。遗憾的是，布莱克在 1995 年已不幸去世，不能分享这一殊荣。

与资产定价密切相关的是现代投资学发展的另一条主线，即证券市场的有效性问题。这也是证券市场理论中的一个极具争议的领域。1965 年，法玛(E. Fama)的博士论文在《商业周刊》上发表，在这篇论文中极有说服力地提出了一个鲜明的观点：市场上存在众多理性的且拥有充分信息的投资者在不断地寻找被低估的证券。一旦投资者找到这类证券，他们就会进行相应的交易并谋取投机利润。而这一不断搜寻和交易的过程将不可避免地对该证券的价格产生影响。因此，可以说某时刻任何一种证券的价格实际上都反映了所有投资者的集体决策。如果信息可以有效地反映在证券价格中，那么通过任何形式的证券分析都不可能"战胜"市场，这就是著名的有效市场假说(Efficient Markets Hypothesis，EMH)。在该理论提出后的十几年中，大量的实证检验也显示出了市场是高度有效的，这也直接导致了大量的证券投资基金不再试图击败市场——它们认为这是在浪费宝贵的时间和金钱——而是试图模仿与跟踪市场的表现，从而指数基金顺势而起。

然而自 20 世纪 80 年代以来的大量研究却对有效市场理论提出了质疑。因为有效市场理论不能解释的"金融异象"(Anomalies)越来越多，如规模效应、月末效应、羊群效应、股权溢价之谜等。针对这些"金融异象"，基于心理学基础的行为金融学放弃了传统预期效用的假设，不再从完美市场、投资者理性的角度出发，而是从心理学的角度研究投资者的决策黑箱，以此对风险—收益关系进行分析，并从投资者的心理角度对上述"金融异象"进行解释。其中最经典的论文是 1979 年心理学家卡纳曼(D. Kahneman)和特维斯基(A. Tversky)发表的《期望理论：风险状态下的决策分析》，其中提出了人类风险决策过程的心理学理论，也被称为期望理论。2002 年，诺贝尔经济学奖被授予了在行为金融学领域具有突出贡献的卡恩曼和史密斯(V. Smith)，以表彰他们把心理学的研究成果与经济学融合到了一起，尤其是在当人处于不确定情况下的判断和决策方面作出的突出贡献。由于特维斯基已于 1996 年去世，否则他也会共同分享这一奖项。

二、投资学的研究内容

投资学所研究的投资包括对实物资产的投资(实业投资)和金融资产的投资，以金融投资为主要研究对象。实业投资是通过建造机器设备或厂房、道路桥梁等有形资产，直接或间接形成生产能力，向社会提供产品或服务的投资。金融资产(Financial Assets)，又称金融工具，是保证人们购买力的凭证，它是对实际资产的要求权(Claims On Real Assets)，定义了实际资产在投资者之间的配置。

本书系统地阐述了投资学所涉及的基本概念、理论和模型，涵盖了马柯维茨的资产组合理论(MPT)、资本资产定价模型(CAPM)、有效市场理论(EMH)、套利定价理论(APT)、Fama-French 三因素模型和期权定价等理论。

三、投资学的研究方法

(一)实证分析与规范分析相结合

实证分析旨在研究投资现状如何，如果执行某项投资规划或投资政策将会达到怎样的效果等问题，其研究结果可受到将来发生的事实的验证。实证分析的意义在于我们准确地把握客观事实，了解投资的运行过程和结果。而规范分析旨在研究通过投资应该获得怎样的效果，这种效果对国民经济、企业发展的影响是否有利等问题，它含有一个价值评判过程。规范分析的意义在于制定合理的标准，如通过国际投资实现怎样的产业结构调整目标等。

(二)定性研究与定量研究相结合

对于投资活动的现象和结果，不仅需要在总体上给予定性的判断和预测，还需要进行定量的计算和分析。对此，需要应用现代化管理方法，广泛深入地运用经济数学、统计学、计量经济学甚至大数据分析方法，对投资项目进行可行性研究，对投资效果进行投入产出分析，对金融资产设立定价及风险控制模型等，使投资活动建立在科学精确的基础上。

(三)总量分析与个量分析相结合

对于国内外投资项目，在分析它给投资者带来的微观效益的同时，还要考虑它将给国家的宏观经济总量造成的影响，从而达成最佳的政策协调状态。

(四)静态分析与动态分析相结合

对投资的研究，不仅要了解其现状，如投资规模存量、行业结构等，更要分析其发展趋势，如流量、投向变化等，从而及时地调整策略，取得成功。

(五)理论总结与实践操作相结合

只有通过具体的投资实践活动，才能探求其内在的、客观的联系，从而归纳成为理论，再度指导实践过程，并不断修正、发展，形成适合国情的投资学。各章选取诸多案例及阅读资料，以便实现理论知识和实践的紧密结合。

本 章 小 结

本章对投资的概念、特征及种类、投资过程进行了详细阐述，从投资学理论体系的发展、研究内容以及研究方法等来诠释投资学的基本范畴。

所谓投资是为了获得可能但并不确定的更大未来值而作出的牺牲确定现在值的行为。投资行为包括三大特性，即时间性——牺牲当前消费以获得期望的未来消费；不确定性——期望值的存在与否及其大小，类似于一个概率事件；收益性——如果投资成功，将获得更大的未来值。根据不同的标准，投资可分为实业投资与金融投资，直接投资和间接投资，政府投资与企业投资及个人投资，长期投资和短期投资，竞争性投资与基础性投资和公益性投资，国内投资和国际投资等。一般来说，一个完整的投资过程可以分为五个步骤：投资目标的设定、投资策略的选择、资产的价值分析、投资组合的构建以及投资组合的业绩评价。

投资学的基础理论模型是 1952 年马柯维茨发表的经典论文《资产组合选择》，阐述如何构造一个投资组合的边界以使在给定的风险水平下组合证券的预期收益率实现最大化。在此基础上夏普(1964)、林特纳(Lintner，1965)和莫森(1966)提出了著名的资本资产定价模型(CAPM)。罗斯(S. Ross, 1976)则提出了另一个定价模型，即套利定价理论(Arbitrage Pricing Theory，APT)。这一理论认为预期收益率和风险密切相关，按照"无套利均衡原则"，利用套利概念定义均衡市场，以资产回报率形成的多因素模型为基础，从而推导出风险—回报率的关系，即没有任何一个投资者可以通过套利创造无限财富。投资学的研究内容包括实业投资和金融投资，本教材以金融投资为主要研究对象，小篇幅涉及实业投资。

练 习 题

一、概念题

投资 实业投资 金融投资

二、简答题

1. 投资的基本特征有哪些？

2. 投资有哪几种分类？

3. 简述投资的过程。

4. 简述投资学理论体系所包含的主要内容。

三、思考题

案例分析：以"一带一路"国家基础建设投资战略为例，分析论述：谁是"一带一路"的投资主体？"一带一路"的投资效益体现在哪些方面？"一带一路"的投资风险有哪些？"一带一路"的投资来源有哪些渠道？"一带一路"建成会形成什么样的资产？现代投资的特点有哪些？

第二章　证券市场、参与者和投资工具

【学习要点及目标】

通过本章的学习，可以掌握证券市场的概念、证券市场的层级、各投资工具的种类及其概念、特征和类别，了解证券市场产生的原因及其发展历史、证券参与者的概念及区别、每种投资工具类别中的异同点。

【关键概念】

证券市场　监管　参与者　股票　债券　证券投资基金　金融衍生品

第一节　证　券　市　场

一、证券市场概述

证券市场是有价证券发行和流通以及与此相适应的组织和管理方式的总称，通常包括证券发行市场和证券流通市场。证券市场有广义和狭义两种概念。广义的证券市场指的是所有证券进行发行和交易的场所；狭义上的证券市场指的是股票、债券、期货、期权、投资基金等有价证券发行和交易的场所。本书主要针对狭义上的证券市场进行研究和学习。

任何事物的产生都存在着其历史必然性和发展的阶段性，证券市场的产生得益于商品经济的发展。在自给自足的经济环境无法满足人们的需求时，商品的买卖经济随之登上历史舞台，这也为证券市场的产生提供了环境条件。这种交易模式被人们接受与运用，于是以信用为基础的证券市场逐渐形成。证券市场经历了从无到有的过程，主要依托于证券市场的形成和商品经济的发展。

在自然经济发展的阶段，整体社会处于供给和需求相平衡的状态，生产者没有通过其他途径增加其扩大再生产的需要，因此生产者不存在对于证券和证券市场的需求。伴随着经济从自然经济向商品经济发展，生产者开始尝试使用借贷资本来筹集资本，以增加自身积累。虽然证券市场因为信用体制的不完善无法在这一阶段形成，但却为证券市场的形成提供了契机。随后，商品经济的发展和社会工作的复杂化使人们渐渐明确：仅仅依靠个人生产者自身积累难以满足需求。为了适应社会经济进一步发展的需求，一种新的筹措资金的机制得以发展，即形成了证券市场的初始形态。20世纪80年代，借助经济体制改革所带来的对社会资金的巨大压力，中国率先在上海、深圳两地开始进行企业股份制改革，而股份制的发展促进了证券市场的形成。

二、证券市场运行

证券市场是提供股票、债券、投资基金等有价证券发行和交易的场所。它既是一个有形的交易场所，如在某个证券交易所进行交易；也有可能是无形的交易场所，如通过互联网进行网络交易。证券市场通过证券发行和交易的方式实现了资金在流动市场中的运作，提高了资本的流动性，并适当缓解了市场资本的供求矛盾。

(一)证券市场的特征

证券市场具有以下三种主要特征。

(1) 证券市场是价值直接交换的场所。证券市场的交易对象是各种各样的，如固定收益型债券、普通股股票等，但每一种交易对象的背后都蕴含着其相对应的价值，即交易对象是价值的直接体现，所以证券市场的本质是通过有价证券的转移，实现价值的直接交换。

(2) 证券市场是财产权利直接交换的场所。证券市场上的交易对象是经济权益凭证的有价证券，其自身代表着相应数额的财产所有权或债权及相关收益权。假设，某人从证券市场上购买了 A 公司 100 万的股票，占 A 公司所有者权益的 20%，即某人获得 A 公司 20% 的股权和投票权。当其在 n 年后，将其持有的股票出售，即不再拥有 A 公司的相应股权。所以，证券市场是财产权利直接交换的场所。

(3) 证券市场是风险直接交换的场所。所有的交易都是风险与权力并存的。每一种证券市场的交易对象都具有系统性风险和非系统性风险。当发生证券交易时，持有者不仅将证券所代表的收益权进行转让，而且也将其对应的风险进行了转移。所以，证券市场是风险直接交换的场所。

(二)证券市场的分类

证券市场按照不同的标准，具有不同的分类。

1. 按所交易证券是否是初次发行可分为一级市场和二级市场

一级市场，又称证券发行市场或初级市场，是资本需求者以筹集资金为目的，按照相关法律法规，将证券首次出售给公众所形成的市场。一级市场是以政府、企业、券商、投资银行和申购股票的机构或个人投资者为主要参与对象。政府与企业作为资金需求者通过该市场将债权或股份投入市场，投资银行将负责承购来自企业或政府所发行的债权或股份，并向公众分销这些债权或股份。通过一级市场，政府与企业将获得融资，同时也为资金持有者提供了投资机会，实现了储蓄资金与投资的相互转移，并促进资本配置的不断优化。

二级市场，又称证券交易市场、流通市场或次级市场，是对已发行的证券实现在不同投资者之间的买卖交易流通的市场。证券持有者可以通过在二级市场上出售证券获得资金，其他投资者可以通过购买前者所出售的证券获得相应的财产权利，但在二级市场上的交易买卖将不会影响证券发行公司的资金。

证券的发行市场和证券的交易市场有密切关系，其相互依存、相互制约，是一个不可分割的整体。证券发行市场是证券交易市场的基础，证券交易市场是证券发行市场的发展，也是其得以存在的必要条件，对初级市场起着积极的推动作用。组织完善、经营有方、服务良好的二级市场将初级市场上所发行的证券快速有效地分配与转让，使其流通到其他更需要、更适当的投资者手中，并为证券的变现提供现实的可能。证券在二级市场的供求状况，将会影响到该证券发行公司再次在交易市场上出售的价格，因为证券的流动性越强，将吸引更多的投资者愿意在发行市场上进行证券的购买，从而增加公司筹集资金的能力。

2. 按证券市场的集中程度可分为场内市场和场外市场

场内市场，即有形市场，是具有固定场所的证券交易所。场内市场具有固定的交易场所、固定的交易时间和明确的交易规则，是一个有组织化、制度化的市场，如我国的上海证券交易所和深圳证券交易所。场内市场交易具有集中交易、公开竞价、经纪制度和市场监管严密等特点。其交易规则主要采用"时间优先，价格优先"的准则，这将在本章后面的小节中充分阐述。

场外市场，即无形市场或柜台市场(Over the Counter，OTC)。场外市场通常是指没有固定交易场所的市场。但随着互联网信息技术的发展和通信技术的发展，使双方的交易竞争越来越透明化、公开化，这也使目前场内市场和场外市场的界限不再那么清晰。场外市场包括股票、债权、可转让存单、银行承兑汇票、外汇交易市场等。

3. 按上市公司规模、监管要求等差异可分为主板市场、创业板市场(二板市场)、三板市场

主板市场，是指传统意义上的证券市场(通常指股票市场)，是一个国家或地区证券发行、上市及交易的主要场所。其主要服务于比较成熟、在国民经济中具有一定主导地位的企业。主板市场是资本市场中最重要的组成部分，在很大程度上能够反映经济发展状况，有"国民经济晴雨表"之称。主板市场对发行人的营业期限、股本大小、盈利水平、最低市值等方面的要求标准较高。

创业板市场，是证券主板市场之外的证券交易市场，它主要服务于具有高成长性的中小企业和高科技企业融资服务，是针对中小企业的资本市场。与主板市场相比，在二板市场上市的企业标准和上市条件相对较低。

三板市场，即股权交易市场，成立于 2001 年，主要服务于中国证监会核准的非上市公众公司。其主要目的是为退市后的上市公司股份提供继续流通的场所，同时解决原 STAQ、NET 系统历史遗留的数家公司法人股的流通问题。在 2006 年，国家批准将中关村科技园区非上市股份有限公司进入代办股份系统进行转让试点，挂牌企业均为高科技企业，即新三板市场。相较于三板市场的功能定位，新三板同时具有私募融资的功能。

【案例 2.1】中国证券市场的融资主体

表 2.1 给出了 2014 年至 2015 年我国证券市场上股票和债券的筹资方式与筹资额的情况。

表 2.1　中国证券市场概况

证券类型	筹资方式	筹资额	
		2015	2014
股票	首次发行	1068.90	311.77
	再次发行	7626.06	3650.82
股票筹资合计		3962.59	3962.59

续表

证券类型	筹资方式	筹 资 额	
		2015	2014
优先股	首次发行	1959.00	1030.00
	再次发行	0.00	0.00
优先股筹资合计		1030.00	1959.00
债券	公司债	17413.67	2995.20

(资料来源：中国证券监督管理委员会. 中国证券期货统计年鉴2016[M]. 中国金融出版社，2018(10).)

(三)证券市场的交易规则

在每日的证券交易过程中，证券的竞价都可分为集合竞价与连续竞价两部分。集合竞价决定了连续竞价的开盘价格。

1. 集合竞价交易规则

交易时间：每个交易日上午 9:15 至 9:25。

交易单位：交易所通常会规定一个最小的买卖数量作为交易单位，俗称为"一手"，委托的数量为"一手"的整数倍。股票市场中，1 手=100 股，买入股票最低为 1 手，即 100 股。

交易价格：投资者需要在给出有效价格范围之内的股票价格进行竞争。目前我国要求按股票上一交易日收盘价的 10% 来计算当日的最高限价和最低限价。

交易原则：不高于申买价和不低于申卖价。

交易处理方式：集中撮合处理。按"价格优先，时间优先"的原则对买卖双方的委托价格进行排序，并逐笔配对，直到成交条件不满足为止。

价格形成：集合竞价所确定的基准价格，即为当日该股票的开盘价格。其需要满足三个条件：成交量最大；高于基准价格的买入申报和低于基准价格的卖出申报全部满足；与基准价格相同的买卖双方中有一方申报全部满足。

【例 2-1】 设股票 A 在开盘前分别有 5 笔买入委托和 4 笔卖出委托，根据价格优先的原则，按买入价格由高至低和卖出价格由低至高的顺序将其分别排列如表 2.2 所示。

表 2.2 委托股票买卖成交集合竞价排序表(价格优先)

序 号	委托买入价	数量/手	序 号	委托卖出价	数量/手
1	5.8	2	1	5.27	5
2	5.76	6	2	5.38	3
3	5.25	3	3	5.7	2
4	5.13	4	4	5.82	3
5	4.5	1			

按集合竞价的交易原则，第一笔交易成功地为 5.8 元的委托买入价 2 手和 5.27 元的委托卖出价 5 手，这时第一笔委托成交后其他委托排序如表 2.3 所示。

表2.3 委托股票买卖成交集合竞价排序表

序　号	委托买入价	数量/手	序　号	委托卖出价	数量/手
2	5.76	6	1	5.27	3
3	5.25	3	2	5.38	3
4	5.13	4	3	5.7	2
5	4.5	1	4	5.82	3

在第一次委托成交中，由于卖出委托数量大于买入委托数量，按交易规则，序号1的买入委托2手全部成交，序号1的卖出委托还剩3手。

第二笔交易成功的是序号2的买入委托价格为5.76元，数量为6手；在卖出委托中，序号1~2的数量为6手，数量满足且价格满足要求，正好成交，成交数量为6手。

表2.4 委托股票买卖集合竞价成交排序表

序　号	委托买入价	数量/手	序　号	委托卖出价	数量/手
3	5.25	3	3	5.7	2
4	5.13	4	4	5.82	3
5	4.5	1			

完成两笔委托后，因最高买入价为5.25元，而最低卖出价为5.38元，买入价和卖出价之间无法再次配对，因此集合竞价已完成，即最后一笔的成交价就为该集合竞价的最终价格，也是开盘价格。

2. 连续竞价交易规则

交易时间：上海证券交易所　每个交易日上午9:30至11:30，下午13:00至15:00。
　　　　　深证圳证券交易所　每个交易日上午9:30至11:30，下午13:00至14:57。

交易原则：时间优先，价格优先。

交易单位：交易所通常会规定一个最小的买卖数量作为交易单位，俗称为"一手"，委托的数量为"一手"的整数倍。股票市场中，1手=100股，买入股票最低为1手，即100股。

交易价格：投资者需要在给出有效价格范围之内的股票价格进行竞争。目前我国要求按股票上一交易日收盘价的10%来计算当日的最高限价和最低限价。

成交价格确定原则：最高买入申报与最低卖出申报价位相同时，以该价格为成交价；买入申报价格高于即时揭示的最低卖出申报价格时，以即时揭示的最低卖出申报价格为成交价；卖出申报价格低于即时揭示的最高买入申报价格时，以即时揭示的最高买入申报价格为成交价。

【例2-2】 假设某只股票揭示的卖出申报价格和数量分别为：16.60元、1000股，15.50元、800股，15.15元、200股；即时揭示的买入申报价格和数量分别为：15.25元、500股，14.28元、1000股，13.15元、800股，如表2.5所示。若此时该股票有一笔买入申报进入交易系统，价格为15.50元，数量为600股，则该笔委托的成交情况如何？

表2.5 买卖申报连续竞价成交排序表

序 号	卖出申报价格	股 数	序 号	买入申报价格	股 数
1	16.60	1000	1	15.25	500
2	15.50	800	2	14.28	1000
3	15.15	200	3	13.15	800

按照成交价格确定原则，因为买入申报价15.50元大于卖出申报价15.15元，所以成功交易卖出申报价格为15.15元的200股；又因买入申报价15.25元小于卖出申报价15.50元，所以成功交易卖出申报价为15.50元的300股。

【例2-3】由甲、乙、丙、丁投资者四人，均申报A股票，其申报价格和申报时间如表2.6所示。

表2.6 投资人申报股票卖单

投资人	卖出时间	报价/元	交易量/手
甲	13:35	17.51	200
乙	13:39	17.72	700
丙	13:41	17.67	300
丁	13:34	17.51	800

首先应考虑价格优先的因素：价格较高的买入申报优先于价格较低的买入申报；价格较低的卖出申报优先于价格较高的卖出申报。

其次考虑时间优先的因素：申报属于同价位申报，则系统将按照申报时间的先后顺序进行排列。

本题中，甲和丁属于同价位申报，丁的申报时间早于甲；又因为丙对于乙具有价格优先的优势。所以，本题中四位投资者交易的先后顺序应为：丁、甲、丙、乙。

三、证券市场的功能

(一)筹集资金

筹集资金是指证券市场以证券形式为资金需求者和供给者融通资金提供了一种良好的机制和场所。它是证券市场最基本、最重要的功能。在经济运行过程中，必然会出现资金的盈余者，同时也会出现资金的短缺者。资金盈余者为了使自己的资金价值增值，就必须寻找投资对象，而证券市场集中了各种投资工具和投资方式，它可为资金盈余者寻求理想的投资渠道提供众多的选择余地。另一方面，资金需求者为了发展自己的业务，就需要向社会寻找资金，通过证券市场，证券发行者能够迅速地把分散在社会上的闲置货币集中起来，形成巨额的、可供长期使用的资本，用于社会化大生产和大规模经营。证券市场不仅是企业筹措长期资金的手段，而且也是国家和地方政府通过发行债券筹集建设资金的重要渠道。

综上所述，证券市场以其特有的方式，可以为资金的盈余者和短缺者提供直接融通资金的渠道，不断解决资金供求之间经常出现的矛盾，从而维持和推动社会经济的正常运行。

(二)资本定价

资本定价是指证券的发行价格和交易价格是在证券市场上通过证券的需求者和供给者的竞争而形成的。证券是资本的存在形式，因此证券的价格实际上是证券所代表的资本的价格。证券发行价格通常是由证券发行人和证券承销商在对该证券的市场供求状况进行调查研究和预测的基础上，通过协商、投标或在证券交易网络由投资者竞价产生发行价格的。因此，证券一级市场具有证券发行定价的功能。同样，证券交易价格是证券买卖双方在同一市场公开竞价，直到达成双方都认为满意合理的价格，买卖才能成交。在交易过程中，二级市场为买卖双方提供了场所、设备和服务，所以，证券二级市场有确定证券交易价格的功能。

证券市场可以沟通买卖双方，而且通过证券商的互相联系，构成一个紧密相连的活动网，故整个证券市场不但成交迅速，而且价格统一，使资金供需双方的需要能够迅速得到满足。而且，各种影响证券价格的因素，如证券收益率、市场利率、供求关系等，都可以在这一高效市场中迅速得到体现，并反映在证券价格中。因而证券市场的运行易于获得证券的均衡价格，即证券市场是资本的合理定价机制。

(三)资源配置

证券市场的资源配置功能是指通过证券价格的影响，引导资本的流动而实现资源合理配置的功能。在证券市场，证券价格的高低是由该证券所能提供的预期报酬率的高低来决定的，而在价值规律的作用下，资金必定流向其能产生高报酬率的企业或行业。因为投资者为了投资的保值与增值，必定会十分注重证券发行人的经营状况、财务状况。他们随时会作出投资选择或改变投资对象，把资金投向经济利益高的证券，社会资金从而就流向效率高、发展潜力大的产业部门。

对于证券发行者来说，若他们不能合理有效地运用其所筹集到的资金，从而损害企业形象而无法开展后续融资，导致不得不减产停产，甚至还有可能面临倒闭或被其他企业收购兼并的悲惨结局。在此压力下，企业势必要加强管理，改善经营，调整生产结构，实行资产重组，从而使资本产生尽可能高的效率，以获得进一步发展的资金。因此，对于整个社会来说，产业结构可以得到不断优化，投资流向不断趋于合理，进而使整个社会资源配置得到优化。

(四)转换机制

证券市场的转制功能是指通过证券市场的运作，促进企业完善法人治理结构，转化经营机制，实现资产的优化组合。这是我国证券市场在市场化取向经济改革中的一项特殊功能。

公司要通过证券市场筹集资金成为上市公司，首先必须改制成为股份有限公司，并按照股份公司的机制来运行，形成三级授权关系，而这种企业组织关系成功地适当分离了所有权和经营权，使公司的组织体制走上科学化、民主化、制度化和规范化的轨道。其次，由于上市公司的资本来自诸股东，股票又具有流通性和风险性，这就使企业时时处在股东、社会等各方面的监督和影响之下，促使上市公司形成健全的内部运作机制。

综上所述，证券市场的转换机制可以从根本上改变上市公司原来单一的产权结构，实现产权的多元化和人格化，促进公司"三权"分离和自主经营，有利于"产权清晰，责权明确，政企分开，管理科学"现代企业制度的建立。

(五)分散风险

随着社会化大生产的发展，技术进步速度加快，致使投资的风险日益加剧。证券市场给投资者和融资者提供的不仅是丰富的投融资渠道，而且也提供了一条分散风险的渠道。

首先，由于资金和风险经常"捆绑"在一起，当资金需求者通过发行证券筹集资金而使股权或债权分散的同时，实际上还将其经营风险部分地转移和分散给了投资者，实现了风险社会化，从而使一些风险较高的新兴产业和高科技项目得以获得必要的资金，对经济发展起了促进作用。其次，由于证券市场具备强大的信息处理和资产定价功能，其交易的产品又具备良好的流动性、较低的交易成本、很高的财务杠杆、资金容量大等特性，投资者可以很方便地构造各种投资组合，将资金分散在不同种类、期限和风险的证券上，降低风险。此外，证券市场还提供了一些金融产品，它们本身不仅是为了转移资金，更主要的是为了转移风险而设计，例如期货、期权等衍生金融产品。

(六)宏观调控

由于各种有关政治、经济和社会的信息都在证券市场上迅速扩散传播，故证券市场是国民经济的"晴雨表"，它为政府分析经济形势、对国民经济运行实施宏观调控提供了重要的依据。在国外，经济分析家们判断经济形势的总体优劣时，就往往把证券市场作为主要观察对象，以证券价格指数作为重要指标。

此外，作为中央银行三大货币政策之一的公开市场操作也必须借助于证券市场来执行。当经济不景气、私人投资和消费不振、政府想刺激经济增长时，中央银行可以大量买进证券，商业性金融机构会随之扩大其提供信用的规模。同时，流通中的现金增加就会刺激投资与消费需求。而且当中央银行大量买进证券时还会抬高证券价格，由于证券价格上涨意味着利率的降低，从而降低融资成本，同样也会刺激投资，促使国民经济得以扩张，改变经济不景气的状况。反之，当中央银行大量抛售证券时，便会产生紧缩的效应，可以有效地抑制过热的经济形势。综上所述，证券市场是国家进行宏观经济调控的重要工具。

(七)推动国际化

证券市场不仅可以对国内经济发挥作用，而且还具有推动经济国际化的功能。证券市场的国际化功能主要体现在以下三个方面。

1. 促进国际间的资金融通

发达国家通过证券市场的自由化和完全开放，可以使本国政府和企业在国外发行证券，外国投资者也可以自由地购买本国证券。同时，外国的政府和企业也可以在本国发行证券，本国的政府和企业也可以购买外国的证券。这样就可以使融资和投资活动在世界范围内进行。一些发展中国家则可通过合格的境外机构投资者(Qualified Foreign Institutional Investors，QFII)、人民币合格的境外机构投资者(RMB Qualified Foreign Institutional Investors，

RQFII)和合格的境内机构投资者(Qualified Domestic Institutional Investors，QDII)等特殊的制度安排，采取间接的、有限制的证券市场开放模式，在一定程度上实现融资和投资的国际化。

2. 促进跨国公司的发展

跨国公司通过利用当地证券市场的融资渠道，可以方便地在当地扩大再生产，扩大业务规模。

3. 促进国际金融中心的形成

国际金融中心一般需要以下六项最基本的条件。
(1) 拥有强大的经济实力。
(2) 实行本国货币与外国货币的自由兑换。
(3) 拥有完备的金融市场，能够从事大规模的国际资金交易活动。
(4) 拥有一个具有广泛国际联系的外汇市场。
(5) 拥有灵活、弹性的货币金融政策。
(6) 地理位置适中，交通方便，通信发达。纽约、伦敦、东京等国际金融中心都有发达的证券市场作为支撑。

四、证券市场监管

证券市场的监管是指证券市场监管主体为了有效防范和化解证券市场风险，以营造公开、公平、公正的市场环境和保护投资者利益为主要任务所采取的措施。证券市场管理者主要通过相关的法律制度、经济政策和行政管理的手段，促进证券市场的健康发展。证券市场的监管实质上是对市场机制的一种校正。

(一)证券市场的监管目标

国际证监会组织规定了证券监管的三个基本目标：一是保护投资者；二是保证证券市场的公平、效率和透明；三是降低系统风险。鉴于证券市场的发展具有阶段性，故在每一个阶段证券市场的需求不同，所侧重的基本目标也不同。

1. 证券市场监管目标是保护投资者

投资者是证券市场最重要的参与者。在证券市场的初期，证券市场不仅需要保护投资者的利益，更需要保障企业的融资规模。随着证券市场的发展，它将吸引越来越多的投资者进入市场，企业无节制地融资将损害投资者的利益。其次，投资者由于信息不对称，持股比例小，相较于控股股东和公司管理层而言，处于弱势地位，权益更容易受到侵害。因此，健康的证券市场发展需要平衡企业融资与投资者两者之间的关系，通过保护投资者在证券市场的合法权益激发投资者对证券市场的积极性。严厉打击损害投资者利益的行为已被各国列为证券监管的首要任务。

2. 证券市场监管目标是保证证券市场的公平、效率和透明

证券市场是双方交易的平台，信息的透明程度、信息公开的及时性将直接对证券的价格产生影响，这将会对证券市场的公平性产生影响。因此，证券市场监管的对象既包括证

券发行人，也包括证券交易者，以保障一切证券市场的参与者都享有公平的待遇。

3. 证券市场监管目标是降低系统风险

证券市场监管是通过维持证券市场的正常秩序和调控证券市场与证券的交易规模，发挥经济调控的作用。系统风险是不能通过投资者的投资多样性所分散的，其主要来源有购买力风险、利率风险和政策风险，且这些风险与国家的宏观经济管理有着直接联系。因此，证券市场监管可以通过运用经济调控实现降低系统风险的目标。

(二)证券市场的监管手段

1. 通过法律法规实现证券市场监管

在中国证券市场形成和发展以来，我国已经出台了大量的法律法规以确保市场的规范性和有序性。我国现行的证券市场法律主要包括《中华人民共和国证券法》《中华人民共和国证券投资基金法》《中华人民共和国公司法》等其他与资本市场相关的法律，对证券发行、承销、交易、退市等各个环节都提出了明确的要求，并制定了相应的处罚政策。

2. 通过经济政策实现证券市场监管

证券监管机构将通过调整市场利率、外汇利率、货币政策、信贷政策、税收政策等经济手段，对市场进行干预。经济政策对证券市场的影响是全方位的，也将决定证券市场整体运行态势。但这种手段的实施效果存在明显的时滞，因此调节过程较慢。

3. 通过行政管理实现证券市场监管

行政管理手段是直接通过制订计划、制定政策等对证券市场进行行政性的干预。这种手段比较直接，适用于证券市场发展初期，法制尚不健全、市场机制尚未理顺或遭遇突发性事件时。其对市场自我调节的机制冲击较大，因而不会过多地使用。

(三)证券市场的监管内容

1. 证券市场监管是对发行市场的监管

我国目前证券发行的资格审核采用的是核准制，即发行人在申请发行证券时，需要公开披露与发行证券有关的信息，并提交证券监管部门决定的审核制度。因此，证券市场的监管机构需要对申请上市公司发行的信息进行审核，并对已上市公司持续公开披露的信息进行审核，以确保信息披露的及时性、完整性和准确性。

2. 证券市场监管是对交易市场的监管

证券交易市场的监管主要集中在三个方面，包括对证券交易信息公开的监管、对操纵市场行为的监管、对欺诈投资者行为的监管。交易信息公开的监管，即证券交易所需要对上市公司及相关信息披露义务人的信息进行监督，并督促其依法及时、准确地披露信息；对操纵市场行为的监管，即对某一组织或个人利用内幕信息或资金等优势，影响证券市场价格，从中获取利益的扰乱市场次序的行为进行监管；对欺诈投资者行为的监管，即违背投资者意愿，为投资者进行证券发行和交易的行为，并对从中非法获取利益的行为进行监督。

3. 证券市场监管是对上市公司的监管

上市公司的监管主要体现在其信息披露的监管。上市公司的信息披露必须遵循真实原则、准确原则、完整原则和及时原则。上市公司的股价是其公司经营状况的集中体现。因此，上市公司需要定期对其公司的经营状况进行书面的信息公开披露，在公司发生可能对其证券或衍生品种交易价格产生较大影响的重大事件时，应立即予以披露，如公司并购、重大融资等，并说明有关情况。

(四)证券市场的熔断机制

熔断机制(Circuit Breaker)，也叫自动停盘机制，是指当股指波幅达到规定的熔断点时，交易所为控制风险采取的暂停交易措施。熔断机制的推出旨在规避证券市场中的中小机构投资者利用高速计算机按照交易模型在极短的时间内自动作出投资决策，以期先于市场其他投资者进行交易，从而给股市带来灾难。

熔断机制最早起源于美国，美国的芝加哥商业交易所曾在 1982 年对标普 500 指数期货合约实行过日交易价格为 3% 的价格限制，但这一规定在 1983 年被废除。1987 年 10 月 19 日，道琼斯工业指数一天之内重挫 508.32 点，跌幅达 22.6%，许多百万富翁一夜之间沦为贫民，这一天也被美国金融界称为"黑色星期一"。1987 年的股灾使人们重新认识到股市熔断机制的必要性。自此，美国现行熔断机制诞生，规定当标普指数在短时间内下跌幅度达到 7% 时，美国所有证券市场交易均将暂停 15 分钟，即所谓"熔断机制"。后来，法国、日本、韩国及新加坡也运行了熔断机制(参见表 2.7)。

表 2.7　各国股市熔断机制

国　家	熔断机制
美国	证券的交易价格在 5 分钟内涨跌幅超过 10%，则须暂停交易。如果该证券交易价格在 15 秒钟内仍未回到规定的"价格波动区间"内，将暂停交易 5 分钟。对于标普 500 指数和罗素 1000 指数成分股以及 430 只交易所交易产品中价格超过 3 美元的个股，SEC 规定的"价格波动区间"为涨跌幅 5%，其他交易价格在 3 美元以下的流动性较弱的个股"价格波动区间"放宽至 10%
法国	根据股票交易形态不同，制定全日每只股票最大涨幅为前日收盘价的 21.25%，最大跌幅为 18.75%。如果价格波动超过前日的 10%，则暂停交易 15 分钟
日本	当期货价格超过标准价格的特定范围和公平价格的特定范围，期货交易将会暂停交易。暂停交易的时间为 15 分钟。如果暂停交易发生在上午收盘前的 15 分钟内，暂停交易只在上午收盘前执行
韩国	韩国股票综合指数(KOSPI)较前一天收盘价下跌了 10% 或 10% 以上，并且这种下跌持续了 1 分钟，股票交易暂停 10 分钟，个股涨跌幅限制为 15%。如果交易量最大的期货价格偏离前一天收盘价 5% 或 5% 以上，同时期货价格偏离其公平价格 3% 或 3% 以上，并且这种价格变动持续了 1 分钟，期货合约停止交易 5 分钟。熔断机制每天只实施一次，在下午 2:20 以后不再实施。如果股票市场出现暂停交易的情况，期货合约停止交易 20 分钟
新加坡	潜在交易价格高于参考价格(该交易至少 5 分钟之前的最后成交价)的 10% 时，则触发 5 分钟的"冷静期"。在该期间内，证券仅允许在 ±10% 范围内交易，5 分钟后交易恢复正常，并重新计算新的参考价格(该规定适用于约占新交所 80% 交易量的证券，包括部分指数)

(资料来源：根据各国证券监督管理委员会、证券交易所的资料整理。)

2016 年 1 月 1 日，A 股市场正式引入熔断机制。中国版的熔断机制是以沪深 300 指数为基准，双向熔断，熔而断：当触发 5%熔断阈值时，暂停交易 5 分钟，熔断结束时进行集合竞价，后继续当日交易点；14 时 45 分及之后触发 5%熔断阈值，将暂停交易至收市；全天任何时段触发 7%熔断阈值，将暂停交易至收市；若开盘点位触发 7%的阈值，将于 9 点30 分开始实施熔断暂停交易至收市。

第二节　证券市场参与者

证券市场的参与者包括证券发行人、证券投资者和证券市场中介。这些主体各司其职，充分发挥其本身的作用，构成了一个完整的证券市场参与体系。

一、证券发行人

证券发行人是指为筹措资金而发行债券、股票等证券的政府及其机构、金融机构、公司和企业。证券发行人是证券发行的主体。

(一)政府及其机构

政府及其政府机构为筹集资金，可以通过发放证券的方式筹资。政府发行的证券品种一般仅限于债券，主要包括中央政府债券和地方政府债券两种。政府发行国债的目的，包括弥补国家财政赤字、为大型建设项目以及某些特殊经济政策，甚至为战争筹措资金。由于政府债券是以政府税收作为还本付息的保证，因此通常被认为是无风险债券。政府债券因为其特殊性，具有风险小、期限长、流动性强、利率较其他债券低的特点。从债券形式来看，我国发行的国债可分为凭证式国债、无记名(实物)国债和记账式国债三种。

(二)金融机构

金融机构发行的证券包括债券和股票。金融债券是以银行或非银行的金融机构为主体为筹集资金而向公众发行的一种有价债券。金融机构发行债券的目的是解决银行等金融机构资金来源不足和期限不匹配的矛盾。相较于其他非金融机构债券，金融债券因为其经济地位的特殊性及政府的严格监管，所以风险较小，具有较高的安全性，收益率处于企业债券和政府债券之间。欧美国家将金融机构发行的债券归类为公司债券，但我国为了突出金融机构作为证券市场发行主体的地位，将其定义为金融债券；将金融机构发行的股票归类为公司股票。

(三)公司和企业

公司的不断发展促使公司规模的扩张。公司为了满足其长期资本和补充流动资金的需求，可以分别在证券市场上发行企业债券和公司股票。公司债券是企业以出售自身的信用凭证获得资金，债券投资者以支付资金购买的方式完成交易。公司股票则是通过一级市场上市交易，并获得融资。公司的经营状况将影响投资者对公司股票预期的信心，进而影响公司再次公开发行股票所获得的融资。鉴于公司债券的收益率对公司的近期经营状况具有直接的影响，因此公司债券通常分为浮动收益率债券和固定收益率债券两种。

二、证券投资者

证券投资者是证券市场中的资金供给者，包括通过买入证券而进行投资的机构和个人。证券投资者可分为机构投资者和个人投资者两类。

(一)机构投资者

机构投资者是指政府机构、银行企业、保险基金、养老基金和证券投资基金等以机构身份从事证券投资的投资者。机构投资者通常具有集中性、专业性的特点，比较注重理性投资和长期投资。相较于个人投资者，机构投资者具有更宽裕的资金池、更专业的分析能力，更是稳定市场的重要力量。

政府机构通过在证券市场上投放资金能够起到货币政策调控的作用，同时也可以提高证券市场的稳定性，减少非理性的市场动荡。

金融机构主要包括证券经营管理机构、银行业金融机构、保险经营机构、合格境外机构投资者(QFII，指外国专业投资机构到境内投资的资格认定制度，是在资本项目尚未完全开放的国家和地区，实现有序、稳妥开放证券市场的特殊通道)、合格境内机构投资者(QDII，是指在人民币资本项下不可兑换、资本市场未开放条件下，在一国境内设立，经该国有关部门批准，有控制地，允许境内机构投资境外资本市场的股票、债券等有价证券投资业务的一项制度安排)及各类基金。

证券经营管理机构是证券市场上最活跃的投资者，其投资资金包括自有资金、受托资金等。银行业金融机构可以进行非信托投资和证券投资的业务，包括买卖政府债券和金融债券。

银行业金融机构可以接受投资者的委托，为投资者按约定的投资计划或方式进行投资或资产管理。

保险经营机构依法可以设立保险资产管理公司从事证券投资活动。区别于其他金融机构投资方式，保险经营机构可以对企业年金进行投资管理。

QFII 主要服务于境外符合条件的证券投资机构，为证券市场开辟了吸引外汇的渠道，但为了维护国内上市企业的相关权益，《证券法》规定了相关境外投资机构的持股比例、投资金额等。

QDII 与 QFII 相对应，主要服务于境内符合条件的机构运用其自有资金或资产组合对境外证券进行投资管理。各类基金主要包含社保基金和企业年金等。这类基金投资的目的是实现稳定增值，因此会采用较为稳定的资产组合。例如，我国首次试将养老金资金池推入证券市场，但明确规定投资于股票不得超过 30%且其余应主要投资于政府重大扶持项目或政府债券等，以确保资金的相对稳定增长。

(二)个人投资者

区别于机构投资者，个人投资者具有完全自主的选择投资权。所谓个人投资者，即从事证券投资的拥有完全行事能力的自然人，他们的特征使其在证券市场的参与者中占了最大比重。鉴于不同的个人投资者处于不同的年龄阶段、拥有不同的经济能力和投资态度，故不同的个人投资者具有不同的风险偏好。风险偏好，即投资者对风险的接受程度。因此，个人投资者通常可以被区分为风险偏好型投资者、风险中立型投资者、风险规避型投资者。金融机构在向个人投资者销售投资组合时，应优先对投资者通过调查问卷等形式进行风险偏好程度的测试，再根据其特征进行相应的销售，规避误导投资者和错误销售。相较于机构投资者，个人投资者不仅在信息获取的充分性上存在欠缺，而且自身经验和对产品的风险评估水平也存在不足(参见表 2.8)。为了保护处于弱势群体中小投资者的相关利益，大多数国家和地区的相关政府及监管机构也不同程度地对投资进行了引导和限定。

表 2.8　个人投资者与机构投资者的差异

投资者类型	个人投资者	机构投资者
资金规模	资金分散	资金雄厚
投资管理	信息资源匮乏	对投资企业可采取多角度、多维度的分析，信息收集较全面
投资结构	结构单一不具有抗风险能力	利用雄厚的资金使投资结构组合化
投资行为	容易非理性投资	谨慎投资有利于维护市场稳定

三、证券市场中介

证券市场中介是连接证券投资者与筹资者的桥梁，是证券市场运行的核心。

(一)证券公司

证券公司是依法设立的专门从事经营证券业务的有限责任公司或股份有限公司，其具有独立法人地位。按照证券公司经营功能的不同可以将其分为：证券经纪商、证券自营商、证券承销商。截至 2015 年年末，我国共有 125 家证券公司，其在 2015 年共实现营业收入 5751.55 亿元，其中代理买卖证券业务、证券承销与保荐业务和证券投资收益(含公允价值变动)的营业收入占证券公司总收入的 78%，故这三项业务仍是现阶段证券公司的主营业务。

(二)证券服务机构

证券服务机构是指依法设立的从事证券服务业务的法人机构。我国《证券法》规定的证券服务机构包括证券投资咨询公司、财务顾问机构、资信评级机构、资产评估机构等。证券服务机构是一个高度专业化的从事证券服务的机构。证券公司和证券服务机构的区别主要在于核准的业务范围不同。

(三)自律性组织

证券市场的自律性组织主要包括证券交易所、证券业协会，证券登记结算机构等。

(1) 证券交易所是我国的自律性组织。我国证券交易所是提供证券集中交易的不以营利为目的的法人。作为整个证券市场的核心，证券交易所具有固定的交易场所和交易时间、通过公开竞价的方式决定交易价格、交易双方为具备会员资格的证券经营机构。证券交易所的监管职能包括对证券交易活动进行管理，对会员进行管理，以及对上市公司进行管理。上海证券交易所和深圳证券交易所是我国两大证券交易所。

(2) 证券业协会是我国的自律性组织。中国证券业协会是依据《证券法》和《社会团体登记管理条例》的有关规定设立的证券业自律性组织，是非营利性社会团体法人。中国证券业协会采用会员制的组织形式，协会的权力机构为所有会员组成的大会。其监管内容主要包括：对会员单位的监管及对证券从业人员的自律管理两部分。我国《证券法》规定，证券公司必须加入证券业协会。截至 2015 年年底，证券业协会共有协会会员 1094 家，其中普通会员(包括证券投资咨询公司、金融资产管理公司、资信评估机构)共 834 家、证券公司 125 家、特别会员 135 家。

(3) 证券登记结算机构是我国的自律性组织。中国证券登记结算机构是为证券交易提供集中登记、存管与结算服务，不以营利为目的的法人。2001 年 3 月 30 日，中国证券登记结算有限责任公司成立，标志着全国集中、统一的证券登记结算体制组织构架的基本形成。证券登记结算机构的功能主要包括：证券账户的设立、存管、过户、清算及相关业务的查询等国务院监督管理机构批准的其他业务。

第三节　证券投资工具

证券投资工具是投资者投资于证券市场的投资形式。证券投资工具主要包括股票、债券、证券投资基金和金融衍生工具。

一、股票

(一)概念

股票作为一种有价证券，是股份公司在筹集资本时向出资人公开或私下发行、用以证明出资人股本身份和权利，并根据持有人所持有的股份数享有权益和承担义务的凭证。股票代表着其持有人(股东)对股份公司的所有权，每一股同类型股票所代表的公司所有权是相等的，即"同股同权"。每个股东按照其持有的股票数量占公司总股本的比重决定其拥有公司所有权份额的大小，并分享相应收益或承担相应风险。

股票仅可以在证券交易市场上进行流通买卖，股票持有者不可将股票直接退还公司并换取其投资份额。

股票持有者通过买卖股票，并从中获得收益。企业股票的价格取决于企业盈利所带来的价值变动和通货膨胀所带来的整体价格变动。

(二)特征

股票具有五种具体特征，分别如下所述。

1. 不可偿还性

股票的不可偿还性是指股票在证券一级市场发出后，仅可以在证券二级市场进行买卖交易，公司将不会接受股东(股票持有者)凭股票要求退股。股票一经发行，其有效时间与公司的存续时间相等，即该公司股票在公司存续期间均可在证券二级市场流通，直至公司退市。

2. 参与性

股票的参与性是指股东(股票持有者)按持股份额依法享有公司股权、参与公司重大决策且具有相应投票权。股东(股票持有者)通过参与股东大会实现其投资意志，这体现了股票持有者的参与性。

3. 收益性

股票的收益性是指股东(股票持有者)凭其持有的份额根据公司的盈利状况和分配政策，享有相应的股息或红利。同时，股东(股票持有者)享有在股票持有期间由于股价变动所带来的股票价值损益。

4. 流通性

股票的流通性是指股票在不同投资者之间可以交易。股票的流通性与可流通的股票数量、股票成交量以及股价的交易量有关。由于股票的流通性代表着股票的变现能力，因此投资者趋向于流通性较强的股票。投资者的趋利行为将有助于达到合理分配资源的目的。

5. 风险性

股票的风险性是指股票的价值受到多种因素的影响，包括公司近期的经营状况、市场宏观形势、投资者的心理等。价格波动的不确定性越大，投资风险越大。2015 年 6 月 15 日至 26 日，沪深股市流通市值较之前一周下降 7.08%，两市平均股价下降 7.3%，给投资者造成大量损失。因此，股票是一种高风险投资。

(三)类型

普通股和优先股是股票的两种基本形式。

1)　普通股

普通股是上市公司发行的无特别权利的股票，是最主要的权益类证券。普通股是公司最基本、发行数量最多的股份，普通股的股东享有最为广泛的权利并承担最为广泛的义务。普通股股东将根据公司的盈利状况和分配政策享有股息，即其股息具有不确定性。因此，普通股是风险最大的一种股份，也是证券市场中最常见的一种。

普通股的特点有三个。

(1)　发行量最大，如目前中国上市公司所发行的股票大都为普通股。

(2)　风险最大，主要表现在普通股持有者所获得的收益依赖于二级市场的差价——能否低买高卖，以及公司分红。前者要受市场走势的影响，后者则取决于公司业绩和分红政策。也就是说，普通股持有者的收益具有很大的不确定性。

(3)　投票权最完备，其持有者有权出席或者委托代理人出席股东大会，对公司的重大事务行使投票表决权。

普通股一般可分为成长股(Growth Stock)、收益股(Income Stock)、蓝筹股(Blue-chip Stock)、投机股(Speculative Stock)和周期股(Cyclical Stock)。

(1) 成长股一般是规模较小或处于成长期的公司所发行的股票，这类公司一般不发或较少发放现金股利，以便把盈利用于再投资来谋求更大的发展。例如，著名的微软公司1986—1996年没有分派过股利。

(2) 收益股一般是历史悠久或比较成熟的公司发行的股票，这类公司一般派发的红利较多，但其成长性(增长幅度)不是很大。收益股一般为低风险行业发行的股票，如公用事业。

(3) 蓝筹股是指实力雄厚、股利优厚且赢利稳定增长的大公司所发行的股票。该类股票违约风险小，且股利连年稳定增长，而且其潜在的资本利得(Capital Gains)比收益股更大。

(4) 投机股与蓝筹股正好相反，一方面其分红的波动性大，另一方面其市场价格在短期内也变化较大。这两方面的情况导致了投机股的风险很高。

(5) 周期股是随着经济周期而变动的股票，当经济复苏或高涨时，股票形势就会逐步好转；当经济萧条时，股票收益就较差。一般而言，汽车制造行业所发行的股票属于较典型的周期性股票。

2) 优先股

相较于普通股，优先股享有某些特别权利，同时存在更多限制。优先股在公司盈利和剩余财产的分配权力方面享有优先权。优先股的持有者在持有期间享有固定股息，即股息与公司经营状况无关。但优先股持有者一般不具有投票权，且不参与公司的经营决策。

优先股的特点有三个。

(1) 风险较低。这主要表现在：一方面其股息确定，一般在发行说明书中对优先股股东所获得的股息数量或比重有明确规定；另一方面，当公司清算时优先股股东先于普通股股东得到清偿。

(2) 股东的投票权受限。一般情况下，优先股股东没有参与公司治理的投票权，但是当公司没有按照承诺的数量或比重及时向其持有者支付股息时，优先股股东才具有投票权。换言之，优先股股东的投票权是一种"状态依存权"(Contingent Claim)。

(3) 优先股一般不能在二级市场流通转让，但当优先股股东要行使用脚投票权时，可按照公司的有关规定由公司赎回。

优先股可分为累积优先股(Cumulative Preferred Stock)和参与优先股(Participating Preferred Stock)两类。前者的特点在于红利的派发可跨期累积；后者的特点在于其红利可根据一些特定条款与公司的盈利状况联系在一起(参见表2.9)。

表 2.9 普通股和优先股的区别

股票种类	普通股	优先股
资产属性	权益	权益+债权
公司权利	具有公司经营参与权及表决权	除拥有对优先股相关经营政策的表决权外，不具有公司经营参与权及表决权
股息分配	由公司盈利状况和分配政策决定	收益固定
流通性	可在二级市场进行交易流通	由优先股股票上的赎回条款决定
清偿顺序	次于优先股清偿	优先清偿

二、债券

(一)概念

债券是筹资机构和社会投资者之间的一种金融契约。它是一种有价证券，向投资者发行，并承诺会按预先规定的时间和方式向投资者支付利息和偿还本金的债务。由于债券的利息通常是事先确定的，所以债券又被称为固定利息证券。

债券作为一种债权债务凭证是一种虚拟资本，而非真实的资本，但它是经济运行中实际运用真实资本的证书。债券的种类多种多样，但在债券凭证上需包含一些基本的要素，包括：债券面值、偿还期、付息期、票面利率及发行人名称。

(二)特征

1. 偿还性

不同于股票，债券一般都有规定偿还期限，发行人必须按照约定条件偿还本金并支付利息。但某些国家为了筹集战争经费所发行的无期公债除外，这种债券规定：债权人只能按期获得利息支付，无权要求清偿。

2. 流通性

债券一般均可在流通市场上进行自由流通，具有较强的流通性，但是债券作为一种债券债务的凭证，其流通性与发行者的信誉和债券期限有关。

3. 安全性

债券相对于股票风险较小，因为其通常具有固定利率，其债券收益的发放与公司的经营状况没有直接联系，并在公司破产时，享有优先偿债权。但债券并不是绝对安全、没有风险，因为债券的价格会受到市场宏观因素的影响，例如：市场利率的影响、信用等级的影响等。

4. 收益性

债券的收益性主要来自两方面。一方面是债券价格的变动给投资者带来买卖债券的价格差；另一方面是投资于债券会给投资者带来较为稳定的利息收入。

债券的偿还性、流动性、安全性与收益性之间存在着一定的矛盾。一般情况下，债券的流动性强，安全性就强，投资者对该债券的投资意愿越强烈，该债券的价格就越上升，收益率就会下降；反之，如果某种债券的流动性差，安全性低，那么投资者对该债券的投资意愿越薄弱，债券的价格就越低，其收益率就提高。

(三)类型

债券通过不同的划分方式可以分出不同的债券类型(参见表 2.10)。

表 2.10　债券的分类

划分方式	债券类型
按发行主体划分	政府债券、金融债券、公司债券
按财产担保划分	抵押债券、信用债券
按债券形态划分	无记名债券、凭证式债券、记账式债券
按是否可转换划分	可转换债券、不可转换债券
按付息方式划分	零息债券、定息债券、浮息债券
按是否能提前偿还划分	可赎回债券、不可赎回债券
按偿还方式划分	一次到期债权、分期到期债权

三、证券投资基金

(一)概念

证券投资基金是介于债券与股票之间的一种受欢迎的投资工具，是指通过公开发售基金份额募集资金，由基金的托管人和管理员进行维护和运作，以集合证券投资模式创建合理的资产组合配置，为基金份额的受托人创造利益。

证券投资基金的出现为中小投资者拓宽了投资的方式。中小企业投资者可以通过投资基金的方式，将个人资金委托专业的基金管理员进行统一管理，从而达到组合投资并降低风险的目的。同时，基金的投资相较于股票的投资降低了投机性，基金的投资更关注于资本的长期增长，因此证券投资基金也有利于证券市场的稳定和发展(参见表 2.11)。

表 2.11　股票、债券和证券投资基金的比较

投资工具类型	股票	债券	证券投资基金
反映的经济关系	所有权的关系	债权债务的关系	信托关系
筹集资金的去向	实业资本	实业资本	金融工具
风险与收益	高风险、高收益	低风险、低收益	介于股票与债券之间

(二)特征

证券投资基金作为一种现代化的投资工具深受投资者的欢迎，这与其自身的特点有关。

1. 证券投资基金是一种集合投资制度

证券投资基金是吸纳各个中小投资者的投资资金进行集中规划、集中投资。证券投资基金通过组建投资管理公司对其吸纳的资金进行管理，并受到证券监督管理机构的多重监管。

2. 证券投资基金有利于分散风险

以科学的投资组合降低风险、提高收益是基金的另一大特点。相对于中小个人投资者而言，证券投资管理公司拥有巨额的资金，可以对证券投资进行组合化投资管理，且其拥有更专业的管理团队，可以有针对性地收集证券信息，并进行分析。

3. 证券投资基金帮助投资者进行专业理财

证券投资基金奉行的是高效和专业的准则。证券投资管理公司通过运用专业的人才，采用先进的技术，对金融市场上各种品种的价格变动趋势作出比较正确的预测，最大限度地避免投资决策的失误，提高投资成功率。相较于中小投资者的盲目理财，证券投资基金给予了更理性、更专业的理财方式。

(三)类型

证券投资基金根据不同的组织方式，一般可分为契约型基金和公司型基金。

1. 契约型基金

契约型基金又称为单位信托基金，是指专门的投资机构(银行和企业)共同出资组建一家基金管理公司，投资人通过签订"信托契约"的形式与基金管理公司达成合作。契约型基金最早起源于英国，随后进入中国。契约型基金具有募集范围广、投资范围广、决策效率低、资金安全性高、流动性强等特点。在我国，契约型基金是主要的基金形态。

2. 公司型基金

公司型基金是按照《公司法》，以发行股份的方式募集资金而组成的公司形态的基金，认购基金股份的投资者即为公司股东，凭其持有的股份依法享有投资收益。公司型基金主要分为两种，其一为封闭型基金；其二为开放型基金。两者的区别主要在于：封闭型基金是由公司发行固定数量的股数，在发行期满后不再增加股份且投资者不得要求退股；而开放型基金的投资者可以自由追加持股或退股(参见表2.12)。

表 2.12　契约型基金和公司型基金的区别

类　　型	契约型基金	公司型基金
法律依据	《信托法》	《公司法》
资金性质	通过发行基金份额筹集	通过发行普通股票筹集
投资者地位	基金的委托人和受益人	公司的股东股权
运营依据	契约营运基金	基金公司章程营运基金

四、金融衍生工具

(一)概念

金融衍生工具又称金融衍生产品，是建立在基础产品或基础变量之上，其价格取决于基础金融产品价格(或数值)变动的派生金融产品。自20世纪70年代金融衍生产品产生以来，发展迅猛。金融衍生产品的产生改变了这个市场结构，其连接了传统的商品市场和金融市场，改变了金融市场和商品市场的划分，同时在交易的过程中加入了杠杆交易，这带动了巨大的交易量，冲击了现货的交易市场。金融衍生工具是一种金融工具，或是两个主体间的合同，通过一些其他标的的资产或确定的价格、利率、指数等取得价值。

同时，金融衍生工具的发展对市场经济造成了较大的冲击。最突出的是2007年美国信贷危机给全球经济所带来的灾难。在那场金融危机中，美联储估计原本规模约1000亿美元的美国次级贷款，因为金融衍生品的泛滥和放大，最终给全球经济带来了一场"金融海啸"。

(二)特征

1. 跨期性

金融衍生工具是交易双方通过对宏观金融因素的预测，例如：利率、股价、汇率等，约定在未来某一个时间按一定条件进行交易或选择是否交易的合约。由于金融衍生工具的交易都是基于对未来变化所作出现有的结论，所以这将会影响投资者在未来某一时间段或某一时点上的现金流，因此金融衍生工具的跨期性特征较为明显。

2. 杠杆性

金融衍生工具交易一般只需要支付少量保证金或权利金就可以签订远期大额合约或互换不同的金融工具。假如某人使用 12.5% 的杠杆进行操作，持有 10000 元的本金投入，股票跌 1 个百分点就会损失 1250 元，跌 8 个百分点就会全部亏完，系统将强行平仓，所有投资毁于一旦。因此，金融衍生工具的杠杆效应决定了它的高投机性和高风险性。

3. 联动性

金融衍生工具的联动性是指金融衍生工具的价值和基础产品之间的紧密联系。假如在市场上存在较大的利差，将给股市带来大幅度震动，例如：当日本实行零利率政策，而欧美国家进入加息周期，此时投资者将融入日元投资于欧元等高息货币，这种交易行为将刺激欧元等高息货币的汇率不断提高。因此，金融衍生工具的联动性可能是线性的，也可能是非线性的，但一定是相关联的。

4. 不确定性或高风险性

金融衍生工具主要是投资者根据当下的市场环境作出对未来价值的预期。预期的准确性将直接影响到投资者的投资收益，同时准确性也受到了市场宏观经济的影响，这是不可预测的，再加上杠杆因素，因此金融衍生工具是具有不确定性和高风险性的投资产品。

(三)类别

1. 期货

所谓期货(Futures)，指的是期货合约，是由期货交易所统一制定的、规定在将来某一特定的时间和地点交割一定数量标的物的标准化合约。期货不同于现货，其标的物主要是指具有价格波动大、供需量大、易于储存与运输的可以实现分级和标准化的大众产品和金融工具。期货合约指由期货交易所统一制定的、规定在将来某一特定的时间和地点交割一定数量和质量实物商品或金融商品的标准化合约。标准期货合约需要明确交易数量、单位、质量、物品等级、交割地点、交割期限等条款。

2. 期权

期权是指它的持有人拥有在未来某一特定时间内以特定的价格买入或卖出某种特定商品的权利。它是通过期权合约来规定的。期权合约产生于 1973 年芝加哥期权交易所，是指在特定时间内以特定价格买卖一定数量交易品种的权利，期权种类主要是金融衍生产品。期权既可以作为一种投资投机手段，也可以起到对冲风险的作用。期权规定了买方从卖方购买的权利和买方的义务，买入资产的期权叫作看涨期权，卖出资产的叫作看跌期权。

期权与期货交易的主要区别：①交易双方的权利和义务。②交易双方的盈亏风险。③标准化。期货合约都是标准化的，而期权合约则不一定。④保证金。期货合约的双方均需交纳保证金，期权的买方则无须交纳保证金。⑤风险规避。运用期货合约进行套期保值时，在转移不利风险时，同时也放弃了有利风险。在保留有利风险时，同时也保留了不利风险。而运用期权时，可以做到把有利风险留下的同时放弃不利风险。当然，这样的结果是需要付出期权费的。

(四)其他金融衍生工具

1. 存托凭证

1)　存托凭证的定义

存托凭证是指在一国证券市场流通的代表外国公司有价证券的可转让凭证。存托凭证(DR)主要以美国存托凭证(ADR)的形式存在，即主要面向美国投资者发行并在美国证券市场交易。

2)　美国存托凭证(ADR)的种类

(1)　无担保的 ADR。无担保的 ADR 由一家或者多家银行根据市场的需求发行，基础证券发行公司不参与，存券协议只规定存券银行与 ADR 持有者之间的权利义务关系。

(2)　有担保的 ADR。有担保的 ADR 由基础证券的发行公司委托一家存券银行发行。发行公司、存券银行和托管银行三方签署存券协议。协议内容包括 ADR 与基础证券的关系，ADR 持有者的权利，ADR 的转让、清偿、红利或利息的支付以及协议三方的权利义务等。采用有担保的 ADR，发行公司可以自由选择存券银行。

3)　存托凭证的优点

(1)　市场容量大，筹资能力强。

(2)　上市手续简单，发行成本低。

(3)　避开直接发行股票与债券的法律要求。

2. 认股权证

1)　认股权证的定义

认股权证是指由股份公司发行的，能够按照特定的价格在特定的时间内购买一定数量该公司普通股票的选择权凭证，其实质是一种普通股票的看涨期权。

2)　认股权证的要素

(1)　认股数量。

(2)　认股价格。

(3)　认股期限。

3)　认股权证的发行

认股权证一般采用两种方式发行。最常用的一种方式是在新发行优先股份或公司债券时对优先股或公司的投资者发放认股权证，因投资者对认股权证无须支付认购款项，从而可增强公司优先股份或债券对投资者的吸引力。另一种发行方式为单独发行，是发行公司对老股东的一种回报。其具体做法是按老股东的持股数量以一定比例对其发放。

4)　认股权证的交易

认股权证的交易可以在交易所内进行，也可以在场外交易市场上进行，其具体交易方式与股票类似。

认股权证的行使价=(认股权证的市价×每手认股权证的数目)/每手认股权证可换的普通股数目+认股价

5) 认股权证的价值

(1) 内在价值。

$$认股权证的内在价值=认股权证的认购价格×换股比率$$

(2) 投机价值。

从认股权证内在价值的决定看，如果普通股的市价高于或等于认股价格，则认股权证的内在价值就可能大于或等于零；当普通股的市价低于认股价格时，认股权证的理论价值小于零，但市场价格仍有可能大于零，因为认股权证本身还有投机价值。这就是说，普通股的市价低于认股价格的现象只是暂时的，只要认股权证没有到期，普通股的价格就仍有超过认股价格的机会，其内在价值就会大于零。

另外，认股权证也有杠杆作用，即认股权证价值和变化幅度大于股价的涨跌幅度，这也是其投机价值的一种表现。

3. 备兑凭证

1) 备兑凭证的含义

备兑凭证属于广义的认股权证，它给予持有者按某一特定价格购买某种股票或集中股票组合的权利，投资者以一定的代价(备兑凭证发行价)获得这一权利，在到期日可根据股价情况选择行使或不行使该权利。同一般的认股权证不同，备兑凭证由有关股票对应的上市公司以外的第三者发行，通常是由资信良好的金融机构发行。发行后可申请在某个交易所挂牌上市。发放备兑凭证的目的，或是为了能以较高的价格套现所持有的有关股份，或是为了赚取发放备兑凭证所带来的溢价。

2) 备兑凭证的意义

(1) 有利于激活和发展证券市场。备兑凭证将给证券市场带来一种新的交易品种，有望形成市场新的热点，并给市场带来新的活力。

(2) 备兑凭证为投资者提供了一种新的投资工具，如果设计可以按一定比例认购一般备兑股票的备兑凭证，投资者可用极少量的资金取得认购一定数量转配股份的权利，从而可赢得一旦转配股份上市的市价，同时不必沉淀大量资金。

(3) 对证券经营机构而言，备兑凭证一方面可活跃二级市场，活跃相关个股；另一方面可解决证券经营机构在配股承销业务上的困境，减少承销风险。

阅读资料

私募基金的宏观经济意义

私募基金的发展现状

私募基金起源于美国。19世纪末20世纪初，有不少富有的私人银行家通过律师、会计师的介绍和安排，将资金投资于当时风险较大的石油、钢铁、铁路等新兴产业，这类投资完全是由投资者个人决策，没有专门的机构进行组织，可以看成是私募基金的雏形。美国是私募股权基金最集中的国家。

我国对私募基金的探索是从风险投资开始的。1985年中共中央发布的《关于科学技术体制改革的决定》中提到了支持创业风险投资的问题，随后由原国家科委和财政部等部门筹建了我国第一个风险投资机构——中国新技术创业投资公司(中创公司)。20世纪90年代之后，大量的海外私募股权投资基金开始进入我国，但由于缺乏制度保障以及金融市场的不成熟，一方面投资机构很难找到好项目，另一方面私募股权投资基金投资后找不到退出机制，从而导致投资基金第一次进入中国时大多以失败告终，这些基金多在1997年之前撤出或解散。

2004年以后，随着深圳中小企业板和创业板的推出，我国资本市场出现了有利于私募股权投资发展的制度创新，为私募股权投资在国内资本市场提供了IPO的退出方式。由此开始，私募基金投资市场渐趋活跃，私募基金的发展规模和数量都超过了以前任何时期。进入21世纪后，中国经济飞速发展，吸引了大量的创业者特别是海外创业者回国创业，而大量的创业者又吸引了越来越多的风险投资。这些投资促进了国内对创业的热情，促进了一大批海归企业和国内中小企业的发展，同时也带动了国内创业投资行业的进步。

2010年以后，随着与私募基金相关的一系列法律法规制度陆续出台生效，我国私募基金的发展进入了一个新的时期。中国基金业协会的数据显示，截至2014年7月31日，我国已完成登记备案的私募基金管理人共有3970家，管理私募基金5696只，管理规模为21477.2亿元。此外，截至2014年6月底，基金公司及其子公司专户业务管理资产规模达3.54万亿元，证券公司资管业务资产规模达6.82万亿元，上述私募产品合计规模约12.5万亿元。这些已经登记备案的私募基金机构和产品主要包括私募股权、创业投资、私募证券以及证券公司和基金子公司的私募资管产品，私募基金正成为直接融资的重要组成部分。

私募基金是多层次资本市场体系的重要组成部分。发展私募基金，不仅可以健全多层次资本市场体系，丰富资本市场交易形态，拓展市场服务范围，增强对新兴产业、中小微企业的服务能力，还能够有效拓宽居民的投资渠道，激发民间投资活力，提高社会资金使用效率。私募市场涵盖广泛，参与主体不仅包括人们熟知的私募股权、创投、私募证券，还包括很多具有金融牌照的资产管理机构。

发展私募基金促进经济转型

自2012年下半年以来，中国经济从高速增长转向中高速增长，经济发展进入"新常态"，中央提出了经济转型的要求。要从既有的以投资和出口为主导的发展模式转向以消费、投资和出口均衡主导的发展模式；发展的动力要从政府政策刺激为主转向激发市场主体为主；配置资源的方式着重强调发挥市场机制决定作用的同时更好地发挥政府的作用。经济工作的任务从简单地强调经济增长的高速度转向包括兼顾增长速度与增长质量、国内市场与国际市场、过剩产能的化解与传统产业的升级、创新驱动力的培养与增长的可持续性、生态环境保护与增加就业、提高收入、改善民生等多元化的目标。

我国私募基金行业本身就是国家改革开放的新兴产物。对外开放让中国经济融入世界，外资私募股权和创业投资基金积极参与并分享了中国经济的高速增长；我国经济和资本市场改革发展的生动实践，也带动了一批本土私募基金如雨后春笋般地蓬勃发展。实践证明，私募基金能够激发市场活力，具有巨大的发展潜力。创业投资基金与创新型国家战略高度契合，对推动我国的技术储备和人才储备转变为现实生产力，打通创新成果产业化、市场化、规模化的链条，助推中小微企业创新创业作用显著。私募股权基金特别是并购基金，以市场力量提升公司治理水平，是积极发展混合所有制经济、优化产业结构和转型升级、提升国有资产投资管理水平和资源整合效率的市场化的金融工具。以"阳光私募"为代表的私募证券基金在市场自发条件下出现并得到发展，尽管存在不足，但为资本市场带来了市场化的利益约束和激励机制，体现了市场在资源配置中的决定性作用。

（资料来源：赵锡军. 私募基金的宏观经济意义[J]. 中国金融，2014(22):67-68.）

本 章 小 结

证券市场的产生得益于商品经济的发展。证券市场指的是股票、债券、期货、期权、投资基金等有价证券发行和交易的场所。证券市场是价值直接交换的场所、财产权利直接交换的场所以及风险直接交换的场所。

证券市场按照发行顺序可以分为一级市场和二级市场。一级市场是证券发行市场；二级市场是证券交易市场。两者相互制约、相互依存，是一个不可分割的整体。

证券市场的交易遵循"价格优先、时间优先"的准则。在证券市场的交易过程中存在着集合竞价法和连续竞价法。

证券市场的监管目标是保护投资者，保证证券市场的公平、效率和透明，降低系统风险。其监管目的主要通过法律、经济和行政的手段得以实现。

证券市场的参与者包括证券发行人、证券投资者、证券市场中介和自律性组织。

证券市场的投资工具包括股票、债券、证券投资基金和金融衍生品四种。

练 习 题

一、名词解释

一级市场　二级市场　合格境外机构投资者　优先股　期货　期权

二、简答题

1. 简述证券市场的定义、特征、分类与基本功能。
2. 简要分析普通股与优先股的区别。
3. 简述不同证券投资工具的异同点。

三、计算分析题

1. 若某日股票 A 在开盘前分别有 5 笔买入委托和 4 笔卖出委托(参见表 2.13)，请简要分析该股的集合竞价过程和价格。

表 2.13　委托股票买卖集合竞价排序表

序　号	委托买入价	数量/手	序　号	委托卖出价	数量/手
1	13.28	1	1	12.89	6
2	12.76	7	2	12.73	1
3	12.74	4	3	12.13	3
4	9.61	4	4	10.98	3
5	8.7	1			

2. 假设某投资者向经纪商借款 15 000 元，购买每股 12 元的某股票 5000 股，其垫金率为多少？如果该股票的市价上升为每股 15 元，垫金率是如何变动的？并简要说明信用交易的风险。

第二部分

资产组合、资产定价与投资绩效评价

　　资产组合理论、资产定价与投资绩效评价是现代投资学的核心理论，也是需要着重研究、理解和掌握的核心内容之一。本篇包括第三章、第四章、第五章、第六章和第七章共五章的内容。

第三章 风险、收益与投资者效用

【学习要点及目标】

通过本章的学习，可以了解投资风险的定义和种类；掌握系统性风险和非系统性风险的定义和区别；学会衡量单一资产和资产组合的风险与收益；了解投资者风险偏好的类型；掌握投资者无差异曲线的特征。

【关键概念】

系统性风险　非系统性风险　持有期收益率　协方差($\mathrm{Cov}(x_1, x_2)$)　相关系数(ρ_{ij})　无差异曲线　投资者风险偏好

投资学的一个基本理念是风险与收益的最优匹配。对理性的投资者而言，风险与收益的最优匹配是在一定风险条件下追求更高的收益，在一定收益条件下追求更低的风险。对投资者风险偏好的掌握以及对风险与收益的量化，是构建资产组合时首先要解决的一个基础问题。本章在界定、阐明投资风险的概念及分类的基础上，分别研究了单一资产和组合资产的风险与收益的计量，并分析了投资者的风险偏好与效用。

第一节　投资风险的定义和种类

一、投资风险的定义

投资风险(Investment Risk)，是指投资活动中实际收益率的不确定性(Uncertainty)，这样的不确定通常是指投资损失频率(Loss Frequency)和损失程度(Loss Severity)的大小。因此，投资风险不等于投资损失，但在多数情况下所提的风险指的是损失。风险不一定是坏事，它既有损失的可能性，更是收益的重要来源；在某种程度上，风险与收益是共同存在的。我们要做的是利用风险，如何把损失、获利的大小和概率测算出来并朝对自己有利的一方调整，这就看你的本事了。还可以制定无风险套利策略，就像用刀切菜，切得厚薄均匀又不能伤到自己。

投资活动中存在各种各样的风险，如市场风险、运营风险、操作风险、流动性风险等，根据不同的分类标准又可分为不同的种类，如风险的来源、产生的影响等。在证券投资中，按风险是否可分散可分为系统性风险和非系统性风险。

总风险由系统性风险(Systematic Risk)和非系统性风险(Unsystematic Risk)两大类组成。

(1) 总风险=非系统性风险+系统性风险。

(2) 这里用收益率的标准差衡量风险[①]。

(3) 随着组合中证券数量的增加，非系统性风险降低，而且降低的速度逐渐减小。由此可知，组合中证券的数量要适量，不是越多越好，增加证券边际效用的递减，一般可通过成本效益的比较来确定组合中证券个数的选择(参见图3.1)。

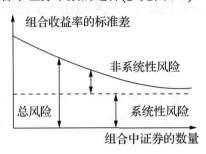

图 3.1　证券投资的风险

二、系统性风险

(一)系统性风险的概念

系统性风险(Systematic Risk)是指由于某些全局性因素引起投资收益的可能变动，这些因素会对所有的证券产生影响，是不可回避与不可分散的风险。其内涵包括下述各点。

(1) 全局性因素——指整体政治、经济、社会、文化等公司外部环境因素。

(2) 投资收益——可能变动，也可能不变。

(3) 所有证券——是处于市场中的每一个证券。对于存在经济危机时收益好于市场甚至大幅上涨的证券，是因为其非系统性因素回报战胜了系统性因素的不利影响，在市场正常的情况下，该证券可能表现得更好。

(4) 影响——对不同证券或在同一证券的不同时期，这个影响不一定相同，是多方向多维度的。

(5) 不可回避风险——系统性风险的诱因多发生在企业等经济实体外部，企业难以控制和回避，但可以采取有效的措施减弱其影响。

(6) 不可分散风险——相同因素会对所有公司产生不同程度的影响，并且该影响不能通过多样化投资来分散。

(二)系统性风险的种类

系统性风险包括市场风险、政策风险、利率风险、通胀风险等。

(1) 市场风险(Market Risk)是指由于证券市场长期趋势变动而带来的风险，是证券投资

---

① 用标准差(或者均值—方差)衡量风险的方法是过去常用的计算最简单的方法。它有几个缺点：a. 把收益高于均值部分的偏差也计入风险；b. 以收益均值作为回报基准，与事实不符；c. 只考虑平均偏差，不适合用来描述小概率事件发生所导致的巨大损失，而金融市场中的"黑天鹅"产生的极端风险影响巨大。较先进的风险度量方法有 VaR 模型、ES 模型、CVaR 模型、一致性风险度量模型、谱风险度量模型等，可以上网了解一下。引用自 http://finance.ifeng.com/a/20140331/12018700_0.shtml 凤凰财经，格上理财。

活动中最普遍、最常见的风险。市场风险在这里是指由证券价格的涨落直接引起的，是证券投资活动中最普遍、最常见的风险。当对市场整体价值高估时，市场风险将加大。对于投资者来说，系统性风险是无法消除的，投资者无法通过分散化的投资组合进行防范，但可以通过控制资金调整风险资产投资的比例，采用对冲以及清仓等方式，减弱系统性风险的影响。

(2) 政策风险(Policy Risk)。政府的经济政策和管理措施的变化，可以影响到公司的日常运营和经营利润，进而影响投资收益；证券交易政策的变化，可以直接影响到证券的价格和投资收益。而一些看似无关的政策变化，比如对于私人购房的政策，可能影响证券市场的资金供求关系。因此，经济政策、法规出台或调整，对证券市场会有一定影响，如果这种影响较大时，会引起市场整体的较大波动，比如，2016 年 1 月的股市熔断机制、2016 年 3 月 1 日起施行的股票发行注册制。由此可见，政策、局势稳定的意义，政策风险是国家风险(像英国脱欧、美国大选、印度取消大额货币等)的一个方面。

(3) 利率风险(Interest Rate Risk)。市场价格的变化随时受市场利率水平的影响。利率与证券价格一般呈相反方向变化，即利率提高，证券价格下降；利率下降，证券价格上涨。另外，市场利率的提高一般可使股市资金供给减少(可以查阅对比一下央行加息时股市的量价变化及美联储加息时的市场反应)。

(4) 通胀风险(Inflation Risk)。由于通货膨胀、货币贬值，同样金额的资金，未必能买到过去同样价格的商品。这种物价的变化带来了资金实际购买力的不确定性，称为通胀风险，或购买力风险。在通货膨胀情况下，企业生产经营外部条件恶化，购买力风险难以回避；货币贬值，货币购买力水平下降，投资者的实际收益率下降。

$$实际收益率=名义收益率-通货膨胀率。$$

(三) β 系数—衡量系统性风险

某证券的系统性风险，可以用该证券的收益率与市场收益率之间的关系 β 系数衡量。用 β_i 表示单个证券的 σ 系数，计算公式为

$$\beta_i = \frac{\sigma_{i,m}}{\sigma_m^2} = \rho_{i,m} \frac{\sigma_i}{\sigma_m} \tag{3-1}$$

其中，σ_i 表示 i 证券收益率的标准差，σ_m 表示市场收益率的标准差，$\rho_{i,m}$ 表示 σ_i 与 σ_m 之间的相关系数，$\sigma_{i,m}$ 表示 σ_i 与 σ_m 之间的协方差。$\sigma_{i,m} = \rho_{i,m} . \sigma_i . \sigma_m$。

可以思考一下 β 为什么要用标准差和相关系数来计算，而不是用收益率、价格等其他的数据。

用 β_p 表示证券组合的 β 系数，等于组合中各证券 β 系数的加权平均，计算公式为

$$\beta_p = \sum_{i=1}^{n} X_i \beta_i \tag{3-2}$$

其中，X_i 表示组合中证券 i 的实际价值 v_i (市场价值)占组合总价值 v_p 的权重，

$$X_i = \frac{v_i}{v_p}$$

如果某证券或证券组合的 $\beta=1$，则其系统性风险与市场风险一致；如果 $\beta>1$，则其系统性风险大于市场风险；如果 $\beta<1$，则其系统性风险小于市场风险。当 $\beta=0$ 时，无系统

性风险，只获得无风险收益(一般认为国债，银行间同业拆借的收益率)。如果$\beta<0$呢？如果$\beta<0$，则$\rho<0$，这个资产是很好的系统性风险对冲工具，目前实际市场上没有这样的资产，黄金被认为与各资产的相关性很低。

我们这里要注意的是，β值的大小本身并无好坏之分，要视投资偏好和投资策略而定。一方面，理论上承担的风险越高，可能获得的收益越高；另一方面，不同投资者或机构对风险的偏好和投资目标不同，若投资策略是风险厌恶型，则其组合的β值应小于1，此时$\beta>1$的组合是表现差的，它把资金暴露在更多风险下了(暴露了更多的风险头寸)。

三、非系统性风险

(一)非系统性风险的概念

非系统性风险(Unsystematic Risk)是指只对某个行业或个别公司的证券产生影响的风险，其通常是由某一特殊因素引起的，与整个证券市场不存在系统、全面的联系。

(1) 特殊因素——如苹果三星的专利诉讼、三星手机电池爆炸、乐视的资金流断裂、钢铁行业产能过剩等。

(2) 这种风险可以通过分散投资来消化，又可称为可分散风险或可回避风险。

(3) 非系统性风险包括信用风险、经营风险和财务风险。

(4) 如果市场是有效的，[①]则整个证券市场可看作是"市场组合"(Market Portfolio)。此市场组合的非系统性风险被认为是0，此市场组合仍有系统性风险，一般以货币市场基金或者短期国债作为无风险资产的代表品。

(二)非系统性风险的种类

(1) 信用风险(Credit Risk)，又称违约风险，是指借款人、证券发行人或交易对方因种种原因，不愿或无力履行合同条件而构成违约，致使银行、投资者或交易对方遭受损失的可能性。

(2) 经营风险(Operational Risk)，是指由于公司经营状况变化而引起盈利水平改变，从而使投资者预期收益下降的风险。该风险可能由内部因素引起，比如公司经营决策失误，管理混乱等；也可能来源于外部因素，比如政府产业政策调整、竞争对手实力变化等。

(3) 财务风险(Financial Risk)，是指公司财务结构不合理、融资不当使公司偿债能力降低而导致投资者预期收益下降的风险。财务风险贯穿于生产经营的整个过程，可分为筹资风险、投资风险、资金回收风险和收益分配风险四种类型。

第二节　单一资产的收益和风险衡量

首先我们来看在实际投资中对收益和风险的计量。如果是对某一资产进行投资，那么股票的未来收益和风险是不可知的，就需要用样本进行估计，即通过计算样本平均值和样

---

① 市场的有效性会在第八章细说。

本标准差来估算其收益和风险。

在计算过程中一般用该股票历史收益为样本，并假设其收益的概率分布不变。[①]该资产的样本平均值公式是：

$$\bar{r} = \frac{\sum_{i=1}^{N} r_i}{N}$$

(3-3)

式中，N 为收益观察值的数量，通常固定观察周期，如几天、几周。

样本平均值与预期收益是有差别的，这一差别就是风险因素，它可以通过样本标准差计算，公式为

$$\sigma = \sqrt{\sigma^2} = \sqrt{\frac{\sum_{i=1}^{N} (r_i - \bar{r})^2}{N-1}}$$

(3-4)

计算样本标准差时，请回忆统计学知识，如分母是 $N-1$，则是总体的无偏估计。

通过上述计算过程，我们即可在实际投资中计量单一资产的收益和风险。

一、单一资产的收益衡量

衡量单一资产的收益，可以分为三类，即历史收益、预期收益和必要收益，分别用于确定单一资产以往、未来和最低的投资报酬。据此，投资收益率可分为持有期收益率、预期收益率和必要收益率。

(一)持有期收益率

持有期收益率(Holding Period Return)是用于衡量资产以往投资的收益率指标，指在买入到卖出这段特定期限内持有资产所能获得的收益率。收益额由当前收益与资本利得两部分构成，持有期收益率等于收益额占初始投资的比重，计算公式为

$$R = \frac{D_t + (P_t - P_{t-1})}{P_{t-1}}$$

(3-5)

其中，R 为持有期收益率，t 指特定的时间段，D_t 是第 t 期的当前收益(指中间现金流流入，如现金股利、利息收入等)，P_t 是第 t 期期末的资产价格，P_{t-1} 是第 $t-1$ 期期末的资产价格，$(P_t - P_{t-1})$ 代表该段时间的资本利得。持有期收益率一般不用年化，持有期可以是几天、几年。

【例3-1】 假定某投资者去年的今天购买了 1000 股价格为 10 元/股的股票 A，在过去一年中投资者得到 0.3 元/股的现金股利，并于今天以 12 元/股卖出全部股票 1000 股(参见图 3.2)，那么，持有期收益率是多少？

解：股票总收益=0.3×1000+(12-10)×1000 =2300(元)；

则年持有期收益率=2300/(10×1000)×100%=23%。

---

① 实际上资产收益率的概率分布为正态分布，资产的价格分布为对数正态分布。

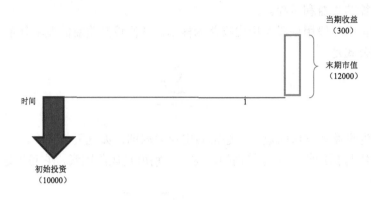

图 3.2 证券投资的构成

(二)预期收益率

预期收益率(Expected Return)是衡量资产未来投资收益的指标,即在不确定的条件下,预测某资产未来可实现的收益率,表达式为未来收益率的期望值,也称期望收益率。其计算公式为

$$E(R) = p_1 R_1 + p_2 R_2 + \cdots + p_n R_n = \sum_{i=1}^{n} p_i R_i \tag{3-6}$$

其中,$E(R)$ 为预期收益率,R_i 为第 i 种可能的收益率,p_i 是收益率 R_i 发生的概率,$\sum_{i=1}^{n} p_i = 1$,n 代表各种情况下可能的收益率的数目。

注意:除非有指定说明,一般预期收益率都是年化的。

【例 3-2】 某种证券 A 未来一年的收益率的可能情况如表 3.1 所示:

表 3.1 证券 A 在不同状态下的收益率

经济状况	概　率	收益率/%
繁荣	0.25	10.30
萧条	0.15	−8.30
正常运行	0.60	5.20

解:根据以上数据即可算出该投资的下一年的预期收益率:$E(R) = 0.25 \times 10.30\% + 0.15 \times (−8.30\%) + 0.60 \times 5.20\% = 4.45\%$

(三)必要收益率

必要收益率也称最低必要报酬率,表示投资者对某资产合理要求的最低收益率,等于无风险收益率和风险收益率(对承担风险的补偿)之和,低于这个收益时投资者不会投资此资产。其计算公式如下:

必要收益率(R)=无风险收益率+风险收益率

　　　　　　 =无风险收益率+风险价值系数×标准离差率

　　　　　　 $= R_f + b \cdot V$ \tag{3-7}

其中，R_f 表示无风险收益率，b 为风险价值系数，V 为标准离差率。

在资本资产定价模型[①]的理论框架下，假设市场是均衡的，则资本资产定价模型还可描述为：预期收益率=必要收益率。

$$R = R_f + \beta(R_M - R_f) \tag{3-8}$$

其中，R_f 为无风险报酬率，R_M 为平均风险股票报酬率，β 为风险价值系数，$R_M - R_f$ 是市场风险溢价(Market Risk Premium)，是指市场组合超过无风险资产收益的预期收益，这一溢价为投资的系统性风险提供了补偿。

对于债券投资，它的收益率必须补偿：①货币纯时间价值，即真实的无风险收益率 R_f；②该时期的预期通货膨胀率 π^e；③风险溢价 R_p，承担风险的补偿。一般情况下，必要收益率包含但不限于以上三种回报，因为必要收益率表达的是投资者的主观意愿，实际投资中会有许多变化，大家可以自己思考一下自己投资的意愿会受哪些因素的影响。

债券投资必要收益率：

$$R = R_f + \pi^e + R_p \tag{3-9}$$

其中，R_f 为无风险报酬率，R_p 为风险溢价，π^e 为预期通货膨胀率。

(四)几个收益率[②]的比较

(1) 除持有期收益率计算时不考虑投资时间，不用年化外，没有特殊说明的其他收益率一般都默认是年化的。

(2) 历史收益率可以是已经发生的历史时期内的任一特定时间段(使用时需标明时间)的收益率，而持有期收益率只是持有资产的这一时段的收益率。

(3) 必要收益率和期望收益率均未实现，历史收益率和持有期收益率是实际发生的已实现收益率(Realized Return)。

(4) 期望收益率≠平均收益率，计算期望收益时的权重可以相等但多数情况下是不等的，比如已发生概率 p_i、不同的重要性权重或市场价值比重 w_i 等；而平均收益的权重都相等，为 $1/N$。

(5) 无风险收益率(Risk-free Return)是指把资金投资于一个没有任何风险的投资对象所能得到的收益率，通常指没有信用风险和市场风险。投资者一般会把这一收益率作为基本收益，再考虑可能出现的各种风险。

无风险收益率的确定在基金业绩评价中具有非常重要的作用。理论上，无风险收益率=资金时间价值(纯利率)+通货膨胀补偿率，其收益确定而风险为零。但实际上，货币的时间价值和通货膨胀率都是不确定的，可作为无风险收益率的参考利率有短期国债收益率、银行间同业拆借利率(LIBOR、SHIBOR)、银行存款利率等。各投资主体根据自己不同的目的，可以选择不同的参考利率。在国际上，一般都采用短期国债收益率作为市场无风险收益率。

以无风险收益率为收益的资产可称为无风险资产(Risk-free Asset)，一般以货币市场基金或者短期国债作为无风险资产的代表品。

---

① 资本资产定价模型在第五章中详细介绍，在这里先了解一下。

② 包括历史收益率、持有期收益率、必要收益率、期望收益率、平均收益率、无风险收益率。

【例 3-3】 收益率——算术平均与几何平均。

某股票的市场价值在第一年年初时为 100 元，到了年底股价上升至 200 元，但在第二年年末跌至 100 元。假设这期间该股票没有发过股息，计算该股票这两年的算术平均收益率和几何平均收益率。

解： 第一年的投资收益率为 100%，第二年的投资收益率为-50%((100-200)/200)。

算术平均收益率=[100%+(-50%)]/2=25%；

几何平均收益率=$\sqrt{(1+100\%)(1-50\%)}-1=0$；几何平均收益率与实际相符，即 2 年的平均收益率为 0。

由以上例子可知，算术平均收益率大于几何平均收益率。收益波动越大，这种偏差越明显，只有在整个投资期各期的收益率都相等的情况下，这两种平均收益率才可能是一致的。这其中更深层的原理大家可以在网上查找。

资产价格可由算术平均计算均值，资产收益率需要用几何平均计算。

二、单一资产风险的衡量

一般将风险定义为实际收益(Realistic Return)对预期收益(Expected Return)的偏离，单一资产的风险可以用预期收益的方差或标准差来衡量，在数值计算中，一般用标准差表示风险，原因有两个：①在计算各类比率时的量纲对应；②波动性表示风险，波动性的英文 Volatility 对应的是标准差，而方差英文是 Variance。其计算公式为

$$\sigma^2 = \sum_{i=1}^{n} p_i [r_i - E(r_i)]^2 \tag{3-10}$$

$$\sigma = \sqrt{\sigma^2} = \sqrt{\sum_{i=1}^{n} p_i [r_i - E(r_i)]^2} \tag{3-11}$$

其中，P_i 是收益率 r_i 发生的概率，$E(r_i)$ 是期望收益率，n 代表各种情况下预期收益率的数目。

标准差的统计学含义：假设金融资产收益率服从正态分布，[①] 此时 2/3 的收益率在 $E(r_i) \pm \sigma_i$ 范围内，约 95%的收益率在 $E(r_i) \pm 2\sigma_i$ 范围内。标准差在金融学中的含义是：标准差越大，随机变量收益率 r_i 相对期望收益率 $E(r_i)$ 的偏离程度越大，收益的不确定性越大。所以常用收益标准差衡量投资风险的大小。

【例 3-4】 假定某投资者购买了一手某股票 A，初始价格为 100 元/股，持有期为 2 年，期间现金红利为 4 元/股，预期股票价格在不同经济运行状态下有如表 3.2 所示三种风险，求各种风险下的收益率，并求该股票 A 的期望收益和标准差。

表 3.2　一个假设的股票投资

经济状态	经济繁荣	正常运行	经济萧条
概率	0.35	0.50	0.15
期末价/(元/股)	150	120	70

---

① 在理想状态下，即市场无摩擦，无各类费用的情况下，金融资产价格服从对数正态分布，金融资产收益率服从正态分布。但实际上收益率的分布是左偏和厚尾的，详细内容请上网查找资料(回忆统计学中的偏度和峰度)。

解：设 r_1、r_2、r_3 分别为经济繁荣、正常运行和经济萧条状态下的收益率。则

$$r_1 = \sqrt{(150+4)/100} - 1 = 24.10\%$$

$$r_2 = \sqrt{(120+4)/100} - 1 = 11.36\%$$

$$r_3 = \sqrt{(70+4)/100} - 1 = -13.98\%$$

根据预期收益率计算公式：

$$E(r) = 0.35 \times 24.10\% + 0.5 \times 11.36\% + 0.15 \times (-13.98\%) = 12.02\%$$

再根据标准差的计算公式：

$$\sigma = \sqrt{0.35 \times (24.10\% - 12.02\%)^2 + 0.5 \times (11.36\% - 12.02\%)^2 + 0.15 \times (-13.98\% - 12.02\%)^2}$$
$$= 0.1236$$

注意： (1) 持有期为 2 年，计算的收益率和标准差都需要年化。

(2) 不同的时期有不同的市场情况，股票 A 获得正收益的概率是 0.85 大于损失的概率 0.15，期望收益为年化 12.02%，可以买入。

(3) 结合实际，预测各种可能出现的情况，发生的概率及预期价格是解决问题的关键和难点，大家可以思考一下如何预测这些值①。

三、变异系数

变异系数(Coefficient of Variation，CV)，又称"标准差率"，是衡量各观测值变异程度的另一个统计量。当进行两个或多个资料变异程度的比较时，如果度量单位与平均数相同，可以直接利用标准差来比较。如果单位和(或)平均数不同时，比较其变异程度就不能采用标准差，而需采用标准差与平均数的比值(相对值)来比较。

变异系数可以消除单位和(或)平均数不同对两个或多个资料变异程度比较的影响。

变异系数越小，变异(偏离)程度越小，风险也就越小；反之，变异系数越大，变异(偏离)程度越大，风险也就越大。

在金融学中，变异系数计算的是单位收益所承担的风险。变异系数的值越大，表明单位收益所承担的风险越大。变异系数是我们进行资产投资的一个重要原则和指标。

$$变异系数 = CV = \frac{\sigma}{E(R)} = \frac{标准差}{期望收益率} \tag{3-12}$$

【例 3-5】 用变异系数评估投资项目。

假定项目 A、B 的收益率和标准差如表 3.3 所示。

表 3.3 项目 A、B 的收益率和标准差

	项目 A	项目 B
收益率	0.05	0.07
标准差	0.07	0.12

---

① 预测并不是越精确越好，预测情况往往随着市场和事件而改变，这里的思想涉及量子力学的海森堡测不准原理和混沌理论。

通过分别计算上例中 A、B 项目的变异系数从中选择出较优项目。

解:

$$CV_A = \frac{0.07}{0.05} = 1.40 \quad CV_B = \frac{0.12}{0.07} = 1.71$$

由计算结果可见,项目 A 的变异系数低于项目 B 的变异系数,所以项目 A 更优。

第三节　组合资产的收益和风险的衡量

"不要把鸡蛋放在同一个篮子里"告诉我们在投资时必须进行组合投资,那么你需要对以下问题通过查阅资料进行深入思考:①如何判断某投资组合收益优于单一资产,优于程度是多少;②如何使组合的收益优于单一资产,如何使这种优势最大化;③如何构建这样的组合,即如何选择组合中的资产及各资产在组合中的比重怎么确定;④如何应对市场变化调整组合,使组合收益在各种市场情况下表现优秀,即熟知各种可能、洞察市场变化、调整组合仓位、决定买入卖出点等。要管理好一个资产组合需要考虑很多方面的问题,要凭踏实的基础和过硬的实力去解决一系列问题。这节我们只讨论第一个小问题,余下问题需要同学们去搜集资料了解并深入思考。

一、资产组合的收益

对组合资产的投资决策,不仅要考虑单个资产的收益和风险,更需要考虑组合整体的收益和风险,考虑怎么选择组合中的资产,决定每一资产在组合中的比重。

资产组合的收益不是单一资产收益的简单平均,而是组合中所包含的各种资产收益率的加权平均数(期望值)。其计算公式为

$$E(r_p) = \sum_{i=1}^{n} x_i E(r_i) \tag{3-13}$$

其中,$E(r_p)$ 是资产组合的预期收益,$E(r_i)$ 是组合中单一资产的预期收益,权数 x_i 为各资产的市场价值占组合总市场价值的比率。式中,$i=1, 2, \ldots, n$;n 是组合中资产的数目;$x_1 + x_2 + \cdots + x_n = 1$,$x_i$ 也可以用 w_i(Weight)表示。

【例 3-6】　假定以股票 A、B、C 构成一个投资组合,其基本情况如表 3.4 所示。

表 3.4　一个假设的组合

	A	B	C
预期收益率/%	5	7	3
占组合比重/%	41.6	28.3	30.1

求该组合的期望收益率。

解:该组合期望收益率 = 41.6% × 5% + 28.3% × 7% + 30.1% × 3% = 4.964%

二、资产组合的风险

资产组合的风险，同样可以用方差和标准差来表示。正如资产组合收益的计算一样，资产组合的方差也不是组合中各资产方差的简单相加，而是资产组合的收益与其预期收益偏离数平方的期望。其计算公式为

$$\sigma_p^2 = E[r_p - E(r_p)]^2 \tag{3-14}$$

可推导：

$$= E\{r_p^2 - 2r_p \cdot E(r_p) + [E(r_p)]^2\} = E(r_p^2) - 2E(r_p) \cdot E(r_p) + [E(r_p)]^2$$

得：

$$\sigma_p^2 = E(r_p^2) - [E(r_p)]^2 \tag{3-15}$$

其中，r_p 为资产组合的收益率，这里复习一下数理统计的知识。

如果是由 n 个资产构成的组合，计算该组合方差的一般公式为

$$\sigma_p^2 = \sum_{i=1}^{n} x_i^2 \sigma_i^2 + \sum_{i=1}^{n}\sum_{j=1}^{n} x_i x_j \mathrm{Cov}(x_i, x_j) \ (其中，\ i \neq j) \tag{3-16}$$

其中，$\mathrm{Cov}(x_i, x_j)$ 为资产 i 与资产 j 之间的协方差，也可表示为 σ_{ij}，$\sigma_{ij} = \mathrm{Cov}(x_i, x_j) = \rho_{ij}\sigma_i\sigma_j$。

注意：这里的 $i \neq j$，当 $i=j$ 时，$\mathrm{Cov}(x_i, x_j) = \mathrm{Cov}(x_i, x_i) = \sigma_i^2$。

所以，$\sigma_p^2 = \sum_{i=1}^{n}\sum_{j=1}^{n} x_i x_j \mathrm{Cov}(x_i, x_j)$ 成立。

【**例 3-7**】 假设以股票 A 和股票 B 构成投资组合，其中 $x_1 = 0.30$，$\sigma_1 = 0.25$，$x_2 = 0.70$，$\sigma_2 = 0.22$，且 $\sigma_{12} = 0.01$，计算该组合的方差。

解：$\sigma_p^2 = 0.30^2 \times 0.25^2 + 0.30 \times 0.70 \times 0.01 \times 0.25 \times 0.22 + 0.70^2 \times 0.22^2 + 0.70 \times 0.30$

$\qquad \times 0.01 \times 0.25 \times 0.22$

$\qquad = 0.029572$

$\sigma_p = \sqrt{\sigma^2} \approx 0.1720$

由计算结果可知，此组合的风险小于任一组成股票的风险。

组合的分散化效果：①任意组合的标准差一定小于组合中单一资产最大的标准差(极端思维)；②组合降低风险的程度与资产间相关系数、资产在组合中的权重等因素相关；③组合中存在一组资产最佳权重比例使组合的分散化效果最好；④由负相关资产组成的资产组合其风险一定能达到小于组合中任一资产风险的状态；⑤理论上，只有完全负相关的资产才能把风险完全分散，但是实际上并不存在完全负相关的资产，大家可以查一下黄金、债券和股市的价格数据并用 Excel、Eviews 等统计软件计算一下它们的相关性。寻找相关性低的资产在实践中用处很大，值得注意的是：分散投资只能减低风险对整体组合的影响，并不能将风险完全免除。

三、协方差与相关系数

为了获得资产组合最好的分散化效果，进行最优的资产配置，不仅要考虑单一资产本身风险与收益的大小，而且要重视各资产收益率之间的相互关系，这种相互关系在这里可

以用协方差和相关系数衡量。

协方差(Covariance)表示两个或更多的随机变量之间的相互关系，在这里用于揭示资产组合中两种或多种资产期望收益率之间的相互关系。设两资产 x_1，x_2 为两个随机变量，则它们之间的协方差为

$$\sigma_{12} = \mathrm{Cov}(x_1, x_2) = E[(x_1 - E(x_1))(x_2 - E(x_2))]$$

即，$\mathrm{Cov}(x_1, x_2) = E(x_1 x_2) - E(x_1)E(x_2)$ (3-17)

若 $\sigma_{12} = 0$，则两资产不相关；若 $\sigma_{12} > 0$，则两资产正相关，即一个资产价格上升，另一个资产价格上升的趋势增强；若 $\sigma_{12} < 0$，则两资产负相关，即一个资产价格上升，另一个资产价格下降的趋势增强。

协方差描述了两个随机变量之间的相关状态，即是正相关、负相关或不相关。但是由于受到变量标准差大小的影响，它不能说明变量间的相关程度，因此引进了相关系数(Correlation Coefficient)。

相关系数的计算公式：

$$\rho_{ij} = \frac{\sigma_{ij}}{\sigma_i \sigma_j}$$ (3-18)

ρ_{ij} 为资产 i 与 j 的相关系数，取值介于 1 和-1 之间；正号表示正相关，负号表示负相关；相关系数越大，资产间相关程度越高，变化情况越相似，组合中风险的分散化效果越低。当 $\rho_{ij} = 1$ 时，表示两个资产完全正相关，即变动方向一致且变动程度相同；当 $\rho_{ij} = -1$ 时，表示两个资产完全负相关，即变动程度相同但方向相反；当 $\rho_{ij} = 0$ 时，两个资产的收益变动完全不相关，如图 3.3(a)、图 3.3(b)、图 3.3(c)所示。

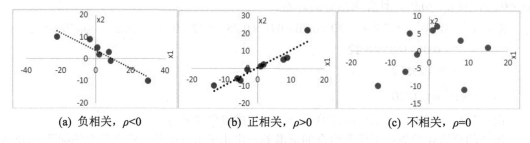

(a) 负相关，$\rho < 0$ (b) 正相关，$\rho > 0$ (c) 不相关，$\rho = 0$

图 3.3 资产的相关性

不同资产之间的相关系数对资产组合的风险有重大影响。如果由两个资产构成一个资产组合，则该组合的方差可表述为：

$$\sigma_p^2 = x_1^2 \sigma_1^2 + x_2^2 \sigma_2^2 + 2x_1 x_2 \rho_{12} \sigma_1 \sigma_2$$ (3-19)

由公式可见，当资产的权重和方差既定时，相关系数越大，组合的方差越大，风险越大。所以，在实际投资中，寻找相关性小的资产对组合投资起着重要作用。大家可以思考一下什么样的资产相关性较小，在实际投资中应该怎么操作。

下面对公式 $\sigma_p^2 = x_1^2 \sigma_1^2 + x_2^2 \sigma_2^2 + 2x_1 x_2 \rho_{12} \sigma_1 \sigma_2$ 进行推导：

首先回忆几个基础公式：① $\mathrm{Var}(a) = E\left\{[a - E(a)]^2\right\}$，② $E(a+b) = E(a) + E(b)$

③ $\mathrm{Cov}(a,b) = E[(a - E(a))(b - E(b))] = E[ab - E(a)E(b)] = E(ab) - E(a)E(b) = \rho_{ab}\sigma_a\sigma_b$

由①，得

$$\mathrm{Var}(a+b) = E\{[(a+b)-E(a+b)]^2\}$$
$$= E\{(a+b)^2 + [E(a)+E(v)]^2 - 2(a+b)[E(a)+E(b)]\}$$
$$= E\{a^2 + b^2 + 2ab + E^2(a) + E^2(b) + 2E(a)E(b) - 2aE(a) - 2aE(b) - 2bE(b)$$
$$\quad - 2bE(a)\}$$
$$= E\{a^2 + E^2(a) - 2aE(a)\} + E\{b^2 + E^2(b) - 2bE(b)\} + 2E(ab) + 2E(a)E(b)$$
$$\quad - 2E(a)E(b) - 2E(a)E(b)$$
$$= E[a-E(a)]^2 + E[b-E(b)]^2 + 2\{E(ab) - E(a)E(b)\}$$
$$= \mathrm{Var}(a) + \mathrm{Var}(b) + 2\mathrm{Cov}(a,b)$$

$$\sigma^2(x_a a) = E\{[x_a a - E(x_a a)]^2\}$$
$$= E\{[x_a a - x_a E(a)]^2\}$$
$$= E\{x_a^2[a - E(a)]^2\}$$
$$= x_a^2 \sigma^2(a)$$

同理，令 $a = x_a a$，$b = x_b b$，则

$$\sigma_p^2 = \sigma^2(a+b) = \sigma^2(x_a a + x_b b)$$
$$= \sigma^2(x_a a) + \sigma^2(x_b b) + 2\mathrm{Cov}(x_a a, x_b b)$$
$$= x_a^2 \sigma^2(a) + x_b^2 \sigma^2(b) + 2x_a x_b \rho_{ab} \sigma(a)\sigma(b)$$

即 $\sigma_p^2 = x_1^2 \sigma_1^2 + x_2^2 \sigma_2^2 + 2x_1 x_2 \rho_{12} \sigma_1 \sigma_2$，得证。

注意：

(1) 不相关不等于相互独立，相关系数表示的是线性关系，不相关只说明没有线性关系，但可能有别的关系。

(2) 两个服从正态分布的随机变量，如果不相关就一定相互独立，即对正态变量而言，相互独立与不相关是互为充要条件的。

(3) 资产间的相关性是会变化的，使资产间相关性发生变化的因素有很多，如技术的发展、新产品的发明、新能源的开发、新政策的出台、经济周期性波动、人们生活水平的变化等。

(4) 在危机发生时，所有资产间的相关系数会剧烈变化，一般会趋向于高度正相关，所以在实际操作时要留有余地，谨慎勤勉，尽职尽责。

【例3-8】 假设以股票 A 和股票 B 构成投资组合，其中 $\sigma_1 = 0.20$，$\sigma_2 = 0.18$，且 $\sigma_{12} = 0.01$，则该组合中两资产的相关系数是多少？

解：$\rho_{12} = 0.01 / (0.2 \times 0.18) = 0.278$

第四节 投资者的风险偏好

一、投资者的风险偏好类型

风险偏好(Risk Preference or Risk Appetite)是指机构或个体投资者为了实现投资目标在承担风险的种类、大小等方面的基本态度。风险是一种不确定性，投资实体面对这种不确

定性所表现出的态度、倾向便是其风险偏好的具体体现。可以依据投资者对风险的态度，将投资者分为风险厌恶、风险中性和风险偏好三种类型(参见图 3.4)。注意，这里的投资者均指理性投资者。

风险厌恶型(Risk Averse)投资者，在选择投资组合时宁愿接受一个较低的预期回报率以规避风险，此时组合的效用价值会有所降低。对于风险厌恶投资者来说，为了使其承担一定风险以保持效用不变，必须给予其更高的预期收益。对于此类投资者来说，边际报酬可随着风险的增加而增加。

风险中性(Risk Neutral)是相对于风险偏好和风险厌恶的概念，投资者只按预期收益率来衡量组合的效用，对风险资产和无风险资产拥有同样的偏好。对于此类投资者来说，边际报酬并不随着风险的变化而变化。

风险爱好者(Risk Lover)，也称风险追求者(Risk Pursuer)，他们要求的边际报酬随着风险的增加而减少，但是边际报酬永远大于等于 0。试想一下，如果出现边际报酬小于 0 的情况，你向风险追求者借越多的钱是不是能还得更少;更极端的情况，是不是在理想状态下，只要你借的钱足够多就可以不用还了(参见图 3.5)。

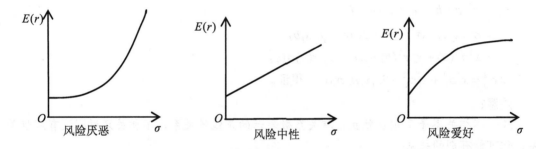

图 3.4　不同风险偏好类型的无差异曲线

注意：三条线与纵轴的交点表示无风险报酬。

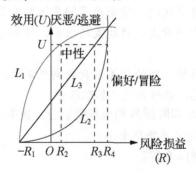

图 3.5　不同风险偏好类型的边际效用曲线

二、投资者无差异曲线

无差异曲线(Indifference Curve)是对一个特定的投资者而言，根据他对期望收益率和风险的匹配情况，按照期望收益率对风险补偿的要求，得到的一条曲线。无差异曲线代表给投资者带来同样满足程度的预期收益率和风险的所有组合，可以反映收益和风险对投资者效应的影响程度。

(一)无差异曲线斜率为正

据马柯维茨(Markowitz)的现代投资组合理论假设，投资者一般具有不满足性和风险回避的特征。不满足性表示，投资者在风险相同而收益不同的两个投资组合中选择时，会选择预期回报率高的那个投资组合。如图 3.6 所示，投资者点 A 与点 B 具有相同的标准差，但投资点 A 的收益率高于投资点 B，投资者会选择投资点 A。而风险回避表示，投资者在收益相同而风险不同的投资对象中将选择风险小的组合。如图 3.6 所示，投资者点 A 与点 C 相比，收益率相同，但投资点 A 的标准差大于投资点 C，投资者会选择点 C。综合来说，若投资者选择风险大的证券，必须要有相应较高的收益率作为对风险的补偿，所以无差异曲线具有正斜率，如图 3.7 所示。

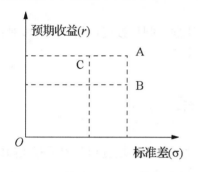

图 3.6　比较 A、B、C 三点的效用

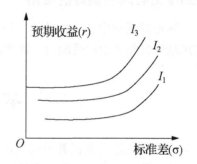

图 3.7　无差异曲线

(二)不同的无差异曲线代表不同的效用水平

同一投资者拥有无限多条无差异曲线，对于任何一个投资组合，投资者对其偏好程度都能与其他组合进行比较。由于投资者对收益的不满足性和对风险的厌恶性两大特征，在无差异曲线图中，越靠近左上方的无差异曲线代表的效用水平越高，投资者的目标是尽量选择位于左上角的组合。具体来说，给定某一风险水平，越靠上方的曲线对应的期望收益率越高，效用水平也越高，而给定某一期望的收益率水平，越靠近左边的曲线对应的风险越小，效用水平也越高。因为同一投资者对同一组风险和收益的组合只有单一效用，无差异曲线的又一特征是同一投资者在同一时间、同一地点的任何两条无差异曲线不能相交。

(三)三种不同类型的无差异曲线

无差异曲线的斜率代表风险和收益之间的替代率，斜率越大，表明投资者承担风险得到的收益补偿越高，投资者厌恶风险的程度也越强；斜率越小，则表明投资者厌恶风险的程度越轻。如图 3.8 所示，(a)图代表厌恶程度高的投资者的无差异曲线；(c)图代表风险厌恶程度较低的投资者的无差异曲线；(b)图代表投资者的风险厌恶程度介于前两者之间。

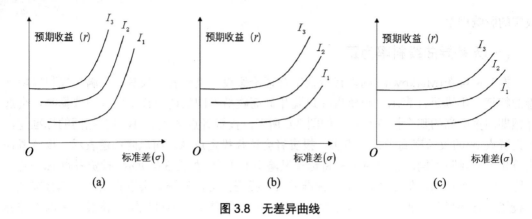

图 3.8 无差异曲线

(四)投资者风险偏好的应用

在实际投资活动中，投资的第一步是制订投资计划，制订投资计划的第一步是确定投资者的风险偏好和风险承受能力，以便确定投资目标。

本 章 小 结

证券投资的风险是指证券预期收益变动的可能性，与证券投资相关的所有风险统称为总风险。总风险由系统风险和非系统风险两大类组成。

系统性风险是指由于某些全局性因素引起投资收益的可能变动，这些因素会以同样的方式对所有证券的收益产生影响。某个证券面临的系统性风险，可以用该证券的收益率与市场收益率之间的 β 系数代表。用 β_i 表示单个证券的 β 系数，计算公式：

$$\beta_i = \sigma_{im} / \sigma_m^2$$

其中，σ_{im} 表示 i 证券的收益率与市场收益率的协方差，σ_m^2 表示市场收益率的方差。

用 β_p 表示证券组合的 β 系数，等于组合中各证券 β 系数的加权平均，计算公式：

$$\beta_p = \sum_{i=1}^{n} X_i \beta_i$$

当某证券或证券组合的 $\beta=1$，其系统性风险与市场风险一致；当 $\beta>1$，其系统性风险大于市场风险；当 $\beta<1$，其系统性风险小于市场风险。

收益和风险是证券投资的核心问题，单一资产收益的衡量，可以分为三类：历史收益的衡量、预期收益的衡量和必要收益的衡量，分别用于确定单一资产的以往投资收益、未来收益和最低报酬。据此，投资收益率可分为持有期收益率、预期收益率和必要收益率。

单一资产风险的衡量也包括两类，即历史的风险和预期的风险的衡量，前者用于确定单一资产以往投资的风险，后者用于确定单一资产未来的风险。

资产组合的收益不是单一资产收益的简单加权，而是组合中所包含的各种资产收益率的加权平均数。计算公式：

$$E(r_p) = \sum_{i=1}^{n} x_i E(r_i)$$

资产组合的风险，同样可以用方差和标准差来表示，计算公式：

$$\sigma_p^2 = E[r_p - E(r_p)]^2$$

如果是由 n 个资产构成的组合，计算该组合方差的一般公式为：

$$\sigma_p^2 = \sum_{i=1}^n x_i^2 \sigma_i^2 + \sum_{i=1}^n \sum_{j=1}^n x_i x_j \mathrm{Cov}(x_i, x_j) \quad (\text{其中，} i \neq j)$$

$$\sigma_p^2 = \sum_{i=1}^n w_i^2 \sigma_i^2 + \sum_{i=1}^n \sum_{j=1}^n w_i w_j \sigma_{ij}$$

协方差(covariance)能用于揭示资产组合中两种证券期望收益率之间的相互关系；相关系数(correlation coefficient)可以更加直观地反映两个随机变量间的相互关系。

协方差的计算公式：

$$\sigma_{12} = \mathrm{Cov}(x_1, x_2) = E[(x_1 - E(x_1))(x_2 - E(x_2))]$$

即，
$$\mathrm{Cov}(x_1, x_2) = E(x_1 x_2) - E(x_1)E(x_2)$$

$\mathrm{Cov}(x_1, x_2)$ 为资产 1 与 2 的协方差：如果 $\sigma_{12} > 0$，则两种证券收益率的运动方向趋于一致，它们的风险只能部分抵消；如果 $\sigma_{12} < 0$，则两种证券收益率的运动方向相反，它们的风险能在一定程度上相互抵消；如果 $\sigma_{12} = 0$，则两资产为不相关的随机变量。

相关系数的计算公式：

$$\rho_{ij} = \frac{\sigma_{ij}}{\sigma_i \sigma_j}$$

ρ_{ij} 为资产 i 与 j 的相关系数，取值介于 1 和-1 之间。当 $\rho_{ij} = 1$ 时，表示两个资产完全正相关，即变动方向一致，且变动程度相同；当 $\rho_{ij} = -1$ 时，表示两个资产完全负相关，即变动程度相同但方向相反；当 $\rho_{ij} = 0$ 时，两个资产的收益变动完全不相关。

风险是一种不确定性，投资实体面对这种不确定性所表现出的态度、倾向便是其风险偏好的具体体现。可以依据投资者对风险的态度，将投资者分为风险厌恶、风险中性和风险偏好三种类型。

无差异曲线代表给投资者带来同样满足程度的预期收益率和风险的所有组合，可以反映收益和风险对投资者效应的影响程度。

练 习 题

一、概念题

持有期收益率　几何平均持有期收益率　必要收益率　风险溢价　非系统性风险　系统性风险　风险厌恶型投资者

二、简答题

1. 简述风险与收益的最优匹配。

2. 如何判断系统性风险？

3. 投资者风险偏好的类型有哪几种？分别对应怎样的无差异曲线？

三、计算题

1. 假定投资于某股票，初始价格 100 元/股，持有期 1 年，现金红利为 4 元/股，预期该股票价格在不同经济运行状态下有表 3.5 三种可能，求各种可能下的收益率，并求该股票的期望收益和方差。

表 3.5 一个假设的股票投资

经济状态	繁荣	正常运行	萧条
概率	0.25	0.5	0.25
期末价/(元/股)	15	12	7

2. 假设由两项资产构成投资组合，$x_1 = 0.20$，$\sigma_1 = 0.30$，$x_2 = 0.60$，$\sigma_2 = 0.20$，且 $\sigma_{12} = 0.01$，请计算两资产的相关系数；并对计算结果进行简要分析。

3. 假设我们以三只股票构建投资组合，其基本情况如表 3.6 所示。计算该组合的期望收益率。

表 3.6 一个假设的组合

组合中的证券	股票 A	股票 B	股票 C	组合
组合中股份/股	1000	2000	1000	4000
初始买入价/(元/股)	7.23	6.55	6.67	—
期望收益率/%	6	8	7	7

4. 某一股票 A 的七个状态的收益率及概率分布如表 3.7 所示，计算该股票的期望收益率和标准差。

表 3.7 股票 A 七个状态的收益率及概率分布

状 态	收益率/%	概 率
1	−30	0.20
2	−20	0.10
3	−10	0.15
4	0	0.25
5	10	0.15
6	20	0.10
7	30	0.05

5. 已知某资产组合包含两种资产 A 和 B，这两种资产的有关数据如下，计算该资产组合标准差。

$$\rho_{AB} = 0.85 \quad \sigma_1 = 0.20 \quad \sigma_2 = 0.25$$
$$x_1 = 0.25 \quad x_2 = 0.75$$

6. 将股票 A 与股票 B 形成一个资产组合，A 与 B 的投资收益率和联合概率分布如

表 3.8 所示，计算该资产组合的协方差和相关系数。

表 3.8 资产组合的投资收益率和联合概率分布

证券 A/%	证券 B/%	概 率
−10	10	0.25
5	5	0.30
10	10	0.15
15	0	0.25
5	15	0.05

7. 假设投资者有 A、B、C 三种证券可以进行选择，它们的期望收益率分别是 13.7%、18.3%、20.5%，标准差分别为 9.5%，10.6%，13.7%，请对三种证券进行投资选择的排序？

8. 假设市场收益率的标准差为 20%，根据表 3.9 数据，分别计算股票 A 和股票 B 的 β 系数，并计算由 70%A 和 30%B 组成的组合的 β 系数。

表 3.9 股票 A 和 B 的方差和与市场相关系数

	A	B
σ_i	35%	60%
ρ_{im}	0.55	0.30

9. 假设我们以三只股票构建投资组合，其基本情况如表 3.10 所示。计算该组合的期望收益率。

表 3.10 投资组合基本情况

组合中的证券	股票 A	股票 B	股票 C	组 合
组合中股份/股	1000	2000	1000	4000
初始买入价/(元/股)	7.23	6.55	6.67	—
期望收益率/%	6	8	7	7

四、分析题

什么是系统性风险？如何衡量系统性风险？其判断标准是什么？在依据其标准进行判断时有什么注意事项？

第四章 资产组合理论

【学习要点及目标】

通过本章的学习，可以掌握马柯维茨的投资组合理论逻辑脉络和核心内容，包括前提假设、相关概念、投资者最优选择、马柯维茨模型、最优资产组合的确定。

【关键概念】

风险厌恶型投资者　风险资产的可行集　无风险资产　资本配置　马柯维茨有效集

在实际投资行为中，无论是个人投资者还是机构投资者，他们都不可能仅仅对一项资产或一个证券进行投资，而是将不同证券构成"一篮子"资产进行投资，即形成一个资产组合。投资者在构建一个投资组合时，其所面临的主要问题是：第一，构建组合的原则是什么；第二，这一组合中应包括多少种资产或证券；第三，选择哪些资产或证券构成这一组合；第四，总投资额如何在这些资产或证券中分配。资产组合理论即要解决或部分解决这些问题。资产组合理论是现代微观金融学的核心理论之一。

做好分散化投资是成功投资的基础——关于如果你想要一个辉煌的投资结果，不要将时间花费在热门股票和明星基金上；相反，对于投资顾问来说，真正重要的问题是如何将资金在股票、债券以及国债等无风险产品之间进行分配。

用华尔街的术语来说，这样一个分配投资的过程叫资产配置。乔治敦大学金融学教授 William Droms 认为，"资产配置是首先要做的，也是最重要的决策。你在股市投资的多少决定了最终的投资结果。"

金融产品开发经理，同时也是洛杉矶的一位投资顾问 William Mikus 认为，"不管你的债券经理人选择证券的水平有多高，你都不可能从一个债券投资组合中获取股票市场的收益。"Mikus 先生引用了 Gary Brison、Brain Singer 和 Gilbert Beebower 于 1991 年做的分析研究来证明这一观点。他们研究了 82 只大型养老基金计划 10 年的收益率，发现资产组合的配置情况解释了 91.5% 的收益率。[①]

那么，分散化投资有什么魔力？"不要把鸡蛋放在一个篮子里"这句俗语又蕴含哪些投资哲理？

投资决策可看作自上而下的三个过程：①风险资产组合和无风险资产之间的配置——根据投资者风险偏好；②风险资产组合内各类风险资产的配置(如 A 股、各国股票、各种长短期债券)——根据每类资产的特点；③每类资产内部的证券选择——单一证券的收益—风险判断。

本章主要介绍上述①②过程中蕴含的哲理，在第三章对风险、收益和投资者效用研究

---

① (美)博迪等. 汪昌云等编译. 投资学(第 9 版)[M]. 北京：机械工业出版社，2015.

的基础上，研究和展示资产组合理论的逻辑脉络和核心内容。

第一节 风险资产在组合中的配置

1952 年，马柯维茨发表了堪称现代微观金融理论史上里程碑式的论文——《投资组合选择》。[1]该论文阐述了衡量收益和风险水平的定量方法，建立了均值[2]-方差模型的基本框架，奠定了求解投资决策过程中资金在投资对象中最优分配比重问题的理论基础，在金融经济学方面作出了开创性贡献。由此，马柯维茨与夏普和米勒共享了 1990 年诺贝尔经济学奖。本节我们从理论上对马柯维茨资产组合理论进行概述。

从诸多有不同的风险和投资回报组合中选出最优投资组合可分为三步：①画出资产组合的投资可行集；②从可行集中找到有效集，即投资组合的有效边界；③从有效集中选出最优投资组合。

一、理论假设

(1) 组合的风险表现在组合回报的波动上。该前提假设隐含证券收益率服从正态分布，即证券的收益率为具有一定概率分布的随机变量，一般情况下它服从正态分布，即 $R_i \sim N(\sqrt{R_i}, \sigma^2)$。[3]正态分布的特性在于随机变量的变化规律通过两个参数就可以完全确定，即期望值和方差。在收益率服从正态分布的假设下，投资者投资该证券的预期收益率和风险就可以通过期望值和方差加以描述。

(2) 投资者是厌恶风险的。

(3) 投资者偏好更高的报酬，这个"报酬"是预期投资收益的主观效用，而不是收益的客观大小。

---

① 《投资组合选择》论文原文可见 http://www.jstor.org/stable/2975974，免费阅览可见 http://wenku.baidu.com/view/be77536d011ca300a6c3904e.html

② 注意这里的"均值"是指期望投资回报，是未来收益的折现值，是不确定的和未实现的。

③ $\sqrt{R_i}$ 是收益率的几何平均值。金融资产的价格 p 满足对数正态分布(lognormal distribution)，p 的均值 $\bar{p}$ 为其算术平均值，收益率 $r=\ln(p)$ 服从正态分布。

$$\ln(r) = \ln\left(\frac{p_n}{p_0}\right) = \ln\left(\frac{p_n}{p_{n-1}} \cdot \frac{p_{n-1}}{p_{n-2}} \cdots \frac{p_2}{p_1} \cdot \frac{p_1}{p_0}\right) = \ln 9\left(\frac{p_n}{p_{n-1}}\right) + \ln\left(\frac{p_{n-1}}{p_{n-2}}\right) + \cdots + \ln\left(\frac{p_2}{p_1}\right) + \ln\left(\frac{p_1}{p_0}\right)$$

$$= \ln(r_n) + \ln(r_{n-1}) + \cdots + \ln(r_2) + \ln(r_1) = \ln(r_n r_{n-1} \cdots r_2 r_1)$$

详情可以自己查阅资料，简单解释如下，r_1 是一年一次付息的年化收益率，r_2 是一年两次付息的年化利率，则 $1+r_1 = \left(1+\frac{r_2}{2}\right)^2$；同理，以年利率 r_1 一年付息 n 次时的年化收益率 r 为 $\left(1+\frac{r_1}{n}\right)^n$，当 n 趋近于无穷时年收益率 $r+1 = \left(1+\frac{r_1}{n}\right)^n = e^{r_1}$，$r_1 = \ln(r+1)$。理想状态下，金融资产的长期收益率可看作是每天(甚至是每时刻)收益率的乘积。

(4) 由于消费者厌恶风险、偏好报酬，他的效用曲线是凹形的和递增的，如图 4.1 所示，在同一曲线上的效用等效，$S_1 = S_2$，$S_3 = S_4$，$S_5 = S_6$，越往左上角的曲线效用越大，$C_3 > C_2 > C_1$。

(5) 这是一个在单一投资期间内的分析模型。单一期间是指在期间开始时持有证券并在期间结束时售出，只有期间的起止两点有现金的流入流出，由此简化了对一系列现金流的贴现和对复利的计算。

(6) 投资者会在既定风险水平下最大化报酬或在既定报酬水平下最小化风险。

(7) 投资者是天生理性的，他们在单一期间内以均值和方差标准来评价资产和资产组合。

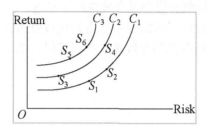

图 4.1　无差异曲线

二、投资可行集

通过给出风险资产的可行集，并从中分离出有效集，可从理论上确定投资者投资组合的另一基础性工具。

风险资产的可行集(Feasible Set)是指资本市场上由风险资产形成的所有可能投资组合的期望收益和方差的集合。将所有可能投资组合的期望收益率和标准差的关系描绘在期望收益率-标准差坐标平面上，封闭曲线上及其内部区域表示可行集。

假设由两种资产构成一个资产组合，这两种资产的相关系数为$-1 \leqslant \rho_{12} \leqslant 1$。当相关系数分别为$\rho_{12} = 1$ 和 $\rho_{12} = -1$ 时，可以得到资产组合可行集的顶部边界和底部边界。其他所有可能的情况则在这两个边界之中。下面我们逐步进行研究。

第一步，我们考虑如果两种资产完全正相关，即$\rho_{12} = 1$，则组合的标准差为

$$\begin{aligned}
\sigma_p(w_1) &= \sqrt{w_1^2 \sigma_1^2 + (1-w_1)^2 \sigma_2^2 + 2w_1(1-w_1)\rho_{12}\sigma_1\sigma_2} \\
&= \sqrt{[w_1\sigma_1 + (1-w_1)\sigma_2]^2} \\
&= w_1\sigma_1 + (1-w_1)\sigma_2
\end{aligned} \tag{4-1}$$

式中，σ_p、σ_1 和 σ_2 分别为资产组合、资产 1 和资产 2 的标准差；w_1 为资产 1 以市场价值计量在组合中的比重，$(1-w_1)$为资产 2 在组合中的比重。

组合的预期收益为

$$\overline{r}_p(w_1) = w_1\overline{r_1} + (1-w_1)\overline{r_2} \tag{4-2}$$

当$w_1 = 1$ 时，则有$\sigma_p = \sigma_1$，$\overline{r}_p = \overline{r_1}$；当$w_1 = 0$ 时，则有$\sigma_p = \sigma_2$，$\overline{r}_p = \overline{r_2}$

当$0 < w_1 < 1$ 时，$w_1 = \dfrac{\sigma_p - \sigma_2}{\sigma_1 - \sigma_2}$，$\overline{r}_p(\sigma_p) = \dfrac{\sigma_p - \sigma_2}{\sigma_1 - \sigma_2}\overline{r_1} + \left(1 - \dfrac{\sigma_p - \sigma_2}{\sigma_1 - \sigma_2}\right)\overline{r_2}$

因此，该可行集为连接 $(\sigma_1, \overline{r_1})$ 和 $(\sigma_2, \overline{r_2})$ 两点的直线。即当权重 w_1 从 1 减少到 0 时可以得到一条在 $(\sigma_1, \overline{r_1})$ 和 $(\sigma_2, \overline{r_2})$ 两点间的线段，该直线就构成了两种完全正相关资产组合的可行集(在买空卖空情况时，可行集扩展到线段的延长线上，注意 $\sigma \geqslant 0$)，如图 4.2 所示。

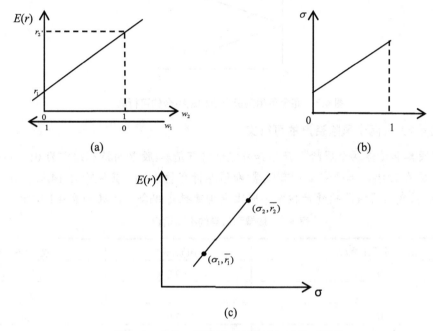

图 4.2 完全正相关资产所构成组合的可行集

由式(4-1)画出图(a)，由式(4-2)画出图(b)，合并图(a)和图(b)得到图(c)。在图(a)中，直线在 $(0, r_1)$ 以下的部分是卖空资产 2 并买入资产 1，直线在 $(1, r_2)$ 以上的部分是卖空资产 1 并买入资产 2，在 w_1 横坐标下相反。

第二步，如果两种资产完全负相关，即 $\rho_{12} = -1$，则有

$$\sigma_p(w_1) = \sqrt{w_1^2 \sigma_1^2 + (1-w_1)^2 \sigma_2^2 - 2w_1(1-w_1)\sigma_1\sigma_2}$$
$$= \left| w_1\sigma_1 - (1-w_1)\sigma_2 \right| \tag{4-3}$$

$$\overline{r_p}(w_1) = w_1\overline{r_1} + (1-w_1)\overline{r_2} \tag{4-4}$$

令 $\sigma_p = 0$，此时投资组合风险为 0，$w_1\sigma_1 - (1-w_1)\sigma_2 = 0$，得 $w_1 = \dfrac{\sigma_2}{\sigma_1 + \sigma_2}$；当 $w_1 \geqslant \dfrac{\sigma_2}{\sigma_1 + \sigma_2}$ 时，$\sigma_p(w_1) = w_1\sigma_1 - (1-w_1)\sigma_2$，这里把 σ_1，σ_2 看成常数，则可得到 $w_1 = f(\sigma_p) = \dfrac{\sigma_p + \sigma_2}{\sigma_1 + \sigma_2}$，从而有：

$$\overline{r_p}(\sigma_p) = \frac{\sigma_p + \sigma_2}{\sigma_1 + \sigma_2}\overline{r_1} + \left(1 - \frac{\sigma_p + \sigma_2}{\sigma_1 + \sigma_2}\right)\overline{r_2} = \frac{\overline{r_1} - \overline{r_2}}{\sigma_1 + \sigma_2}\sigma_p + \frac{\overline{r_2}}{\sigma_1 + \sigma_2}\sigma_1 + \frac{\overline{r_1}}{\sigma_1 + \sigma_2}\sigma_2 \tag{4-5}$$

同理，当 $w_1 \leqslant \dfrac{\sigma_2}{\sigma_1 + \sigma_2}$ 时，$\sigma_p(w_1) = (1-w_1)\sigma_2 - w_1\sigma_1$，则

$$\overline{r_p}(\sigma_p) = -\frac{\sigma_p - \sigma_2}{\sigma_1 + \sigma_2}\overline{r_1} + \left(1 + \frac{\sigma_p - \sigma_2}{\sigma_1 + \sigma_2}\right)\overline{r_2} = -\frac{\overline{r_1} - \overline{r_2}}{\sigma_1 + \sigma_2}\sigma_p + \frac{\overline{r_2}}{\sigma_1 + \sigma_2}\sigma_1 + \frac{\overline{r_1}}{\sigma_1 + \sigma_2}\sigma_2 \tag{4-6}$$

也就是说，完全负相关的两种资产所构成的组合可行集是两条直线，其截距相同，斜率大小相等方向相反，如图 4.3 所示。

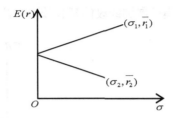

图 4.3   完全负相关资产所构成组合的可行集

【案例 4.1】   两个风险资产的可行集

假设有股票和债券两个风险资产。如果完全持有债券(股票的持有比重为 0)，其风险为 8.2%，其收益为 7.0%；如果完全持有股票(即债券持有量为 0)，其风险为 14.3%，其收益为 11.0%。而如果我们将该两项资产按照不同比重构建投资组合，情况如表 4.1 所示。

表 4.1   股票和债券的不同组合

股票投资比重/%	风险/%	收益/%
0	8.2	7
5	7	7.2
10	5.9	7.4
15	4.8	7.6
20	3.7	7.8
25	2.6	8
30	1.4	8.2
35	0.4	8.4
40	0.9	8.6
45	2	8.8
50	3.08	9
55	4.2	9.2
60	5.3	9.4
65	6.4	9.6
70	7.6	9.8
75	8.7	10
80	9.8	10.2
85	10.9	10.4
90	12.1	10.6
95	13.2	10.8
100	14.3	11

根据表 4.1 的数据，我们即可绘制如图 4.4 所示的两个风险资产的可行集。

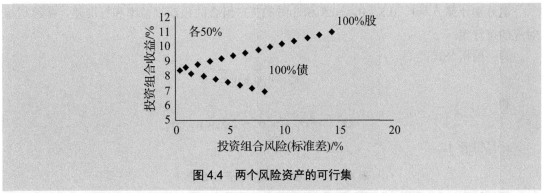

图 4.4　两个风险资产的可行集

第三步，根据以上推导，在各种可能的相关系数下，两种风险资产构成的可行集。由图 4.5 可见，可行集曲线的弯曲程度取决于相关系数，当相关系数由 1 向-1 转变时，曲线的弯曲程度逐渐加大；当相关系数为 1 时，曲线是一条直线，即没有弯曲；当相关系数为 -1 时，曲线成为折线，即弯曲程度达到最大；当 $-1 \leqslant \rho_{12} \leqslant 1$ 时，曲线即介于直线和折线之间，成为平滑的曲线。

一方面，考虑到在现实中我们在资本市场上很难找到完全负相关的原生性资产；[①]另一方面，进行资产组合的目的之一就是通过组合相关性低的资产来分散风险从而降低投资风险。因此，在一个实际资产组合中一般不会存在相关系数为-1 或 1 的情况。也就是说，正常的可行集应是一条有一定弯曲度的平滑曲线。

$$\sigma_p = \sqrt{w_1^2\sigma_1^2 + w_2^2\sigma_2^2 + 2\rho_{12}w_1w_2\sigma_1\sigma_2} \leqslant \sqrt{w_1^2\sigma_1^2 + w_2^2\sigma_2^2 + 2w_1w_2\sigma_1\sigma_2} = w_1\sigma_1 + w_2\sigma_2 (\because \rho \leqslant 1)$$

$$0 \leqslant \sigma_p \leqslant w_1\sigma_1 + w_2\sigma_2 \leqslant \max\{\sigma_1, \sigma_2\}(\because 0 \leqslant w_1, w_2 \leqslant 1)$$

进一步，当我们考虑一个由 *n* 项风险资产构成的投资组合时，即形成了如图 4.6 所示的伞形可行集曲线图。其边界上或边界内的每一点代表一个投资组合。将不规则分布的最外围的组合点连接起来，整个可行集呈雨伞状。

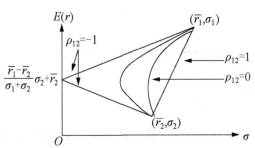

图 4.5　各种可能的相关系数下风险资产的可行集

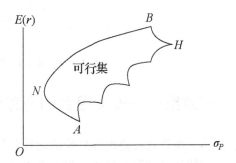

图 4.6　风险资产的可行集

【例 4-1】　不同相关系数下的可行集。　如果两种证券的预期收益和标准差分别为

$$E(R_1) = 20\% \qquad E(R_2) = 25\%$$
$$\sigma_1 = 10\% \qquad \sigma_2 = 20\%$$
$$w_1 = w_2 = 50\%$$

---

① 一些衍生性金融工具即试图创造出负相关性较大的不同资产。

请分别计算 ρ_{12}=1，0.5，0，–0.5 和–1 时的资产组合的预期收益率和标准差，并绘制相对应的可行集。

解：根据公式

$$\overline{r_p} = w_1\overline{r_1} + w_2\overline{r_2}$$

和

$$\sigma_p^2 = w_1^2\sigma_1^2 + w_2^2\sigma_2^2 + 2\rho_{12}w_1w_2\sigma_1\sigma_2$$

计算得表 4.2。

表 4.2   不同相关系数下资产组合情况

相关系数	资产组合预期收益率/%	资产组合标准差/%
1	22.5	15.00
0.5	22.5	13.23
0	22.5	11.10
–0.5	22.5	8.66
–1	22.5	5.00

绘制对应情况的可行集如图 4.7 所示。

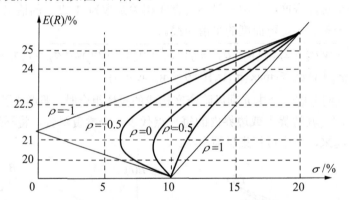

图 4.7   证券 1 和证券 2 不同相关性的可行集

三、有效集——投资组合的有效边界

根据马柯维茨投资组合理论的前提条件，投资者为理性个体且追求更高的收益和回避风险：①投资者在既定风险水平下要求最高收益率；②在既定预期收益率水平下要求最低风险。这就是所谓有效集原则。

在图 4.6 中，按原则①，则 N 点到 B 点再到 H 点的边界之下的点可以全部不用考虑。N 为最小风险点，H 为最大风险点。按原则②，则弧 ANB 之右的点可以完全去除。A 点和 B 点分别为期望收益率的最小点和最大点。

为了更清晰地表明资产组合有效边界的确定过程，这里我们集中揭示可行集左侧边界的曲线 ANB。该曲线上的资产组合都是同等收益水平上风险最小的组合，因此该边界线称为最小方差资产组合的集合，如图 4.8 所示。

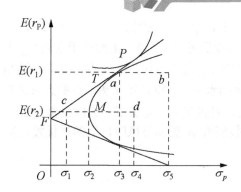

图4.8 资产组合的有效边界

在图4.8中，既定收益水平 $E(r_1)$ 下，边界线上的 a 点所对应的风险为 σ_3，而同样收益水平下，边界线内部的 b 点所对应的风险则上升为 σ_5。

曲线左侧端点处的 M 点，其资产组合是所有最小方差资产组合集合中方差最小的，被称为最小方差资产组合(Minimum Variance Portfolio，MVP)。图4.8中，M 点左侧的 c 点，其对应的风险水平为 σ_1，但它脱离了可行集；M 点右侧的 d 点，则在同样收益 $E(r_2)$ 水平下，风险上升为 σ_4。也就是说，同时满足前述两条有效集原则的只剩下弧边界，称为有效集，即资产组合的有效边界。

有效边界的一个重要特性是上凸性，即随着风险的增加，预期收益率增加的幅度减慢。这里思考一下上凸性的原因，风险厌恶型投资者随着风险的增加期望得到的报酬增量不是应该递增的吗？这里注意两条曲线的意义和区别，一条是资产组合的有效边界，一条是投资者的效用曲线，图4.8展示了投资组合的风险和收益情况，是实际组合中的一系列方差和期望收益画出的点的集合，其上凸性体现了风险分散的效果，而且组合中资产相关性越小，有效边界弯曲程度越大。

在某种意义上，有效边界是客观确定的，即如果投资者对证券的期望收益率和方差协方差有相同的估计，则他们会得到完全相同的有效边界，这也是第五章资本资产定价模型的假设之一。

四、最优投资组合

对各种可供选择的风险资产或证券，如果已知其期望收益率和方差—协方差矩阵，则有效边界可以确定下来。投资者根据个人偏好的不同选择有效边界上的某一点进行投资决策，有效边界的上凸性和效用曲线的下凸性使两线必然相切于一点，该切点就是最大效用下的投资者最优投资组合。

不同投资者会在资产组合有效边界上选择不同的区域。风险厌恶程度较高的投资者会选择靠近原点的资产组合；风险厌恶程度较低的投资者，会选择远离原点的资产组合，如图4.9所示。

图4.9中的 P_1P_2 曲线，即有效边界线；图中的点 P_1 和点 P_2 分别是投资者 A 和投资者 B

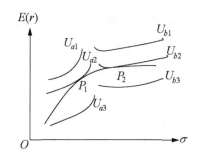

图4.9 投资者最优投资组合的确定

的最优投资组合点。由二者的位置可见，投资者 A 比投资者 B 更厌恶风险，这里比较点 P_1、P_2 与原点的连线的斜率。对投资者 A 来说，虽然效用曲线 U_{a1} 代表的效用水平更高，但因处于有效边界上方，效用曲线 U_{a1} 与有效边界无交点，故不可行(Infeasible)；等效用线 U_{a3} 代表的效用水平比 U_{a2} 所代表的水平低，投资者显然不会愿意只达到这一效用水平；只有在 P_1 点为投资者 A 的最优组合，是投资者风险偏好一定时所能达到的风险与收益的最优组合。对于投资者 B，由于其比投资者 A 更偏好风险，他的最优投资组合是风险更高而期望收益也更高的 P_2 点。

第二节　马柯维茨模型

根据本章第一节确定有效集的两条原则，构造最优投资组合的过程，就是在所有可以实施的组合集中，选择那些期望收益率固定时风险最小或风险固定时期望收益率最大的组合，进行非线性规划。本节我们以拉格朗日乘数法为例介绍马柯维茨的资产组合模型。

一、模型

假设构造 n 个资产风险最小的组合，由式(3-16)可得

$$\sigma_p^2 = \sum_{i=1}^{n} w_i^2 \sigma_i^2 + \sum_{i=1}^{n}\sum_{j=1}^{n} w_i w_j \sigma_{ij} \quad (其中，i \neq j)$$

则目标函数为

$$\min_{(w_1,\dots,w_n)} \sigma_p^2 = \min_{(w_1,\dots,w_n)} \left(\sum_{i=1}^{n} w_i^2 \sigma_i^2 + \sum_{i=1}^{n}\sum_{j=1}^{n} w_i w_j \ \sigma_{ij} \right) = \min_{(w_1,\dots,w_n)} \sum_{i=1}^{n} w_i^2 \cdot \min_{(w_1,\dots,w_n)} \sigma_i^2 + \min_{(w_1,\dots,w_n)} \sum_{i=1}^{n}\sum_{j=1}^{n} w_i w_j \sigma_{ij}$$

而

$$\min_{(w_1,\dots,w_n)} \sigma_i^2 = 0$$

则有

$$\min_{(w_1,\dots,w_n)} \sigma_p^2 = \sum_{i=1}^{n}\sum_{j=1}^{n} w_i w_j \sigma_{ij} \tag{4-7}$$

$$\min_{(w_1,\dots,w_n)} \sigma_p^2 = \sum_{i=1}^{n}\sum_{j=1}^{n} w_i w_j \sigma_{ij}$$

式中，w_i 和 w_j 分别为证券 i 和 j 所占的比重(权数)；$\sigma_{ij} = \sigma_i \sigma_j \rho_{ij}$；$\rho_{ij}$ 为证券 i 和 j 的相关系数。当 $i=j$ 时，$\sigma_{ij} = \sigma_i^2 = \sigma_j^2$。

式(4-7)的约束条件为

$$\sum_{i=1}^{n} w_i = 1$$

且

$$\sum_{i=1}^{n} w_i \bar{r_i} = \bar{r_p}$$

约束条件中 $\bar{r_i}$ 为证券 i 的期望收益，$\bar{r_p}$ 为组合的期望收益。

假设是两证券的组合，则该组合的期望收益率和方差分别为

$$\overline{r}_p = w_1\overline{r}_1 + (1-w_1)\overline{r}_2$$

$$\sigma_p^2 = w_1^2\sigma_1^2 + (1-w_1)^2\sigma_2^2 + 2w_1(1-w_1)\rho_{12}\sigma_1\sigma_2$$

构造拉格朗日函数

$$L = \sigma_p^2 - \lambda[\overline{r}_p - w_1\overline{r}_1 - (1-w_1)\overline{r}_2] \qquad (4\text{-}8)$$

求最优解，得

$$\frac{\mathrm{d}L}{\mathrm{d}w_1} = \frac{\mathrm{d}\sigma_p^2}{\mathrm{d}w_1} + \lambda(\overline{r}_1 - \overline{r}_2) = 0 \qquad (4\text{-}9)$$

二、有效集方程

对于均值 $\overline{r}$ 的有效投资组合，在允许卖空的条件下，其组合中 n 个资产的权重 w_i(i=1，2，…，n)与两个拉格朗日乘数 λ、μ 满足

$$L = \sum_{i=1}^{n}\sum_{j=1}^{n} w_i w_j \sigma_{ij} - \lambda\left(\sum_{j=1}^{n} w_i\overline{r}_i - \overline{r}\right) - \mu\left(\sum_{i=1}^{n} w_i - 1\right)$$

则有

$$\frac{\partial L}{\partial w_i} = \sum_{j=1}^{n} w_j\sigma_{ij} - \lambda\overline{r} - \mu \qquad (i=1，2，…，n) \qquad (4\text{-}10)$$

$$\sum_{i=1}^{n} w_i\overline{r}_i = \overline{r} \qquad (4\text{-}11)$$

$$\sum_{i=1}^{n} w_i = 1 \qquad (4\text{-}12)$$

式(4-10)中有 n 个方程，再加上式(4-11)和式(4-12)，得到 $n+2$ 个方程组成的方程组，相应地，有 $n+2$ 个未知数 w_i、λ 和 μ。因此，求解后将得到均值为 $\overline{r}$ 的一个有效投资组合的权数。

对式(4-10)的求导过程：

$$Z = \sum_{i=1}^{n}\sum_{j=1}^{n} w_i w_j \sigma_{ij}$$

$$= w_1 w_1 \sigma_{11} + w_1 w_2 \sigma_{12} + \cdots + w_1 w_n \sigma_{1n}$$

$$+ w_2 w_1 \sigma_{21} + w_2 w_2 \sigma_{22} + \cdots + w_2 w_n \sigma_{2n}$$

$$+ \cdots$$

$$+ w_n w_1 \sigma_{n1} + w_n w_2 \sigma_{n2} + \cdots + w_n w_n \sigma_{nn}$$

对 w_1 求导：

$$\frac{\partial z}{\partial w_1} = 2w_1\sigma_{11} + w_2\sigma_{12} + \cdots + w_n\sigma_{1n} + w_2\sigma_{21} + w_3\sigma_{31} + \cdots + w_n\sigma_{n1}$$

$$= w_1\sigma_{11} + w_1\sigma_{11} + w_2\sigma_{12} + \cdots + w_n\sigma_{1n} + w_2\sigma_{21} + w_3\sigma_{31} + \cdots + w_n\sigma_{n1}$$

$$= w_1\sigma_{11} + w_2\sigma_{12} + \cdots + w_n\sigma_{1n} + w_1\sigma_{11} + w_2\sigma_{21} + \cdots + w_n\sigma_{n1}$$

由于 $\sigma_{ij} = \sigma_{jf}$，所以：

$$\frac{\partial z}{\partial w_1} = w_1\sigma_{11} + w_2\sigma_{12} + \cdots + w_n\sigma_{1n} + w_1\sigma_{11} + w_2\sigma_{12} + \cdots + w_n\sigma_{1n}$$

$$= 2(w_1\sigma_{11} + w_2\sigma_{12} + \cdots + w_n\sigma_{1n})$$

$$= 2\sum_{j=1}^{n} w_j\sigma_{1j}$$

同理可得：

$$\frac{\partial z}{\partial w_i} = 2\sum_{j=1}^{n} w_j\sigma_{ij}$$

$$\frac{\partial L}{\partial w_i} = \frac{\partial z}{\partial w_1} - \lambda \overline{r_i} - \mu$$

$$= 2\sum_{j=1}^{n} w_j\sigma_{ij} - \lambda \overline{r_i} - \mu$$

$$= 0$$

式(4-10)中有 n 个方程，再加上式(4-11)和式(4-12)，得到由 $n+2$ 个方程组成的方程组，相应地，有 $n+2$ 个未知数，分别为 λ、μ 和 w_i，因此，求解后将得到均值为 $\overline{r}$ 的一个有效投资函数。

【例 4-2】 假设由三个资产构成一个投资组合，三个资产各自的期望收益分别为 1，2，3，各资产的方差为 1，协方差为 0。请确定各资产的投资比重及该组合的方差。

解：根据题意： $\overline{r_1} = 1$ $\overline{r_2} = 2$ $\overline{r_3} = 3$ $\sigma_1^2 = \sigma_2^2 = \sigma_3^2$ $\sigma_{12} = \sigma_{13} = \sigma_{23}$

因此，式(4-10)变为

$$\begin{cases} \dfrac{\partial L}{\partial w_1} = 2w_1 - \lambda - \mu = 0 \\[2mm] \dfrac{\partial L}{\partial w_2} = 2w_2 - 2\lambda - \mu = 0 \quad (4\text{-}13) \\[2mm] \dfrac{\partial L}{\partial w_3} = 2w_3 - 3\lambda - \mu = 0 \end{cases} \Rightarrow \begin{cases} w_1 = \dfrac{\lambda + \mu}{2} \\[2mm] w_2 = \dfrac{2\lambda + \mu}{2} \\[2mm] w_3 = \dfrac{3\lambda + \mu}{2} \end{cases} \qquad (4\text{-}14)$$

式(4-11)和式(4-12)变为

$$\left.\begin{array}{l} w_1 + 2w_2 + 3w_3 = \overline{r} \\[2mm] w_1 + w_2 + w_3 = 1 \end{array}\right\} \qquad (4\text{-}15)$$

由式(4-10)变形后的方程组(4-13)解出 w_1, w_2, w_3 得到方程组(4-14)，并将其代入式(4-11)和式(4-12)变形后的方程组(4-15)，得到

$$\begin{cases} \dfrac{\lambda + \mu}{2} + 2\lambda + \mu + 3\lambda + \mu = \overline{r} \\[2mm] \dfrac{\lambda + \mu}{2} + \dfrac{2\lambda + \mu}{2} + \dfrac{3\lambda + \mu}{2} = 1 \end{cases}$$

解方程组，得

$$\begin{cases} \lambda = 2\overline{r} - \dfrac{10}{3} \\[2mm] \mu = \dfrac{22}{3} - 4\overline{r} \end{cases}$$

则：

$$\begin{cases} w_1 = 2 - \bar{r} \\ w_2 = \dfrac{1}{3} \\ w_3 = \bar{r} - \dfrac{4}{3} \end{cases}$$

据此，求解标准差有 $\sigma = \sqrt{2\bar{r} - \dfrac{20}{3}\bar{r} + \dfrac{53}{9}}$

由于这道题目中没有给出投资组合的预期收益水平 $\bar{r}$，所以不能精确算出另外两种资产占资产组合的比重，一般投资组合的预期收益水平可以根据个人的风险偏好水平以及效用最大化等因素自行确定，即可以理解为通过分散投资需要达到的收益水平。

三、卖空的限制

上述研究中未对 w_i 加以限制，意味着允许卖空。当禁止卖空时，可通过限制 w_i 为非负来表示。卖空限制下的马柯维茨模型为

$$\min_{(w_1, \dots, w_n)} \sigma_p^2 = \sum_{i=1}^{n} \sum_{j=1}^{n} w_i w_j \sigma_{ij} \tag{4-16}$$

限制条件为

$$\sum_{i=1}^{n} w_i \bar{r}_i = \bar{r}_p$$

和

$$\sum_{i=1}^{n} w_i = 1$$

且

$$w_i \geqslant 0, \text{ 其中 } i = 1, 2, \cdots, n$$

卖空限制下的马柯维茨模型其求解目标是非线性的(二次的)，而其限制条件是线性的(一次的)等式或不等式，称为二次规划，需用金融计量软件计算。

卖空限制与非卖空限制的马柯维茨模型，其投资学的差别在于：当允许卖空时，绝大部分最优的 w_i 有非 0 值(或正或负)，即几乎所有的资产都可被使用；当禁止卖空时，许多 w_i 值为 0，即存在许多"闲置"资产或投资机会不能为投资者所用。

模型的缺点：模型中，资产的均值和方差数据是过去的数据的观察值，不能完全代表资产未来的表现，寻找更完美的数据估计未来的情况是一门复杂的学问。

(1) 数据是期望值，含有不确定性。经一系列假设简化后，较小的因素扰动都会增加模型的不准确程度。

(2) 把收益率的波动作为风险，但是这个波动又来自何方，受哪些因素影响？

第三节　风险资产与无风险资产的配置

在马柯维茨模型中，每一资产的方差都大于零，即组合中的资产都是风险资产。本节我们研究加入无风险资产后对风险投资组合的影响，以及如何建立一个最优资产组合。

一、资本配置线

(一)无风险资产的含义

所谓无风险资产，是指其收益率是确定的，从而其资产的最终价值也不存在任何不确定性。换言之，无风险资产的预期收益率与其实际收益率不存在任何偏离，即其方差(标准差)为零。

一般把短期国债看作是无风险资产。一方面，国债以国家信用担保，以国家税收和货币供给为还款来源的保证，违约风险极低；另一方面，短期可认为市场变化不大，国债的市场风险小。但是，俄国国债在 1998 年金融危机中违约，[①]还因此触发了金融界神一般存在的 LCTM 公司破产(像泰坦尼克号的沉溺一样神奇)，实际上并不存在没有风险的资产。

进一步看，根据上一章的公式，两种资产 i 和 j 之间的协方差等于这两种资产之间的相关系数和这两种资产各自的标准差的乘积，即

$$\sigma_{ij} = \rho_{ij}\sigma_i\sigma_j \tag{4-17}$$

假设 i 是无风险资产，则 $\sigma_i = 0$，因此 $\sigma_{ij} = 0$，即无风险资产的收益率与风险资产的收益率之间的协方差也是零。

(二)资本配置的含义

要使一个资产组合具有分散或降低风险的功能，其前提条件之一是降低组合中各资产之间的协方差或相关系数。

由于无风险资产的收益率与风险资产的收益率之间的协方差为零，所以，控制资产组合风险的一个直接方法，即将全部资产中的一部分投资于风险资产，而将另一部分投资于无风险资产。

所谓资本配置，即根据收益与风险匹配的原则，将全部资产投资于风险资产和无风险资产中，并决定这两类资产在一个完全资产组合中的比重(权重)。上述的资本配置的结果，也就形成了完全的资产组合。完全的资产组合(Complete Portfolio)，是指在该组合中既包括了风险资产，又包括了无风险资产。

如果我们已经按照马柯维茨模型确定了最优风险资产组合，则一个资本配置过程，实

---

① 国家可以发行货币，印钞机一开钱就来了，那俄国为什么要违约呢？货币不是随便发行的——货币多发时，人民手中的货币就会贬值，引发通货膨胀。当时的俄国卢布大幅贬值，人们不断地把手中的卢布换成外币。可以看看这篇博客《俄罗斯国债违约事件》http://blog. sina. com. cn/s/blog_5cdbb08 e0100fc05. html，了解一下中国国债的行情和发展趋势，另外可以思考一下美国国债违约后世界各国的反应。

际上就是在不改变风险资产组合中各资产相对比重的前提下，将财富从风险资产向无风险资产进行转移；或者说，是在一个全面资产组合中，降低风险资产组合的权重，而提升无风险资产组合的权重。

(三)资本配置线

如果我们以任意风险资产与无风险资产(通常选择国库券)构造资产组合，该组合的构造将形成一条资本配置线(Capital Allocation Line，CAL)，如图 4.10 所示。

图 4.10 中，

$$E(R_p) = yR_f + (1-y)E(R_A)$$

$$\sigma_p = (1-y)\sigma_A$$

资本配置线方程：

$$E(R_p) = R_f + \frac{E(R_A) - R_f}{\sigma_A}\sigma_p \tag{4-18}$$

那么，上述资本配置线方程是如何导出的呢？假设一个全面的资产组合由一个风险资产和一个无风险资产构成，其中风险组合 P 收益率为 R_p，期望收益为 $E(R_p)$，标准差为 σ_p，无风险资产收益率定义为 R_f。并假设 $E(R_p)$=15%，σ_p=20%，无风险资产收益率 R_f=7%。

风险资产的风险溢价为 $E(R_p) - R_f$=8%。

设风险投资组合的投资比例为 y，无风险投资组合比例为 $1-y$，则该投资组合 C 的投资收益率 R_c 为

$$R_c = yR_p + (1-y)R_f \tag{4-19}$$

$$E(R_c) = yE(R_p) + (1-y)R_f = R_f + y[E(R_p) - R_f] = 7 + 8y \tag{4-20}$$

任何一个投资组合的基本收益率都是无风险资产收益率。当一个资产投资组合由一个无风险资产和一个风险资产组成，则整个组合的标准差就是风险资产的标准差与其在投资组合中的比例的乘积。由于风险投资组合的标准差为 20%，即

$$\sigma_c = y\sigma_p = 20y \tag{4-21}$$

根据投资组合的期望收益和标准差绘出图 4.11，无风险资产 F 在纵轴上，因为其标准差为零，风险资产 P 位于标准差 20%、期望收益为 15%的坐标上。

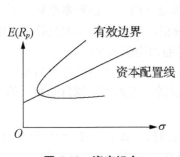

图 4.10　资产组合

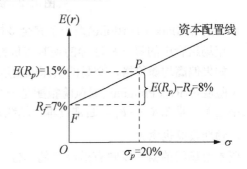

图 4.11　无风险资产与风险资产的投资组合可行集

当 y=0 时，即 $1-y$=1，则整个投资组合为无风险资产 F；当 y=1 时，即 $1-y$=0，则整个投资组合为风险资产 P；当 y 的取值在 0～1 之间时，该投资组合坐标点位于线段 PF 上。斜率为 $[E(R_p) - R_f]/\sigma_p$，即随着风险资产投资比例 y 的增加，组合期望收益以 8%的速率增

加，标准差以 20%的速率增长，单位额外风险收益为 8%/20%=0.4。

重新整理式子可得到期望收益与标准差之间的关系，即

$$E(R_c) = R_f + y[E(R_p) - R_f] = R_f + \frac{\sigma_c}{\sigma_p}[E(R_p) - R_f] = 7 + 0.4\sigma_c \tag{4-22}$$

因此，式(4-22)即资本配置线方程。整个资本投资组合是截距为无风险资产收益率 R_f，斜率为 $S = \dfrac{E(R_p) - R_f}{\sigma_p}$ 的一条直线。这条直线被称为资本配置线，表示对投资者而言所有可能的风险收益组合。资产配置的斜率等于每增加一单位标准差整个投资组合增加的期望收益，即组合中每单位额外风险的风险溢价测度。

二、资本市场线

不同的风险资产与无风险资产的配置，会形成不同的资本配置线。在均衡情况下，投资者会选择最陡的(有限制条件的)一条资本配置线——斜率越大，每单位额外风险的风险溢价越大，这条线被称为资本市场线(Capital Market Line，CML)。

资本市场线是资本配置线中与有效边界相切的那条线，切点 P 为市场组合。如图 4.12 所示。

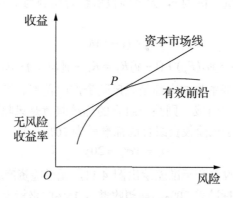

图 4.12　资本市场线

市场组合(Market Portfolio)是一个完全多样化的风险资产组合，由资本市场上所有证券组成。市场组合中的每一种证券的现时市价都是均衡价格，就是股份需求数等于上市时的价格。如果偏离均衡价格，交易的买压或卖压会使价格回到均衡水平。

风险溢价(Risk Premium)或风险报酬是一个资产或资产组合的期望收益率与无风险资产收益率之差，即 $E(R_p) - R_f$。通常资本市场线是向上倾斜的，因为风险溢价总是正的。风险愈大，预期收益也愈大。

资本市场线的斜率反映有效组合的单位风险的风险溢价，表示一个资产组合的风险每增加一个百分点所需要增加的风险报酬。单位风险由标准差表示，而不是方差。

其计算公式为

$$资本市场线的斜率 = [E(R_M) - R_f]/\sigma_M \tag{4-23}$$

资本市场线上任何有效的资产组合 P 的预期收益=无风险收益+市场组合单位风险的风

险溢价×资产组合 P 的标准差。即资本市场线的公式表述为

$$E(R_p) = R_f + \frac{E(R_M) - R_f}{\sigma_M} \sigma_p \tag{4-24}$$

下面对资本市场线斜率进行定量计算。

根据马柯维茨资产组合理论，风险资产的最优组合一定位于有效边界线上。现在我们在有效边界图中加入资本配置线，由于资本市场线的斜率由风险溢价和标准差所决定，所以，我们通过变动风险资产组合中各资产的权重，即可变动资本市场线的斜率，直到其斜率与有效边界线的斜率一致(即成为资本市场线)。

我们假设上述风险资产组合由股票 E 和债券 D 两种资产构成，我们的任务就是找出这两种资产的各自权重 W_D 和 W_E，以使资本配置线的斜率 S_p 最大。即

$$\max S_p = \frac{E(R_p) - R_f}{\sigma_p} \tag{4-25}$$

其中，

$$E(R_p) = W_D E(R_D) + W_E E(R_D) \tag{4-26}$$

$$\sigma_p^2 = W_D^2 \sigma_D^2 + W_E^2 \sigma_E^2 + 2 W_D W_E \sigma_D \sigma_E \rho_{DE} \tag{4-27}$$

将式(4-27)和式(4-28)代入目标函数，并令 W_D 对 S_p 的一阶导数等于零，即求得

$$W_D = \frac{[E(R_D) - R_f]\sigma_E^2 - [E(R_E) - R_f]\text{Cov}(R_D, R_E)}{[E(R_D) - R_f]\sigma_E^2 + [E(R_E) - R_f]\sigma_D^2 - [E(R_D) - R_f + E(R_E) - R_f]\text{Cov}(R_D, R_E)}$$

则

$$W_E = 1 - W_D \tag{4-28}$$

从而使资本配置线的斜率达到最大。

思考一下在风险资产组合中加上无风险资产的意义，为什么要在风险组合上加上无风险资产？①加上无风险资产扩展了投资的可行集，即在原来可行集的基础上加上了资本市场线上的点；②相比有效边界，资本市场线上的点能满足投资者更高的效用；③加上无风险资产后为什么有这样的变化——连接无风险资产和原点的直线斜率为无穷，但是只有无风险资产时的投资收益不会减少也不会增加。

三、有无风险资产时最优资产组合的确定

确定风险组合和无风险资产的最优资产组合有三步：①画出有效边界；②确定资本市场线；③找出最优资产组合——投资者效用曲线与资本市场线的切点。

资本市场线给出风险水平不同的各个有效证券组合的预期收益。不同投资者可根据自己的无差异效用曲线在资本市场线上选择适合自己的资产组合。当没有无风险资产时，投资者可选择有效边界上的组合投资。但是选择无风险资产后，投资者会选择资本市场线上的组合投资。具体来看，风险承受能力弱、偏爱低风险的投资者可在资本市场线上的左下方选择适合自己的资产组合，一般可将全部资金分为两部分，一部分投资无风险资产，另一部分投资风险资产。越是追求低风险，在无风险资产上投资越大，所选择的资产组合点越接近于纵轴上的无风险利率点。

一般将全部资金投资于风险资产组合后，还可按无风险利率借入资金投资于风险资产。投资者风险偏好越强，借入资金越多，所选择的资产组合点越远离资本市场线上的市场组合点。但是，借入资金投资时就产生了杠杆，杠杆会影响市场的波动，这时用原来的方法分析就可能产生问题，如图4.13所示。

图4.14中，无差异曲线在纵轴的截距，即无风险资产组合的效用。资本市场线与投资者无差异曲线的切点处，决定了完全资产组合风险与收益的最优匹配。

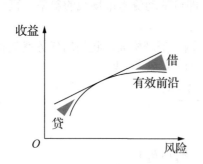

图4.13　市场组合与无风险资产的分配

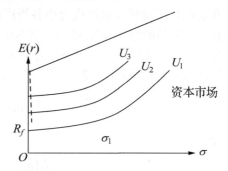

图4.14　投资者效用与资本配置

四、资产组合与风险分散化

在第三章的研究中我们已指出，投资风险总体上可以划分为系统性风险和非系统性风险两个部分。构建一个完全的资产组合，其最大的功效就是，从理论上来说，它可以分散掉全部的非系统性风险。

假设一个资产配置由两个风险资产组成，分别为 D 与 E。两个风险资产投资不完全正相关和负相关，定义投资于 D 的比例为 W_D；剩余的为 $1-W_D$，定义为 W_E，投资于 E。

$$\sigma_P^2 = W_D^2\sigma_D^2 + W_E^2\sigma_E^2 + 2W_DW_E\mathrm{Cov}(R_D,R_E) \qquad (4\text{-}29)$$

如果协方差为负，那么组合的方差会降低。但即使协方差为正，组合标准差仍然低于两个证券标准差的加权平均，除非两个证券是完全正相关的。因此，分散投资可以消除部分风险——非系统性风险，但无法消除所有的风险——系统性风险是投资组合无能为力的。

本 章 小 结

资产组合理论所要解决的核心问题是用不同资产构建一个投资组合，提供确定组合中不同资产的权重(投资比重)，达到使组合风险(方差)最小的目的。

马柯维茨的投资组合理论是建立在单一期间和终点财富的预期效用最大化基础上的。单一期间简化了对一系列现金流的贴现和对复利的计算；终点财富预期效用最大化的假设，既包括了财富的期望值，也考虑了获得这种预期财富的不确定性。

此外，马柯维茨投资组合理论还包含下列假设：①组合的风险表现在组合回报的波动上；②投资者是风险厌恶的；③投资者偏好更高的报酬；④由于消费者厌恶风险、偏好报酬，他的效用曲线是凹的和递增的；⑤这是一个在单一投资区间上的分析模型；⑥投资者会在既定风险水平下最大化报酬或在既定报酬水平下最小化风险；⑦投资者是天生理性的，他们在单一期间内以均值和方差标准来评价资产和资产组合。

风险资产的可行集和有效集，是从理论上确定投资者投资组合的一个基础性工具。风险资产的可行集是指资本市场上由风险资产可能形成的所有投资组合的总体。将所有可能投资组合的期望收益率和标准差的关系描绘在期望收益率—标准差坐标平面上，封闭曲线上及其内部区域表示可行集。

根据马柯维茨投资组合理论的前提条件，投资者为理性个体且服从不满足假定和回避风险：①投资者在既定风险水平下要求最高收益率；②在既定预期收益率水平下要求最低风险。这就是所谓有效集原则。同时满足两条有效集原则的边界，亦即资产组合的有效边界。有效边界的一个重要特性是上凸性，即随着风险的增加，预期收益率增加的幅度减慢。

投资者根据个人偏好的不同选择有效边界上的某一点进行投资决策，由于有效边界上凸，而效用曲线下凹，所以两条曲线必然在某一点相切，切点代表的就是为了达到最大效用而应该选择的最优组合。不同投资者会在资产组合有效边界上选择不同的区域。风险厌恶程度较高的投资者会选择靠近端点的资产组合；风险厌恶程度较低的投资者，会选择端点右上方的资产组合。

练 习 题

一、概念题

风险资产的可行集　马柯维茨　有效集　无风险资产　资本配置

二、简答题

1. 简述风险与收益的最优匹配。
2. 简述如何判断系统性风险？
3. 简述风险厌恶型投资者效用曲线的特点。
4. 简述有效集的原则及其图形解释。
5. 用图形表述投资者的最优选择。
6. 资本市场线为什么是向上倾斜的？其斜率的投资学含义是什么？

三、选择题

1. 下列关于有效边界的说法正确的是(　　)。
    A. 资本市场线的斜率总是正的，而且它的大小由市场风险溢价和市场组合收益的波动决定
    B. 资本市场线是连接无风险收益点和最小方差组合点的直线
    C. 偏好风险的投资者会喜欢持有由有效边界上标准差最小的风险资产组成的组合
    D. 根据各自对投资收益的预期，不同投资者会在有效边界上选择不同的风险组合
2. 下面哪一投资组合不在马柯维茨描述的有效边界上？(　　)
    A. 期望收益为 15%，标准差为 36%　　　B. 期望收益为 12%，标准差为 15%
    C. 期望收益为 5%，标准差为 7%　　　　D. 期望收益为 9%，标准差为 21%

3. 下列说法哪些是正确的? (   )

    A. 投资组合中加入的证券越多，组合总风险越小

    B. 除非投资组合包含至少 30 只以上的个股，分散化效果不会充分显现

    C. 分散化效果的大小要从标准差的变化程度来看，而不是期望收益的变化程度

    D. 2 个资产的组合的分散化效果一定不如 3 个资产的组合

四、计算题

请详细计算本讲课件中各个案例和例题。

五、论述题

1. 最优全部资产组合如何确定?

2. 资产组合是如何分散风险的?

第五章　资本资产定价模型

【学习要点及目标】

通过本章的学习，可以了解资本资产定价模型(CAPM)的假设前提，在对该模型进行推导的基础上，掌握其主要内容和含义，知悉资本资产定价模型对于资本资产定价的意义；重点掌握该模型在证券投资实务和企业财务当中的应用。

【关键概念】

风险溢价　β 系数　证券市场线　证券特征线

第一节　CAPM 模型的前提假设

一、模型简述

资本资产定价模型(Capital Asset Pricing Model，CAPM)是建立在风险资产预期收益均衡基础上的收益预测模型，根本上还是来源于马柯维茨的资产组合理论。在 20 世纪中叶，人们开始关注和研究马柯维茨资产组合理论对资产价格的作用，这些人当中的 W. Sharpe(1964)，[1] J. Lintner(1965)[2] 和 J. Mossin(1966)[3]独立地提出了资本资产定价模型。CAPM 模型的主要特点是将资产的预期收益率与风险系数 β 相联系，从理论上探讨了资产的预期收益率与预期风险之间的数量关系。

作为阐述风险资产均衡价格决定的理论，CAPM 模型在证券估价、风险预测以及公司的业绩评估方面都有着广泛的应用，成为普通投资者、基金管理者和投资银行进行证券投资的重要工具之一。实证表明，CAPM 模型很好地诠释了资本市场上资本资产价格的变动，是描述资本资产价格形成机制最经典的理论。

二、模型的前提假设

资本资产定价模型是建立在马柯维茨模型基础上的，因此 CAPM 模型包含所有马柯维

---

[1] William Sharp, "Capital Asset Prices: A Theory of Market Equilibrium," Journal of Finances, September 1964.

[2] John Lintner, "The Value of Risk Assets and the Selection of Risky Investments in Stock Portfolios and Capital Budgets," Review of Economics and Statistics, February 1965.

[3] Jan Mossin, "Equilibrium in a Capital Asset Market," Economics, October 1966.

茨模型的假设，另外还有以下九个假设。[①]

(1) 市场上存在一种收益大于零的无风险资产，任何投资者可以不受限制地借贷该资产。

(2) 资产是可任意无限分割，市场的投资者可以买卖单位资产或组合的任意部分。

(3) 市场上存在大量的投资者，每个投资者的财富相对于所有投资者的财富总额是微不足道的。投资者是价格的接受者，他们的交易行为对证券价格不产生影响。这与微观经济学中对完全竞争市场的假设一致。

(4) 所有投资者只考虑一个相同的投资期间。这种行为是短视的，它忽略了在投资持有期结束时点上发生的任何事情的影响。可以思考一下可能发生什么影响性事件和因素。短视行为通常不是最优行为。

(5) 投资者的投资范围仅限于市场上公开交易的金融资产，如股票、证券、无风险借入或贷出等，这样就排除了不可交易资产如教育(人力资源)、私有企业和政府投资的资产如市政大楼、国际机场等。

(6) 不存在证券交易费用(佣金和服务费等)及税负。当然，我们都知道在现实中投资者处于不同的税负级别，这将直接影响投资者对投资资产的选择。例如对利息收入、股息收入和资本利得的税率不同，国债、捐赠基金、保险等免税，政府债券一般免地方税。此外，实际交易中存在交易费用，其大小随交易额度的大小和投资者信誉的不同而不同。

(7) 所有投资者都是理性的，他们追求财富效用的最大化，这意味着他们都运用马柯维茨的资产选择模型。

(8) 所有投资者采用相同的方法进行证券分析并对经济前景看法一致，这使所有投资者关于有价证券未来收益的期望分布具有一致性估计。也就是说，无论证券价格如何，投资者都得到相同的马柯维茨模型输入表，并以此给定一系列证券价格和无风险收益率，所有投资者的期望收益率和协方差矩阵相同，从而产生了有效边界和唯一的最优风险资产组合。这一假设也被称为"同质期望"(Homogeneous Expectation)。由此，投资于市场指数组合这样一个消极策略是有效的，所有投资者都选择持有市场投资组合作为他们的最优风险资产组合，差别只在于投资者投资于最优风险资产组合的数量与投资于无风险资产的数量之比不同。

(9) 卖空不受限制，可以无限卖空。

假设(3)~(8)的核心是使每个投资者尽可能同质化，尽管他们的初始财富和风险厌恶程度存在显著差异，这些假设也会大大简化模型。

第二节　CAPM 模型的推导

一、市场组合

市场组合(Market Portfolio)是市场上所有风险资产的组合，每种风险资产在该组合资产

[①] 假设越多的模型可以改进的地方越多，扩展空间越大，大家可以思考一下哪条假设可以放宽，放宽后模型如何改进。关于 CAPM 模型最著名的争论就是所谓的"罗尔的批评"(Roll's Critique)。

的权重是这种风险资产市值占所有风险资产市值的比重。

(一)单一资产的 β 值

马柯维茨的资产组合理论指出，在一个资本市场存在的所有风险资产组合中，只有切点风险资产组合与无风险资产构成的组合才是最优的资产组合，投资者的风险偏好直接体现在该最优资产组合中无风险资产所占的比重。

假设无风险资产的收益率为 r_f，任意风险组合的预期收益率为 $E(r_i)$，整个市场组合的期望收益率为 $E(r_M)$，那么风险资产的风险溢价可以表示为 $E(r_i) - r_f$。整个市场的风险溢价表示为 $E(r_M) - r_f$，则在市场交易达到均衡时，风险资产的风险溢价 $E(r_i) - r_f$ 和整个市场的风险溢价 $E(r_M) - r_f$ 成正比例的线性关系，我们用 β 来表示该线性关系的系数，代表资产回报率对市场变动的敏感程度，可以用于表示资产的系统性风险。

用公式表示为

$$E(r_i) - r_f = \beta_i [E(r_M) - r_f] \tag{5-1}$$

公式中的系数 β 为

$$\beta_i = \mathrm{Cov}(r_i, r_M) / \sigma_M^2 = \rho_{iM} \sigma_i / \sigma_M \tag{5-2}$$

当 β 系数为 1 时，表示资产价格的波动性与市场价格波动性是一致的；当 β 系数大于 1 时，则表示市场价格的波动会带来更大程度的资产价格的波动；当 β 系数小于 1 时，表示资产价格波动性会小于市场价格波动性。公式中还对系统性风险和非系统性风险进行了区分。系统性风险也叫作市场风险，它是不能通过投资组合进行分散化的一种风险，因此需要有与之对应的一部分收益对其进行补偿。而非系统性风险则是可以通过投资组合进行分散的一种风险，因此无须进行补偿。

(二)市场组合的 β 值

对于任意的资产组合，假设该组合中有证券 A 和证券 B，其对应的 β 系数分别为 β_A 和 β_B，再假定二者占该组合的比例分别为 x 和 y，则该资产组合的 β 系数为

$$\beta_i = x\beta_A + y\beta_B \tag{5-3}$$

而对于整个市场组合而言，

$$\beta_M = 1$$

也就是说，整个市场的所有各种资产的 β 值的加权平均必定恒等于 1。若某组合的 $\beta_i > 1$，则表示该组合承担的系统风险大于市场风险。

二、模型

(一)模型推导

根据方差的计算公式，市场组合的方差为

$$\sigma_M^2 = \sum_{i=1}^{n} \sum_{j=1}^{n} x_{iM} x_{jM} \sigma_{ij} \tag{5-4}$$

上式当中，假设市场上有 n 种资产，其中 x_{iM} 和 x_{jM} 分别表示第 i 种风险资产和第 j 种

风险资产所占的比例，而 σ_{ij} 表示为两种资产的协方差。

将式(5-4)展开，得到

$$\sigma_M^2 = x_{1M}\sum_{j=1}^n x_{jM}\sigma_{1j} + x_{2M}\sum_{j=1}^n x_{jM}\sigma_{2j} + \cdots + x_{nM}\sum_{j=1}^n x_{jM}\sigma_{nj} \tag{5-5}$$

由于资产 i 与市场组合的协方差可以表示成它与组合中每个资产协方差的加权平均，如下式：

$$\sigma_{iM} = \sum_{j=1}^n x_{jM}\sigma_{ij} \tag{5-6}$$

结合式(5-6)和式(5-5)可以得到

$$\sigma_M^2 = x_{1M}\sigma_{1M} + x_{2M}\sigma_{2M} + ... + x_{iM}\sigma_{iM} + ... + x_{nM}\sigma_{nM} \tag{5-7}$$

在式(5-7)中，σ_{iM} 表示风险资产 i 与资产组合的协方差；$x_{iM}\sigma_{iM}$ 是投资比重为 x_i 的第 i 种证券对市场组合的风险贡献大小的绝对衡量。

进一步，我们将 $\dfrac{x_{iM}\sigma_{iM}}{\sigma_M^2}$ 作为占比为 x_i 的第 i 种证券对市场组合的风险大小的相对衡量。

根据对风险溢价的含义，$[E(r_M)-r_f]$ 为市场组合的风险溢价，即相当于对方差 σ_M^2 的补偿，则第 i 种证券的期望超额收益 $[E(r_i)-r_f]$ 和市场的风险溢价 $[E(r_M)-r_f]$ 的关系可以表示如下：

$$\frac{x_{iM}[E(r_i)-r_f]}{x_{iM}\sigma_{iM}} = \frac{E(r_M)-r_f}{\sigma_M^2} \tag{5-8}$$

将式(5-8)变形得到

$$E(r_i)-r_f = [E(r_M)-r_f]\frac{\sigma_{iM}}{\sigma_M^2} = [E(r_M)-r_f]\beta_i \tag{5-9}$$

从而得到资本资产定价模型(CAPM)的经典表达式：

$$E(r_i) = r_f + \beta_i[E(r_M)-r_f] \tag{5-10}$$

式(5-10)描述了第 i 种证券的期望收益率与市场的风险溢价(风险补偿)之间的正比例的线性关系。

(二) α 系数

当资产价格与期望收益率处于不均衡状态时，即称为资产的错误定价，这可以用 α 系数度量，其计算公式为

$$\alpha_i = E(R_i) - E'(R_i) \tag{5-11}$$

式中，$E(R_i)$ 为资产 i 的期望收益率(来自历史取样法或情景模拟法)或实际收益率；$E'(R_i)$ 为资产 i 的均衡期望收益率，即位于证券市场线上的资产 i 的期望收益率，由证券市场线得出，即

$$E'(R_i) = R_f + (E(R_M)-R_f)\beta_i$$

则

$$\alpha_i = E(R_i) - [R_f + (E(R_M)-R_f)\beta_i] \tag{5-12}$$

如果某资产定价正确，则其 α 系数为零，它位于证券市场线上；如果某资产价值被低估，则其实际收益大于均衡收益，α 系数为正数，它位于证券市场线的上方；如果某资产

价值被高估，则其实际收益小于均衡收益，α 系数为负数，它位于证券市场线的下方。

在第七章中我们会进一步介绍这个业绩衡量指标 α，詹森阿尔法(Jensen α)。

【例 5-1】 已知如表 5.1 的数据，分析两个证券的投资策略。

表 5.1 AB 两个证券的资本资产定价比较

投资品种	$E(r)$/ %	ρ_{iM}	σ_i/%(i=A 或 B)
证券 A	15.5	0.8	20
证券 B	9.2	0.9	9
市场组合	12	1.0	12
无风险资产	5	0	0

注：$\beta_{iM} = \rho_{iM} \dfrac{\sigma_i}{\sigma_M}$。

解：首先计算 β 系数：

由

$$\beta_{iM} = \rho_{iM} \frac{\sigma_i}{\sigma_M}$$

$$\beta_A = 0.8 \times 20/12 = 1.33$$

$$\beta_B = 0.9 \times 9/12 = 0.675$$

在根据资本资产定价模型(CAPM)，可得两个证券的期望收益率分别为：

$$E(r_A) = 5\% + 7\% \times 1.33 = 14.31\%$$

$$E(r_B) = 5\% + 7\% \times 0.675 = 9.725\%$$

证券 A 的实际期望收益率为 15.5%，而根据资本资产定价模型所估计预测的均衡期望收益率为 14.31%，实际的期望收益率大于均衡期望收益率，表明相对于该证券的风险水平，它的价值被低估了，因此应该积极买入 A；证券 B 的实际期望收益率为 9.2%，而按照资本资产定价模型所预测的均衡期望收益率为 9.725%，实际的期望收益率小于均衡的期望收益率，表明相对于该证券的风险水平，它的价值被高估了，应该卖出 B。

三、证券市场线方程

(一)证券市场线(SML)

每种资产都有它自己的风险—收益关系。如果期望收益恰好弥补了投资者所承担的风险，那么我们就认为市场处于均衡的状态。这时，不存在卖出或买进股票的动力，投资者不希望改变他的证券组合构成。

当市场处于均衡状态时，所有的资产都价如其值，市场上不存在"便宜货"。此时，由资本资产定价模型确定的期望收益和 β 系数之间的线性关系被称为证券市场线(Security Market Line，SML)。也就是说，资本资产定价模型指的是均衡定价模型，而证券市场线则是这一模型的最终结果(参见图 5.1)。

资本资产定价模型和证券市场线如图 5.1 所示，可知证券市场线所描述的方程为：

$$E(r_i) = r_f + [E(r_M) - r_f] \times \beta_i \tag{5-13}$$

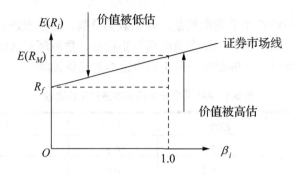

图 5.1　资本资产定价模型和证券市场线

证券市场线(SML)表示各种证券的收益率与以 β 作为衡量测度的风险之间的关系。在证券市场线上相对于 $\beta=1$ 的点所要求的预期收益率为 $E(r_M)$ ，这就是市场组合的预期收益率(如图 5.1 所示)，其斜率就是市场投资组合的风险溢价。证券市场线反映了不同的 β 值水平条件下，各种证券及证券组合应有的预期收益率水平，从而反映了各种证券和证券组合系统性风险与预期收益率的均衡关系。由于预期收益率与证券价格成反比，因此证券市场线实际上也给出了风险资产定价公式。

均衡证券市场中的任何一只证券或证券组合所表示的点均落在证券市场线(SML)上，收益率高于证券市场线的证券属于价值被低估的证券，这些证券的收益率在相同风险的情况下，比其他证券的收益率高，有更高的投资价值；相反，收益率低于证券市场线的证券，属于被高估的证券。

【例 5-2】　如果资本市场上有一种资产 A，其 β 系数 $\beta_A=2$，同时市场上的无风险收益率 $r_f=2.5\%$，当期的市场预期收益率 $E(r_M)$ 等于 11.5%，请计算该单一资产 A 的期望收益率 $E(r_A)$。

解：根据证券市场线(SML)的模型表达式：

$$E(r_A) = 2.5\% + 2 \times (11.5\% - 2.5\%) = 20.5\%$$

如图 5.2 所示。

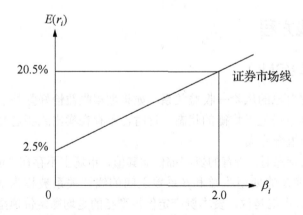

图 5.2　证券市场所表现的单一资产风险和期望收益率之间的关系

(二)证券特征线

根据前面的学习，我们知道证券市场线主要用于预测证券的预期收益，而证券特征线则有所不同，它常用来描述一种证券的实际收益。

我们知道，资本市场均衡只是一种理想化状态，也就是说，并不是所有的证券资产都能够恰好落在证券市场下上，大部分情况下，许多证券资产都分散在证券市场线的上下两侧。这就造成了证券的预期收益与均衡预期收益之间存在着一个偏差，我们将这个偏差记作 α，用计算公式表示就是

$$\alpha_i = r_i - r_i^e \tag{5-14}$$

其中：r_i 表示证券资产的实际收益率；r_i^e 表示证券资产的预期收益率。

再利用资本资产定价模型公式可得到下式：

$$\alpha_i = r_i - [r_f + \beta_i(r_M - r_f)] \tag{5-15}$$

如果 α 系数大于或小于 0，则我们可以认为，该证券被错误地估价。

现在我们将式(5-15)整理为

$$r_i - r_f = \alpha_i + \beta_i(r_M - r_f) \tag{5-16}$$

式(5-16)即为证券特征线方程，其描述的是所持有的证券在一定时间内的超额收益率等于错误定价误差 α 和市场预期的风险溢价与 β 系数之积。如图 5.3 所示，横轴表示市场的超额收益，纵轴表示证券的实际超额收益。若证券 A 的 β 系数和错误定价误差 α 分别为 2% 和 4%，无风险收益率 $r_f = 7\%$，市场证券组合的预期收益率为 13%，可以得到证券特征线。但是，需要指出的是，由于随机误差的存在，证券 A 的实际收益率仍然有可能偏离其证券特征线。

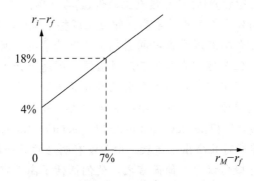

图 5.3　证券特征线

(三)对比分析资本市场线和证券市场线

1. 资本市场线和证券市场线共同点

(1) 截距都表示无风险收益率。

(2) 纵坐标都表示收益率。

(3) 这两条线都表示收益和系统性风险之间的一种线性关系。

2. 资本市场线和证券市场线不同点

(1) "资本市场线"的横轴是"标准差(既包括系统风险又包括非系统风险)"，"证券市场线"的横轴是"β 系数(只包括系统风险)"。标准差可以用来衡量有效分散化资产组合的总风险，而 β 系数用以衡量某一资产对资产组合方差的贡献程度，因为高度分散化的资产

组合中单项资产的风险测度并不是其标准差或方差。

(2)　"资本市场线"揭示的是"持有不同比例的无风险资产和市场组合情况下"风险和报酬的权衡关系;"证券市场线"揭示的是"证券的本身的风险和报酬"之间的对应关系。

(3)　资本市场线和证券市场线的斜率,计算公式不同:

资本市场线的斜率=(风险组合的期望报酬率-无风险报酬率)/风险组合的标准差

证券市场线的斜率=(市场组合要求的收益率-无风险收益率)

(4)　资本市场线表示的是"期望报酬率",即预期可以获得的报酬率;而证券市场线表示的是"要求收益率",即要求得到的最低收益率,也是市场均衡报酬率。

(5)　资本市场线的作用在于根据投资者的风险偏好,确定投资组合中无风险资产和有效组合的比例;证券市场线的作用在于根据"必要报酬率",确定资本成本,然后计算内在价值,比如利用股票估价模型,计算股票的内在价值。

(6)　资本市场线适用于资产组合,证券市场线对有效组合和单项资产均适用。

阅读资料

永远不要故意低估资产

资本资产定价模型仍存在一个小问题:金融学家研究表明 β 值对于解释公司股票收益率并不十分有效。更重要的是,还有更好的指标来解释这些收益问题。

这一指标就是公司的净资产(资产负债表上的价值)与市场价值之比。有些研究发现,一般来说,拥有高净市率的公司长期收益率高,即便在调整了风险之后的 β 值仍是如此。

净市率效应的发现在金融经济学家之间引起了广泛的争论。所有人都认为有些风险应当获得更高的风险补偿,但是他们在如何测度风险这一问题上产生了严重分歧。一些人认为由于投资者是理性的,净市率效应必然会引来额外的风险因素。他们因此总结出管理者应该把账面市场比率考虑进他们要求的必要收益率中去,并把这一可能出现的必要收益率称为"期望收益率的新估计"(The New- Estimated Expectation Rate)。

然而,另一些金融学家对此提出了质疑。由于没有明显的额外风险与高净市率相关联,他们认为投资者会把这一概念误导。简而言之,他们低估了高净市率的股票,这使他们获得了超额收益。如果这个公司的管理者试图跃过这些被抬高了的必要收益率,他们就得放弃许多可获利的资产组合。经济学家的意见并不一致,那些尽职尽责的管理者会怎么样呢?

来自麻省理工学院商学院的经济学家杰里米·斯坦给出了一个二者兼顾的答案。如果投资者是理性的,那么 β 值并不是测度风险的唯一方法,所以管理者不应该采用这种方法。相反,如果管理者是非理性的,β 值在许多情况下仍是有效的测度工具。斯坦认为如果 β 测度的是市场基础风险,这个基础风险是指它对市场投资组合风险的贡献,那么管理者关注它是值得的,即使在某些情况下并未取得理想的结果。

通常,但并非总是如此,斯坦的理论暗含了一个关键的区别,即提高公司的长期价值与提高公司股票价值之间的差别。如果投资者是理性的,那么两者是一致的:任何提高公司长期价值的决定都会迅速提高股票价值。但是如果投资者正在犯可预见的错误,那么管理者就必须作出决策了。

举例来说,如果他今天希望提高股价,可能的原因是他希望卖掉股票或者阻止公司被接管的企图，他通常需要使用期望收益的新估计量来纠正投资者的错误观点。但是如果他想提高长期价值，他通常会继续使用 β。斯坦把这种与 NEER 不同的方法称为"市场基础风险"法，或 FAR 法。

斯坦的结论无疑会惹怒许多公司的老板，这些老板经常会怒斥投资者缺乏远见。他们之所以斥责 CAPM 模型的方法，是因为这一方法假定投资者的判断无误，而这一假定在决策时起到了关键性的作用。但现在如果他们是对的而投资者是错误的，则那些有远见的管理者将会是 CAPM 模型最大的追随者了。

第三节 CAPM 模型在实践中的应用

作为现代金融理论的经典之一，资本资产定价模型提供了有关证券的市场定价及期望报酬率测定的思想，资本资产定价模型经常被西方发达国家的投资者用来解决金融投资决策中的一般性问题，在诸如资产定价、投资组合业绩的测定、资本预算、投资风险分析、公司财务及事件研究分析等方面得到了广泛的应用。

一、CAPM 模型应用于证券投资决策中

(一)用于投资组合决策

资本资产定价模型来源于投资组合理论，又反过来用于投资组合决策。如前所述，某一投资组合的 β 系数等于组合中个别证券 β 系数的加权平均数之和，其公式为：$\beta_p = \sum_{i=1}^{n} \omega_i \beta_i$。用于投资组合决策时，资本资产定价模型可表述为：投资组合的报酬率=无风险报酬率+(市场平均的风险报酬率-无风险报酬率)×投资组合的 β 系数。

利用该模型进行投资组合决策的基本方法是：首先，确定不同证券投资组合的 β 系数；其次，计算各证券组合的风险收益率=(市场平均的风险报酬率-无风险报酬率)×投资组合的 β 系数；再次，确定各投资组合的报酬率，报酬率=风险报酬率+无风险报酬率；最后，比较投资组合的报酬率，并结合投资者的风险态度和风险收益率来进行投资组合方案决策。

或者用上述步骤计算某证券投资组合的报酬率，将其与期望的最低报酬率相比较，进行选择与否的决策。

(二)CAPM 模型的 β 值定理用于证券分类

β 系数定理，反映的是某一证券资产相对于大盘的表现情况，比如大盘上涨 20%，某一证券标的上涨 30%，那么该证券标的的 β 系数就是 1.5。一般来说，大盘蓝筹股的 β 值较小，而创业板股票的 β 值就相对偏高一些。根据投资学理论，市场的 β 值恒等于 1；从股票型基金的角度来看，如果该股票型基金净值的波动幅度强于整个市场的波动幅度的话，那么该基金的 β 值肯定要大于 1，反之则小于 1。由此我们可以利用 CAPM 模型的 β 值定理对证券进行一个一般性的分类。

β 等于 1 表示为平均风险股票，也就是我们通常所说的中性股票。

β小于 1 的话，则为防守型股票，特别当β小于 0.5 的话，该股票为低风险股票。

β大于 1 的话，则为进攻型股票，此时该股票的价格波动幅度要高于整个市场组合的β值，特别当β大于 2 时，该股票为高风险股票。

一般来说，大部分股票的β值介于 0.5 到 1.5 之间。

根据市场情况调节β值。

市场情况不好时，调低组合的β，通过卖出相关资产并买入低β值的资产。

市场情况很好时，调高组合的β，通过卖出低β的资产并买入高β值的资产。

(三)为资产定价，从而指导投资者投资行为

资本资产定价模型是基于风险资产期望收益均衡基础上的预测模型，根据它计算出来的预期收益是资产的均衡价格，这一价格与资产的内在价值是一致的。但均衡毕竟是相对的，在竞争因素的推动下，市场永远处在由不均衡到均衡、再由均衡到不均衡的转化过程当中。资本资产定价模型假定所有的投资都运用马柯维茨的投资组合理论在有效集里去寻找投资组合，这时证券收益与风险的关系可表示为

$$E(r_i) = r_f + \beta_i \times [E(r_M) - r_f] \tag{5-17}$$

该模型即为风险资产在均衡时的期望收益模型。

投资者可根据市场证券组合收益率的估计值和证券的β估计值，计算出证券在市场均衡状态下的期望收益率，然后根据这个均衡状态下的期望收益率计算出均衡的期初价格：

$$\text{均衡的期初价格} = E(\text{期末价格} + \text{利息})/[E(r_i) + 1] \tag{5-18}$$

将现行的实际市场价格与均衡的期初价格进行比较，若两者不等，则说明市场价格被误定，误定的价格应该有回归的要求，利用这一点，便可决定投资何种股票。当现实的市场价格低于均衡价格时，说明该证券的价值被低估，应当购买；相反，现实的市场价格若高于均衡价格，则应当卖出该证券，而将资金转向其他被低估的证券。

(四)投资组合绩效测定

组合管理的业绩评估不同于传统的业绩评估，它不仅要考虑投资的收益，而且要考虑投资风险。投资者事先可以规定相当的风险与收益，将期末实际的风险与收益关系与之比较，则可得出投资组合的绩效，从而评定出投资组合管理者的绩效以进行奖惩。当然，这个过程中的风险与收益关系的确定离不开资本资产定价模型的发展。

这一内容将在第七章详细介绍。

二、CAPM 模型应用于企业管理运营中

(一)风险投资决策—计算风险调整贴现率

资本资产定价模型提供了与投资组合理论相一致的单一证券风险的计量指标，有助于投资者预计单一资产的不可分散风险。该模型可表述为

期望的投资报酬率(或预期报酬率)=无风险报酬率+风险报酬率=无风险报酬率+
风险报酬斜率×风险程度

其中风险程度用标准差或变化系数等计量。风险报酬斜率取决于全体投资者的风险回

避态度，可以通过统计方法来测定。该模型用于风险投资项目的决策，最常用的方法是风险调整贴现率法。这种方法的基本思路是对于高风险的项目，采用较高的贴现率(风险调整贴现率)去计算净现值，然后根据净现值法的规则来选择方案。

(二)筹资决策中普通股资本成本的计算

普通股的资本成本率可以用投资者对发行企业的风险程度与股票投资承担的平均风险水平来评价。公司的权益资本成本通常被定义为其股票的预期报酬率。根据资本资产定价模型：

普通股的资本成本率=无风险报酬率+(股票市场平均报酬率-无风险报酬率)$\times\beta$系数

例如：爱高股份有限公司普通风险系数为 1.5，同期我国政府长期债券利率为 3.5%，我国沪深股票市场平均报酬率为 7%，则爱高股份有限公司普通股的资本成本率=3.5% +2×(7% −3.5%)=10.5%。

(三)企业管理中对人力资本进行定价

随着人类进入知识经济时代，人力资源可确认为一项资产加以计量，人力资源会计应将人力资产看作是人力资源所有者的一项投资，人力资源所有者拥有企业人力资本的产权。任何一项投资都会由于未来收益的不确定性而使其存在一定的风险，人力资产投资也不例外。因为人力资本依附于人本身，而人的身体可能遭到生命安全及健康方面的意外侵害，从而降低人力资本的收益能力和相应的人力资本价值；人力资本价值取决于未来预期收益，期间越长，收益不确定性越大，风险越大；再者，由于知识更新速度越来越快，致使人力资本所承担的风险也随之增大。因而，人力资本投资者也因承担风险而要求相应的超额报酬，人力资本投资的期望报酬率也应该由无风险报酬和风险报酬组成。相应地，我们可以利用资本资产定价模型对人力资产进行定价。

第四节　CAPM 模型的进一步讨论

一、零 β 资本资产定价模型

资本资产定价模型的假设条件 3 指出，存在无风险利率，投资者可以按该利率进行借贷，并且对所有投资者而言无风险利率都是相同的。正是由这一假设，我们得到所有投资者都会选择市场资产组合作为其最优的切线资产组合。

但是，当借入受到限制时，或者说当投资者无法以一个共同的无风险利率借入资金时，[1]市场资产组合即不再是投资者共同的理想资产组合，即不再是最小方差有效组合了。此时资本资产定价模型所导出的预期收益—β关系也就不再反映市场均衡。这样，我们通过加入限制性借款的条件，即将经典资本资产定价模型扩展为零β资本资产定价模型。

有效资产组合的方差—均值存在如下三个性质。

(1) 任何有效资产组合组成的资产组合仍然是有效资产组合。

(2) 有效边界上的任一资产组合在最小方差资产组合集合的下半部分(无效部分，见

图 5.4)均有相应的"伴随性"或对应性资产组合存在，由于这些伴随性资产组合与有效组合是不相关的，所以这些组合可视为是有效资产组合中的零 β 资产组合(zero-beta portfolio)。

(3) 任何资产的预期收益都可由任意两个边界资产组合的预期收益的线性函数表示。

以上三个性质是资产组合零 β 模型建立的基础。零 β 伴随性资产组合的预期收益和标准差如图 5.4 所示。

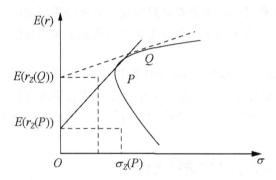

图 5.4　有效组合及其零 β 伴随性资产组合的预期收益和标准差

在图 5.4 中，假设任意有效资产组合 P，过 P 点做有效组合边界的切线，该切线与纵轴的交点即为资产组合 P 的零 β 伴随性资产组合，记为 $Z(P)$；从该交点作横轴平行线，使其与最小方差资产组合集合线相交，这一交点即是零 β 伴随性资产组合的标准差。由图 5.4 可见，不同的有效组合(如 P 和 Q)，有不同的零 β 伴随性资产组合。

根据性质 3，考虑有两个最小方差边界资产组合 P 和 Q，任意资产 i 的预期收益的表达式为

$$E(r_i) = E(r_Q) + [E(r_P) - E(r_Q)] \frac{\text{Cov}(r_i, r_P) - \text{Cov}(r_P, r_Q)}{\sigma_P^2 - \text{Cov}(r_P, r_Q)} \qquad (5\text{-}19)$$

根据性质 2，市场资产组合 M 同样存在一个最小方差边界上的零 β 伴随性资产组合 $Z(M)$。再根据性质 3 和式(5-17)，即可用市场资产组合 M 及其 $Z(M)$ 来表示任何证券的收益。这里，由于 $\text{Cov}[r_M, r_{Z(M)}] = 0$，因此有

$$E(r_i) = E[r_{Z(M)}] + E[r_M - r_{Z(M)}] \frac{\text{Cov}(r_i, r_M)}{\sigma_M^2} \qquad (5\text{-}20)$$

该式即零 β 资本资产定价(资产组合)模型，其中的 $E[r_{Z(M)}]$ 取代了 r_f。

二、税负调整后的资本资产定价模型

在现实经济中的税收情况下，不同的投资者适用不同的税种及税率，不同资产交易的所得税也不尽相同，政府对资本利得征税一般低于股票红利征税以鼓励投资，因此尽管投资者的资产组合税前的期望收益相同，但税后风险资产组合对于每个投资者来说都存在区别。在考虑到税负不同时人的资产的收益率为

$$E(r_i) = r_f(1 - T) + \beta_i [E(r_M) - r_f - T(D_M - r_f)] + TD_i \qquad (5\text{-}21)$$

其中：

$$T = \frac{T_d - T_g}{1 - T_g}$$

这里 D_i、D_M 分别表示了股票的红利收益率和市场组合收益率；T_d、T_g 分别表示红利所得税和资本市场资本利得税。

三、多要素资本资产定价模型

经典的资本资产定价模型将市场因素作为决定资产预期收益率的唯一因素，但是，除了该因素之外，我们有理由相信存在更多的因素同样影响着资产的预期收益率，比如说投资者未来的收入水平变化、未来商品和劳务价格的变化以及未来投资机会的变化等，这些因素也是投资者在投资决策时所关心的因素。我们将这种包含市场外因素的资本资产定价模型称作"多因素资产资本定价模型"。

该模型用公式表示如下：

$$r_i = r_f + \beta_{i,M}(r_M - r_f) + \beta_{i,F_1}(r_{F_1} - r_f) + \beta_{i,F_2}(r_{F_2} - r_f) + \cdots + \beta_{i,F_K}(r_{F_K} - r_f) \qquad (5\text{-}22)$$

其中：r_f 为无风险收益率；$F_1, F_2, \cdots, F_K$ 为第一个到第 K 个风险来源；β_{i,F_K} 为证券组合或单个证券对第 K 个要素的敏感度；r_{F_K} 为要素 K 的预期收益率。

"多因素资本资产模型"表明，投资者除了承担市场风险外还需承担市场外风险，而相应希望获得对应的风险补偿。虽然"多因素资本资产定价模型"考虑了市场风险和非市场性风险，但是应该指出的是，这些非市场性风险一般很难估计和量化，这导致该模型在实际应用中会遇到种种障碍。

四、考虑资产流动性的资本资产定价模型

所谓流动性，即资产出售的难易程度和成本。经典的 CAPM 的主要前提假定之一就是无交易成本等费用，但是在现实中，没有交易费用是不可能的，这也就是说，市场上资产资本的流动性并不是完全充分的。

一般来讲，流动性强、交易成本比较低的证券更受投资者青睐，从而对该证券的预期收益率起到一定程度的抬高作用。反过来理解，这就会压低流动性差的证券的价格。越来越多的实证研究表明，资产价格中，包含了流动性溢价(Liquidity Premium)。

该流动性模型可以记作：

$$E(r_i) - r_f = \beta_i[E(r_M) - r_f] + f(c_i) \qquad (5\text{-}23)$$

其中：$f(c_i)$ 为第 i 种证券的交易费用一定时，用来计算非流动性溢价效应的交易费用函数，$f(c_i)$ 为单调递增的凸函数。

经典资本资产定价模型的第四个假定是市场不存在任何交易成本。换言之，所有资产都是可交易的，且所有交易都是免费的，即任何证券都具有完全的流动性(Liquidity)。然而，我们从实际交易中看到，所有证券交易都有交易费用，没有什么证券具有完全的流动性。

所谓流动性，是指资产转换为现金时，也就是将资产出售时所需的费用，以及资产出售的便捷程度。实际投资中，投资者更愿意选择那些流动性高且交易费用低的资产，由此也就导致了流动性高的资产预期收益也高，而流动性低的资产将低价交易，即流动性溢价(Illiquidity Premium)会体现在资产价格中。换言之，流动性是影响资产定价的重要因素。

(一)流动性对投资者资产选择的影响

假定有大量互不相关的证券，因此充分分散化的证券组合的标准差接近于 0，此时市场资产组合的安全性也就与无风险资产基本相同；同时，由于互不相关性，任何一对证券的协方差也是 0，根据式(5-2)，则任一证券对市场组合的 β 值也为 0。因此，根据经典资本资产定价模型，所有资产的预期收益率等于无风险资产收益率。

进一步，我们假定上述大量互不相关的证券都可分为两种类型：可流动的股票(L 类型)和不可流动的股票(I 类型)，并假定 L 类型股票的流动费用为 c_L，I 类型股票的流动费用为 c_I，且 $c_L < c_I$。因此对于持有期的投资者而言，L 类型股票的流动费用以每期 $c_L / h\%$ 的速度递减；I 类型股票的流动费用高于 L 类型，从而减少了每期的收益 $c_I / h\%$。这样，如果某投资者打算持有 L 类型股票 h 期，则其净预期收益率为 $E(r_L) - c_L / h$。

根据经典资本资产定价模型，均衡时所有证券的预期收益率为 r，则 L 类型股票的毛预期收益率为 $r + xc_L$，I 类型股票的毛预期收益率为 $r + yc_I$。其中 x 和 y 都小于 1。由此，L 类型股票对持有期为 h 的投资者而言，其净收益率为 $(r+xc)_L - c_L / h = r + c_L(x - 1/h)$；$I$ 类型股票的净收益率为 $r + c_I(y - 1/h)$；而无风险资产的净收益率为 r。图 5.5 显示了投资者持有 L 类型股票、I 类型股票和无风险资产这三种类型证券时，各证券净收益率曲线随持有期而变化的情况。

根据前面对流动费用的分析，持有期越短，两类股票的流动费用越高，从而其净收益率就越低。当持有期短到一定程度，如短于图 5.5 中的 h_{rL} 时，两类股票的收益率都低于无风险资产，投资者将选择完全持有无风险资产；随着持有期的延长，股票的毛收益率(净收益率)将超过无风险资产，其中对于流动性较好的 L 类型股票而言，只要对其持有期超过 h_{LI}，收益率就会高于 r，投资者就会选择持有 L 类型股票而放弃无风险资产；随着持有期的进一步延长，比如超过图 5.5 中的 h_{LI} 时，由于 $c_I > c_L$，I 类型股票的净收益率大于 L 类型股票，投资者将选择流动性较差但毛收益率较高的 I 类型股票。

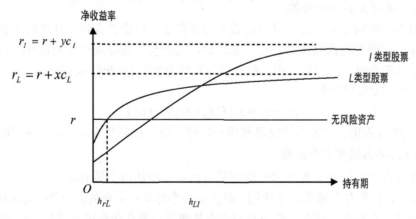

图 5.5　投资者持有各证券净收益率曲线随持有期而变化的情况

(二)均衡(非)流动溢价的决定

(1) I 类型股票的非流动溢价。由图 5.5 可见，当持有期为 h_{LI} 时，I 类型股票和 L 类型股票的收益率在边际上是相等的，即

$$r + c_L(x - 1/h_{LI}) = r + c_I(y - 1/h_{LI}) \tag{5-24}$$

求解 y，得

$$y = \frac{1}{h_{LI}} + \frac{c_L}{c_I}\left(x - \frac{1}{h_{LI}}\right) \tag{5-25}$$

非流动股票的预期毛收益率为

$$r_I = r + c_I y \tag{5-26}$$

将式(5-25)代入式(5-26)：

$$r_I = r + \frac{c_I}{h_{LI}} + c_L\left(x - \frac{1}{h_{LI}}\right) = r + c_L x + \frac{1}{h_{LI}}(c_I - c_L) \tag{5-27}$$

已知 $r_L = r + c_L x$，因此 I 类型股票对 L 类型股票的非流动溢价为

$$r_I - r_L = \frac{1}{h_{LI}}(c_I - c_L) \tag{5-28}$$

(2) 确定 L 类型股票的非流动性溢价。由图 5.5 可见，当持有期位于 h_{rL} 时点时，边际投资者投资于 L 类型股票所得到的收益率与无风险资产收益率相等，即

$$r + c_L(x - 1/h_{rL}) = r \tag{5-29}$$

可得

$$x = \frac{1}{h_{rL}} \tag{5-30}$$

则 L 类型股票的收益率为

$$r_L = r + x c_L = r + \frac{1}{h_{rL}} c_L \tag{5-31}$$

从而得到 L 类型股票对于无风险资产的非流动性溢价：

$$r_L - r = \frac{1}{h_{rL}} c_L \tag{5-32}$$

式(5-28)和式(5-32)即(非)流动性溢价的确定公式。由这两个公式我们得到的结论有三点。

(1) 均衡预期收益率应足以弥补交易费用。

(2) 非流动性溢价是交易费用的非线性函数，且两者呈负相关关系。

(3) 式(5-28)显示，I 类型股票的非流动溢价高于 L 类型股票的非流动溢价 $1/h_{LI}$；式(5-32)则显示 L 类型股票的非流动性溢价高于无风险资产的非流动性溢价 $1/h_{rL}$。

根据上述结论，再加上 $h_{LI} > h_{rL}$，我们的最终结论就是：随着非流动资产不断注入投资组合，投资组合的非流动效应增加额在逐步下降。

(三)流动性资本资产定价模型

上述的分析和推导过程我们假定所有资产都是不相关的。现在引入存在系统性风险且彼此相关的资产。这里我们假定，对每一水平的 β，在该风险等级中都存在大量证券，且这些证券都有不同的交易费用。由此，我们以上的分析就可应用于每一风险等级，其结果即是将非流动溢价加到系统性风险溢价——资本资产定价模型风险溢价——之中，这样，我们就得到包括流动性效应的资本资产定价模型：

$$E(r_i) - r_f = \beta_i[E(r_M) - r_f] + f(c_i) \tag{5-33}$$

式中，$f(c_i)$ 为在 i 证券交易费用确定的条件下，测度非流动溢价效应的交易费用的函数；并且 $f(c_i)$ 是关于 c_i 的一阶单调递增函数，其二阶导数为负。

本 章 小 结

资本资产定价模型表明，当证券市场处于均衡状态时，资产的预期收益率等于市场对无风险资产的收益率加上风险溢价。资本资产定价模型是建立在以下的前提假设之上的。

(1) 市场上存在一种收益大于零的无风险资产，任何投资者可以不受限制地借贷该资产。

(2) 单一期间假定，即市场中的所有投资者都处于同一单期投资期间。

(3) 同质预期假定，即市场上所有的投资者对证券的方差、协方差和预期收益率等都具有相同的预期。

(4) 完全竞争市场假定，即该资本市场上信息充分地自由流动，所有的投资者都能掌握到相同数量的信息，且该信息免费易获取。

(5) 市场光滑无摩擦，也就是说，交易成本和税负为零。

(6) 投资者风险厌恶，即在其他条件都一样的情况下，投资者都会选择标准差最小的资产组合。

(7) 资产可任意无限分割，市场的投资者可以买卖单位资产或组合的任意部分。

有了上述的前提假设，再加上 β 系数原理等理论，我们得到了经典的资本资产定价模型，该模型的表达式为

$$E(r_i) = r_f + [E(r_M) - r_f] \times \beta_i$$

该模型用 β 系数的定理来描述就是，在市场均衡之时，市场风险溢价 $E(r_M) - r_f$ 与市场中任意一种风险资产的风险溢价 $E(r_i) - r_f$ 成正比例的关系，该正比例线性关系的系数就是 β 系数。

式(5-23)如果用平面坐标轴表示的话，令预期收益为纵轴，β 值为横轴，r_f 为截距项的话，就得到一条以 r_f 为起点的射线，这条射线就是证券市场线(SML)。

资本资产定价模型在证券投资中和企业管理经营等诸多方面都有着广泛的应用。但是在实践中发现，还有许多资本资产定价模型没有考虑过的因素或者情形，所以许多经济学家对其进行了进一步的拓展。

首先是零 β 资本资产定价模型，其表达式如下：

$$E(r_i) = E(r_0) + [E(r_M) - E(r_0)]\beta_i$$

将无风险收益率 r_f 换成了市场组合中的零 β 的资产收益 $E(r_0)$。与 CAPM 模型相比，修正后的证券市场线与纵轴的截距比 r_f 要高，斜率比原来的 CAPM 变小。

考虑到不同的投资者适用不同的税种及税率，我们得到税负调整后的资本资产定价模型：$E(r_i) = r_f(1-T) + \beta_i[E(r_M) - r_f - T(D_M - r_f)] + TD_i$

其中：
$$T = \frac{T_d - T_g}{1 - T_g}$$

这里 D_i、D_M 分别表示了股票的红利收益率和市场组合；T_d、T_g 分别表示红利所得税和资本市场资本利得税。

再次，由于除了市场风险之外，还存在着许多市场外的因素影响着证券的预期收益率，我们得到"多因素资本资产定价模型"：
$$r_i = r_f + \beta_{i,M}(r_M - r_f) + \beta_{i,F_1}(r_{F_1} - r_f) + \beta_{i,F_2}(r_{F_2} - r_f) + ... + \beta_{i,F_K}(r_{F_K} - r_f)$$

其中：r_f 为无风险收益率；$F_1, F_2, ..., F_K$ 为第一个到第 K 个要素或市场风险来源；β_{i,F_K} 为证券组合或单个证券对第 K 个要素的敏感度；r_{F_K} 为要素 K 的预期收益率。

最后，对经典的资产资本本定价模型的市场是充分流动假定的放松，即市场并不是完全流动的，从而将流动性溢价包括在资产的价格之中，用公式表示如下：
$$E(r_i) - r_f = \beta_i[E(r_M) - r_f] + f(c_i)$$

其中：$f(c_i)$ 为第 i 种证券的交易费用一定时，用来计算非流动性溢价效应的交易费用函数，$f(c_i)$ 为单调递增的凸函数。

练 习 题

一、名词解释

风险溢价　证券市场线　证券特征线　β 系数定理　流动性溢价

二、简答题

1. 资本资产定价模型所要解决的问题是什么？
2. 简述 β 系数定理。
3. 资本资产定价模型如何表达风险与期望收益的关系？
4. 简述证券市场线与资本市场线的不同。
5. 什么是资产的错误定价？它是如何表达的？

三、选择题

1. 证券 A 今天的价格是 45 元，一年后的期望价格是 55 元，其 β 值为 2.31，期间没有分红。3 个月的国债利率是 4.25%，沪深 300 的历史期望收益率是 12.5%，那证券 A(　　)。

　　A. 高估了 1.1%　　　　　　　　B. 低估了 3.7%

　　C. 低估了 1.1%　　　　　　　　D. 高估了 3.7%

2. 根据 CAPM 模型，$\beta = 1.0$，$\alpha = 0$ 的资产组合的期望收益率为(　　)。

　　A. 在 r_M，r_f 之间　　　　　　B. 无风险收益率

　　C. $\beta(r_M - r_f)$　　　　　　　　D. 市场组合期望收益率

3. 两个资产组合的风险以及收益率

资产组合	平均年收益率/%	标准差/%	β
R	11	10	0.5
沪深 300	14	12	1.0

根据上表信息，在证券市场线上画出资产组合 R 的图形，R 位于(　　)；在资本市场线上画出资产组合 R 的图形，R 位于(　　)。

    A. 上方   B. 下方   C. 线上   D. 数据不足

四、计算题

1. 某投资组合的预期收益率为 16%，市场组合的预期收益率为 12%，无风险利率为 5%，请问在均衡状态下该投资组合的 β 系数应该等于多少？

2. 假设无风险利率为 4%。某个风险资产组合的预期收益率为 10%，其 β 系数等于 1。根据 CAPM 模型：

(1) 市场组合的预期收益率等于多少？

(2) β 等于 0 的股票预期收益率应该为多少？

第六章　因素模型与套利定价理论

【学习要点及目标】

通过本章的学习，可以掌握因素模型、套利定价理论逻辑脉络和核心内容，包括前提假设、相关概念、公式、套利定价模型的估计方法，了解因素模型与资本资产定价模型的区别、法玛—弗伦奇三因素模型。

【关键概念】

单因素模型　多因素模型　套利　时间套利　空间套利

我们在第五章学习了资本资产定价模型，实证检验会发现除了 β 值影响证券预期收益率之外，还有其他的市场因素会对预期收益率造成影响。因素模型(Factor Model)考虑了影响证券定价的其他因素，从而提高了投资决策的可操作性和准确性。

套利定价理论(Arbitrage Pricing Theory，APT)是由 Stephen Ross 在 20 世纪 70 年代中期建立的。从某种意义上来说，它是一种比资本资产定价模型简单的定价理论。总体上我们可以说：

资本资产定价模型=最优投资组合理论+市场均衡

套利定价理论=因素模型+无套利

第一节　因　素　模　型

因素模型，是一种假设证券的回报率只与不同的因素波动(相对数)或者指标的运动有关的证券定价模型。

作为一种回报率产生过程，因素模型具有以下三个特点(假设)。

(1) 因素模型中的因子应该是系统影响所有证券价格的经济因素。

(2) 在构造因素模型中，我们假设两个证券的回报率相关——一起运动——仅仅是由它们对因子运动的共同反应导致的。

(3) 证券回报率中不能由因子模型解释的部分是该证券所独有的，与别的证券回报率的特有部分无关，也与因素的运动无关。

如果假设证券回报率满足因素模型，那么证券分析的基本目标就是，辨别这些因素以及确定证券回报率对这些因素的敏感度。依据因素的数量，该类模型可以分为单因素模型和多因素模型。

一、单因素模型

证券收益的协方差具有确定性，因为相同的经济因素对几乎所有的公司都会产生影响，如经济周期、利率、原材料价格等的变化。如果这些经济因素发生了非预期的变化，整个证券市场的收益率也会随之发生非预期的变化。这就是系统性风险(宏观风险)存在的原因。此外，股票收益的不确定性还源于股票发行公司所特有的因素，如技术发明、企业文化、品牌等。证券收益有两大源泉：公共宏观经济因素和公司特有事件。可能的公共宏观经济因素有：国内生产总值的增长、利率……

这样，证券的持有期收益为

$$r_i = E(r_i) + m_i + e_i \tag{6-1}$$

式中，$E(r_i)$ 为证券持有期期初的预期收益；m_i 为证券持有期内非预期的宏观风险对证券收益的影响；e_i 为非预期的公司特有事件的影响，e_i 具有零期望值。

进一步看，不同企业对宏观经济因素的变化具有不同的敏感性。我们将宏观因素的非预期成分假设为 F，证券 i 对该因素的敏感度为 β_i，则式(6-1)变为

$$r_i = E(r_i) + \beta_i F + e_i \tag{6-2}$$

该式即是证券收益的单因素模型(Single-factor Model)。该证券(或组合)收益率的方差为

$$\sigma_i^2 = \beta_i^2 \sigma_F^2 + \sigma_{ei}^2 \tag{6-3}$$

我们称式中的 $\beta_i^2 \sigma_F^2$ 为因素风险，σ_{ei}^2 为非因素风险，$\rho_{e,F} = 0$。

单因素模型具有两个重要的性质。

(1) 单因素模型能够大大简化我们在均值——方差分析中的估计量和计算量。单因素模型所需要输入的数据量包括 n 个预期收益率 $E(r_i)$ 的估计，n 个敏感度协方差 β_i 的估计，n 个公司特有方差 σ_{ei}^2 的估计，一个宏观经济因素方差 σ_M^2 的估计，共计 $3n+1$ 个估计值。

(2) 风险的分散化。由式(6-3)可见，一个投资组合的因素风险既包括了系统性风险，即 $\beta_P = \sum_{i=1}^{N} w_i \beta_i$，又包括了非系统性风险，即 $\sigma_{eP}^2 = \sum_{i=1}^{N} w_i^2 \sigma_{ei}^2$。根据平均法则，随着组合中证券数量的增加，系统性风险将平均化，非系统性风险(都是相互独立的)将越来越小(具有零期望值)，即这部分风险是可分散的。

【案例 6.1】GDP 的预期增长率对证券收益率的影响

假设有表 6.1 所示的数据。

表 6.1 单因素模型数据表

年 份	I_{GDP_t} /%	股票 A 收益率/%
1	5.7	14.3
2	6.4	19.2
3	8.9	23.4
4	8.0	15.6
5	5.1	9.2
6	2.9	13.0

将表 6.1 的数据绘制到以横轴表示 GDP 的增长率，纵轴表示股票 A 的回报率的图 6.1

中。图 6.1 中的每一点都表示在给定的年份，股票 A 的回报率与 GDP 增长率的组合。在图 6.1 中，零因子是 4%，这是 GDP 的预期增长率为零时，A 的回报率。本案例中，第六年 GDP 的预期增长率为 2.9%，A 的实际回报率是 13%。因此，A 的回报率的特有部分(由 e_t 给出)为 3.2%：给定 GDP 的预期增长率为 2.9%，从 A 的实际回报率 13% 中减去 A 的期望回报率 9.8%。

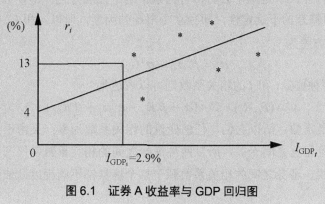

图 6.1　证券 A 收益率与 GDP 回归图

通过线性回归，我们得到一条符合这些点的直线(极大似然估计)为

$$r_t = 4\% + 2I_{\mathrm{GDP}_t} + e_t$$

这就是由 GDP 增长率所决定的证券收益率的单因素模型。这条直线的斜率为 2，说明 A 的回报率与 GDP 增长率有正相关的关系；该值表明 A 的回报率对 GDP 增长率的敏感度为 2，即高的 GDP 的预期增长率一定伴随着高的 A 的回报率。如果 GDP 的预期增长率是 5%，则 A 的回报率为 14%。如果 GDP 的预期增长率增加 1% 即为 6% 时，则 A 的回报率增加 2%，即为 16%。GDP 增长率越大，A 的回报率越高。

从案例 6.1 可以看出，A 在任何一期的回报率包含了三种成分：①在任何一期都相同的部分，即零因子 α_i；②依赖于 GDP 的预期增长率，每一期都不相同的部分 β_{GDP}；③属于特定一期的特殊部分 e_t。

二、单指数模型

单因素模型没有给出因素 F 的具体测度和明确界定。由 Sharpe(1963—　)所提出的单指数模型认为，我们可以用市场指数作为一般宏观因素的有效代表，即夏普假设影响资产价格波动的主要因素是市场总体价格水平(即价格指数)，并据此提出某资产收益率与市场收益率之间呈线性相关关系。即所谓单指数模型(Single-Index Model)，它用市场指数来代表系统性因素。

根据单因素模型，实际上我们可以把证券的收益率视为由三部分构成：① α_i，指当市场超额收益 $r_M - r_f$ 为 0 时证券 i 的收益率；② $\beta_i(r_M - r_f)$，即证券 i 收益受到整个市场因素影响的部分，其中 β_i 是市场因素对证券 i 收益的影响程度；③ e_i，即证券发行公司的特有因素对证券 i 收益的影响。这样，证券持有期的超额收益为

$$r_i - r_f = \alpha_i + \beta_i(r_M - r_f) + e_i \tag{6-4}$$

如果我们以 R 代表超额收益，则式(6-4)变为

$$R_i = \alpha_i + \beta_i R_M + e_i \tag{6-5}$$

即单指数模型，它表明每个证券的收益受到两种风险的影响：一个是系统性风险，它表现在 R_M 上；一个是企业特有的风险(非系统性风险)，它反映在 e_i 上。因此证券 i 收益率的方差也受到两部分的影响：一是源于宏观因素不确定性的方差，记为 $\beta_i^2 \sigma_M^2$，其中 σ_M^2 即市场超额收益 R_M 的方差；二是源于公司特有因素不确定性的方差，即 $\sigma^2(e_i)$。

因为 e_i 是公司特有的不确定性，即独立于市场的因素，所以 e_i 和 R_M 的协方差为零，从而证券 i 收益率的方差为

$$\sigma_i^2 = \beta_i^2 \sigma_M^2 + \sigma^2(e_i) \tag{6-6}$$

组合中任意两种证券 i 和 j 的相关系数则可以表达为

$$\mathrm{Cov}(R_i, R_j) = \mathrm{Cov}(\alpha_i + \beta_i R_M + e_i, \alpha_j + \beta_j R_M + e_j) \tag{6-7}$$

由于 α_i 和 α_j 是常数，所以它们与任何变量的相关系数为零；又由于公司特有因素(e_i，e_j)与市场无关，且相互之间无关，所以两种证券之间的相关系数仅仅源于它们共同依赖的因素 R_M。也就是说，证券之间的相关系数源于每个证券都不同程度地依赖于宏观经济运行的状态，即

$$\mathrm{Cov}(R_i, R_J) = \mathrm{Cov}(\beta_i R_M, \beta_j R_M) = \beta_i \beta_j \sigma_M^2 \tag{6-8}$$

三、多因素模型

单因素模型将收益分解为系统的和公司特有的两部分，但宏观因素其本身又受到多种因素的影响，如经济周期、利率和通货膨胀等。第五章我们在对经典资本资产定价模型进行实证检验中也指出，资本资产定价模型所揭示的影响资产定价的因素并不全面。正是这些理论，构成了多因素模型的定义基础。

此外，单因素模型的一个隐含假定是，每个证券对每个风险因素具有相同的敏感度。但实际上不同的证券对不同的宏观经济因素有不同的 β 值，如果我们能够发现不同证券对不同的风险敏感度，我们便有机会对单因素模型进行改进，即多因素模型能够得到更好的解释。

(一)双因素模型

我们先分析两个因素的模型。假设经济周期的不确定性和利率的变动是宏观经济风险的来源，前者我们用国内生产总值 GDP 来测度，后者用 IR 表示。考虑两家公司，一家是公用事业公司，一家是航空公司。由于公用事业公司的收益受到政府管制，一般它对 GDP 的敏感性较弱，即有一个低的 GDPβ值(β_{GDP})但可能对利率的敏感度较高，即有 1 个"负的高的利率β值"。相反，航空公司的业绩对经济活动非常敏感，而对利率的敏感度较低，即它有一个高的 GDPβ值和低的 IRβ值。很明显，在这种情况下，单因素模型很难对风险因素进行精确处理。对上述情况，我们可以把单因素模型扩展成为一个双因素模型，即

$$R_i = \alpha + \beta_{\mathrm{GDP}}\mathrm{GDP}_t + \beta_{\mathrm{IR}}\mathrm{IR}_t + e_t \tag{6-9}$$

这样，我们即可精确描述不同宏观风险对不同证券的影响。这就是多因素模型(Multifactor Models)优于单指数模型的原因。

在应用多因素模型时，一个重要的工作是对因素的选择与确定，也就是说，我们在众多的宏观经济因素中，应选择哪些因素作为对证券收益产生影响的宏观风险？一般而言，对因素的选择应遵循两个原则：其一是仅考虑与证券收益直接有关的宏观因素；其二是选择那些投资者最关心的因素。

(二)多因素模型

　　当风险对期望收益产生影响时，这一风险即是"可定价"的。单因素模型认为，只有市场因素可定价。默顿(Merton，1973)则推导出了多因素资本资产定价模型，并证明其他风险来源因素也可定价，这些因素包括劳动收入、重要消费品价格(如能源价格)等。也就是说，对其他风险来源可否定价的研究，构成了多因素模型的理论基础。

　　多因素模型的一般形式为

$$r_i = \alpha_i + \beta_{i1}F_{1t} + \beta_{i2}F_{2t} + \cdots + \beta_{ik}F_{kt} + e_{it} \tag{6-10}$$

式中，$i = 1, 2, \cdots, n; j = 1, 2, \cdots, m; E(e_i) = 0; \mathrm{Cov}(e_i f_j) = 0; \mathrm{Cov}(e_i, e_j) = 0; i \neq j$。

【案例6.2】以三因素模型考察上海证券市场

　　本案例三因素模型在 CAPM 模型的基础上新添加两个因子：公司规模因子(SMB)和账面市值比因子(HML)，用数学模型表示为：

$$E(R_i) - R_f = \alpha_i + \beta_i[E(R_m) - R_f] + s_i \mathrm{SMB}_i + h_i \mathrm{HML}_i + \varepsilon_i$$

　　其中 SMB 为发行股票的公司规模的期望市场风险溢价，即小规模股票组合的收益率减去大规模股票组合的收益率；HML 为账面市值因素的风险溢价，即高账面市值比的股票组合收益率减去低账面市值比的股票组合收益率。

　　参照 Fama-French(1993)的构造方法，首先，我们按照公司的市值与账面市值比的大小形成六个组合；然后我们利用这六个组合来模拟"规模因子"与"价值因子"因子的收益率。具体步骤如下。

　　第一步，在每年的 12 月份末对所有的样本内的股票按其市值进行排序，用总市值的中位数把样本内的股票分成两个两组，即小的(S)与大(B)的两组。同样我们也按账面市值比率的大小进行排序，按最小的30%(L)、中间的40%(M)、最大的30%(H)(如果按照市净率排序，那么顺序恰好相反)来取分界点。这样我们通过上面的两种分类就可以构造出六个组合，以等权重来计算出六个组合的收益。

　　第二步，利用已经构造的六个组合来计算，SMB 与 HML 计算方法如下。

$$\mathrm{SMB} = \left(\frac{S/L + S/M + S/H}{3}\right) - \left(\frac{B/L + B/M + B/H}{3}\right)$$

$$\mathrm{HML} = \left(\frac{S/H + B/H}{2}\right) - \left(\frac{S/L + B/L}{2}\right)$$

实证结果如表 6.2 所示。

表 6.2　三因素模型的最小二乘回归

组 合	α_i	β_i	s_i	h_i	R^2
S/H	2.66E-05 (0.9930)	1.00259 (0.0000)	−0.607214 (0.0000)	−0.243807 (0.0043)	0.994688
S/M	0.003457 (0.2265)	0.904027 (0.0000)	−0.469059 (0.0001)	0.256234 (0.0013)	0.995678
S/L	−0.003498 (0.0777)	1.008951 (0.0000)	−0.709836 (0.0000)	0.243414 (0.0001)	0.998207
B/H	0.001544 (0.6813)	0.988465 (0.0000)	0.429367 (0.0009)	0.805964 (0.0000)	0.991917
B/M	0.001134 (0.8084)	0.913938 (0.0000)	0.374252 (0.0073)	0.160643 (0.1140)	0.987435
B/L	−0.002012 (0.3082)	0.997522 (0.0000)	0.33418 (0.0000)	−0.700114 (0.0000)	0.997934

由以上回归分析的结果可以看出，$R_m - R_f$、SMB 以及 HML 进行 t 检验的值绝大部分都显著，则说明这三个因子都为显著的解释变量，所以可以认为中国的股票市场除市场风险因子外确实存在规模因子(SMB)和账面市值比(HML)，从而证实了三因子模型在中国股票市场是成立的。与 CAPM 相比，三因子模型的可决系数 R^2 几乎达到了 0.99，明显超过 CAPM 的 0.83，这说明 FF 三因子模型的拟合程度很好，也说明了三因子模型比 CAPM 更好地解释了中国上证 A 股市场的风险回报。

第二节　套利定价理论

1976 年，美国学者斯蒂芬·罗斯在《经济理论杂志》上发表了经典论文"资本资产定价的套利理论"，提出了一种新的资产定价模型，即套利定价理论(APT 理论)。如同资本资产定价模型，套利定价理论预测了与风险期望收益相关的证券市场线，但其得出证券市场线的方式与之不同。罗斯的套利定价理论基于三个基本假设：①因素模型能描述证券收益；②市场上有足够的证券来分散风险；③完善的证券市场不允许任何套利机会存在。

一、套利的概念

套利，即无风险套利，是对同一金融资产进行的使净投资为零且能赚取正值收益的投资方式或行为。与风险套利是相对概念。例如，假设某一金融产品在 A 市场卖 50 元，而在 B 市场卖 53 元，投资者可以在 A 市场买入该金融产品，同时在 B 市场卖出，在不动任何资本的情况下，净赚 3 元。

套利通常有两种类型：一种是空间套利，另一种是时间套利。

空间套利是指同一资产在同一时间不同市场具有不同的收益率时，投资者利用这一状态所进行的套利行为，比如投资者在相对高价的市场卖出资产，而在相对低价的市场买入资产。在高价市场出售资产所得资金用于在低价市场购买资产，利用这种高低价市场的价格不同，获取套利，即空间套利。

时间套利是指同一资产在不同时间具有不同的收益率时，投资者利用此状态所进行的套利投资行为，比如投资者在当前购买(或卖出)一种资产，同时承诺在将来某个时间卖出(或买进)该项资产。它是在两个不同的时间同时进行的买卖一种资产的行为。

套利机会大量和持续地出现，意味着市场处于非均衡状态，此时投资者的套利行为将最终消除套利机会，使市场恢复均衡。这一状态下的市场称为无套利均衡，它是指即使很少的投资者能发现套利机会，并动用大笔资金获利，也能通过价格变动，很快恢复均衡状态。

套利定价理论中"无风险套利"行为的特点有四个。①总投资为零；②不承担风险；③套利主体不确定，不一定为所有投资者，只有少数投资者能发现套利机会；④具有瞬时性，由于市场上参与者很多，一旦发现套利机会后，套利者一定会马上买卖，套利机会转瞬即逝。

二、套利定价理论

套利定价理论的基础是因素模型。套利定价理论认为，套利行为是现代有效率市场(即市场均衡价格)形成的一个决定性因素。如果市场未达到均衡状态的话，市场上就会存在无风险套利机会，套利行为又促使其回到均衡状态，用多个因素来解释风险资产收益，并根据无套利原则，得到风险资产均衡收益与多个因素之间存在(近似的)线性关系。

(一)套利定价理论的意义

套利定价理论导出了与资本资产定价模型相似的一种市场关系。套利定价理论以收益率形成过程的多因子模型为基础，认为证券收益率与一组因子线性相关，这组因子代表证券收益率的一些基本因素。事实上，当收益率通过单一因子(市场组合)形成时，将会发现套利定价理论形成了一种与资本资产定价模型相同的关系。因此，套利定价理论可以被认为是一种广义的资本资产定价模型，为投资者提供了一种替代性的方法，用以理解市场中风险与收益率之间的均衡关系。套利定价理论与现代资产组合理论、资本资产定价模型、期权定价模型等一起构成了现代金融学的理论基础，如图6.2所示。

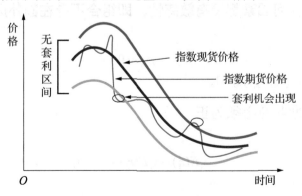

图6.2　无套利区间及套利机会

(二)套利定价理论的假设条件和主要观点

1. 套利定价理论的假设有四个方面

(1) 市场是完全竞争的、无摩擦的——保证套利的可实施性。

(2) 投资者是非满足的：当投资者具有套利机会时，他们会构造套利证券组合来增加自己的财富——进行套利的主观性。

(3) 所有投资者有相同的预期：任何证券 i 的回报率能够满足多因素模型式(6-9)——预期不同属风险套利。

(4) 市场上证券的种类远远大于因子的数目 k ——保证有足够多的证券来分散掉不同的风险。

2. 套利定价理论的主要观点有四个

(1) 套利行为是利用同一资产的不同价格赚取无风险利润的行为；在一个高度竞争的、流动性强的市场中，套利行为将导致差价的消失，最终使市场趋于均衡。

(2) 套利定价理论认为，套利行为是市场效率(市场均衡)的决定性因素之一。如果市场未达到均衡，市场上即存在套利机会，投资者即会利用差价买入或卖出，直至套利机会消失，市场恢复或达到均衡。

(3) 套利机会主要表现于差价的存在，因此影响价格的因素都会影响套利机会的存在。

(4) 根据无套利均衡原则，在因素模型下，具有相同因素敏感性的资产(组合)应提供相同的期望收益率。

三、构造有效套利组合需要满足的条件

(一)应是一个不需要投资者增加额外资金的组合

以 Δx_i 表示投资者对证券 i 持有量的改变量，则该条件要求：

$$\Delta x_1 + \Delta x_2 + \cdots + \Delta x_n = 0 \tag{6-11}$$

即组合中各证券之间的持有量具有替代性(有增加即有减少)，但组合中所有证券持有量的总体变化为 0(增减抵消)。这一条件表明投资者一方面要大量购入头寸，另一方面还要大量卖出头寸，而且买卖行为是同时进行的。

(二)该组合对任何因素都没有敏感性，即组合不存在额外风险

即

$$\beta_{pj} = 0 \tag{6-12}$$

这正是所谓无风险套利的原因。

(三)组合的预期收益必须为正

即

$$x_1 E(r_1) + x_2 E(r_2) + \cdots + x_n E(r_n) > 0 \tag{6-13}$$

否则构建组合无意义。

可见，有效的套利组合是有吸引力的：不需要额外资金、无额外风险、收益为正。

四、套利定价模型

(一)单因素套利定价模型

假设只有单个系统性因素影响证券的收益，只考察一个单因素的情况。在这一模型中，证券收益的不确定性来自两个方面：系统性因素和公司特有的因素。如果我们用 F 代表系统性因素的影响，用 β_i 表示公司 i 对该因素的敏感性，用 ε_i 表示公司 i 特定因素的扰动，则该单因素模型可以表述为

$$r_i = E(r_i) + \beta_i F + \varepsilon_i \tag{6-14}$$

式(6-14)中，所有非系统性收益 ε_i 之间均相互独立，当充分分散化时，$E(\varepsilon_i) = 0$，同时与 F 相互独立。

当市场上存在很多种各具不同特点的证券时，可以选择具有如下特点的证券组成一个证券组合：这些证券都只对某一因素的变动具有灵敏度而对其他因素的影响不敏感，这些证券的非因素收益大致相互抵消。这样，就有可能组成一个只对某一单因素有灵敏度而对其他因素灵敏度为零和不存在非因素风险的证券组合。因为这种证券组合只对某一单纯因素有灵敏度，因此称之为"纯因素"证券组合。在均衡条件下，一个纯因素证券组合的收益率为

$$r_p = r_f + b_p \lambda \tag{6-15}$$

这就是单一因素模型套利定价理论定价公式。在公式中，证券组合的收益率可为两部分，其一是无风险利率 r_f，其二是 $b_p \lambda$，由于纯因素组合的因素敏感度为 1，则 $b_p = 1$，因此预期收益率依赖于相关因素的预期价值。这里 λ 代表每单位因素灵敏度的预期收益升水，即因素风险报酬。

(二)多因素套利定价模型

在多因素模型下，套利定价理论中的资产定价公式为

$$r_i = r_f + b_{i1} \lambda_1 + b_{i2} \lambda_2 + \cdots + b_{iN} \lambda_N \tag{6-16}$$

套利定价理论定价模型表明证券或者证券组合的预期收益率与它对市场因素的敏感度存在着线性相关关系，并有等于无风险利率的共同截距。

(三)因素模型与资本资产定价模型的区别

单因素模型可以表述为

$$E(r_i) = \alpha + \beta_i F \tag{6-17}$$

资本资产定价模型则表述为

$$E(r_i) = r_f + \beta_i(r_m - r_f) \tag{6-18}$$

两者在理论上的区别在于以下几点。

(1) 因子模型不是均衡模型，可以不依靠 SML 对任意资产进行定价，而资本资产定价模型为均衡模型。

(2) 在资本资产定价模型中，β 值相同的证券回报率相同，但在因子模型中，β 相同的证券回报率不一定相同。

(3) 两者的出发点不同，因素模型假设证券的回报率只与不同的因素波动或指标运动有关，而资本资产定价模型依据风险资产的风险溢价与全市场组合的风险溢价间的关系来确定。

(4) 两者假设条件不同，因子模型假设更少更简单，放宽了 CAPM 模型的假设条件。

(四)因素的识别与估计

套利定价理论对系统风险进行了细分，而且又能够测量每项资产对各种系统因素的敏感系数，因而可以使投资组合的选择更准确，对实际的组合策略更具有指导意义。要利用套利定价理论来定价，首先必须辨别市场中重要的因素，并对因素进行估计。

1. 因素的识别

从直观上来说，因为股票的价格应视为将来红利的贴现值，而将来的红利与总的经济状况，如 GDP 增长率或工业生产的增长率有关，贴现率则与通货膨胀率和利率有关，所以，重要的因子应具有以下三方面的特征：①它们应该包含表明总的经济行为的指标；②它们应该包含通货膨胀；③它们应该包含某种利率。

一般而言，在学术研究和实际分析中，我们会确定 3～5 个因素。例如，根据特定的研究，可以设定 GDP 增长率、长短期利率差、石油价格变化率、国防开支增长率等。因素的识别的理论基础与指导思想来源于宏观经济学、微观经济学、产业组织、基本分析。

2. 因素模型的估计

因素模型主要应用如下三种方法进行估计。

(1) 时间序列方法(Time-serie Approach)，这是最直观的方法。该方法假设投资者事先知道影响证券回报率的因素，其中准确度量因素值是关键。

(2) 横截面方法(Cross-sectional Approach)，即先估计敏感度，再估计因素的值。此方法应用时要注意计量经济学上与时间序列方法的区别。

(3) 因子分析方法(Factor-analytic Approach)。当我们既不知道因素的值，也不知道对因素的敏感度的情况下，适用该方法。

第三节　法玛—弗伦奇三因素模型与五因素模型

一、法玛—弗伦奇三因素模型

在 CAPM、APT 模型之后，研究者建立了很多模型来解释股票的平均收益轨迹。比如，DeBond 和 Thaler(1985)[①] 发现了长期收益的反转现象——长期收益较低的股票有更高的未来收益趋势。而与此相反的是，Jegadeesh 和 Titman(1993)[②] 发现短期收益的持续性——在

① DeBondt, Werner F. M. , and Thaler, Richard H. , Does the stock market overreact[J]. Journal of Finance, 1985, 40, 793-805.

② Jegadeesh, Narasimhan, and Sheridan Titman, Returns to buying winners and selling losers: Implications for stock market efficiency[J]. Journal of Finance, 1993, 48, 65-91.

前 12 个月中有高收益的股票有更高的未来收益趋势。

研究表明，证券的平均收益与公司市值(ME，股票价格乘以股票数量)、营业收入增长率、账面市值比(BE/ME，普通股账面价值与市场价值之比)、历史长期收益率、历史短期收益率、市盈率(P/E，price to earning ratio)和现金价格比(C/P/，cash flow to price ratio)等因素有关。因为它们不能被 CAPM 模型解释，它们被称为反常变量(不能被模型解释的变量)，CAPM 的反常变量是相关的。除了短期收益的连续性，大部分变量都能被法玛和弗伦奇的三因素模型(Eugene F. Fama and Kenneth R. French，1993)[1]解释，即反常变量在 FF 模型中大量消失。法玛由此在 2013 年获诺贝尔经济学奖，模型公式如下：

$$E(R_i) - R_f = b_i[E(R_M) - R_f] + s_i E(\text{SMB}) + h_i E(\text{HML}) \tag{6-19}$$

投资组合 i 的期望超额收益 $[E(R_i) - R_f]$ 与三个因素有关：①市场组合的超额收益 $[E(R_M) - R_f]$；②由小盘股(公司市值小)组成的投资组合与由大盘股组成的投资组合之间的收益之差(SML，Small Minus Big，这些投资组合均是充分分散的，下同)；③由高账面市值比股票组成的投资组合与由低账面市值比股票组成的组合的收益之差(HML，High Minus Low)。其中，$[E(R_M) - R_f]$，$E(\text{SMB})$ 和 $E(\text{HML})$ 为期望值，因素敏感因子 b_i，s_i 和 h_i 可由下面时间序列回归的斜率得到，

$$R_i - R_f = \alpha_i + b_i(R_M - R_f) + s_i \text{SMB} + h_i \text{HML} + \varepsilon_i \tag{6-20}$$

法玛和弗伦奇表示普通股的账面市值比与 h_i 存在相关性。

从趋势回归的角度思考，长期获利能力低的公司一般有较高的账面市值比和正的 h_i ——表现较差的公司易被低估，账面市值比越高(该公司是 H，HML 越高)，被低估的势能越大，

期望收益越高，所以 $[E(R_i) - R_f]$ 与 HML 成正比例关系；长期获利能力好的公司一般有较低的账面市值比和负的 h_i ——表现较好的公司易被高估，账面市值比越低(该公司是 L，HML 越高)，被高估的势能越大，期望收益越低，所以 $[E(R_i) - R_f]$ 与 HML 成负比例关系。也就是说，公司被低估时期望收益变大——好公司 L 变大，HML 变小，负的 h_i 使 $[E(R_i) - R_f]$ 变大。其他情况同理。平均的 HML 为正，每年约为 6%。

从历史数据反映信息的角度和风险报酬的角度思考，市值小、账面市值比高的公司有更高的风险，需要更高的投资报酬。

法玛和弗伦奇通过实证方法验证了这一模型：尽管 SMB 和 HML 这两个变量明显地不是相关风险因素的代理变量，但这些变量可以近似地代替未知的更基本的变量。使用 HML 和 SMB 解释股票收益，与存在未被市场组合收益包含却被平均收益补偿的收益的协方差的现象一致。

三因素模型能很好地解释主要考虑公司市值和账面市值比构建的投资组合的收益；它也很好地解释了由 Lakonishok、Shleifer 和 Vishny(1994)[2] 构建的投资组合的收益轨迹，该组合主要考虑营业收入增长率、市盈率和现金价格比等因素。简言之，市盈率高，现金价格比低和营业收入增长率高的公司是标准的好公司，它们的因素影响因子为负。

---

① Fama, Eugene F. , and Kenneth R. French, Common risk factors in the returns on stocks and bonds[J]. Journal of Financial Economics, 1993, 33, 3-56.

② Lakonishok, Josef, Andrei Shleifer, and Robert W. Vishny, Contrarian investment, extrapolation, and risk, Journal of Finance, 1994, 49, 1541-1578.

但是三因素模型并不能解释所有股票和组合的期望收益。它无法解释由 Jegadeesh 和 Titman(1993)及 Asness(1994)[1] 提出的短期收益的连续性。

二、法玛—弗伦奇五因素模型

模型的优化可以从优化假设、寻找新的变量关系、分解原有变量到更基本的变量、扩展适用范围和拓展引申结论等角度入手。相比于法玛—弗伦奇三因素模型，法玛—弗伦奇五因素模型(Eugene F. Fama and Kenneth R. French，1994)[2]就是找到了账面市值比的影响因子与股票收益之间的关系。

影响三因素模型中账面市值比的因素有公司的利润和投资。我们可以用股利贴现模型解释为什么这些变量与股票平均收益有关。股利贴现模型表示，股票的市场价值是未来所有期望收益的折现值之和，

$$M_t = \sum_{\tau=1}^{\infty} E(d_{t+\tau})/(1+r)^{\tau} \tag{6-21}$$

在上式中，M_t 是 t 时刻每股市值；$E(d_{t+\tau})$ 是 t 至 $t+\tau$ 期间每股期望股利；r 是股票长期的平均期望收益率(的近似值)，或者更确切地说，是期望股利的内含报酬率。

该等式表明，如果两个价格不同的股票在 t 时有相同的期望股利，价格更低的股票有更高的(长期的平均)期望收益。如果股票定价合理，价格更低的股票的未来股利一定有更高的风险；然而，无论定价是否合理，在这里从等式中得到的预期是相同的。

Miller 和 Modigliani(1961)[3] 利用股票期望收益，公司期望利润、期望投资和账面市值比之间的关系对上面等式进行变换，

$$M_t = \sum_{\tau=1}^{\infty} E(Y_{t+\tau} - dB_{t+\tau})/(1+r)^{\tau} \tag{6-22}$$

在上式中，$Y_{t+\tau}$ 是 t 至 $t+\tau$ 时期期望的每股公司收入，$dB_{t+\tau} = B_{t+\tau} - B_{t+\tau-1}$ 是该期间每股账面价值的变化。

等式两边同时除以 t 时的每股账面价值，

$$\frac{M_t}{B_t} = \frac{\sum_{\tau=1}^{\infty} E(Y_{t+\tau} - dB_{t+\tau})/(1+r)^{\tau}}{B_t} \tag{6-23}$$

该式对股票的期望收益说明了三点：第一，当等式中其他值都不变时，每股市值 M_t 越低(对应更高的账面市值比，B_t/M_t)，隐含的期望收益 r 越高；第二，当等式中其他值都不变时，每股期望收入 $Y_{t+\tau}$ 越高，隐含的期望收益 r 越高；第三，当等式中其他值都不变时，每股账面价值期望增长率 $dB_{t+\tau}/B_t$ 越高(投资越多)，隐含的期望收益 r 越低。

模型表示账面市值比 B_t/M_t 是计算期望收益时的中间变量，因为市场价值 M_t 可用收入

---

① Asness, Clifford S. , The power of past stock returns to explain future stock returns, Manuscript, June.

② Eugene F. Fama and Kenneth R. French. A five-factor asset pricing model [J]. Journal of Financial Economics, 1994, 166 (2015) 1-22.

③ Miller M., Modigliani F., Dividend policy, growth, and the valuation of shares, Journal of Business, 1961，34, 411-433.

和投资进行预测。

由此，模型建立下面的工作就是表示期望收入和期望投资与期望收益之间的数量关系，把它们融入三因素模型中并进行检验，对比新模型与旧模型的效果，最后拓展模型的应用范围(应用对象、应用场景等角度)，思考新模型的不足。

五因素模型：

由 $E(R_i) - R_f = b_i[E(R_M) - R_f] + s_i E(\text{SMB}) + h_i E(\text{HML}) + r_i E(\text{RMW}) + c_i E(\text{CMA})$

得

$$R_i - R_f = \alpha_i + b_i(R_M - R_f) + s_i \text{SMB} + h_i \text{HML} + r_i \text{RMW} + c_i \text{CMA} + \varepsilon_i \qquad (6\text{-}24)$$

在等式中，RMW (Robust Minus Weak)是由盈利能力强的公司的股票组成的投资组合与由盈利能力弱的公司的股票组成的投资组合之间的投资收益率之差，CMA (Conservative Minus Aggressive)是由投资保守(公司资产投资少)的公司的股票组成的投资组合与投资积极的公司的股票组成的投资组合之间的投资收益率之差。

经过检验后，法玛和弗伦奇在其 2015 年论文《五因素资产定价模型》中得出的结论如下。

(1) 五因素模型以公司的市值、账面市值比、利润和投资为因子，在描绘股票平均收益轨迹上优于三因素模型(FF，1993)。

(2) 五因素模型的主要缺点是在由 RMW 和 CMA 的值为负的小盘股组成的投资组合的定价上，它们的价格变化轨迹就像那些盈利能力低但投资大的公司股票并且平均投资收益较低。模型对其因子的变化表现得不如预想得敏感。模型加上公司利润和投资因子后，账面市值比在描述股票平均收益时变得可有可无了(至少用美国 1963 年至 2013 年的数据对其通过了验证)，可以在五因素模型中删去账面市值比成为四因素模型。

法玛和弗伦奇在 2016 年的《金融经济学杂志》上发表了《五因素资产定价模型的国际检验》一文。文中表明，通过大量数据的检验分析，北美、欧洲和亚太地区的平均股票收益会随账面市值比的增大和盈利能力的增强而上升，随公司资产投资的增加而下降。在日本市场中，平均收益与账面市值比存在强相关关系，但是与公司盈利能力和资产投资几乎不相关。

本 章 小 结

股票收益的不确定性大体上源自两方面，一个是系统性风险(宏观风险)，另一个是股票发行公司所特有的因素。由此可得到证券收益的单因素模型，$E(r_i)$ 是证券持有期期初的预期收益，m_i 是证券持有期内非预期的宏观风险对证券收益的影响，e_i 是非预期的公司特有事件的影响。e_i 具有零期望值，则证券的持有期收益为

$$r_i = E(r_i) + m_i + e_i$$

记宏观因素的非预期成分为 F，证券 i 对该因素的敏感度为 β_i，则该证券(或组合)收益率的方差为

$$\sigma_i^2 = \beta_i^2 \sigma_F^2 + \sigma_{ei}^2$$

单因素模型不仅能够大大简化在均值一方差分析中的估计量和计算量，而且有利于风

险分散化。但是，它没有给出因素 F 的具体测度和明确界定。单指数模型用市场指数来代表系统性因素的方法解决了上述问题，其具体形式为

$$R_i = \alpha_i + \beta_i R_M + e_i$$

式中，R 为超额收益($R_i = r_i - r_f$；$R_M = r_M - r_f$)；β_i 为市场因素对证券 i 收益的影响程度；e_i 为证券发行公司的特有因素对证券 i 收益的影响。

由此可得出证券 i 收益率的方差为

$$\sigma_i^2 = \beta_i^2 \sigma_M^2 + \sigma^2(e_i)$$

证券之间的相关系数为

$$\text{Cov}(R_i, R_j) = \text{Cov}(\beta_i R_M, \beta_j R_M) = \beta_i \beta_j \sigma_M^2$$

单因素模型将收益分解为系统的和公司特有的两部分，而宏观因素其本身又受到多种因素的影响，因此需要构建多因素模型。多因素模型认为，不仅市场因素可定价，而且其他风险来源因素也可定价，这些因素包括劳动收入、重要消费品价格(如能源价格)等。其一般形式为

$$r_i = \alpha_i + \beta_{i1} F_{1t} + \beta_{i2} F_{2t} + \cdots + \beta_{ik} F_{kt} + e_{it}$$

在多因素定价模型的基础上，形成了通过对套利条件和行为的研究以揭示套利及其对市场均衡的影响的套利定价理论。

所谓套利，即无风险套利，即对同一个金融产品正值收益的投资方式或行为。

一个有效的套利组合应是不需要额外资金的、无额外风险的、且收益为正的，需要满足以下三个条件。

(1) 不需要投资者增加额外资金。

$$\sum_{i=-1}^{n} \Delta x_i = 0$$

(2) 该组合对任何因素都没有敏感性，即组合不存在额外风险。

$$\beta_{pi} = 0$$

(3) 组合的预期收益必须为正。

$$\sum_{i=1}^{n} x_i E(r_i) > 0$$

套利定价理论中"无风险套利"行为有以下特点：总投资为零；不承担风险；套利主体不确定；瞬时性。

套利定价理论有四个假设条件：市场完全竞争、无摩擦；投资者是非满足的；所有投资者有相同的预期；市场上证券的种类远远大于因子的数目 k。

套利定价理论的主要观点是：在一个高度竞争的、流动性强的市场中，套利行为将导致差价的消失，最终使市场趋于均衡，因此套利行为是市场效率(市场均衡)的决定因素之一；凡是影响价格的因素都会影响套利机会的存在；根据无套利均衡原则，在因素模型下，具有相同因素敏感性的资产(组合)应提供相同的期望收益率。

单因素套利定价模型将证券收益的不确定性假定为来自系统性因素和公司特有的因素两个方面，该模型可以表述为

$$r_i = E(r_i) + \beta_i F + \varepsilon_i$$

考虑到多种因素对于套利行为的影响，定义多因素套利定价模型：

$$E(r_i) = \lambda_0 + \sum_{k=1}^{n} \lambda_k \beta_{iik}$$

总之，套利定价模型与资本资产定价模型均是关于证券均衡价格的模型，但是，前者建立在更少更合理的假设之上，并且大大简化了投资者的计算量。套利定价模型以回报率形成的多指数模型为基础，认为具有相同因素敏感性的证券或组合必然要求有相同的预期回报率，否则，就会出现套利机会。投资者将建立套利组合，利用这些套利机会，最终导致套利机会消失，市场达到均衡，资产的均衡预期回报率是其因素敏感性的线性函数。

练 习 题

一、概念题

因素模型　套利　时间套利　空间套利

二、简答题

1. 简述因素模型的特点。

2. 简述单因素模型的性质。

3. 简述一个有效的套利组合必须同时满足的条件。

4. 简述因素模型与资本资产定价模型的区别。

5. 因素模型和套利定价模型中的β值有什么区别或联系？

三、选择题

1. 有以下关于资产 Z 的数据：无风险利率为 5%，GDP 因素β为 0.5，消费者敏感因素β为 0.3，GDP 风险溢价为 4%，消费者敏感因素回报率为 8%，二因素 APT 模型中资产 Z 的期望回报率是(　　)。

    A. 7.9%　　　　　B. 2.9%　　　　　C. 7%　　　　　D. 5.9%

2. 一分析师用两因素模型预测甲公司股票 2016 年的期望收益率，为 10%。他估计的数据有 GDP 增长率因素为 6%，10 年期利率因素为 3%，GDP 因素β为 1.5，利率因素β为 -1。但是 2016 年年底知道这年的 GDP 实际增长率是 5%，实际 10 年期利率是 4%。另外，甲公司 2016 年非预期公司特有损失为 2%。此时，根据 APT2 因素模型计算出 2016 年年底甲公司股票报酬率应为(　　)。

    A. 1.5%　　　　　B. 3.5%　　　　　C. 5.5%　　　　　D. 6.5%

3. 下面哪个最不可能影响多因素模型的结果？(　　)

    A. 有效市场组合　　　　　　　B. β

    C. 因素期望值的标准差　　　　D. 公司特有的收益率

4. 下列(　　)不是套利条件。

    A. 无风险套利机会　　　　　　B. 零投资

    C. 获利机会　　　　　　　　　D. 超过无风险收益的报酬

第七章 投资绩效评价

【学习要点及目标】

通过本章的学习，可以掌握经典的投资绩效评价体系[①]的四大模型，掌握四大模型的区别和共同点；掌握单因素模型中的 M^2 模型，了解多因素模型的定义和分类；掌握择时与择股能力模型的三大类，了解三大模型的原理和具体使用方式。

【关键概念】

夏普业绩指数　特雷诺指数　詹森指数　信息比率　M^2 测度　市场时机能力

第一节　经典投资绩效评价模型

投资组合绩效评价是指事后对投资组合实际运营结果进行分析、评价和判断。投资绩效评价的目的有两个：一是让组合投资的经营管理者通过对经营成果的自我评估，促进其经营成果的不断扩大；二是投资者通过对经营管理者经营成果的评价，可以更加合理地选择投资对象。收益和风险是基金的两项重要属性，任何只考虑其中一种属性的绩效评价方法都是片面的。因此投资绩效评价应从三个方面进行测量，一是测量投资者的平均获利能力；二是测量基金相应的风险，包括系统风险和非系统风险；三是测量基金经理的证券选择能力和时机选择能力。经典的基金投资绩效评价模型可以概括为以下三大类指标：一是以整体风险为基础，对收益率作出度量的绩效评价指标——夏普业绩指数，二是以系统性风险为基础，对收益率作出度量的指标——雷诺和詹森指数，三是以基金承担的非系统性风险作为基础，对收益率作出度量的指标——信息比率。

一、夏普业绩指数

由美国经济学家 William F. Sharpe(1965)提出的夏普比率(Sharpe Ratio)奠定了基金业绩评价的理论基础。夏普认为，当证券投资组合的多元化和分散化不够充分、基金经理的管理水平欠缺时，证券投资组合所面临的非系统性风险并不能得到充分地化解，此时证券投

---

① 截止到 2017 年 6 月 30 日，我国全部基金共计 6299 只，基金资产净值合计为 15.36 万亿元。其中封闭式基金共 307 只，基金资产净值合计 3612 亿元，开放式基金共有 5992 只，基金资产净值合计为 15 万亿元，开放式基金的资产净值占全部基金净值的 97.7%。从我国以及全球基金业的发展来看，开放式基金在数量和资产净值规模上都已经占据主导地位，2017 年下半年所有的封闭式基金全部转型为开放式基金(数据来源 wind 资讯终端)。本章主要介绍开放式基金投资绩效评估体系。

资组合所具有的系统性风险与投资组合所承担的整体风险并不相等，因此，应采用整体风险来衡量绩效较为合理，指数把资本市场线作为评估标准，以标准差作为风险衡量标准。其计算公式为

$$S_P = \frac{\bar{R}_P - R_f}{\sigma_P} \tag{7-1}$$

其中，S_P 表示夏普指数(Sharpe Index)，$\bar{R}_P$ 为基金组合在样本期内的平均收益率，R_f 为样本期内的平均无风险收益率，σ_P 为样本期内的标准差，$\bar{R}_P - R_f$ 为基金组合在样本期内的平均风险溢价。

从式(7-1)可以看出，夏普业绩指数表示的是基金承担每一单位的总风险所能取得的超额收益率，即反映了单位风险基金净值增长率超过无风险收益率的程度。其投资标的的预期报酬越高，投资人所能忍受的波动风险越高；反之，预期报酬越低，投资人所能忍受的波动风险也越低。所以理性的投资人选择投资标的与投资组合的主要目的为：在固定所能承受的风险下，追求最大的报酬；或在固定的预期报酬下，追求最低的风险。

【例 7-1】 假设市场的无风险收益率为 6%，有 A、B、C 三只基金的情况如表 7.1 所示，请用夏普业绩指数评价这三只基金的业绩。

表 7.1 A、B、C 三只基金收益与标准差情况

基金	A	B	C
收益率均值/%	10.6	11.3	12.5
标准差	12.1	10.6	10.9

解：根据夏普指数公式，基金 A 的绩效为
$$S_{P,A} = (10.6\% - 6\%)/12.1\% = 0.380$$

基金 B 的绩效为
$$S_{P,B} = (11.3\% - 6\%)/10.6\% = 0.500$$

基金 C 的绩效为
$$S_{P,C} = (12.5\% - 6\%)/10.9\% = 0.596$$

由计算结果可见，基金 C 的绩效最好，基金 B 的绩效次之，而基金 A 的绩效最差。

当基金的投资组合充分多元化和分散化时，基金所承担的非系统性风险为零或是接近于零，此时基金的系统性风险就会十分接近于基金的总风险，所以，可在系统性风险的基础上，调整基金收益，以考察基金的绩效。代表性的指标有特雷诺指数以及詹森指数。

二、特雷诺指数

特雷诺指数(Treynor Index)采用基金的单位系统性所能获得的超额收益率，即组合形成的特定证券市场线斜率的大小作为基金绩效评估指标，其计算公式为

$$T_P = \frac{R_P - R_f}{\beta_P} \tag{7-2}$$

其中，T_P表示特雷诺指数；β_P是基金所承担的系统性风险。特雷诺指数是每单位风险获得的风险溢价，指数值越大，承担单位系统风险所获得的超额收益越高；相反，特雷诺指数越小，承担单位系统风险所获得的超额收益越低。

【例 7-2】 假设市场的无风险收益率为 6%，有 A、B、C 三只基金的情况如表 7.2 所示，请用特雷诺指数评价这三只基金的绩效。

表 7.2 A、B、C 三只基金收益及 β 值情况

基 金	A	B	C
收益率均值/%	10.6	11.3	12.5
β	0.75	0.95	0.86

解：根据特雷诺指数公式，基金 A 的绩效为

$$T_{P,\text{A}} = (10.6\% - 6\%)/0.75 = 6.133\%$$

基金 B 的绩效为

$$T_{P,\text{B}} = (11.3\% - 6\%)/0.95 = 5.579\%$$

基金 C 的绩效为

$$T_{P,\text{C}} = (12.5\% - 6\%)/0.86 = 7.558\%$$

由计算结果可见，基金 C 的绩效最好，基金 A 的绩效次之，基金 B 的绩效最差。

三、詹森指数

Michael C. Jensen(1968)认为基金的总收益是由两部分构成的：一部分是由市场波动带来的收益；另外一部分是由基金管理人自身管理能力所创造出的收益，通常用 α_P 来表示。由此可以得到式(7-3)：

$$R_P = \alpha_P + [R_f + \beta_P(R_M - R_f)] \tag{7-3}$$

对式(7-3)进行转化可得到詹森指数(Jensen Index)(式(7-4))，这个指数以资本资产定价模型(CAPM)为基础，等于基金实际收益率与位于证券市场线上的基金期望收益率之差，是衡量基金超额收益的一种指标。

其计算公式为

$$\alpha_P = R_P - R_f - \beta_P[R_M - R_f] \tag{7-4}$$

詹森指数是证券组合所获得的超过市场部分的风险溢价，如果某一证券组合的詹森指数为正，说明该组合获得了超额收益；如果某一证券组合的詹森指数为负，说明该组合的业绩较差。

詹森模型是至今为止使用最为广泛的绩效评价模型之一，但是使用詹森指标评估基金整体绩效需要满足一定的条件。首先，评价本身隐含了一个假设，即基金的非系统风险已被彻底分散，该指标只反映了收益率与系统风险因子之间的关系。詹森指标仅对投资基金的风险溢价能力做了考察，并没有对基金的风险分散能力进行评估。另外，在使用詹森指标时，要求在样本期间内每一个不同的时间间隔期要采用不同的无风险利率。

【例 7-3】 假设市场的无风险收益率为 6%，有 A、B、C 三只基金的情况如表 7.3 所

示，且基金 C 为一个指数基金(市场组合)，请用詹森指数评价这三只基金的绩效。

表 7.3　A、B、C 三只基金收益及 β 值情况

基　金	A	B	C
收益率均值/%	11.5	10.9	12.7
β	0.75	0.59	1

解：根据詹森指数的公式，基金 A 的绩效为

$$\alpha_{P,A} = 11.5\% - [6\% + 0.75(12.7\% - 6\%)] = 0.475\%$$

基金 B 的绩效为

$$\alpha_{P,B} = 10.9\% - [6\% + 0.59(12.7\% - 6\%)] = -0.259\%$$

基金 C 的绩效为

$$\alpha_{P,C} = 12.7\% - [6\% + (12.7\% - 6\%)] = 0\%$$

由结果可见，基金 A 比与其 β 值相匹配的收益多出了 0.475% 的超额收益，基金 B 则出现了超额损失，基金 C 由于是市场组合，其实际收益与期望收益——β 关系完全吻合。

四、信息比率

信息比率(Information Ratio)　以马柯维茨的均值-方差模型为基础，用来衡量超额风险带来的超额收益，比率高说明超额收益高。具体而言，是用表示投资组合的 α 值(资产跟踪偏离度的样本均值)除以资产的跟踪误差(回归方程中残差项的标准差)δ 值，即自身的非系统性风险(Nonsystematic Risk)，测量的是基金每承担一单位的非系统性风险所带来的非常规收益，用公式表示为

$$IR = \frac{\alpha_P}{\delta_{\varepsilon P}} \tag{7-5}$$

其中，IR 表示信息比率，$\delta_{\varepsilon P}$ 是詹森模型中残差 ε_P 的标准差。当 IR 的值越大，表明基金所获得的非常规收益就越高。合理的投资目标应该是在承担适度风险的情况下，尽量追求高信息比率，而非单纯追求高信息比率。

信息比率本质上是用以衡量每单位的非系统风险(主动风险)可得到的超额报酬(主动报酬)，简言之，就是衡量基金的选股能力。信息比率是基金绩效评价的有力工具，它测定了基金管理人在运作过程中根据非系统性风险折算的信息质量。高报酬伴随着高风险，因此主动操作的基金经理人会提高投资组合风险以期得到较高报酬，但若基金经理人仅靠提高系统风险(Market Risk)所得到的报酬，并不表示具有优越的操作绩效，因为多数投资人也可以做到。因此若经理人有较好的选股技巧，在相同的非系统风险下，应可得到较高的超额报酬。

五、四大业绩指数方法的比较

夏普指数测度的是包括基金所承担的系统性风险以及非系统性风险在内的基金总风险

下的超额收益率，因此其对基金单位风险考察范围最为宽泛；特雷诺和詹森指数度量的仅仅是基金在承担相应的系统性风险下取得的超额收益率；信息比率测量的是基金在面临非系统性风险下取得的非常规收益率。正因为四大指数在定义和原理上存在着差异，所以在指数的选择和应用上有所不同，所产生的绩效评价结果也不尽相同。

(1) 夏普指数与特雷诺指数衡量的都是单位风险的收益率，但对风险的计量不同。夏普指数考虑的是以标准差衡量的总风险，而特雷诺指数考虑的是以 β 值衡量的市场风险。

(2) 当投资者将其大部分资金投资于一只基金时，就将标准差作为对基金风险衡量的指标，此时应选择夏普业绩指数。当投资者不仅仅投资于无风险证券和单一基金组合时，β 值则是更适宜的风险度量指标，此时应选择特雷诺指数。

(3) 夏普指数与特雷诺指数在对基金绩效的排序结论上有可能不一致。一般情况下，当基金完全分散投资或高度分散时，用夏普比率和特雷诺比率所进行的业绩排序是一致的。

(4) 虽然当不考虑基金的非系统性风险时，特雷诺指数和詹森指数都能够被用来衡量基金面临系统性风险时的绩效，但是二者仍存在一些差别：从形式上看，特雷诺指数是一个相对收益率指标，但詹森指数是一个绝对收益率指标，其衡量的结果也就更加直观。特雷诺指数与詹森指数只考虑基金经理获得超额回报的大小，夏普指数同时考虑绩效的深度与组合的风险分散程度。

(5) 詹森指数要求用样本期内所有变量的样本数据进行回归计算，而特雷诺指数和夏普指数仅用整个时期全部变量的平均收益率。

(6) 夏普指数与信息比率。基金管理公司的商业模式是将投资管理的业绩卖给客户。因此整个投资管理始于一个目标——把什么样的业绩卖给别人。不同的目标，会导致采用不同的投资战略以及相应的投资管理过程。目前国内基金管理公司竞争日益白热化，许多公司为了追求投资业绩排名不惜进行赌博式投资，追求投资绝对收益成为这些公司唯一的投资目标。而在成熟的市场中，一般以风险调整后收益，如夏普指数和信息比率作为业绩衡量的标准。

那么，管理者究竟是应该以绝对收益，还是应该以风险调整后收益作为自己的投资目标呢？

如果片面追求任何一个目标都说明管理者存在认识上的误区，没有真正理解投资管理的内涵。对于国内基金管理公司而言，恰当的投资目标应该是在承担适度风险的情况下，追求风险调整后的收益最大化。

1. 用夏普比例明确风险收益

从基金客户的角度而言，如果夏普比例高则意味着投资者只要进行杠杆操作，就可以变低绝对收益为高绝对收益，而承担的风险相对较小。

以一个具体的例子来说明这个情况。两只基金，基金 A 的收益率远高于基金 B 的收益率，但基金 B 承担的风险小，其风险调整后收益远高于基金 A。那么这两个基金到底哪一个对投资者更具有吸引力呢？聪明的投资者应该选择 B。

如果将 100 元投资于 A 基金，可以赚取 10 元，在险价值 Var 为 22.9 元，也就是说当一个可能性 5% 的小概率事件发生时，将亏损 22.9 元。

虽然基金 B 的收益率低于基金 A，但如果放大投资规模(以无风险收益贷入资金)，如将 200 元投资于 B 基金，可以赚取 10 元，但在险价值 Var 为 6.5 元，200 元投资金额的风险还没有 100 元投资金额可能亏损的幅度大。

从这个角度去理解，投资者当然应该投资 200 元于 B 基金，而不应该仅投资 100 元于 A 基金。因为这两种投资绝对收益金额是一样的，但投资于 B 基金的 200 元风险比投资于 A 基金的 100 元风险小。

2. 信息比率显示风险中的收益

信息比率 IR 分析信息比率定义为：$IR=\alpha/\omega$，α 为组合超额收益，ω 为主动风险。信息比率表示单位主动风险所带来的超额收益。

信息比率是从主动管理的角度描述风险调整后的收益，不同于夏普比例从绝对收益和总风险角度来描述。在两种情况下，即：①当主动管理的基准是现金；②在具有卖空机制的市场中可以对冲掉系统风险，两者是一致的，也就是说，投资者可以对低绝对收益率但是高信息比率的基金进行杠杆放大，从而获得高绝对回报金额，而承担较小风险。

在不能卖空的市场中，因为系统性风险无法对冲，投资者无法对一个绝对收益低而 IR 高的基金通过杠杆放大得到上述效果。

但是信息比率仍然对管理者具有非常重要的意义，因为其奖励的不是绝对业绩，而是奖励业绩持续稳定者，这一点对投资者的吸引力显而易见。

由于主动管理者都是相对某一基准而非现金，因此如果是可以通过卖空而对冲系统风险的话，高 IR 就是管理者唯一的目标。而在国内缺乏卖空机制的情况下，管理者应该以此为主要目标。主要目标的含义是指 IR 对管理者非常重要，但并非唯一。主要原因是通过理论和实践的证明，在不能卖空的市场中，承担风险的边际效用是递减的，即在承担的风险达到一定程度后，进一步承担风险所带来的收益就比较小。也即随着承担风险的提高，风险调整后的收益就越低。

在国内没有卖空机制的情况下，由于承担风险的边际效用递减，即使对于能力非常之高的管理人，也没有必要承担过大的风险。因为随着承担风险的增加，进一步通过承担风险获取绝对收益的可能非常小，也就是说，承担中等风险获得的绝对收益和承担高风险获得的绝对收益基本一致。如果过度追求绝对收益，可能会促使管理人采取极端的做法，承担较大的风险，进行赌博式投资。我们没有必要为了捡到失落在悬崖边上的最后一元钱而再跨出一步，毕竟市场充满了不确定性。

根据实证测算，长期而言，主动管理人承担 5%～9% 的主动风险已经可以较为充分地反映主动管理人的水平。其中低风险定义为 4% 主动风险，中风险定义为 7% 主动风险，高风险定义为 10% 主动风险。

因此，对于国内基金管理人，合理的投资目标应该是在承担适度风险的情况下，尽量追求高信息比率，而不仅仅是追求高信息比率。过低和过高地承担主动性风险都不是主动管理者一种理性选择。

通过探讨信息比率与夏普比率之间的关系，证明信息比率提供了评价不同基金所构建的最优投资组合相对优劣的标准。对信息比率统计显著性检验方法的研究表明，信息比率与超额收益率的 t 统计量有直接关系，而且其统计显著性与使用的样本数量密切相关。

总之，在基金投资组合策略的分散化程度很高的状况下，其所承担的非系统性风险近乎为零，在此情况下，基金的系统性风险就会接近总风险，从而特雷诺和詹森指数的评价结果就会呈现出一致性，反之就存在差异；此时就应该根据每一只基金自身的投资策略特征选取合适的评价指标。

第二节　绩效评价模型的发展

一、M^2 测度

M^2 测度方法也是单因素模型的一种，由 F. Modigliani 和 L. Modigliani 两人对夏普测度进行改进后引入的，目的是鼓励投资者在关注基金原始业绩倾向的基础上同时注意基金业绩中的风险因素。M^2 与夏普指数一样，也是基于资本市场线，将全部风险作为风险的度量，与夏普指数对基金绩效表现的排序一致；而该方法可以根据资本配置线与资本市场线的相对位置，更好的测度基金或组合优于市场组合的具体程度，以便更直观地作出经济解释。

其计算公式为

$$M^2 = R_{P^*} - R_M \tag{7-6}$$
$$R_M = E(r_M) - R_f$$
$$R_{P^*} = E(r_{P^*}) - R_f = S_P \sigma_M$$

其中，R_f 为无风险收益率，R_{P^*} 为基金实际组合的收益率，R_M 为市场组合的收益率。

由图 7.1 可见，如果一个包含无风险资产的投资组合其资本配置线 A，即该线斜率大于资本市场线的斜率，这一资本配置的预期收益为 $E(r_M)$，大于由资本市场线所表明的市场组合的预期收益 $E(r_M)$，其大于的程度，即 $+M^2$。反之，如果资本配置线 B，这一资本配置的预期收益为 $E(r_2)$，小于由资本市场线所表明的市场组合的预期收益 $E(r_M)$，其小于的程度即 $-M^2$。M^2 指数就表示调整后的投资组合的标准差等于市场组合的标准差时，二者收益率之间的差值，指标数值越大，基金业绩相对越好。

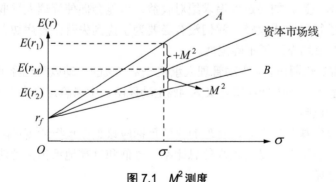

图 7.1　M^2 测度

【例 7-4】　假设有基金 A、B、C 的收益率分别是 9.7%、10.3% 和 12.1%，且基金 C 为市场组合，请用 M^2 测度评估基金 A 和基金 B 的绩效。

解：根据 M^2 测度的公式，基金 A 的绩效为

$$M^2 = 9.7\% - 12.1\% = -2.4\%$$

基金 B 的绩效为

$$M^2 = 10.3\% - 12.1\% = -1.8\%$$

即基金 A 和基金 B 的绩效都低于市场组合，分别比市场平均收益率低 2.4%和 1.8%

二、多因素绩效衡量方法

(一)APT 方法

Lehmann 和 Modest 提出以 APT(套利定价理论)确定基准投资组合并进行基金评价，APT 的核心理念是股票的投资收益率不是由单一因素决定的，而是受到多个因素的影响，因此多个股票组合成的基金收益率也同样受到这些因素的影响。

由于以 CAPM 模型为基础的单因素评估模型无法解释按照股票特征(如市盈率、股票市值、过去收益等)进行分类的基金组合收益之间的差异，所以研究者们提出多因素模型代替单因素模型进行基金绩效的评估。其计算公式为

$$R_i = a_i + b_{i1}I_1 + b_{i2}I_2 + \cdots + b_{ij}I_j + \varepsilon_i \tag{7-7}$$

其中，$I_1, I_2, \cdots, I_j$ 分别代表影响 i 证券收益的各因素值；$b_{i1}, b_{i2}, \cdots, b_{ij}$ 分别代表各因素对证券收益变化的影响程度；a_i 代表证券收益率中独立于各因素变化的部分。

Lehmann 和 Modest(1987)的多因素模型中影响证券收益的因素为：市场平均指数收益、股票规模、公司账面价值与市场价值比(BE/ME)、市盈率(P/E)、公司前期销售增长等。Fama 和 French(1993)在 CAPM 的基础上，认为影响证券收益的因素还包括按照行业特征分类的普通股组合收益、小盘股与大盘股收益之差(SMB)、高 BE/ME 收益与低 BE/ME 收益之差，HML 等。

(二)伯鲁格-夏普方法

伯鲁格-夏普方法由伯鲁格和夏普提出，是一种选取代表不同投资风格的基准证券组合对证券组合收益率进行拟合的方法，采用该方法时，可以随意选择多个基准证券组合，每个基准证券组合代表某一投资风格或选股模式，证券组合的收益率公式为

$$R_{pt} - R_{ft} = \alpha_p + \sum_{i=1}^{n} \beta_{ip}(R_{m_it} - R_{ft}) + \varepsilon_{pt} \tag{7-8}$$

在评价证券组合时，只需要使各基准证券组合能够最好地描述证券组合收益率，即满足：

$$\min\left\{(R_{pt} - R_{ft}) - \left[\alpha_p + \sum_{i=1}^{n} \beta_{ip}(R_{m_it} - R_{ft})\right]\right\}$$

第三节 择时与择股能力模型

一、T-M 模型

Treynor & Mazuy(1966)认为，如果基金经理具备把握市场时机的能力，就会根据市场走势的预测，及时调整基金所承担的系统风险，即 β_p 值，在市场表现好时，主动提高 β_p 值，

反之则降低 β_p 值。这样就可以把 β_p 值分解为两部分，一部分表示基准市场组合的风险系数 β_1，另一部分表示基金经理的择时能力 β_2。用公式表示为

$$\beta_p = \beta_1 + \beta_2(R_M - R_f) \tag{7-9}$$

式(7-10)结合詹森模型就可以得到 T-M 回归模型：

$$R_P - R_f = \alpha_P + \beta_1(R_M - R_f) + \beta_2(R_M - R_f)^2 + \varepsilon_P \tag{7-10}$$

其中：R_P 是资产组合收益率；α_P 表示基金收益与系统风险相等时的投资组合收益率差异，用于判断基金经理的选股能力，当 $\alpha_P > 0$，表明基金经理具备选股能力，且 α_P 的值越大，基金经理的选股能力越强，证券特征线的斜率也会随之变大；β_2 可以用于判断基金经理的择时能力，如果 $\beta_2 > 0$，则表明基金经理具有择时能力，且 β_2 的值越大，基金经理的择时能力越强，证券特征线的斜率也会随之变大。当市场处于多头走势时，即 $(R_M - R_f) > 0$，此时市场收益率大于无风险收益率，证券投资基金的风险溢价 $(R_P - R_f)$ 大于市场投资组合的风险溢价 $(R_M - R_f)$，当市场呈现空头走势时，即 $(R_M - R_f) \leqslant 0$，证券投资基金的风险溢价小于市场投资组合的风险溢价，此时基金的风险溢价 $(R_P - R_f)$ 仍大于市场投资组合的风险溢价 $(R_M - R_f)$。β_1 为基金投资组合所承担的系统风险；ε_P 为误差项。用于对基金经理时机选择与证券选择能力的评估，模型认为具备时机选择能力的基金经理应该拥有抓住市场机会以获得更大绩效的能力。在多头时，通过提高投资组合的风险水平以获得较高的收益，在空头时降低投资组合的风险。此时，基金回报率和市场回报率呈现出非线性的趋势，CAPM 特征线不再是固定斜率的直线，而是一条斜率会随市场状况变动的曲线，如图 7.2 所示。

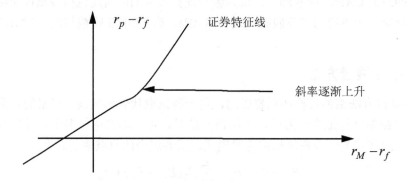

图 7.2　市场时机能力

二、H-M 模型

此模型 1981 年由 Henriksson 和 Merton 共同提出，又称为双 β 模型，是一种与 T-M 相似却更为简单的对选股和择时能力进行衡量的二项式参数检验模型。

模型假设基金经理具备预测市场收益与风险收益之间差异大小的能力，然后根据这种差异，将资金有效率地分配于证券市场。具备择时能力者可以预先调整资金配置，以减少市场收益小于无风险收益时的损失。在基金经理具有择时能力的情况下，对投资组合所实现的回报率分别拟合两条特征线，一条线是对市场上升时期进行拟和，另一条线是对市场下降时期进行拟合资产组合的 β 只取两个值：市场上升时期取较大的值，市场下降时取较

小的值(参见图 7.3)。

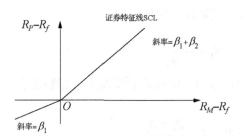

图 7.3　H-M 模型

计算公式:

$$R_{pt} - R_{ft} = \alpha_p + \beta_1(R_{mt} - R_{ft}) + \beta_2(R_{mt} - R_{ft})D + \varepsilon_{pt} \tag{7-11}$$

其中,D 是虚拟变量,当市场处于上升时期 $(R_{mt} \geqslant R_{ft})$ 时,$D=0$,模型变为 $R_{pt} - R_{ft} = \alpha_p + \beta_1(R_{mt} - R_{ft}) + \varepsilon_{pt}$,即图形的右半部分;当市场处于下降时期 $(R_{mt} < R_{ft})$,$D=-1$,模型变为 $R_{pt} - R_{ft} = \alpha_p + (\beta_1 - \beta_2)(R_{mt} - R_{ft}) + \varepsilon_{pt}$,即图形的左半部分。当 $\beta_2 > 0$ 时,说明成功的市场时机能力存在,此时市场上升时期的拟合特种线斜率 β_1 大于在市场下降时期的拟合特征线斜率 $(\beta_1 - \beta_2)$,如果同时回归得到正的 ∂_p 值,就说明有证券选择能力的存在。

三、C-L 模型

1984 年 Chang 和 Lewellen 对 H-M 模型进行了改进,计算公式为

$$R_{pt} - R_{ft} = \alpha_p + \beta_1(R_{mt} - R_{ft}) + D_1\beta_2(R_{mt} - R_{ft})D_2 + \varepsilon_{pt} \tag{7-12}$$

上式中,当 $(R_{mt} \geqslant R_{ft})$ 时,$D_1 = D_2 = 1$;当 $(R_{mt} < R_{ft})$ 时,$D_1 = D_2 = 0$。β_1 为多头市场时(即市场形势看好时,买盘大于卖盘)的基金的 β 值,β_2 为空头市场时(即市场形势看坏时,卖盘大于买盘)的基金的 β 值。当时 $(\beta_1 - \beta_2) > 0$,表示基金经理具备择时能力;当 $\alpha_p > 0$,表明基金经理具备选股能力。

C-L 模型与 T-M 模型和 H-M 模型相比,具有更强的适用性,优点在于能够分别得出基金在多头市场和空头市场的 β 值,即使在基金不具有择时能力 $(\beta_1 < \beta_2)$ 时,也能够通过 β_1 和 β_2 的值分析基金的特点,以取得更好的评价效果。

本 章 小 结

投资组合绩效评价是指事后对投资组合实际运营结果进行分析、评价和判断。投资绩效评价的目的有两个:一是让组合投资的经营管理者通过对经营成果的自我评估,促进其经营成果的不断扩大;二是投资者通过对经营管理者经营成果的评价,可以更加合理地选择投资对象。投资绩效评价应从三个方面进行测量,一是测量投资者的平均获利能力;二是测量基金相应的风险,包括系统风险和非系统风险;三是测量基金经理的证券选择能力和时机选择能力。

首先介绍经典的投资绩效评价模型，即业绩指数方法，包括夏普指数、特雷诺指数、詹森指数和信息比率这四大指数评价模型。

夏普指数的计算公式：$S_P = \dfrac{\bar{R}_P - R_f}{\sigma_P}$

夏普指数越大，表明在承担一定风险的情况下，投资组合获得的风险收益越大，该组合的绩效越高。

特雷诺指数的计算公式：$T_P = \dfrac{R_P - R_f}{\beta_P}$

特雷诺指数值越大，承担单位系统风险所获得的超额收益越高；相反，特雷诺指数越小，承担单位系统风险所获得的超额收益越低。

詹森指数的计算公式：$\alpha_P = R_P - R_f - \beta_P[R_M - R_f]$

詹森指数是证券组合所获得的超过市场部分的风险溢价，如果某一证券组合的詹森指数为正，说明该组合获得了超额收益；如果某一证券组合的詹森指数为负，说明该组合的业绩较差。

信息比率是用投资组合的 α 值除以自身的非系统性风险(回归方程中残差项的标准差)，测量的是基金每承担一单位的非系统性风险所带来的非常规收益。信息比率的计算公式：

$$IR = \dfrac{\alpha_P}{\delta_{\varepsilon P}}$$

投资绩效评价不断发展不断改进，出现了一些新的评价方法。单因素模型中的 M^2 与夏普指数一样，也是基于资本市场线，将全部风险作为风险的度量，与夏普指数对基金绩效表现的排序一致；而该方法可以根据资本配置线与资本市场线的相对位置，更好的测度基金或组合优于市场组合的具体程度，以便更直观地作出经济解释。

M^2 测度的计算公式：$M^2 = R_{P^*} - R_M$

多因素模型又分为 APT 方法和伯鲁格-夏普方法。APT 的核心理念是股票的投资收益率不是由单一因素决定的，而是受到多个因素的影响，因此多个股票组合成的基金收益率也同样受到这些因素的影响。伯鲁格-夏普方法由伯鲁格和夏普提出，是一种选取代表不同投资风格的基准证券组合对证券组合收益率进行拟合的方法，采用该方法时，可以随意选择多个基准证券组合，每个基准证券组合代表某一投资风格或选股模式。

择时与择股能力模型分为 T-M 模型，H-M 模型，C-L 模型三大模型，这些模型均可用于对基金经理时机选择与证券选择能力的评估，模型认为具备时机选择能力的基金经理应该拥有抓住市场机会以获得更大绩效的能力。

T-M 模型的计算公式：

$$R_P - R_f = \alpha_P + \beta_1(R_M - R_f) + \beta_2(R_M - R_f)^2 + \varepsilon_P$$

此时，基金回报率和市场回报率呈现出非线性的趋势，CAPM 特征线不再是固定斜率的直线，而是一条斜率会随市场状况变动的曲线。α_p 表示基金收益与系统风险相等时的投资组合收益率差异，用于判断基金经理的选股能力。当 $\alpha_p > 0$，表明基金经理具备选股能力，且 α_p 的值越大，基金经理的选股能力越强。β_2 可以用于判断基金经理的择时能力，如果 $\beta_2 > 0$，则表明基金经理具有择时能力。

练 习 题

一、概念题

夏普指数 特雷诺指数 詹森指数 M^2测度 市场时机能力 四因素模型

二、简答题

1. 阐述特雷诺指数、夏普指数和詹森指数三大经典绩效评估指标的异同。

2. "选股能力"和"择时能力"的含义及表现是什么?

3. 业绩持续性的评价方法有哪些?

三、计算题

1. 假设有 A、B、C 三只基金,其基本情况如表 7.4 所示;并假设基金 C 为一个指数基金(市场组合),无风险收益率为 5%。请分别用夏普指数、特雷诺指数和詹森指数评价这三只基金的业绩。

表 7.4　三只基金的基本情况

基　金	收益率均值/%	标准差	β 值
A	8.78	8.03	0.64
B	10.02	11.17	0.85
C	11.46	11.33	1

2. 假设有基金 A 和市场资产组合的其风险收益数据参数如表 7.5 所示。

表 7.5　风险收益数据参数

投　资	平均收益率/%	收益率的标准差
基金 A	8	13
上证指数 M	6	7

如果采用 M^2 指标来评价该基金的业绩水平,则调整后的原基金和国债的占比分别为多少? M^2 指标为多少?

3. 基金 A 的投资组合和市场组合的基本情况如表 7.6 所示,无风险收益率为 6%。

表 7.6　基金 A 的投资组合和市场组合的基本情况

组　合	收益率均值/%	标准差	β 值
基金 A 的投资组合	10	18	0.60
市场组合	12	13	1.00

计算基金 A 的投资组合和市场组合的特雷诺指数和夏普指数,并根据这个指标,判断投资组合是否为超过风险调整基础上的市场组合?简要说明使用特雷诺指数和夏普指数所得结果不符的原因。

4. 使用 H-M 模型,自己选择一只基金,使用数据库找到需要的数据(选择一个时期,

如 2016—2017 年),对市场时机能力做检验,判断该基金的基金代理人是否具有市场时机能力。(选做)

5. 用本章所列任一指数或模型对在中国上海证券交易所(深圳证券交易所)上市开放式基金(LOF)上一年度的绩效进行检验。经过数据搜集、处理得到标准化数据(其中或有 $\overline{R_P}, R_P, R_f, \sigma_P, \beta_P, \alpha_P, \delta_{\varepsilon P}, R_M$ 等)后,计算得到各基金的指数或模型及其绩效排序,并结合股市行情分析前十家基金投资组合的特征。(选做)

第三部分

市场有效性假说与行为金融理论

　　有效市场假设(Effective Market Hypothesis)既是现代微观金融学的一个理论支柱,又是判断资本市场效率的理论依据,并决定着实际的投资策略。在对有关市场有效性假说的实证检验中,人们经常发现四大条件很可能都是不成立的。而近年来兴起的行为金融学理论更能分析并解释一些市场现象。我们将通过第八章和第九章的内容,对市场有效性假说和行为金融理论进行介绍和分析。

第八章　有效市场假说

【学习要点及目标】

通过本章的学习，可以掌握有效市场假说的概念与形式，了解有效市场理论的实证检验方法，并能够从有效市场理论出发，阐述相应的投资策略。

【关键概念】

有效市场假说　实证检验　投资策略

第一节　有效市场假说概述

一、随机漫步与有效市场假说

20 世纪五十年代以前，许多经济学者一直认为："内在价值"决定股票的价格，因而股价是可以预测出来的；股价波动是有规律可循的，即股票价格会围绕其内在价值上下波动进行有规律的变化。然而 1953 年英国著名统计学家肯德尔(Maurice Kendall)从对股价波动的统计中发现：股票价格变动没有任何规律可循，就像"醉汉走步"一样，昨天的价格与今天的价格无关，今天的价格与明天的价格无关，股市运动每天都是新的，即股票价格完全是随机游走的。[①]换言之，熟知股票历史走势对预测未来价格变动趋势并无明显帮助。

如何解释这一现象呢？有效市场假说(Efficient Market Hypothesis，EMH)提供了答案。市场价格随机波动反映的正是功能良好、理性的有效市场，即价格已经反映的是已知信息，而股价取决于相关信息。首先，股价由供求决定，供求是通过买卖来实现的，投资者买卖股票受其心理预期的影响，而心理预期是投资者在收集、处理相关信息的基础上形成的。其次，随机的"新信息"导致了股价的随机游走。在一定时点上，股价反映了"旧"的相关信息，而下一时点的股价取决于"新"的相关信息。因为"新"信息的出现是随机而不可预测的，所以股价是随机游走的。

股价随机游走绝不是市场非理性的证据，恰恰相反，这是对市场上一部分敏锐的投资者比他人更早发现有关信息并进行交易导致的结果。股价随机游走的根本原因在于投资者是理性的。切莫将价格变化的随机性和价格水平的非理性混为一谈。若当前股价是合理的，则能导致价格变化的唯一因素便是"新"信息。

---

① 陈琨. 有效资本市场与企业理财策略[J]. 生产力研究，2001，(06)：27-28.

二、有效市场假说的内涵及条件

(一)内涵

有效市场假说认为，在一个有效的资本市场上，资本品的全部信息都能被投资者迅速、完整和准确地得到，从而投资者可根据这些信息准确判断出该资本品的价值，进而以符合价值的价格购买该资本品。

(二)条件

根据上述有效证券市场的含义，一个有效的证券市场需要同时具备四个条件。

(1) 信息公开的有效性，即证券的全部信息都能在市场上真实、及时地公开。

(2) 信息获得的有效性，即所有公开有效的信息都能被投资者全面、准确地获得。

(3) 信息判断的有效性，即所有投资者都能根据所得到的有效信息作出一致的价值判断。

(4) 投资行为的有效性，即所有投资者都能够根据获得的信息，准确、及时地采取行动。

三、有效市场的分类

(一)弱有效市场假说

弱有效市场假说所包含的信息，仅指股票以往的价格信息。[①] 这些信息包括历史成交价、交易量、相关技术指标等。[②] 投资者已经充分利用了这些历史交易形成的信息，无法根据股票历史价格预测未来股价走势。大量研究表明，在弱有效市场假说条件下，技术分析的方法都是失灵的，投资者无法永远通过钻研技术指标来获利。

(二)半强有效市场假说

除了股票过去的价格走势信息以外，半强有效市场假说涵盖了所有与公司未来前景相关的所有公开信息。[③] 假如该假说成立，则现在的股价已经完整反映了所有市场上能得到的信息，所有股票交易者都无法利用这些公开信息获得超常收益。这样一来，从企业会计报表等市场公开信息出发进行的基本面分析也最终将失去效果。

(三)强有效市场假说

强有效市场假说中的信息既涵盖了半强有效市场假说下所有与市场关联的信息，也涵盖了全部公司内部人员才能了解的信息，例如公司高级管理人员所熟悉的内部信息。若强有效市场理论能够成立，那么现在的股价就可百分之百地反映了上述全部信息(陈奇斌，

---

① 唐一禾，张波. 有效市场理论综述[J]. 社会科学家，2005，(S1)：285-286.

② 王家华，李东，高桂珍. 有效市场理论与证券分析理论的适用性比较[J]. 财经科学，2004，(05)：40-43.

③ 陈奇斌. 尤金·法玛与有效市场理论[J]. 福建论坛(人文社会科学版)，2014，(01)：38-41.

2014）。因而即使投资者获知公司内幕信息也没有办法持续获得超常收益。

阅读资料 8.1

有效市场假说受到巨大挑战

"我相信，经济学中没有其他命题能够像有效市场假说一样得到如此之多而坚实的经济证据支持。"这是经济学家詹森在 1978 年的著名论断。就这一理论的影响力而言，该论断并不为过。有效市场假说的发展是与一些最优秀的经济学家联系在一起的。

然而，这次金融危机表明，金融市场远非有效。有效市场假说由此受到巨大挑战，以至于该理论的代表性人物近年虽一再被提名，但都未摘得诺贝尔奖。

有效市场假说是金融市场理论皇冠上的明珠，无论其有效性如何，都是理解金融市场运行的基点。

有效市场假说(EMH)在 20 世纪 60 年代最早由萨缪尔森提出，随后法玛在 1970 年首次系统阐述了有效市场假说的概念："如果某一市场中的价格完全反映了所有可用的信息，那么这个市场就是有效的。"

法玛同时给出了有效市场的三种类型。弱有效市场：当前价格完全反映了包含在价格历史记录中的信息；半强有效市场：当前的证券价格不但反映了历史记录中的价格信息，而且反映了与证券相关的所有公开信息；强有效市场：证券价格反映了所有与其有关的信息，不仅包括半强有效市场中的信息，而且包括了内幕人所知的信息。换言之，价格没有反映的信息是与该证券无关的、无用的信息，任何人不能隐瞒任何有用的私人信息。

有效市场理论至少能得到两个推论，一是资产价格应该是随机游走的。因为所有的信息都已得到合理评估，资产价格只能受未预期到的因素影响，而这些因素是随机的，因此资产价格也是随机游走的。这一推论对市场研究者提出了挑战。有人说，猴子做游戏时挑选出的股票回报率甚至高于基金经理的选股。二是投机者同时应该是价值投资者。股票等资产价格由基本面决定，噪音交易者不会造成估值的改变。

进一步地，施莱弗认为有效市场的理论基础由三个逐步弱化的假设组成：一是假设投资者是理性的，理性评估资产价格；二是即使某些投资者不理性，但由于其交易具有随机性，可互相抵消，资产价格不至于出现根本性偏离；三是即使投机者的非理性行为并未随机而具有相关性，市场中的理性套利者也会通过无风险套利消除这种影响。

然而，这次金融危机暴露出金融市场的很多非理性因素。首先，在盯市会计原则和评级公司等机制作用下，公司的资产负债表和市场评级随市场状况而表现不同。金融市场存在明显的顺周期性和传染性，资产价格会出现趋势性偏离。其次，价格变化并不符合贝叶斯决策原则，而是存在大量非线性变化。此外，计算机程序化的高频交易可以精确到零点几秒，远远超过了实体经济因素的变化，这些交易决策完全是根据金融市场波动本身。

与有效市场假说相对应的行为金融理论认为，强调投资者的完全理性不符合实际。很多投资者没有精力和能力收集处理大量的信息，市场上也存在着大量的信息不对称。金融机构存在大量投机性行为。施莱弗在理论上证明，即便投资机构察觉到市场上的非理性上涨，但在一段时间内，理性的投资策略是跟风追涨，并试图在别人之前卖出。这一理论也得到了实证数据的支持。市场上的跟风行为、羊群效应，趋势性的非理性屡见不鲜。行为经济理论的代表人物卡列曼等人此后获得了诺贝尔经济学奖。

在内核上，有效市场理论与完美条件下的一般均衡理论一致。因此，即便有效市场理论远非完美，但它提供了分析的基准。现实与理论不吻合，也不能简单地说理论是错误的，只是其中某些条件未得到满足。现实中，鲜有完全竞争的市场，但这不是抛弃该理论的理由。无摩擦下的力学定理不也是如此吗？

(资料来源：宗涛. 有效市场假说：理论错了吗?[J]. 金融博览，2013，(01)：34.)

第二节　有效市场假说的实证检验

一、弱有效市场假说的检验

(一)序列相关检验

序列相关性又称自相关，是指总体回归模型的随机误差项之间存在相关关系。自相关的程度可用自相关系数 ρ 表示，如果 $\rho>0$ 则随机误差项 u_t 与 u_{t-1} 正相关，反之则负相关；如果 $\rho=0$，则随机误差项不相关。

利用序列相关检验，我们可以考察第 i 期股价和第 j 期股价是否相关。如果不同时期的股价其相关性不显著，则弱有效市场假说成立。

(二)对技术分析有效性的检验

技术分析本质上是寻找股价的起伏周期和模式。例如，黄金交叉点是指短期移动平均线由下向上突破长期移动平均线。技术分析法把该信号看作买入股票的标志。判断买卖的技术指标有很多，而过滤法则是其中一种典型代表。根据过滤法则，对于处于下跌通道的股票，若股价反弹的幅度高于前期底部一定比例时，就可以做多；反之，对那些处于上升通道的股票，若股价回落到幅度前期顶部一定比例时，就可以做空。在应用该法则时，投资者可以自行设定股价反弹和回落的幅度。法玛(Fama)等人对此进行了检验，结果表明在扣除交易费用后，运用过滤法则获得的收益率低于正常收益率。[1]

虽然无法对所有技术分析投资策略进行检验，但是大量类似的实证分析显示，纯粹应用历史价格信息得出的技术分析法不可能获得超额收益，因而弱有效市场假设成立。

阅读资料 8.2

利用序列相关性检验弱有效市场假说

表 8.1 列示了美国 8 家大公司股票收益率变化的相关系数。这些系数表明了今天的收益与昨天的收益是否有关系。可以看出，相关系数大多为正数，意味着今天高于平均收益率很可能导致以后收益率也高于平均值。相反，花旗集团的序列相关系数为负数，意味着今天高于平均值的收益率更有可能导致以后的收益率低于平均值。

---

[1] 陈秋雨，周生春. 中国黄金期货市场鞅式弱有效检验[J]. 财贸经济，2011，(01)：72-78.

表 8.1　一些公司的序列相关系数(2001—2005)

公司名称	序列相关系数
波音	0.0025
花旗集团	−0.0078
可口可乐	0.0189
IBM	0.0126
麦当劳	0.0054
默克	0.0490
辉瑞	0.0225
Gap	0.0193

(资料来源: 斯蒂芬·A.罗斯, 吴世农等译. 公司理财(原书第 9 版)[M]. 北京: 机械工业出版社, 2015)

从表格中可以看出, 8 家公司的股票收益率序列相关系数均接近于 0。法玛(Fama)对美国 1957 年年底至 1962 年 9 月道琼斯 30 种工业股票的自相关性进行了计算, 自相关的时间间隔分别从 1 天到 16 天。这 30 种股票的自相关系数绝大多数落在-0.1～0.1 的区间内, 表明它们的自相关不显著, 从而证明市场是弱式有效的。

二、半强有效市场假说的检验

(一)对利用其他公开信息预测未来收益率的检验

这里所谓的其他公开信息是指除弱有效市场中检验的纯市场信息(价格、交易量)以外的其他可获得公开信息。这类研究涵盖了对研究报告预测未来收益效果的研究、对日历年度内是否真的存在能够预测未来回报率规律的研究和对典型收益的研究。这些检验显示, 股票未来回报率和公司股息率明显呈正相关, 市场并不能充分调整季节性收益。实际上, 金融市场运行过程中还存在"一月异常""月份效应""周末效应"等投资报酬率异常现象。此外, 对典型收益的研究还证明了"市值规模效应"等现象的存在。研究发现, 低市净率股票构成的投资组合比高市净率股票构成的投资组合能获得更高的投资回报率, 这些结果都证明市场不是半强有效的。

(二)事件研究法检验

这类研究主要采取事件研究(Event Study)方法, 即观察股价对股市重要事件的反映, 从而验证股票市场是否是半强式有效的。这些事件包括: 拆分股份(Stock Split)、首次公开招股(Initial Public Offering)、出乎市场预料的政治经济事件、公司发布新的公告等。结果表明, 这些研究成果对半强市场有效假说是否成立存有争议。

阅读资料 8.3

运用事件研究法检验市场是否弱有效

某一股票某一天的超常收益(AR)可以用股票当天的实际收益(R)减去当天的市场收益

(R_m)来计算，其中 R_m 是以标普指数这样的光基指数来衡量的。

$$AR = R - R_m$$

在时间$(t-1)$披露的信息 AR_{t-1}，在时间(t)披露的信息 AR_t，在时间$(t+1)$披露的信息 AR_{t+1}。

根据市场有效假说，股票在 t 时间的超常收益的 AR_t 应该反映在同一时间 t 披露的信息。任何在 t 之前披露的信息应该对这一期间的超常收益没有影响，因为其影响应该在之前就已经发生了。换句话说，有效市场应该已经把之前的信息反映在价格里了。因为股票今天的收益不可能取决于市场还不知道的信息，所以未来才知道的信息也不影响今日的股票收益。

Szewczyk、Tsetsekos 和 Zantout 关于股利停发的研究。图 8.1 显示了宣布股利停发的样本公司累计超长收益图。因为股利停发通常被认为是一个坏消息，所以我们预期超常收益在公告日附近是负数。正如累计超常收益的下跌所显示的那样，公告日前一天$(t=-1)$和公告日$(t=0)$的超常收益是负的，但是注意在公告后累计超常收益几乎没有变动。这意味着坏消息在公布当天已经全部反映在股价中了，这一结果表明市场是有效的。

（资料来源：斯蒂芬·A.罗斯，吴世农等译. 公司理财(原书第 9 版)[M]. 北京：机械工业出版社，2015)

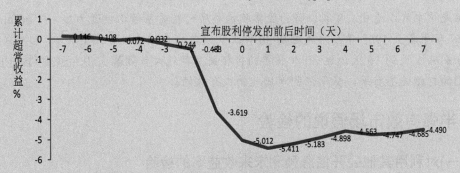

图8.1 股利停发公司的累计超常收益

注：累计超常收益在股利停发公告之日的前一天和公告日下降。累计超常收益在公告日之后没有什么变动。这个规律和市场有效性一致。

（资料来源：Samuel H. Szewczyk，George P. Tsetsekos，and Zaher Zantout. Do Dividend Omissions Signal Future Earnings or Past Earnings?[J]. Joural of Investing，Spring 1997.)

三、强有效市场假说的检验

(一)公司内幕交易

资本市场定义的内幕人员包括上市公司的高级职员、董事会成员以及公司持股在 10% 以上的股东。[①]经济学家对这些内幕人员交易的历史记录进行了细致的分析，结果表明上述公司内幕人员能持续获得高于平均水平的超常投资收益率，但也有研究结果表明非上市公司内幕人员利用内幕消息无法获得超额收益。上述研究结果对强市场有效假说是否成立存在很大的争议。

---

① (美)博迪等， 汪昌云等编译. 投资学(第 9 版)[M]. 北京：机械工业出版社，2015.

(二)专业基金经理

许多研究表明，多数基金业绩比直接采取交易并持有的被动投资策略所获得的收益率要低。在股票经纪人佣金、基金佣金费用和管理成本纳入计算范畴之后，约有 2/3 的共同基金收益跑输了市场指数。这些现象也是强有效市场假说成立强有力的支持。

目前，金融经济学家在对有效市场假说的是否成立方面尚未达成一致结论。类似于美国这样的成熟资本市场国家基本达到了弱势有效甚至是半强有效，而强有效市场是否成立尚需要进一步研究论证。[①]

第三节 有效市场假说与投资策略实例

通过分析投资者对有效市场理论是否成立的看法，我们可以将投资策略分成主动和被动两种。假如投资者认为市场是有效的，那么无论哪一只股票的价值都不可能被一直低估或高估，最终投资者将获得正常的投资收益率。所以，这部分投资者偏好中长期投资，即买入股票之后，长期持有该标的，以期降低交易费用并获取正常的收益率。这就是被动投资策略，又称指数化投资策略。反之，假设他们认为市场是无效的，那么投资者相信经过不断地分析最终会发现价格严重背离真实价值的股票，从而获得超额收益率。这就是主动投资策略的含义。利用该策略的投资者，大多倾向于做短线投资。和被动投资相比，采用主动投资策略的交易者不但需要付出更高的交易费用，而且还要承担信息搜寻和分析所产生的额外费用。那么投资者不禁要问，究竟应采取哪一种策略呢？考虑了交易费用和额外成本后，主动投资策略是否又真的有效呢？

一、支持主动投资策略的实例

彼得·林奇(Peter Lynch)是美国现代派投资大师，也是主动投资策略的典型拥护者。美国资本市场有众多的证券投资基金，其中著名的富达基金旗下的哲伦基金便由林奇掌管。在管理该基金的 13 年里，林奇利用主动投资策略，选择估值偏离合理水平的证券来投资，最终使哲伦基金的累积收益率高达 2708%，年均收益率竟然高达令人惊讶的 29.2%。

与长期投资者相区别的是，类似于林奇的主动投资者，不管什么种类的证券，只要被低估就立刻买进，一旦股票价格高于价值就马上抛出。例如，如果某家公司有能打开市场的新品上市或者经营业绩好过去年，或政府的某项政策对某个行业构成重大利好，主动型投资者就会选择持有该公司的股票。例如当日本汽车获准进入美国市场的消息宣布后，通用、福特、克莱斯勒三大汽车业巨头的股票应声大跌，林奇通过分析认为，短期来看本国汽车企业的业绩会受到一定的冲击，但长期看来美国本土汽车行业依然有较大的成长空间。因此他立即大量买进三家被"错杀"的股票。等到市场恢复理性后，上述其他公司的股票

---

① 高雷虹，罗剑朝. 发展完善公司控制权市场 优化资本市场运行机制——兼谈"有效市场理论"的局限性[J]. 金融研究，2004，(08)：70-77.

逐步回升到合理的估值水平，此时林奇则选择将持有的股票悄悄抛售。事实上，绝大多数公司的股票一般只在麦哲伦基金里保留一到两个月。表 8.2 给出了历史上彼得·林奇的投资组合。

表 8.2　彼得·林奇的投资组合

股票名称	买入价/美元	卖出价/美元	涨跌幅/%
伯利恒钢铁公司	25.13	23.13	−8.00%
可口可乐公司	32.75	52.50	60.00%
通用汽车	46.88	74.38	58.70%
W.R.Grace	53.88	48.75	−9.50%
凯洛格公司	18.38	29.88	62.60%
MFrs.Hanover	33.00	39.13	18.50%
默克公司	80.00	98.13	22.70%
Owens Coming	26.88	35.75	33.00%
Phelps Dodge	39.63	24.25	−38.80%
Schlumberger	81.88	51.75	−36.80%
Stop&Shop	6.00	60.00	900%

(资料来源：彼得·林奇，约翰·罗瑟查尔德，刘建位，徐晓杰译. 彼得·林奇的成功投资[M].
北京：机械工业出版社，2007.)

二、支持被动投资策略的实例

被动投资以这样的理念为基础：市场是有效的，是几乎不可能被战胜的。被动投资者的目标是获得市场上某一类资产的正常收益。为了实现这一目标，这一类投资者十分广泛地投资于目标资产类别中很大一部分证券。巴菲特作为被动投资者的代表多次公开表示，因为他所进行的都是长线投资，所以他根本不受市场短期波动的影响。虽然市场上多数投资者对股价大跌难以接受，但巴菲特却丝毫不为所动。一直以来，巴菲特坚定地相信投资大师格雷厄姆关于股市的箴言：资本市场并不是一个指标，它只是一个可以让投资者买卖股票的地方而已。巴菲特从不会把注意力放在每个交易日股价的变化上，而是将精力投入到公司的经营状况和发展潜力上。我们选择了 1990—2003 年数据，对巴菲特投资组合的业绩与同期标普 500 的表现进行了比较(参见表 8.3)。

表 8.3　巴菲特的投资组合与同期标普 500 收益对比

年　份	巴克夏公司投资组合涨幅/%	标普 500 涨幅/%	二者涨幅之差/%
1990	7.40	−3.10	10.50
1991	39.60	30.50	9.10
1992	20.30	7.60	12.70
1993	14.30	10.10	4.20
1994	13.90	1.30	12.60

年　份	巴克夏公司投资组合涨幅/%	标普 500 涨幅/%	二者涨幅之差/%
1995	43.10	37.60	5.50
1996	31.80	23.00	8.80
1997	34.10	33.40	0.70
1998	48.30	28.60	19.70
1999	0.5	21.00	−20.50
2000	6.50	−9.10	15.60
2001	−6.20	−11.90	5.70
2002	10.00	−22.10	32.10
2003	21.00	28.70	−7.70
平均	20.33	12.54	7.79

(资料来源：汪康懋. 基本面分析：汪氏模型[M]. 上海：上海财经大学出版社，2005(01).)

阅读资料 8.4

美国主动管理型基金 VS 指数型基金

被动指数型 vs 主动型管理基金研究著作可谓汗牛充栋，考虑到 1971 年富国银行才创立第一只低成本指数型基金，对指数型基金研究较早、期限较长且影响力较大的实证分析，莫过于 2000 年夏，阿诺特、铂金和叶甲在《投资组合管理杂志》发表的著名的文章《20 世纪 80—90 年代基金投资者享受到了怎样的服务》，其考察了所有股票型共同基金，它们在 1979 年、1984 年、1989 年规模至少 1 亿美元，包括后来消失不见的基金，如清盘，或并入其他基金，往往其业绩显著低于持续存续基金。

这也即"幸存者偏差"——存活下来的基金业绩才被统计，这客观上放大了主动管理型基金的收益。其研究中，1979 年有 195 只股票型基金，总资产超过 1 亿美元，而在这 20 年后，33 只基金消失(约 17%)。

即便不考虑"幸存者偏差"，美国共同基金整体业绩(主动管理型代表)与先锋 500 指数基金(被动投资代表)投资回报差异非常巨大，前者分别在 10 年、15 年和 20 年期间，回报落后 3.1%、3.5% 和 1.8%(税前年化)，而若考虑生存者偏差，这一比例分别扩大 0.5%，0.7% 和 0.4%(税前年化)。这意味着，收费更高，钻研更深的主动管理型基金，整体并未取得超额回报，且"损耗"不小！

(资料来源：主动投资 vs 被动投资，谁获胜？[J/OL]搜狐网，2016-04-13 16：23：02.
http://www.sohu.com/a/69049895_397785)

本 章 小 结

有效市场理论认为，在充分具有效率的金融市场上，投资者能迅速而完整地获得金融资产的相关信息，从而能够利用这些信息准确预测出金融资产的实际价值，最终以合理的价格持有这些资产。

股价随机游走是这一理论的根基。股价随机游走的含义是股价走势是完全随机的，没有人能够真正预测到股价的变化。这一理论表明只有新信息才能导致股价的变化，而新信息的本身具有随机性，没有人能对其进行预测。换句话说，新信息仅仅是那些市场参与者无法预测的信息。从本质上看，所谓市场有效实质上是市场信息本身具有随意性，从而当前股价已经充分反映了所有的新信息。

通常来说，有效市场假说的成立需要如下几个条件：第一，市场上公开的信息是有效的，即资本市场上的所有信息都能及时向投资者发布；第二，获取信息具有高效性，即人们能及时准确地掌握资本市场上的全部信息；第三，判断信息具有准确性，即每一个市场参与者都具备根据完全理性，能对所获信息作出正确的判断；第四，投资行为的有效性，即每一个市场参与者能够在第三点的基础上及时行动，采取相对应的投资策略。

如果一个资本市场同时具备上述四个条件，那么这样的市场就是强有效市场。强有效市场理论认为，在这种情况下，技术分析和基本面分析都是无效的，都无法为投资者带来超额收益，此时的最优策略是进行被动投资，即指数化投资。

如果某个资本市场只具备后三个条件，但不满足第一个条件，那么市场上就存在内幕信息。此时，该资本市场属于半强有效市场。在这样的环境下，技术分析方法也是失灵的。但利用基本面分析法，就有可能找到价值被低估或高估的股票，因此基本面分析法有其存在的合理性。此时，运用积极的投资策略能够获得超额效益。

如果实证分析表明利用内幕信息进行交易能获得超额收益，那么强有效市场假说就不能成立。迄今为止，尚无实证研究表明有哪个国家的资本市场完全具备强有效市场成立的条件。

练 习 题

一、概念题

随机漫步　有效市场假说　被动投资策略

二、简答题

1. 有效市场假设的成立需要哪些条件？
2. 三种有效市场各自的含义分别是什么？
3. 简述有效市场假说的实证检验方法。
4. 试分别说明支持主动投资策略和被动投资策略的理由。

三、论述题

请运用有效市场理论分析我国 A 股市场效率，并给出相应的投资策略。

第九章 行为金融理论

【学习要点及目标】

通过本章的学习，可以掌握行为金融学的含义及其基本理论，并在此基础上分析投资者的行为偏差及其对市场和绩效的影响；最后了解行为金融学和市场有效假说的关系。

【关键概念】

行为金融学 前景理论 羊群效应 局限性

第一节 行为金融学及其基本理论

一、行为金融学的含义

行为金融学属于行为经济学的一个分支，它的研究对象是市场参与者在投资过程中因认知、感情、态度等心理因素不同而引发的市场"异常现象"。迄今为止，作为一个新兴的研究领域，学术界尚未对行为金融学的含义提出较为一致的观点和看法，但许多经济学家都曾给出过自己的见解。

泰勒(1993)将这一新兴学科称为"开放式思路下的金融研究"(Open-minded Finance)，只要是关注现实世界，并且不认为经济系统中的人是百分之百理性的，就能够被看作是在从事行为金融方面的研究。[①] 罗伯特·希勒(1997)则持有这样的观点：行为金融学是从投资者作出决策时的心理特点出发来研究投资决策行为。席勒的投资决策模型以投资者决策时的心理影响因素为基础，而心理学方面的研究又为这一系列假说奠定了良好的基础。[②] 进一步，席勒在2000年提出行为金融学研究的是投资者在充满竞争的市场中容易犯下的错误，但并不局限于这一点，而是要把各种错误放在竞争性金融市场中加以思考。同一时期的 Hsee 则认为，将人类行为科学、心理学和认知科学方面的科研成果融合到一起，并运用到金融领域所衍生出的学科就是行为金融学。该学科的研究方法是在心理学方面科研成果的基础上，给出人们投资决策时的心理状态假设，从而研究他们最终的决策行为(张圣平，2003)。

综上所述，我们认为行为金融学是建立在心理学研究基础上的，进而分析投资者各种各样的心理特征，并最终研究相关投资策略对各类资产定价影响的一门新兴学科。传统金融学假设投资者是理性的，从而能够保证资本市场是有效率的。恰恰相反，在行为金融学的范畴内，投资者并非是完美的理性人，而是非理性的人，受个人情绪和认知误差等因素

[①] 张圣平，熊德华等. 现代经典金融学的困境与行为金融学的崛起[J]. 金融研究，2003，(04)：44-56.

[②] 李丹，罗伯特·席勒. 行为金融学的奠基人[J]. 金融博览，2014，(02)：62-63.

的影响，投资者几乎不可能做到理性预期并实现效用最大化。[①]此外，上述非理行为造成的结果是市场不再具有效率，资产价格很可能偏离其内在价值(参见图 9.1)。

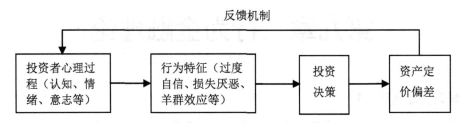

图 9.1　投资者的心理、行为过程及其对资产定价的影响

二、行为金融学的主要理论

在上述研究基础之上，学者们提出了前景理论(Prospect Theory)、行为组合理论(Behavioral Portfolio Theory)和行为资产定价模型(Behavioral Asset Pricing Model)等著名理论。

(一)前景理论

前景理论属于描述性范式的投资决策模型，其基本假设是投资决策分为编辑和评价两个阶段。在编辑阶段，个体凭借"框架"(Frame)、"参照点"(Reference Point)等搜集和处理信息，到了评价阶段则利用价值函数(Value Function)和主观概率的权重函数(Weighting Function)对信息予以判断。价值函数是经验型的，它具备两个特征，一是多数人是在获利情况下是风险厌恶者，在面对投资亏损时是风险偏好者；二是人们在遭受亏损时比获得收益时更加敏感。从而投资者在获利时往往加倍小心，不愿承担风险；而在遭受损失时会很不甘心，甘愿冒险弥补亏损。毫无疑问，投资者对损失和收益的反应程度是大不相同的，蒙受亏损时的痛苦感要远远超过获利时的幸福感。

价值函数的含义是在相对目前财富状态的变化上，以现有的状态作为原始点，价值纵坐标右侧代表获得盈利的区域，与此相反左侧代表遭受损失的区域。如上所述，人们对于损失持有极度的厌恶态度，而对于收益则抱有十分偏爱的态度。这预示着当投资者获利时，总是尽力避免风险；反之，当处于亏损时，投资者往往偏好风险。除此以外，价值函数还具有不对称性，因此投资者对损失更为敏感(参见图 9.2)。

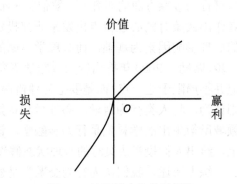

图 9.2　处置效应的效用函数

① 张元鹏. 投资者真的是理性的吗——行为金融学对法玛的"市场有效假说"的质疑与挑战[J]. 学术界，2015，(01)：116-125.

(二)行为组合理论

斯塔特曼和谢夫林借鉴了马柯维茨的资产组合理论，并于 2000 年提出了行为组合理论 (Behavioral Portfolio Theory)。[1]这一理论对现代投资组合理论假设方面的不足进行了改良，即理性人假设、投资者风险厌恶假设及风险度量方面的假设，使投资组合理论可以更加贴切地描述投资者的实际投资行为。[2]总体来说，这一理论建立在安全首要模型(Safety-first Portfolio Theory)和安全、潜力和期望理论(SP/A)的基础之上。

1952 年，罗伊(Roy)提出了安全首要理论，该理论几乎与马柯维茨的均值-方差风险度量投资组合模型同时问世。[3]在该理论中，"破产"的含义是人们的期终财富 M 低于他生存水平 n 的情况，因此最小化自身破产的概率 $P(M<n)$ 就成了投资者追求的目标，从而他们会以财富安全优先的原则进行投资组合管理。假设 R 是某个报酬率均值为 u，标准差为 σ 的投资组合。罗伊假定市场上不存在没有风险的资产(对于任何 R，$n<u$)。在特殊情况下，如果任意投资组合的回报率呈现出正态分布的特点，那么要使投资者破产的可能性变得最小，就相当于使其存活水平 s 低于资产组合收益均值 u 的处以标准差 σ 所得到的结果尽可能的小，即使 $(n-u)/\sigma$ 的值变得最小。与此相反，一般情况下通常资产的报酬率是不会服从正态分布的，然而罗伊根据 Chebyshev 不等式证明了前一种情况下的目标函数也同样适用。这一理论最突出的特点是从一个全新的视角出发，分析把投资安全摆在第一位的市场参与者，在服从特定约束条件下，怎样进行证券投资组合以尽可能使个体期望收益最大化。

1987 年，洛佩兹(Lopes)提出了安全、潜力和期望理论。这一研究成果建立在阿扎克和巴瓦模型的基础上(徐丽梅，2006)。SP/A 理论讨论的是非确定条件下投资者因受到心理因素影响所作出的选择。相比于资产组合选择理论，该理论为金融研究提供了更具一般性的分析体系。在对"安全"概念的定义方面，洛佩兹给出的概念和安全首要模型中"安全"的含义十分接近，指的都是投资者极力避免个人财富减少到比较低的水平上。她提出的期望是一种目标，就是对安全首要模型中要实现特定的价值目标(例如 s)所进行的总结。在安全首要模型的分析体系里，缺少同潜力相近的概念，所谓潜力指的是投资者希望实现较高财富水平的期望。洛佩兹用 Eh(M)和 $D(A)$这两个存在着关联的金融学变量衡量风险结果，这与安全首要模型里的 Eh(M)和 $P(M\leqslant n)$非常相像。Eh(M)代表的是在"恐惧"和"渴望"这两类心理因素的共同影响下，投资者所获得的期望财富。另外一个有关的变量就是 $D(A)$，它用 $P(W\geqslant A)$表示，代表的是对投资安全性的衡量，同时也是对投资风险的衡量。实际上，洛佩兹所提出的这一理论沿用并改进了安全首要模型理论，对变量解释的差异是它们之间最大的不同点。在洛佩兹的理论中，更具有一般性的期望水平 A 替换了罗伊采用的存活水平 s，经过心理因素调整后的 Eh(M)取代了 $E(M)$。

从内容上看，行为组合理论包括单一账户资产组合理论(BPT-SA)和多重账户资产组合理论(BPT-MA)。

---

① 莫易娴. 微观金融学的发展历程启示[J]. 金融发展研究，2012，(11)：48-50+62.

② 喻淑春，王利伟. 行为金融学理论发展研究概述[J]. 重庆交通大学学报(社会科学版)，2010，(04)：41-44.

③ 徐丽梅. 现代投资组合理论及其分支的发展综述[J]. 首都经济贸易大学学报，2006，(04)：75-79.

与均值—方差组合理论的投资者相似，单一账户资产组合理论也将投资组合看作一个不可分割的整体，即单一的账户。同马柯维茨资产组合理论一样，投资者要考虑不同资产的协方差。在这种程度上，运用该理论选出的资产组合与均值—方差模型给出的投资组合十分接近。均值—方差模型的关键点是(u, σ)坐标系下的均值-方差有效边界，与之相类似的是，在单一账户资产组合理论框架下，也有[Eh(M)，Prob($M \leq A$)]坐标系下的有效边界。

多重账户资产组合选择模型是基于前景理论研究成果的基础之上的。谢夫林和斯塔特曼在 2000 年提出这样一种观点：他们认为人们往往有两个心理账户，分别代表高和低这两个期望值。这两个期望值指的是人们想摆脱贫穷，渴望变得富有的期待。同时具备高、低期望值的投资组合往往被学者形容为分层级的金字塔(参见图 9.3)，人们在底层和顶层间进行财富的分配，前者是为了摆脱贫穷满足基本需求，后者是为了实现变富的愿望。将目前拥有的资产在两个账户中进行分配以达到个人效用最大化就是投资者的最终目标。总体来说，在行为金融学发展的基础上，为了说明实际投资过程中与原来投资组合理论诸多方面的差异，行为资产组合理论引入了非常多的行为投资原则。行为资产组合理论的提出，使投资组合理论获得了更为广阔的发展空间。

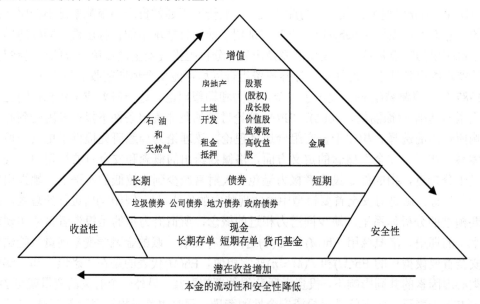

图 9.3　行为组合的金字塔结构

(三)行为资产定价模型

作为资本资产定价模型的对应，斯塔特曼和谢夫林于 1994 年在行为金融学范畴内提出行为资产定价模型(BAPM)。在 BAPM 的框架下，资本市场上的参与者被分成了两类：信息交易者和噪声交易者(喻淑春，2010)。前者与资本资产定价模型下的投资者相似，利用贝叶斯定理对投资回报率进行估计，互不相同的个体间显示出较好的均值—方差特点。相比之下，后一类型的投资者即噪声交易者会出现不同方面的认知偏差，类似于高估短期政治经济事件的影响而低估长期存在的事件的影响，或者错误估计将来某些事情发生的可能性。除此之外值得注意的是，各个噪声交易者之间会产生明显的方差不一致性。如果市场全部由信息交易者构成，那么资本资产定价模型是成立的，系数 β 和投资组合的报酬率分布特征一起影响资产的风险溢价。然而许多学者的实证研究结果表明，资本市场上经常出现与资本资产定价模型不相符合的异常收益。这些证据表明金融市场上的确存在噪声交易者。

除此以外，在假设噪声交易者存在的情况下，BAPM 模型还深入研究了投资组合收益的概率分布、风险溢价等问题。因为该模型既考虑了价值表现出来的特点，又涵盖了效用主义的特点，因而行为资产定价模型一方面从市场是无法战胜的层面上认可了有效市场假说，另一方面从市场上存在非理性人的假说出发否定了有效市场假说，这一点对于金融理论的研究有着深刻的借鉴意义。

概括来说，通过对"理性人"假设——这一金融理论的核心假设提出不同观点，行为金融学者创造了期望理论。他们认为人们收益的效用函数具有凹性，而面对损失时的效用函数具有凸性，这一点表现在人们在资产账面价值亏损时会变得更加厌恶风险，而在资产获得投资回报时，相对于财富的增加，他们的心理满足感会快速递减。在交易过程中，由于情绪等因素的作用，现实情境下人们的决策过程很可能违背经典金融学说所讨论的最佳决策过程，并且这种背离是系统性的，很难消除。除此之外，在行为金融学的基础上也出现了像资金平均策略、时间分散策略、反向投资策略和惯性交易策略等大量有别于经典金融理论的投资策略。可以说，在金融领域的相关研究课题中，行为金融学首次将投资者的心理和行为等方面的特点作为重要研究对象进行了深入探讨，行为金融学之所以能对资本市场上存在的许多"异象"进行较为合理的解释，原因就在于此。

阅读资料 9.1

"夏皮诺实验"的启示

夏皮诺是美国纽约的一位心理医生，他曾经主持过两个非常著名的实验。这两个实验有力地揭示了行为主体面临不同环境时明显的决策偏向性。每个实验都有两个选择，参加实验的人只可以从中选择一个答案。

第一个实验是"得到"实验

选项 A：有 75% 的机会得到 1000 美元，但有 25% 的机会什么都得不到。

选项 B：确定得到 700 美元。

尽管一再向参加实验的人解释，从统计概率的角度上来说，选择 A 能得到 750 美元 (1000×75%+0×25%=750 美元)，可还是有 80% 左右的人选择了 B。大多数人宁肯少得到一些，也愿意要确定的"得到"。这个实验显示出，面对盈利状态时的选择，大多数人都选择确定的"得到"，而不愿意选择那些可能更多但有风险的"得到"。说明投资者在获利情况下风险规避意识明显对自己的决策行为有更大的影响力。西方谚语"二鸟在林，不如一鸟在手"，中国的成语"落袋为安"，都体现了在获利状态下的保守思想。

第二个实验是"失去"实验

选项 C：有 75% 的机会失去 1000 美元，但有 25% 的机会什么都不会失去；

选项 D：确定失去 700 美元。

结果是 75% 左右的参加者选择了 C，他们为了搏 25% 的什么都不失去的机会。宁愿承受理论上可能更多的损失，说明对深处逆境面对亏损选择的投资者来说，承认错误平仓止损对他们来说是非常痛苦的选择，只要投资者理论上仍有解套出局甚至获利的机会，一般投资者仍会选择去冒这个险。面对亏损选择的投资者风险偏好明显增大。

"夏皮诺实验"告诉我们，传统金融学中的理性人假设在现实生活中遭到了质疑，大多会作出非理性选择。因为人在面临不同处境时常常会抛弃理性人假说中的最优选择，往往这种非理性选择成为现实生活中的常态，而理性选择却成为非常态。由于这种奇特的现实与理论反差的存在，经济学家开始逐渐关注现实金融活动中人的行为特征，形成了经济学的一个重要分支——行为金融学。

(资料来源：投资中"处置效应"的对策分析[J/OL]. 环球外汇网，2010-10-14，16：36. http://finance.ifeng.com/forex/whxx/20101014/2713456.shtml.)

第二节　投资者的行为偏差及其对市场的影响

一、投资者行为偏差的分类

(一)代表性偏差

代表性偏差(Representative Heuristic)是人类最稳定的认知偏差之一。[1]1974 年，卡内曼和特韦尔斯基试图解释当投资者思考模型 B 得出数据 A 的概率，或者目标 A 属于类型 B 时，他们经常采用代表性偏差(Representative Heuristic)。[2]这就代表着在估算 A 概率特征的时候会将 B 的基本特点纳入考虑范围，即投资者在充满不确定性的市场环境下，会充分研究某个事件与另一个事件的关系，进而分析出二者之间相通的地方。投资者经常会假设未来的某件事会和以往的模式相近并且会继续利用他们所了解的模式来给出自己的判断。在这个过程里面，人们通常不会对该模式形成的原因或者该模式重复出现的可能性加以思索。认知心理学方面的研究者常常把这样一种对事物的推理过程称作代表性启发，换句话说就是指投资者偏向于采用样本代表或近似总体的方法来判断该事物发生的可能性。

国外学者对于代表性偏差问题进行了更多深入的研究，也产生了许多重要的研究成果。斯塔特曼和谢夫林 1973 年的研究以及格雷瑟在 1980 年的研究都得出这样一个结论：投资者往往会偏向依据过往相类似的情况，对之前的事件进行分类，在此基础上通常会过分高估历史重演的概率；[3]1982 年卡内曼、斯洛维克和特韦尔斯基提出这样一个类似的观点，即投资者在充满不确定性的环境下，会将注意力集中在一件事与另一件事的相似点上，以达到对第二个事物正确认知的目的(管河山，2015)。1995 年，德邦特和泰勒提出这样的观点：如果人们过去在股市遭受亏损则会偏向过度悲观，反之获利的投资者则倾向于过度乐观，所导致的结果就是股价严重偏离其内在的基本面价值；[4]1993 年德邦特还对该协会在 1987—1992 年间对 125 位市场参与者所做的调查问卷的结果进行了分析，随机抽取其中的问卷，并统计所调查的投资者对协会调研人员所提出的美国股票市场未来半年状况的问题所作的

---

① 李静. 基于行为金融学的股票市场投资者行为研究[D]. 中国社会科学院研究生院，2012.

② 管河山，刘玎玎，谢天. 情绪投资组合模型及其实证分析—基于前景理论[J]. 金融发展研究，2015，(03)：24-29.

③ 徐丽梅. 现代投资组合理论及其分支的发展综述[J]. 首都经济贸易大学学报，2006，(04)：75-79.

④ 邱晓燕. 行为金融理论及其在中国的应用[J]. 经济师，2009，(02)：49-50.

回答(三个选项分别是牛市、熊市以及中性),结果发现人们判断牛市与熊市的比例差距,会随着调研前一个星期道琼斯指数的变化而变化,即前一周该指数每上升1%则判断牛市与熊市的比例之差就增长约1.3%(邱晓燕,2009)。拉克尼肖克、施莱弗和维什尼则关注人们在选择股票进行投资时,受到代表性启发的干扰而将好公司与好股票混淆的问题,并进行了相应的实证检验;施莱弗和维什尼1998年给出的BSV模型则提出了保守主义和代表性启示的概念;Choeetal和Frootetal的研究结果表明国外投资者往往会运用动量交易策略,即投资者通常会持有曾经上涨的股票,抛售以往下跌的股票。[1]

阅读资料9.2

代表性偏差与个股选择

个股的选择包括择券和择时,这是一项复杂而困难的任务。例如,投资者往往将好公司与好股票混为一谈。好公司应是那些有很强的赢利性、高成长性和管理水平高的公司,而好股票则应是那些比其他股票涨幅更大的股票。但好公司的股票并不意味着就一定是好股票。把好股票等同于历史上有盈余成长性的公司的股票,则忽视了以下的事实:即很少有公司能够保持持续的成长性,其股票受投资大众的追捧而价格走高,但一段时间后,投资者会对这些公司未来的成长性过于乐观,紧接着,公司股票价格便会开始回落,这即是前文所述的反应过度现象。

Lakonishok、Shleifer和Vishnyt对上述问题进行了检验,他们把投资者认为具有成长性的"好公司"的股票叫作热门股;把投资者认为没有成长性的"坏公司"的股票叫作"价值股"。按过去5年销售增长排序,前10%的是热门股,后10%的是价值股;另一种分类是按P/E比(价格盈余比,price/earnings ratio)排序,高P/E比的为热门股,低P/E比的为价值股,检验结果表明热门股1年的收益为11.4%,相应地,价值股为18.7%;热门股5年的平均收益为81.8%,而价值股则为143.4%。显然,好公司的股票并非总是好股票投资者往往错误地将公司过去的运营绩效当作未来绩效的代表,而对与此相抵触的信息则视而不见。但"好公司"并非永远做得好,而"坏公司"也并非永远做不好。

(资料来源:朱鸽,朱锦超.投资者的代表性偏差:文献综述[J].华章,2010,(13).)

(二)过度自信

在金融市场上,人们的行为偏差会对市场的运行效率和个体投资收益造成很大的影响,正确理解这些影响因素,对投资者制订合理的投资策略,并最终提高投资能力和水平,具有非常重要的意义。投资者常常会高估自己的能力和对股票市场预测的准确度(斯蒂芬 A. 罗斯,2015)。

阅读资料9.3

过度自信对交易的影响

Benos(1998)和Odean(1998)的模型证明,过度自信投资者高估了投资的期望收益,因此他们频繁地进行交易,从而导致了股票市场上期望交易规模的上升;Deaves、Luders和

---

[1] 马玖军. 中国股票价格形成机理及调控机制研究[D]. 哈尔滨工程大学,2006.

Luo(2003) 的试验研究显示，过度自信产生了额外的交易；Glaser 和 Weber(2003)发现那些认为自己投资技巧或者以往的投资收益表现超过平均水平的人们交易得更多。Kim 和 Nofsinger(2002)利用日本股票市场的数据再度证实了上述结论，同时，他们还发现与西方国家的文化相比，亚洲的文化使投资者更容易产生过度自信。这些研究从各个方面对金融市场的过度自信问题进行了探讨，并得到了一个共同的结论，那就是过度自信会导致过度交易。Odean(1999) 运用美国某折扣经纪商的客户交易记录验证了美国股票市场存在过度交易现象，Barber 和 Odean(2001)利用同一数据进一步证实这种过度交易是与过度自信相关的。

(资料来源：陈其安，唐雅蓓，张力公. 机构投资者过度自信对中国股票市场的影响机制[J]. 系统工程，
2009，(07)：1-6.)

(三)羊群行为

羊群行为指人们在所面对的信息环境存在不确定性的情况下，行为易于受其他人影响，从而去仿效其他投资者的决策，或者过度信奉市场上的主流观点(即金融市场中占绝对优势的看法)，而对自己所掌握的信息以及所得出的投资结论缺乏信任的行为。在资本市场中，这种行为属于一种较为特殊的非理智行为。因为这种行为会引发许多投资主体的关联行动，从而会对金融市场的稳定性和效率产生极大的负面影响。此外，不可否认的是，这种行为也同近些年频繁发生的金融危机有着千丝万缕的联系。正是由于上述原因，学术界和资本市场监管部门对羊群行为给予了特别的关注。

通常经济学家将羊群行为分成两种类型：无意和有意的羊群行为。第一种类型的羊群行为是指市场上的参与者在遇到类似的投资决策问题和获得相近的市场信息时将会采用接近的决策；第二种类型的羊群行为是指市场参与者喜欢去观察并模仿其他投资者的买卖策略，侧重于分析人与人之间对对方的影响。值得注意的是，要注意区分出虚假的羊群行为。这种"羊群行为"并不属于真正的羊群行为。比方说，央行宣布利率提高后，股票市场上投资者会产生股价将下跌的预期，而这将会使他们对所持有的投资组合进行调整，降低所持股票的比例。实际上，人们的这种做法并不属于真正的从众行为，而属于投资者针对资本市场公开信息的变化而一致作出的理性调整。

经过大量研究，经济学家认为导致羊群行为的原因大概可分为三种：首先是投资者存在理性方面的不足。如果市场参与者不是完全意义上的理性人，那么人们会根据过去的习惯运用类似的策略进行投资，而忽略了时间和空间的差异性，许多学者将这类模式化的交易行为称为大众模式。其次是资本市场上的信息具有不完全性。在一个信息具有不完全性的金融市场中，通常情况下投资者没有办法看到其他人的私有信息，但他们能够从其他投资者的交易活动中推断出其掌握了哪些私有信息，并综合自己所掌握的市场信息作出买卖决策，就会在市场上出现羊群行为。最后一点是委托—代理问题。一个典型的例子就是基金经理的工资通常会和某个基准相联系，在这种情况下，许多公司的基金经理就会猜测进而追随其他公司基金经理的交易行为，以避免自身的投资收益落后于行业平均报酬率或指数报酬率的平均水平。

(四)处置效应

谢弗林和斯塔曼在 1985 年首次提出了处置效应(the Disposition Effect)理论。该理论的含义是人们在进行股票交易时,更偏向抛售已经获利的股票而接着持有遭受亏损的股票。这种情况普遍存在于金融市场中,已成为经济学家重点研究的对象。

在处置效应的范畴内,人们的投资决策行为通常有悖于"理性人"的基本假定。而有效市场假说则表明,凭现有的市场信息来对将来的股价走势作出预测是极为困难的。因此,当人们手上的股票获利时,如果不抛售的话,将来有可能会收到更加丰厚的投资回报;而对于那些出现亏损的股票,如果不及时止损,将来遭受的损失可能会比现在卖出的亏损额更大。为了使人们能够克服这一心理障碍,许多资本市场上的投资大师经常给出类似的建议:投资者要学会及时止损。

个体投资者行为引发的处置效应会对整个股票市场造成不良的冲击。系统性的处置效应不仅会对股市的交易量产生影响,而且有可能会使股价长时间背离其真正的内在价值。明白处置效应形成的原因有利于资本市场上的投资者理解市场中的交易行为,从而为投资者教育工作的展开提供理论方面的支撑,最终促使金融市场更为完善且具有运行效率。

阅读资料 9.4

投资者感觉与处置效应

假如投资者甲持有某只股票,买入价为每股 10 元,投资者乙持有同一只股票,买入价为每股 20 元,该股昨日收盘价为每股 16 元,今天跌到每股 15 元。

请问:甲乙两位投资者,谁的感觉更差?多数人会同意乙比甲的感觉更差。这是因为,投资者甲可能会将股价下跌看作收益的减少,而投资者乙会将下跌看作亏损的扩大。由于价值函数曲线对于亏损比收益更为陡峭,因此,每股 1 元的差异,对乙比对甲更为重要。

再假如有一位投资者,由于需要现金他必须卖出所持有两种股票中的一种。其中,一只股票账面赢利,另一只股票账面亏损(赢利和亏损均相对于买入价格而言),该投资者会卖出哪只股票?1998 年,美国行为金融学家 Odean 在研究了 10000 个个人投资者的交易记录后发现,投资者更可能卖出那只上涨的股票。当股票价格高于买入价(参考点)(即主观上处于赢利)时,投资者是风险厌恶者,希望锁定收益;而当股票价格低于买入价即主观上处于亏损)时,投资者就会转变为风险喜好者,不愿意认识到自己的亏损,进而拒绝实现亏损。当投资者的投资组合中既有盈利股票又有亏损股票时,投资者倾向于较早卖出盈利股票,而将亏损股票保留在投资组合中,回避现实损失,这就是所谓的"处置效应"。

(资料来源:马君潞,李学峰. 投资学(第二版)[M]. 北京:科学出版社,2012(05): 195.)

二、行为选择对市场的影响

金融市场上,人们的行为偏差会对市场的运行效率和个体投资收益产生很大的影响,正确理解这些影响因素,对于投资者制定合理的投资策略,并最终提高投资能力和水平具有非常重要的意义。

(一)过度自信对市场效率的影响

在有效市场假说成立的背景下，只有在金融市场上产生新的信息时，资产的价格才可能会发生相应的变动。然而人们这种过度自信的心理倾向，会对市场稳定性产生一定的影响。这种影响的程度取决于信息在市场中的传播方式。如果许多市场参与者获得了少量信息，抑或很多投资者对市场上公开披露出来的信息给出了很多差异化的解读，那么过度的自信就会导致这些信息被过分地曲解，最终导致资产价格偏离其内在应有的价值。显然，这种情况下过度自信行为影响了市场的有效运行。假如仅仅只有内部人才掌握这类信息，那么因具备优势而过度自信的内部人会非常信任自身对所获得的私人信息所作的判断，并通过频繁的市场交易行为表明其在信息方面的优势，那么市场上的机构和中小投资者会很快作出反应，从而使股价逐步接近其内在价值。这时投资者的过度自信会提高金融市场的效率。

(二)过度自信对市场交易量的影响

通常来说，当资本市场上的参与者过度自信时，各类金融资产的成交量会变大。假设不把流动性方面的需求考虑在内，那么在一个理性预期的市场中，就不会有成交量。因为当假设所有人都是理性的时候，在某个市场参与者买进股票时，就会有相应的人卖出所持有的股票，准备买进股票的人会怀疑交易对方是否掌握了自己所不了解的信息，在这种情况下，交易便不会真正产生。与此相反的是，实际上股票市场的成交量一般都是比较大的。1997 年道琼斯和哥尔顿发现，全世界资本市场上的每日外汇成交额大约占到了每年全球贸易和投资总额的 25%。此外，1998 年纽交所的股票换手率竟然超过了 75%。从中国资本市场的发展情况来看，1996 年的时候，上交所股票的换手率居然达到了惊人的 591%，而深交所的股票换手率则更加令人惊讶，达到了 902%。[①]因为缺乏相关模型来分析由理性人构成的股票市场上的交易量应该是多少，故要说明究竟什么样的交易量算是过多还有一定的困难。1998 年奥戴恩研究了资本市场参与者的交易活动，结果表明如果考虑了人们的流动性需求、对投资风险的控制以及缴纳税费的影响后，人们买入股票的收益率往往要比卖出股票的收益率低。由于交易过于频繁加上现实资本市场存在交易费用，这样的行为最终会不利于投资回报率的增长。金融学家过度自信对上述现象加以解释，市场参与者往往会高估了自身掌握信息的可靠性，最终作出了相对较差的投资决策。奥戴恩考察了 166 家投资公司 6 年期间的交易情况，结果发现这些公司的年均周转量高达 65%，年均投资回报率却仅为 14.1%，而同一时期标普 500 指数的收益率却比它们的回报率高出 3.9%。

(三)过度自信对波动性的影响

如果投资者是过度自信的价格接受者，那么他们很可能会通过对自己掌握的信息给予过高的估计，这将极有可能造成市场总体的价格信号被扭曲，最终导致资产价格偏离其内在真实价值。显然市场上过度自信的投资者的存在会一定程度上影响价格机制的作用，从而加剧金融市场的波动性。与此类似，有过度自信倾向的做市商会试图让掌握公司内部消息

---

① 吴丽. 基于行为金融学的我国证券投资行为研究[D]. 首都经济贸易大学，2004.

的人提供更多的私有消息，目的是将资产价格定在更接近其本身真实价值的水平上，这种情况下过度自信无可避免地会使金融市场波动性加剧，与此同时在做市商过度自信的情况下，其主观上的避险积极性会显著低于那些没有过度自信特征的做市商的积极性，这类做市商倾向于相信持有资产的风险并不大，这就会导致他们会增加持仓量，进而会降低金融市场的波动性。总而言之，过度自信对证券价格的影响程度取决于诸多因素：例如非同质化市场参与者的数量、所掌握的财富数量、所能承担风险的大小所拥有信息资源的丰富程度。假如金融市场上的价格接受者和内部人的数量众多，且他们掌握的资金较多，而市场上做市商的数量却偏少，那么金融市场的波动性会被放大。

(四)过度自信对投资者期望效用的影响

当金融市场上的参与者变得过度自信时，他们并未完全将所持有的投资组合合理分散化，而未能充分分散化的投资组合会减少人们的期望效用。假设获取投资信息是有代价的，过度自信的市场参与者会付出更大的代价去了解市场上的信息，与此同时也会更加频繁地买股票卖，因为交易市场上存在交易成本，过于频繁的交易会减少投资者的净收益(奥戴恩，1998)。拉克尼肖克等经济学家发现从 1983 年到 1989 年，采取积极投资策略的基金经理的所获得的报酬往往会比标普 500 指数的回报率低。在去除了交易费用后，积极的投资策略反而会降低基金的价值。这一现象背后的原因可能是因为过度自信会使得基金经理在搜集信息这件事上花费太多的时间和精力，抑或是对他本人的选择股票的眼光过度自信所致。但是德龙、施莱弗、萨默斯和瓦尔德曼在 1990 年通过研究论证了过度自信的投资者具备在资本市场中生存下去的可能性。Wang 则在 1997 年通过双寡头模型说明了过度自信的基金经理不但能够获得比其他理性投资者更高的期望收益，而且也比他本人完全理性状态下的所获得的回报率和效用更高，因而过度自信的投资者比完全理性的投资者在金融市场上更具有优势。

第三节 行为金融学和市场有效假说

一、行为金融学对市场有效假说的挑战

面对这些有效市场理论没有办法解释的奇怪现象，出于对市场理性假设的信任，很多金融学家利用计量工具对市场有效理论进行了更多的检验，但是，其他学者开始意识到这一理论对市场参与者所作出的"完全理性"的假设或许过于乐观。从 1980 年以后，经济金融学家开始通过利用心理学和行为学的各种研究成果对市场参与者是"理性人"的假设进行修正。在市场参与者并非是完全理性的条件下，经济学家对资本市场参与者的投资选择进行了深入的研究，成功地对某些令人困惑的金融异象给出了较为合理的解释，并得到了不少不同于经典金融理论的结论。这些最新的成果拓展了金融研究的方向。[①]

---

① 翁学东. 西方行为金融学理论的进展[J]. 中央财经大学学报，2003，(01)：49-52.

(一)非理性行为

有效市场假说的成立是建立在市场参与者是理性人这一假设的基础上的。在以往经典金融学框架内，理性人假设包括两方面的含义：第一，市场参与者的信仰是没有错误的，从主观层面上看，他们会基于当前参数的表现来预测未知参数在将来会出现的分布情况；第二，在已知投资者预期的情况下，并且与萨维奇的主观期望效用理论相符合时，他们会作出合乎理性的选择。但这些结果都是建立在完全理性假说基础上的。在普通商品交易市场上，因为买卖双方交易的是实物商品，那么在不存在欺骗的条件下，双方对各自的交易成本和能获得的效用水平都心知肚明，也就是说买卖双方所处的是确定性的交易环境，从而都能通过理性分析进行交易。与此相反，在金融市场上，买卖双方交易的对象是有价证券，这种金融产品的投资回报率不仅仅取决于其本身的基础价值，而且还会受到资本市场行情的影响，在投资者掌握的市场信息和投资知识存在不对称的情况下，他们对最终能获得多少收益就没有办法作出准确的判断，换句话说，市场参与者面临的是一种充满着不确定性交易环境(翁学东，2003)。近年来行为金融学者通过研究认为，交易环境存在不确定性是导致市场交易活动中投资者行为背离理性原则的重要原因。在不确定的交易环境下，贪婪、恐惧和投机主义经常会主导着人们的投资决策。一个典型的例子就是股市里盲目从众、跟风投资现象经常出现，这种行为大大增加了股票价格的波动性，与此同时也导致金融市场的不确定性被进一步放大。许多心理学方面的科研成果表明，市场上的参与者往往对自己的判断可靠性过高估计，这经常会导致对理性投资行为的系统性违背。在金融市场上，投资者是思维、情绪、直觉等多方面的综合性个体，面对需要理智决策的情况时，不但投资者的情绪因素会对理性分析所需要的自控力产生影响，而且即使投资者是完全理性的，也不可能完全掌握和解决所面临的问题。原因是金融市场参与者所面对的情况是十分复杂的，而信息等资源又不是完全自由流动的，仅仅凭借理性来对所经历的市场变化作出正确的分析判断是非常困难的，在这种情况下，投资者会倾向于通过更为偏向主观性的分析方法，在投资时按照原来的经验来决策。如此一来，不可避免地会导致非理性行为，因此投资者的决策行为也往往会与传统金融理论相矛盾。

(二)信息并非随机产生

有效市场理论认为在金融市场上，信息自由流动的，不存在不对称性，而且信息的产生是随机且无成本的。然而事实上，信息不对称性是始终存在的，虽然信息传播技术和手段已经非常成熟。在这种情况下，市场参与者的决策通常不是完全依赖自己已经拥有的信息，还要通过判断对其他人的投资决策行为来推测出一部分信息，这往往会导致羊群行为的出现(翁学东，2003)。另外，在资本市场上，不同类型参与者拥有的信息存在很大的不对称性，机构投资者由于资金实力雄厚、了解市场运作规则，因而会比个人投资者掌握更多的信息，而且他们获得信息所付出的成本往往更低。

(三)套利会受到一些条件的限制，使其不能发挥预期中的作用

虽然在传统金融学理论框架下，所有市场参与者都是完全理性的，但非理性参与者的出现并不会对有效市场假说的成立性造成太大冲击。放宽后的有效市场理论认为即使一部

分人并非完全理性，资本市场的运行依然是具有效率的，主要因为虽然"野蛮人"的市场交易行为具有高度的随机性，但其相互作用的效果可能会抵消，尽管不理智的决策会引起股市成交量大增，但这并不会对资产价格造成很大冲击，股票价格依然会围绕内在真实价值波动。但反过来，试想一下，假设不理智的投资行为并不具有随机性，那么有效市场理论还站得住脚吗？1953年米尔顿·弗里德曼提出了著名的套利理论，该研究成果给出了上述情况下市场依然有效的证据——市场参与者能够通过套利交易来抵消非理性投资行为对资产价格的影响。[①]具体而言：理性的市场参与者会对非理性人传递出的信息作出一致的反应，最终使股票回归其内在的真实价值，在这一系列交易中，他们总是会利用不理智交易者的交易行为所产生的套利机会，利用低价买进高价卖出最终使股票的价格与价值相符合，这样一来，缺乏理性的人在资本市场中会不断损失财产，最后会被市场淘汰出局。从以上论述中可以看出，资本市场最终是由理性人主导的。然而在实际交易过程中，套利策略的应用不仅具有高风险性而且效果会大打折扣，其原因是理性人的行为很可能受到诸多限制。它主要表现在以下几点：首先要找到受非理性投资者负面影响而被错误定价证券的近似标的是比较困难的(翁学东，2003)。具体而言，在进行套利操作时，理性投资者在卖空高价资产的时候一定要买入类似的替代产品，但遗憾的是，目前全球金融市场创新不断，各种复杂的金融产品层出不穷，很难找到特定金融产品的完美替代标的，因此套利交易并不是完全无风险的。其次，即使理性的投资者能够找到合适的替代资产，他们也会面临其他一些成本或风险，比如说交易成本，即在现实市场运行过程中即使出现了资产错误定价的情况，但设计相应的套利策略不仅要承担风险而且要付出不菲的交易费用，最终使套利策略失灵；另外一种情况是套利策略模型本身存在风险。即使市场上存在错误定价，理性人往往不能确定这种情况的真实性，出于谨慎原则，他们会怀疑模型本身是否出现了问题，而实际上股票的定价是没有错误的，这样一来他们可能会收缩套利头寸，从而使纠正资产错误定价的效果大打折扣。总之，因为实际交易过程中套利策略的应用会受到很多限制，人们有充足的理由质疑有效市场理论的合理性。

二、行为金融学的局限性

(一)修改假设条件重于补充现实因素

自亚当·斯密以来，理性人假设一直是古典经济学的根基，传统金融学继承了这一假说，认为市场上的投资者都是理性的。与此不同的是，行为金融理论认为事实上市场中的人更大程度上是现实世界中的普通人，从而指出理性人假设有悖于实际市场情况。从研究的角度看，作出一些抽象的假定就是为了去除掉相对不重要的因素，因而这些基本假设可能与实际情况并不能完全吻合。由于金融学属于社会科学，所以不能像自然科学家那样采用仪器作为研究的工具，而仅能采用抽象研究法。正是由于上述原因，经济金融学家通常会建立一些并不复杂的模型，随后逐步向模型里面加入其他相关因素，使模型向现实靠拢。假设经济学理论中的完全竞争市场理论就经过了高度的抽象。显然，在现实世界里面这样的市场几乎是不可能存在的。之所以还要做这样的假设，就是因为这类假设对于研究可以

---

① 塞缪尔·布里坦(Samuel Brittan). 米尔顿·弗里德曼——经济学一代宗师[N]金融时报，2006-11-20.

化繁为简，并以此为基础，逐步放宽假设去研究垄断竞争、寡头垄断和完全垄断市场。另一个典型的例子是货币理论中的乘数模型，省略超额准备金比率、定期存款率等变量后，对于人们从本质上了解问题大有裨益。货币学者在这一基础上加入了与现实更加贴近的条件，最终给出了乔顿模型。毫无疑问自利的假设条件与大部分人的天性相一致，尽管可能会有例外情况的出现，但不能因此抹杀一般性。通常而言，经济学家的研究成果一般在平均意义上是正确的，并不能形成精确的对应关系。对于个体投资者行为的研究属于心理学的框架，不能将上述研究作为一般性结论，不然的话就可能犯以偏概全的错误，即误用特殊情况否定了原本成立的一般性的结论。从以上内容可以看出，要想完全替代经典金融理论困难重重，作为行为金融学者应当致力于丰富传统金融学理论不是完全将其否定。[①]总体而言，理性的投资者应该将建立在简单模型的基础上加入一些切合实际的因素，而非重新构思出一个模型。行为金融学最大的优势是可以将现实因素加入经典金融理论，使模型更贴近于实际市场情况。

(二)解释异象重于构建模型

随着经济金融的发展，资本市场上出现了许多违背经典金融理论的异常现象，对这些异象的解释便产生了行为金融学。1970 年，库恩指出，从金融学发展过程看，经济学家对资本市场异象有两种处理方式：第一，资本市场上刚刚开始出现的异常现象能够利用现存的理论加以解释。第二，一些学者对传统理论的假设条件进行了改变，利用新的模型去说明这些异常现象。目前为止，成熟的行为金融学模型数量并不多，主要研究成果还处于对市场种种异常现象的观察和定性描述的阶段(钟永红，2003)。因为人们的心理特点极其不同，所以仅凭借某几种心理效应来解释复杂多变的市场异象是非常困难的。法兰克福特在 2002 年曾提出，虽然经典金融理论存在很多暂时解释不通的现象，但行为金融理论对经典金融理论的质疑仍然无法将其推翻。[②]他认为从最终结果看，行为金融学很可能会被经典金融理论所同化。行为金融学的主要贡献是研究了传统理论中没有重点关注的投资者决策过程，它以市场参与者实际的心理特点和行为模式为切入点，这一点明显要优于传统理论。但迄今为止，关于行为金融的研究成果尚未形成完整的体系，而对市场异常现象和投资者个人行为难以进行合理解释，也缺乏现实投资决策过程模型；此外，行为金融理论在对异象进行解释时，习惯于从个体行为偏差的角度出发，但并没有去研究人们怎样在现实的投资决策过程中改变行为方面的偏差。因此，行为金融学还停留在补充经典金融学的阶段，想要形成完整的理论体系，还需要心理学等学科的进一步发展。

除了上面这些原因外，金融学专家的个人心理特征也会对异常现象的解释造成影响，虽然他们的研究成果有令人信服的地方，但这些是否真的是投资者当时的心理状态，没有人能完全百分之百的确定。通常来说，理论的作用不能只局限在批判的层面上，更重要的是对现实问题给出预测和解决的办法，从这个角度讲，行为金融的不足在于过于注重对反常现象的心理学解释而对于实际投资问题的解决没有给出太多的方法。

---

① 钟永红，边明社. 行为金融学：理论评述与现实运用[J]. 经济问题探索，2003，(03)：77-81.

② 樊玉红. 关于行为金融理论的局限性分析[J]. 金融教学与研究，2007，(03)：19-20+66.

(三)个体心理分析重于一般环境分析

行为金融学重点考察了市场参与者心理特点的多样性,这使得它能够突破传统的效用最大化模型的框架,即认为经典假设下的投资模型等同于影响股票价格走势的实际投资模型,这使得金融学家改变了对市场上投资者行为模式的研究思路:即由研究人们应该如何做决策变为研究人们实际如何做决策,从而使得相关的研究更接近于真实的情况。

人的行为取决于心理因素,而个体的心理是由多种因素共同决定的,因而极其复杂。遗传、家庭、文化、教育背景不同的投资者一般有不同的心理特点。从起源上看,行为金融学是西方经济学家研究出来的,由于文化背景和经济发展水平的差异,这种理论在其他国家的资本市场上是否适用存在很大的不确定性。具体而言,在不同国家政治经济体制和社会文化背景下,市场参与者的性格、偏好和思维方式也会存在差异。在这种情况下,此类研究就一定要将更多的影响因素纳入考虑范围,然而反过来,过于个性化的研究往往会导致一般性的丢失(钟永红,2003)。

此外,行为金融理论虽然相比于传统理论考虑了心理方面的因素,但它也忽视了资本市场存在的一些客观条件。从研究的严谨性角度看,除了个人特质的差异外,文化与社会方面的差异也应当被纳入行为金融研究的框架内,但遗憾的是,目前这方面的相关研究还较少。

综上所述,行为金融学为未来的金融研究提供了一个全新的方向,即要关注投资者本身的因素对市场可能产生的影响。但作为一个新兴的领域,行为金融学本身仍然有不少局限性,还有大量的问题尚待进一步探索。

本 章 小 结

行为经济学在金融学方面的应用和拓展导致了行为金融学的出现,该理论主要研究人们投资时的心理因素和因此而造成的市场"异象",即从投资者的心理出发,考察心理因素所引发的投资行为,最终分析由此而导致的市场无效性。

前景理论、行为资产组合理论和行为资产定价模型构成了这一新兴研究领域的理论基础。

有效市场理论最重要的假设就是市场参与者是理性的。理性的含义是人们具备充分利用所获信息合理估计出股票等资产的真实价值的能力。当市场参与者是风险厌恶型时,投资者承担更高的风险必须要有更高的投资回报率作为风险补偿。然而事实上,当面临投资亏损的情况时,投资者更偏好追求高风险,因为这么做有希望能降低亏损。也就是说,在实际资本市场环境下,人们的投资行为会有种种不符合理性的偏差。行为金融学者的研究成果表明,这些行为偏差主要包括代表性偏差、过度自信、羊群行为、处置效应等。

所谓代表性偏差指的是人们不理性的反应,包括"启发式偏差"和"框架依赖"。其中,后者是指投资者在不确定的情况下,他们制定的投资策略不可避免地会受到参考框架的影响,而参考框架的差别会造成结果的不同;前者则是指人们经常凭经验来制定投资策略,利用这一方法进行的投资存在很大的风险,虽然可能作出正确的决策,但如果没有将某些重要的因素考虑进去，就会导致投资策略存在相当大的偏误。

希顿和奥戴恩等人将过度自信定义为投资者认为本人所掌握信息和知识比事实更加准确，即对个人的信息的看重程度要高于事实。造成这一现象的原因是对事件可能性的估计偏误和控制错觉。羊群行为，又被称为从众行为，原来是生物学方面的专家学者研究动物群聚现象时使用的词汇，然而后来这一现象被引用到人类行为分析框架下，含义是人们具有采取相似思维、作出一致举措的倾向，在其背后的心理依据是人们往往喜欢追随多数人的行为，以达到降低损失、获取回报的目的。

处置效应的含义则是人们在处理手上持有的股票时，往往喜欢抛售已经获利的股票，而继续持有亏损的股票，概括起来就是出赢保亏。这也就是说当人们赚钱时往往是风险厌恶的，而在相反情况下的时候是风险偏好的。这一结论说明市场参与者希望抛售已经获得收益的股票而持有处于亏损状态的股票。从上面的论述我们可以推出以下两点：第一，抛售获利股票的概率要比抛售亏损股票的概率大；第二，持有亏损股票的时间要比持有赢利股票的时间长。

市场参与者的行为偏差会对市场有效性和投资收益率造成很大的影响。真正去理解和掌握这一点，对于投资者制定合理的投资策略、改进资产选择和搭配的合理性，并最终提高投资管理的能力和水平都大有裨益。

练 习 题

一、概念题

行为金融学　前景理论　羊群行为　处置效应

二、简答题

1. 行为金融学的基本理论有哪些？
2. 试说明投资者的行为偏差及其影响。
3. 试说明羊群行为产生的原因及其对市场效率的影响。
4. 行为金融学还有哪些局限性？

三、论述题

请利用行为金融学的有关理论对我国 A 股市场波动幅度过大的现象进行分析。

第四部分

资产价值的评估

　　有价证券本身并没有真正的价值，它只是表示因资本的供求关系而产生的一种权利。这种权利可以给投资者带来收益，还可以使它在证券市场上进行买卖并形成了一定的价格，从而也使它具有了投资价值。有价证券的价格围绕证券投资价值上下波动。本部分是资产价值的评估，包括第十章债券价值分析、第十一章股票价值分析和第十二章衍生证券分析。

第十章　债券价值分析

【学习要点及目标】

通过本章的学习，可以掌握债券的概念、类型、基本要素，掌握债券的定价模型及其影响因素，了解债券收益率投资的基本特征与种类、投资过程五个步骤之间动态反馈调整的关系以及对投资组合的动态管理、投资学的研究内容与研究方法。

【关键概念】

投资　实业投资　金融投资　投资过程　投资学理论体系

第一节　债券的定义、类型与要素

一、什么是债券

债券(Bonds/Debenture)是一种金融契约，是政府、金融机构、工商企业等直接向社会借债筹措资金时，向投资者发行同时承诺按一定利率支付利息并按约定条件偿还本金的债权债务凭证。债券的本质是债的证明书，具有法律效力。债券购买者或投资者与发行者之间是一种债权债务关系，债券发行人即债务人，投资者(债券购买者)即债权人。

债券是一种有价证券。由于债券的利息通常是事先确定的，所以债券是固定利息证券(定息证券)的一种。在金融市场发达的国家和地区，债券可以上市流通。在中国，比较典型的政府债券是国库券。

二、债券的类型

债券可以按照以下 13 种不同的方式划分。

(一)按发行主体划分

1. 政府债券

政府债券是政府为筹集资金而发行的债券。它主要包括国债、地方政府债券等，其中最主要的是国债。国债因其信誉好、利率优、风险小而又被称为"金边债券"。除了政府部门直接发行的债券外，有些国家把政府担保的债券也划归为政府债券体系，称为政府保证债券。这种债券由一些与政府有直接关系的公司或金融机构发行，并由政府提供担保。

中国历史上发行的国债主要品种有国库券和国家债券，其中国库券自 1981 年后基本上每年都发行，主要对企业、个人发行；曾经发行的国家债券包括国家重点建设债券、国家建设债券、财政债券、特种债券、保值债券、基本建设债券，大多对银行、非银行金融机构、企业、基金等定向发行，部分也对个人投资者发行。向个人发行的国库券利率基本上根据银行利率制定，一般比银行同期存款利率高1～2个百分点。在通货膨胀率较高时，国库券也采用保值办法。

2. 金融债券

金融债券是由银行和非银行金融机构发行的债券。在我国金融债券主要由国家开发银行、进出口银行等政策性银行发行。金融机构一般有雄厚的资金实力，信用度较高，因此金融债券往往有良好的信誉。

3. 公司(企业)债券

在国外，没有企业债和公司债的划分，统称为公司债。在我国，企业债券是按照《企业债券管理条例》规定发行与交易、由国家发展与改革委员会监督管理的债券，其实其发债主体为中央政府部门所属机构、国有独资企业或国有控股企业。因此，它在很大程度上体现了政府信用。公司债券管理机构为中国证券监督管理委员会，发债主体为按照《中华人民共和国公司法》设立的公司法人，也就是说，其发行主体为上市公司，其信用保障是发债公司的资产质量、经营状况、盈利水平和持续盈利能力等。公司债券在证券登记结算公司统一登记托管，可申请在证券交易所上市交易，其信用风险一般高于企业债券。2008年4月15日起施行的《银行间债券市场非金融企业债务融资工具管理办法》进一步促进了企业债券在银行间债券市场的发行，企业债券和公司债券成为我国商业银行越来越重要的投资对象。

(二)按财产担保划分

1. 抵押债券

抵押债券是以企业财产作为担保的债券，按抵押品的不同又可以分为一般抵押债券、不动产抵押债券、动产抵押债券和证券信托抵押债券。以不动产如房屋等作为担保品，称为不动产抵押债券；以动产如适销商品等作为担保品的，称为动产抵押债券；以有价证券如股票及其他债券作为担保品的，称为证券信托债券。一旦债券发行人违约，信托人就可将担保品变卖处置，以保证债权人的优先求偿权。

2. 信用债券

信用债券是不以任何公司财产作为担保，完全凭信用发行的债券。政府债券属于此类债券。这种债券由于其发行人的绝对信用而具有坚实的可靠性。除此之外，一些公司也可发行这种债券，即信用公司债。与抵押债券相比，信用债券的持有人承担的风险较大，因而往往要求较高的利率。为了保护投资人的利益，发行这种债券的公司往往受到种种限制、只有那些信誉卓著的大公司才有资格发行。除此以外在债券契约中都要加入保护性条款，如不能将资产抵押其他债权人、不能兼并其他企业、未经债权人同意不能出售资产、不能发行其他长期债券等。

(三)按债券形态分类

1. 实物债券(无记名债券)

实物债券是一种具有标准格式的实物券面债券。它与无实物票券相对应,简单地说就是发给你的债券是纸质的而非计算机里的数字。在其券面上,一般印制了债券面额、债券利率、债券期限、债券发行人全称、还本付息方式等各种债券票面要素。其不记名,不挂失,可上市流通。实物债券是一般意义上的债券,很多国家通过法律或者法规对实物债券的格式予以明确规定。实物债券由于其发行成本较高,将会被逐步取消。

2. 凭证式债券

凭证式国债是指国家采取不印刷实物券,而用填制"国库券收款凭证"的方式发行的国债。我国从 1994 年开始发行凭证式国债。凭证式国债具有类似储蓄又优于储蓄的特点,通常被称为"储蓄式国债",是以储蓄为目的的个人投资者理想的投资方式。从购买之日起计息,可记名、可挂失,但不能上市流通。与储蓄类似,但利息比储蓄高。

3. 记账式债券

记账式债券指没有实物形态的票券,以计算机记账方式记录债权,通过证券交易所的交易系统发行和交易。我国通过沪、深交易所的交易系统发行和交易的记账式国债就是这方面的实例。如果投资者进行记账式债券的买卖,就必须在证券交易所设立账户。所以,记账式国债又称无纸化国债。记账式国债购买后可以随时在证券市场上转让,流动性较强,就像买卖股票一样,当然,中途转让除可获得应得的利息外(市场定价已经考虑到),还可以获得一定的价差收益(不排除损失的可能),这种国债有付息债券与零息债券两种。付息债券按票面发行,每年付息一次或多次,零息债券折价发行,到期按票面金额兑付。中间不再计息。由于记账式国债发行和交易均无纸化,所以交易效率高,成本低,是未来债券发展的趋势。

阅读资料 10.1

记账式国债与凭证式国债有何区别?

1. 在发行方式上,记账式国债通过计算机记账、无纸化发行,而凭证式国债是通过纸质记账凭证发行。

2. 在流通转让方面,记账式国债可自由买卖,流通转让也较方便、快捷。凭证式国债只能提前兑取,不可流通转让,提前兑取还要支付手续费。

3. 在还本付息方面,记账式国债每年付息,可当日通过计算机系统自动到账,凭证式国债是到期后一次性支付利息,客户需到银行办理。

4. 在收益性上,记账式国债要略好于凭证式国债,通常记账式国债的票面利率要略高于相同期限的凭证式国债。

(四)按是否可转换划分

1. 可转换债券

可转换债券是指在特定时期内可以按某一固定的比例转换成普通股的债券,它具有债务与权益双重属性,属于一种混合性筹资方式。由于可转换债券赋予债券持有人将来成为公司股东的权利,因此其利率通常低于不可转换债券。若将来转换成功,在转换前发行企业达到了低成本筹资的目的,转换后又可节省股票的发行成本。根据《公司法》的规定,发行可转换债券应由国务院证券管理部门批准,发行公司应同时具备发行公司债券和发行股票的条件。

在深、沪证券交易所上市的可转换债券是指能够转换成股票的企业债券,兼有股票和普通债券双重特征。一个重要特征就是有转股价格。在约定的期限后,投资者可以随时将所持的可转券按股价转换成股票。可转换债券的利率是年均利息对票面金额的比率,一般要比普通企业债券的利率低,通常发行时以票面价发行。转换价格是转换发行的股票每一股所要求的公司债券票面金额。

2. 不可转换债券

不可转换债券是指不能转换为普通股的债券,又称为普通债券。由于其没有赋予债券持有人将来成为公司股东的权利,所以其利率一般高于可转换债券。

(五)按付息方式划分

1. 零息债券

零息债券,也叫贴现债券,是指债券券面上不附有息票,在票面上不规定利率,发行时按规定的折扣率,以低于债券面值的价格发行,到期按面值支付本息的债券。从利息支付方式来看,贴现国债以低于面额的价格发行,可以看作是利息预付,因而又可称为利息预付债券、贴水债券。零息债券是期限比较短的折现债券。

2. 定息债券

固定利率债券是将利率印在票面上并按期向债券持有人支付利息的债券。该利率不随市场利率的变化而调整,因而固定利率债券可以较好地抵制通货紧缩风险。

3. 浮息债券

浮动利率债券的息票率是随市场利率变动而调整的利率。因为浮动利率债券的利率同当前市场利率挂钩,而当前市场利率又考虑到了通货膨胀率的影响,所以浮动利率债券可以较好地抵制通货膨胀风险。其利率通常根据市场基准利率加上一定的利差来确定。浮动利率债券往往是中长期债券。

(六)按能否提前偿还划分

按是否能够提前偿还,债券可以分为可赎回债券和不可赎回债券。

1. 可赎回债券

可赎回债券是指在债券到期前，发行人可以以事先约定的赎回价格收回的债券。公司发行可赎回债券主要是考虑到公司未来的投资机会和回避利率风险等问题，以增加公司资本结构调整的灵活性。发行可赎回债券最关键的问题是赎回期限和赎回价格的制定。

2. 不可赎回债券

不可赎回债券是指不能在债券到期前收回的债券。

(七)按偿还方式不同划分

1. 一次到期债券

一次到期债券是发行公司于债券到期日一次偿还全部债券本金的债券。

2. 分期到期债券

分期到期债券可以减轻发行公司集中还本的财务负担。

(八)按计息方式分类

1. 单利债券

单利债券是指在计息时，不论期限长短，仅按本金计息，所生利息不再加入本金计算下期利息的债券。

2. 复利债券

复利债券与单利债券相对应，是指计算利息时，按一定期限将所生利息加入本金再计算利息，逐期滚算的债券。

3. 累进利率债券

累进利率债券是指年利率以利率逐年累进方法计息的债券。累进利率债券的利率随着时间的推移，后期利率比前期利率更高，呈累进状态。

(九)按债券是否记名分类

按债券上是否记有持券人的姓名或名称，债券可分为记名债券和无记名债券。这种分类类似于记名股票与无记名股票的划分。

在公司债券上记载持券人姓名或名称的为记名公司债券；反之为无记名公司债券。两种债券在转让上的差别也与记名股票、无记名股票相似。

(十)按是否盈余分配分类

按是否参加公司盈余分配，债券可分为参加公司债券和不参加公司债券。

债权人除享有到期向公司请求还本付息的权利外，还有权按规定参加公司盈余分配的债券，即参加公司债券；反之为不参加公司债券。

(十一)按募集方式分类

按募集方式分类,债券可分为公募债券和私募债券。

公募债券(Public Offering Bond)是指向社会公开发行,任何投资者均可购买的债券,向不特定的多数投资者公开募集的债券,它可以在证券市场上转让。

私募债券(Private Placement Bond)是指向与发行者有特定关系的少数投资者募集的债券,其发行和转让均有一定的局限性。私募债券的发行手续简单,一般不能在证券市场上交易。公募债券与私募债券在欧洲市场上区分并不明显,可是在美国与日本的债券市场上,这种区分是很严格的,并且也是非常重要的。

(十二)按能否上市分类

债券按能否上市,可分为上市债券和非上市债券。

可在证券交易所挂牌交易的债券为上市债券;反之为非上市债券。上市债券信用度高,价值高,且变现速度快,故而容易吸引投资者,但上市条件严格,并要承担上市费用。

阅读资料 10.2

根据深、沪证券交易所关于上市企业债券的规定,企业债券发行的主体可以是股份公司,也可以是有限责任公司。申请上市的企业债券必须符合以下条件。

1. 经国务院授权的部门批准并公开发行;股份有限公司的净资产额不低于人民币 3000 万元,有限责任公司的净资产额不低于人民币 6000 万元。

2. 累计发行在外的债券总面额不超过企业净资产额的 40%。

3. 公司 3 年平均可分配利润足以支付公司债券 1 年的利息。

4. 筹集资金的投向符合国家产业政策及发行审批机关批准的用途。

5. 债券的期限为 1 年以上。

6. 债券的利率不得超过国务院限定的利率水平。

7. 债券的实际发行额不少于人民币 5000 万元。

8. 债券的信用等级不低于 A 级。

9. 债券有担保人担保,其担保条件符合法律、法规规定;资信为 AAA 级且债券发行时主管机关同意豁免担保的债券除外。

10. 公司申请其债券上市时仍符合法定的债券发行条件;交易所认可的其他条件。

(十三)衍生品种

1. 发行人选择权债券

发行人选择权债券,是指发行人有权利在计划赎回日按照面值赎回该类品种,因此该类债券的实际存续期存在不确定性。

2. 投资人选择权债券

投资人选择权债券,是指投资人有权利在计划回售日按照面值将该类品种卖还给发行主体,从实际操作角度来看,投资人卖还与否依然是借助于远期利率与票息的高低比较来判断。

3. 本息拆离债券

从严格意义上来说，本息拆离债券是一级发行市场的概念范畴，进入流通市场后，为零息债券。

4. 可调换债券

可调换债券是指一种可按确定价格将债券持有者的约定买卖权转换为其他类型证券的债券，通常为普通股可调换债券。在与低息票利率的股票交换过程中，可调换债券的持有者可能会获得资本收益。

可调换债券类似于附加发行认股权证书的债券。认股权证书表明持有者能够按照法定价格购买股票，因此，如果股票价格上涨，认股权证书的持有者就会获得资本利息。可调换债券比不转让债券的票面利率低，但它可能给持有者带来更多的资本收益。

三、债券的基本要素

债券虽有不同种类，但基本要素却是相同的，这些要素是指发行的债券上必须载明的基本内容，这是明确债权人和债务人权利与义务的主要约定，具体包括下述各点。

1. 债券面值

债券面值是指债券的票面价值，是发行人对债券持有人在债券到期后应偿还的本金数额，也是企业向债券持有人按期支付利息的计算依据。债券的面值与债券实际的发行价格并不一定是一致的，发行价格大于面值称为溢价发行，小于面值称为折价发行，等价发行称为平价发行。

2. 偿还期

债券偿还期是指企业债券上载明的偿还债券本金的期限，即债券发行日至到期日的时间间隔。公司要结合自身资金周转状况及外部资本市场的各种影响因素来确定公司债券的偿还期。

3. 付息期

债券的付息期是指企业发行债券后的利息支付时间。它可以是到期一次支付，或1年、半年或者3个月支付一次。在考虑货币时间价值和通货膨胀因素的情况下，付息期对债券投资者的实际收益有很大影响。到期一次付息的债券，其利息通常是按单利计算的；而年内分期付息的债券，其利息是按复利计算的。

4. 票面利率

债券的票面利率是指债券利息与债券面值的比率，是发行人承诺以后一定时期支付给债券持有人报酬的计算标准。债券票面利率的确定主要受到银行利率、发行者的资信状况、偿还期限和利息计算方法以及当时资金市场上资金供求情况等因素的影响。

5. 发行人名称

发行人名称是指明债券的债务主体，为债权人到期追回本金和利息提供依据。

上述要素是债券票面的基本要素，但在发行时并不一定全部在票面印制出来，例如，在很多情况下，债券发行者是以公告或条例形式向社会公布债券的期限和利率。

第二节　债券的定价

一、债券定价的基础

(一)有关利率的概念

1. 名义利率与实际利率

所谓名义利率(Nominal Interest Rate，NIR)是指货币的增长率；而实际利率(Real Interest Rate，RIR)则指货币购买力的增长率。二者的关系为

$$1 + \text{RIR} = \frac{C_0(1 + \text{NIR})}{C_1} \tag{10-1}$$

式中，RIR 为实际利率；NIR 为名义利率；C_0 为年初的消费价格指数；C_1 为年末的消费价格指数。

进一步，名义利率与实际利率的关系还可以表述为

$$1 + \text{RIR} = \frac{1 + \text{NIR}}{1 + \text{IF}} \tag{10-2}$$

式中，IF 为通货膨胀率。

此外，由于计息方式的不同，我们还可以把利率分为单利和复利两大类型。

2. 单利

所谓单利(Simple Interest，SI)，是指货币投资的累计利息与投资年限成正比关系，即每年投资产生的利息等于利息率 r 与初始投资的乘积。

如果初始投资为 A，以单利 r 计息，则以年后该投资的总价值 V 为

$$V = (1 + rn)A \tag{10-3}$$

由式可见，投资额随时间的变动以线性方式增长。

3. 复利

所谓复利(Compound Interest，CI)，即第一年所得利息 r 会加到初始的本金 A 之中，从而第二年计息的本金额会增大。也就是说，复利是对利息进行计息。

在复利情况下，若初始本金为 A，则一年后本金为 $A(1+r)$，两年后为 $A(1+r)^2$，n 年后即为 $A(1+r)^n$。即复利下，投资额会随着时间的推移呈几何方式加速增长。

在复利条件下，如果我们要计算投资额的翻倍时间，可依据一个简单的计算技巧——72 法则，即

$$投资额翻倍时间 = 72 / r \times 100 \tag{10-4}$$

式中，r 为利率。假如年利率为 8%，则投资额的翻倍时间即为 9 年(72/8)。式(10-4)可适用于利率小于 20%的情况。

【例10-1】 假设一企业债券，年利率为5%，每年复利一次，如果对该债券投资1000元，求三年后该投资的价值，并计算该投资的翻倍时间。

解：根据复利的计算公式 $V = A(1+r)^n$，有

$$V = 1000(1+0.05)^3 = 1157.625 \text{（元）}$$

再根据72法则，该投资的翻倍时间为72/5 = 14.4年。

(二)终值与现值

利率计量了当前投资额其未来价值的增加。进一步考虑，所获得的未来价值其当前的价值如何？同时，为了获得未来某一确定的价值，当前的投资额需要多大？这些问题即涉及对终值和现值的计算。

1. 终值

终值(Future Value，FV)指采用复利计算的情况下，今天的一笔投资在未来某个时点上的价值。终值的计算公式为

$$FV = I_0(1+r)^n \tag{10-5}$$

式中，n 为时期数；FV 为从现在开始 n 个时期的未来价值，即终值；I_0 为初始本金，r 为每个时期的利率；$(1+r)^n$ 为今天投入 1 单位货币，按照复利 r 在 n 个时期后的价值。由式(10-5)可知，利率 r 越高，或复利期数 n 越多，一笔投资的未来值(终值)越大。

上述终值公式假设只有一期的现金流(即 I_0)，以后每期不再有现金流发生。现在假设在 n 期内共有行次现金流 $I_0, I_1, I_2, \cdots, I_n$ 发生。初始现金流 I_0 在 n 期末将增长为 $I_n(1+r)^n$；下一现金流 I_1 在账户中的时间是 $n-1$ 期，因此期末其价值是 $I_1(1+r)^n$；最后一个现金 I_n 流无计息期，因此其价值为 I_n。

根据上述假设和分析，各期现金流的终值为

$$FV = I_0(1+r)^n + I_1(1+r)^{n-1} + \cdots + I_n \tag{10-6}$$

2. 现值

现值(Present Value，PV)即终值的逆运算，它衡量了所获得的未来价值其当前价值的大小。

(1) 贴现因子(贴现率)。未来值贴为现值，关键取决于贴现因子 d。一年的贴现因 d_1 为

$$d_1 = 1/(1+r) \tag{10-7}$$

若每年以 m 次进行复利，则贴现因子为

$$d_k = 1/[1+(r/m)]^m \tag{10-8}$$

以未来值乘以贴现因子，即得到现值。

(2) 现值的求解。给定现金流 $(I_0, I_1, I_2, \cdots, I_n)$，$I_0$ 没有贴现期，现值为其自身；I_1 的现值为 $I_1/(1+r)$，其余类推，因此得到现值公式：

$$PV = I_0 + \frac{I_1}{1+r} + \frac{I_2}{(1+r)^2} + \cdots + \frac{I_n}{(1+r)^n} \tag{10-9}$$

(3) 多次复利与连续复利下的现值。在多次复利条件下，各期现金流为 $(I_0, I_1, I_2, \cdots, I_n)$，利率为，利息以每年 m 个相等期限进行复利计算，则第 k 期的复利公式为

$$PV = \sum_{k=0}^{n} \frac{I_k}{[1+(r/m)]^k} \qquad (10\text{-}10)$$

如果以利率 r 进行连续复利，现金流发生于 $t_0, t_1, t_2, \cdots, t_n$ 各期，其中 $t_k = k/m$，t_k 则时期发生的现金流量为

$$PV = \sum_{k=0}^{n} x(t_k) e^{-rt_k} \qquad (10\text{-}11)$$

【例 10-2】 假设某投资者准备对一只股票进行投资。预计该股票第一年年末分红 0.4 元，第二年年末分红 0.5 元，并预计第二年年末享受分红后该股票可以以 10 元的市价出售。假设贴现率为 5%，请计算该股票投资所得现金流的现值。

解：根据现值公式，该投资第一年年末现金流的现值为

$$PV_1 = 0.4/1.05 = 0.381\,(\text{元})$$

第二年年末现金流的现值为

$$PV_2 = 10.5/(1.05)^2\,(\text{元})$$

则该投资总现金流的现值为

$$PV = 0.381 + 9.542 = 9.905\,(\text{元})$$

3. 终值与现值的关系

终值为现金流在未来支付的等价值，现值为现金流在当前的等价值。因此，通过贴现因子 $1/(1+r)^n$ 可将现值与终值联系在一起，即

$$PV = FV/(1+r)^n \qquad (10\text{-}12)$$

二、债券的定价模型

债券在价格理论上是债券未来现金流的现值之和。

债券投资者在未来有权获得两类现金流：一是在债券存续期内定期获得的利息收入；二是债券在到期时偿还的本金。

债券价值=息票利息值的现值+票面值的现值

如果令到期日为 T，贴现率为 y，债券价值则为

$$债券价值 = \sum_{t=1}^{T} \frac{息票利息}{(1+y)^t} + \frac{面值}{(1+y)^T} \qquad (10\text{-}13)$$

债券的价值由四个因素决定：到期日、息票利息、面值和贴现率。式(10-13)等式右边第一项是一个年金的现值；第二项是债券到期日支付面值的现值。

(一)息票债券的价格计算公式

对于每年复利的债券，其定价公式为

$$P = \frac{C}{1+y} + \frac{C}{(1+y)^2} + \cdots + \frac{C}{(1+y)^T} + \frac{FV}{(1+y)^T}$$

$$= \sum_{t=1}^{T} \frac{C}{(1+y)^t} + \frac{FV}{(1+y)^T} \qquad (10\text{-}14)$$

其中，P 为债券价格，C 为息票利息，FV 为面值，T 为距到期日的年数，y 为贴现率。从式(10-14)中的累计求和公式可知，需把每期利息收益的现值相加，每次利息的贴现都是基于其支付的时间。当利率为 y 时，存续期为 T 的 1 元年金的现值是 $\dfrac{1}{y}\left[1-\dfrac{1}{(1+y)^T}\right]$。

该式被称为利率为 y[①]的 T 期年金因子。类似地，则可被称为折现因子，即在 T 期时 1 元的收益的现值。因此，债券的价格可表示为

$$价格=利息\times\frac{1}{y}\left[1-\frac{1}{(1+y)^T}\right]+面值\times\frac{1}{(1+y)^T}$$
$$=利息\times 年金因子(y,T)+面值\times 折现因子(y,T) \qquad (10\text{-}15)$$

【例 10-3】 一只债券的票面利率为 8%，30 年到期，面值为 1000 元，每半年付息一次，每次 40 元。试分别计算市场利率等于票面利率、市场利率提高到 10%(半年为 5%)时的债券价格；尝试描绘出债券价格与收益率的关系图并进行分析。

假设年利率为 8%，或每半年的利率为 4%。债券的价值为

$$价格=\sum_{t=1}^{60}\frac{40}{(1.04)^t}+\frac{1000}{(1.04)^{60}}$$
$$=40\times 年金因子(4\%,60)+1000\times 折现因子(4\%,60)$$

很容易得出该债券 60 次支付每次半年利息 40 元的现值为 904.94 元，以及最终支付 1000 元面值的现值 95.06 元，债券的总价值为 1000 元。该值可以通过式(10-15)直接计算获得。即，票面利率等于市场利率时债券的价格等于面值。如果市场利率提高到 10%(半年为 5%)，债券价格将从 189.29 元下降至 810.71 元，计算如下：

$$40\times 年金因子(5\%,60)+1000\times 折现因子(5\%,60)=757.17+53.54=810.71(元)$$

说明利率越高，债权人所获收益的现值越低。因而，债券价格随着市场利率的上升而下降。反之则反。说明如果市场利率不等于债券票面利率，则债券不会以面值出售。

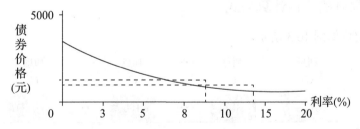

图 10.1 债券价格与收益率的反向关系

注：债券为 30 年期，利率为 8%，半年付息一次。

图 10.1 中反映了 30 年期、年利率为 8%的债券价格与一定范围内的利率水平之间的关

[①] 年金现值公式的简便推导：期限为 T 的年金可视为等价于首次支付出现在当期末的永久年金减去首次支付出现在 $T+1$ 期末的另一永续年金。当期永久年金与延期永久年金的差值正好为 T 期支付。由于每期支付为 1 元的年金的价值是 $\dfrac{1}{y}$，因此，延期永久年金的现值为 $\dfrac{1}{y}$ 对其余 T 期支付的贴现，即 $\dfrac{1}{y}\times\dfrac{1}{(1+y)^T}$。

因此该年金的现值等于当其支付的永久年金减去延期永久年金的现值，即为 $\dfrac{1}{y}\times\left[1-\dfrac{1}{(1+y)^T}\right]$。

系。其中当利率为8%时，债券以面值出售；当利率为10%时，售价则为810.71元。负斜率说明了债券价格与收益率之间的负相关关系。从图10.1中曲线的形状可以观察到利率上升导致价格下跌的幅度要小于相同程度利率下降导致的价格上升幅度。债券价格的这一特性被称为凸性(convexity)，因为债券价格曲线的凸型形状。凸性反映了随着利率的逐渐上升所引起的债券价格的下降幅度是逐渐减小的。[1]因此，价格曲线在较高利率时会变得平缓。

(二)零息债券的价格计算公式

$$P = \frac{FV}{(1+Y)^T} \tag{10-16}$$

零息债券定价如图10.2所示。

图 10.2　零息债券定价

【例 10-4】　零息债券定价

美国债券市场上交易的一种零息债券每半年付息一次，距到期日还有10年，年贴现率是8%，到期价值是5000元，计算该债券的价值。

$$V = 5000 / \left(1 + \frac{8\%}{2}\right)^{20} = 2281.93 \,(\text{元})$$

(三)永续债券的价格计算公式

永续债券定价如图10.3所示。

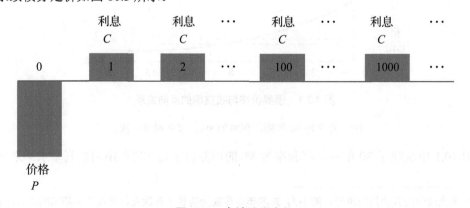

图 10.3　永续债券定价

---

[1] 利率越高，债券价值越低的事实，引起利率增加对价格影响逐渐减少。因此，在初始基数较小的基础上，利率增加导致价格减少得很小。

$$P = \frac{C}{1+y} + \frac{C}{(1+y)^2} + \cdots + \frac{C}{(1+y)^{100}} + \cdots + \frac{C}{(1+y)^{1000}} + \cdots$$

$$= \frac{C}{y}$$

(10-17)

三、影响债券定价的因素

1962 年马基尔在对债券价格、债券利息率、到期年限以及到期收益率之间进行了研究之后，提出了债券定价的五个定理。一直到现在，这五个定理仍被视为债券定价理论的经典。

(一)马基尔五大债券定价定理

定理一：债券的市场价格与到期收益率成反比关系。即到期收益率上升时，债券价格会下降；反之，到期收益率下降时，债券价格会上升。

定理二：当债券的收益率不变，即债券的息票率与收益率之间的差额固定不变时，债券的到期时间与债券价格的波动幅度之间成正比关系。即到期时间越长，价格波动幅度越大；反之，到期时间越短，价格波动幅度越小。

定理三：随着债券到期时间的临近，债券价格的波动幅度减少，并且是以递增的速度减少；反之，到期时间越长，债券价格波动幅度增加，并且是以递减的速度增加。

定理四：对于期限既定的债券，由收益率下降导致债券价格上升的幅度大于同等幅度收益率上升导致债券价格下降的幅度。即对于同等幅度的收益率变动，收益率下降给投资者带来的利润大于收益率上升给投资者带来的损失。

定理五：对于给定的收益率变动幅度，债券的息票率与债券价格的波动幅度之间成反比关系。即息票率越高，债券价格的波动幅度越小。

(二)影响债券发行价格因素

债券的发行价格是指债券原始投资者购入债券时应支付的市场价格，它与债券的面值可能一致也可能不一致。理论上，债券发行价格是债券的面值和需要支付的年利息按发行当时的市场利率折现所得到的现值。影响债券发行价格的基本因素主要有债券面额、票面利率、市场利率和债券期限。

1. 债券面额

债券面值即债券市面上标出的金额，企业可根据不同认购者的需要，使债券面值多样化，既有大额面值，也有小额面值。

2. 票面利率

票面利率可分为固定利率和浮动利率两种。一般企业应根据自身资信情况、公司承受能力、利率变化趋势、债券期限的长短等决定选择何种利率形式与利率的高低。

3. 市场利率

市场利率是衡量债券票面利率高低的参照系，也是决定债券价格按面值发行还是溢价或折价发行的决定性因素。

4. 债券期限

期限越长，债权人的风险越大，其所要求的利息报酬就越高，其发行价格就可能较低。债券发行方式包括溢价、等价和折价发售。溢价是指按高于债券面额的价格发行债券；等价是指以债券的票面金额作为发行价格；折价是指按低于债券面额的价格发行。从资金时间价值来考虑，债券的发行价格由两部分组成：一是债券到期还本面额的现值；二是债券各期利息的年金现值。

计算公式如下：

债券售价=债券面值$/(1+市场利率)^T + \Sigma$ 债券面值×债券利率$/(1+市场利率)^t$ (10-18)

在实务中，根据上述公式计算的发行价格一般是确定实际发行价格的基础，还要结合发行公司自身的信誉情况。

由此可见，票面利率和市场利率的关系影响着债券的发行价格。当债券票面利率等于市场利率时，债券发行价格等于面值；当债券票面利率低于市场利率时，企业仍以面值发行就不能吸引投资者，故一般要折价发行；反之，当债券票面利率高于市场利率时，企业仍以面值发行就会增加发行成本，故一般要溢价发行。

第三节 债券收益率

一、当期收益率

当期收益率(Current Yield)又称直接收益率，是指利息收入所产生的收益，是债券的年息除以债券当前的市场价格所计算出的收益率。它并没有考虑债券投资所获得的资本利得或是损失，只在衡量债券某一期间所获得的现金收入相较于债券价格的比率。

$$y_c = \frac{C}{P}$$ (10-19)

二、到期收益率

所谓到期收益，是指将债券持有到偿还期所获得的收益，包括到期的全部利息。到期收益率(Yield To Maturity，YTM)又称最终收益率，是投资购买国债的内部收益率，即可以使投资购买国债获得的未来现金流量的现值等于债券当前市价的贴现率。它相当于投资者按照当前市场价格购买并且一直持有到满期时可以获得的年平均收益率，其中隐含了每期的投资收入现金流均可以按照到期收益率进行再投资。

(一)基本公式

到期收益率可以由式(10-20)求得

$$P = \frac{C}{1+y_{TM}} + \frac{C}{(1+y_{TM})^2} + \cdots + \frac{C}{(1+y_{TM})^T} + \frac{FV}{(1+y_{TM})^T}$$

$$= \sum_{t=1}^{T} \frac{C}{(1+y_{TM})^t} + \frac{FV}{(1+y_{TM})^T}$$

(10-20)

其中，P 为债券当期价格，C 为利息，FV 为面值，T 为距到期日的年数，y_{TM} 为每年的到期收益率。

【例 10-5】 债券面值为 100 元，票息率为 5%，5 年后到期，发行市价为 88.07 元，从债券发行开始持有债券，求债券投资的到期收益率。

解：将变量数值代入公式(10-20)，得

$$88.07 = \sum_{t=1}^{5} \frac{5}{(1+y_{TM})^t} + \frac{100}{(1+y_{TM})^5}$$

使用试误法，首先取 $y = 6\%$，等式右边为

$$\sum_{t=1}^{5} \frac{5}{(1+y_{TM})^t} + \frac{100}{(1+y_{TM})^5} = 5 \times 4.212 + 100 \times 0.747 = 95.76 > 88.07$$

将收益率取值提高为 8%，等式右边为

$$\sum_{t=1}^{5} \frac{5}{(1+y_{TM})^t} + \frac{100}{(1+y_{TM})^5} = 5 \times 3.993 + 100 \times 0.681 = 88.07$$

因此该债券的到期收益率就是 8%。如果两次计算没有正好的结果，就需要使用插入法计算。

进行试算是一个麻烦的过程。为了简化计算过程，可以先找一个近似值，然后插值计算更为快捷。到期收益率的近似计算公式为

$$y_{TM} = \frac{C_t + \dfrac{FV - P}{n}}{\dfrac{FV + P}{2}}$$

(10-21)

在上例中，使用简化计算公式：

$$y_{TM} = \frac{5 + \dfrac{100 - 88.07}{5}}{\dfrac{100 + 88.07}{2}} = 8\%$$

(二)零息债券的到期收益率

零息债券到期收益率的计算方法可由内在价值公式(10-14)推出的 $P = \dfrac{FV}{(1+y_{TM})^T}$ 得出。

【例 10-6】 假设欧洲国债市场中有 A、B、C 三种债券，面值都为 1000 元。债券 A 是 1 年期零息债券，当前的市价为 934.58 元；债券 B 是 2 年期零息债券，当前的市价为 857.34 元；债券 C 是 2 年期附息债券，票面利率为 5%，一年付息一次，下一次付息在一年之后，当前的市价为 904.12 元。分别计算三种债券的到期收益率为

$$934.58 = \frac{1000}{(1+y_A)} ; \quad 857.34 = \frac{1000}{(1+y_B)^2} ; \quad 904.12 = \frac{50}{(1+y_C)} + \frac{100}{(1+y_C)^2}$$

可以求出，债券 A、B、C 的到期收益率分别为 7%、8% 和 7.97%。

(三)半年支付一次利息债券的到期收益率

首先计算债券每半年的到期收益率，然后将半年收益率乘以 2，就得到该债券年到期收益率，即：

$$P = \sum_{t=1}^{2T} \frac{C/2}{(1 + y_{TM}/2)^t} + \frac{FV}{(1 + y_{TM}/2)^{2T}} \tag{10-22}$$

其中，P 为债券当期价格，C 为每次支付的利息，FV 为面值，$2T$ 为距到期日的期数，y_{TM} 为每年的到期收益率。

三、持有期收益率

即使将债券持有到期，投资者获得的实际回报率与事先计算出来的到期收益率也可能不相等。投资期结束后，为了准确计算债券的事后收益率，人们经常计算债券的持有收益率。持有收益率(Holding-Period Yield，HPY)是债券在一定持有期内的收益(包括利息收入和资本利得或损失)相对于债券期初价格的比例。

持有期收益率=(期末财富−期初财富)/期初财富×100%

    =[利息收入+(期末财富−期初财富)] /期初财富×100%

    =利息收入/期初财富+资本利得(损失)收益率

持有期收益率可由式(10-23)求得

$$P = \sum_{t=1}^{T} \frac{C}{(1 + y_{HP})^t} + \frac{P_T}{(1 + y_{HP})^T} \tag{10-23}$$

其中，P 为债券当期价格，C 为每次支付的利息，P_T 为面值，T 为距到期日的期数，y_{HP} 为每年的持有期收益率。

【例 10-7】 如某人于 1993 年 1 月 1 日以 120 元的价格购买了面值为 100 元、利率为 10%、每年 1 月 1 日支付一次利息的 1992 年发行的 10 年期国库券，并持有到 1998 年 1 月 1 日以 140 元的价格卖出，求债券持有期收益率。

解：债券持有期收益率=[(100×10%×5)+(140−120)]/(120×5) ×100%=11.7%

四、赎回收益率

可赎回收益率是指允许发行人在债券到期以前按某一约定的价格赎回已发行的债券。债券的可赎回性指债券发行人在到期之前可以提前赎回债券的特性。债券的可赎回性对债券发行人有利，对债券投资者不利。当市场利率下跌时，债券可赎回性增加。

按照是否可以赎回，债券基本上可分为三类：自由赎回债券、不可赎回债券、延迟赎回债券。

债券发行人在赎回债券时向持有人支付的总金额，被称为赎回价格(Call Price)。

赎回收益率的计算和其他收益率相同，是计算使预期现金流量的现值等于债券价格的利率。

$$P = \frac{C}{1+y_{TC}} + \frac{C}{(1+y_{TC})^2} + \cdots + \frac{C}{(1+y_{TC})^T} + \frac{P_C}{(1+y_{TC})^T}$$

$$= \sum_{t=1}^{T} \frac{C}{(1+y_{TC})^t} + \frac{P_C}{(1+y_{TC})^T}$$

(10-24)

【例 10-8】　假设息票率为 8%，30 年到期的债券售价为 1150 美元，而且该债券可在 10 年后以 1100 美元的价格被赎回。使用表 10.1 所示的值试求到期收益率和赎回收益率。

表 10.1　例 10-5 的计算用值

	赎回收益	到期收益
息票支付	80 美元	80 美元
半年期次数	10 次	30 次
最后偿付	1100 美元	1000 美元
价格	1150 美元	1150 美元

解：$y_{TM} = 7\%$，$y_{TC} = 6.64\%$

本 章 小 结

所谓固定收益证券，指收益固定且按规定时期得到支付的证券。对固定收益证券的估值和投资管理，已成为投资学重要的分支理论之一。

对于债券这种金融工具的定价，同样要考虑货币的时间价值，即利率，并在此基础上，引申出债券的终值和现值。

各期现金流的终值为 $\mathrm{FV} = I_0(1+r)^n + I_1(1+r)^{n-1} + \cdots + I_n$

各期现金流的现值 $\mathrm{PV} = I_0 + \frac{I_1}{1+r} + \frac{I_2}{(1+r)^2} + \cdots + \frac{I_n}{(1+r)^n}$

终值与现值的关系 $\mathrm{PV} = \mathrm{FV}/(1+r)^n$

债券投资者的必要回报率由实际无风险收益率、预期通货膨胀率和债券的风险溢价三个部分构成，即 $y = RR_f + \pi^e + RP$

零息债券的定价 $P = \dfrac{\mathrm{FV}}{(1+y)^T}$

永续债券的定价 $P = \dfrac{C}{y}$

年复利的债券，定价 $P = \displaystyle\sum_{t=1}^{T} \frac{C}{(1+y)^t} + \frac{\mathrm{FV}}{(1+y)^T}$

半年复利债券的定价 $P = \displaystyle\sum_{t=1}^{2T} \frac{C/2}{(1+y/2)^t} + \frac{\mathrm{FV}}{(1+y/2)^{2T}}$

债券收益率(包括当期收益率、到期收益率、持有期收益率、赎回收益率等)是债券投资者最为关心的一个指标，其具体形式如下所示：

当期收益率 $y_c = \dfrac{C}{P}$

到期收益率 $P = \displaystyle\sum_{t=1}^{T} \dfrac{C}{(1+y_{TM})^t} + \dfrac{FV}{(1+y_{TM})^T}$

持有期收益率 $P = \displaystyle\sum_{t=1}^{T} \dfrac{C}{(1+y_{HP})^t} + \dfrac{P_T}{(1+y_{HP})^T}$

赎回收益率 $P = \displaystyle\sum_{t=1}^{T} \dfrac{C}{(1+y_{TC})^t} + \dfrac{P_C}{(1+y_{TC})^T}$

练 习 题

一、概念题

政府债券　金融债券　公司(企业)债券　债券面值　偿还期　付息期　票面利率　名义利率　实际利率　单利　复利　终值　现值　当期收益率　到期收益率　赎回收益率

二、简答题

1. 债券的基本要素是什么?

2. 什么因素影响债券的定价? 这些因素分别是怎样影响债券定价的?

3. 投资者如何评价国债和市政债券的收益?

三、计算题

1. 计算 30 年期限,票面利率为 8% 的债券在市场利率每半年为 3% 时的价格。比较利率下降时的资本利得和当利率上升 5% 时的资本损失。

2. 有一种 10 年后到期的债券,每年付息一次,下一次付息正好在一年后,面值为 100 美元票面利率为 8%,市场价格为 107.02 美元,则它的到期收益率为多少?

第十一章 股票价值分析

【学习要点及目标】

每一个进入股市中的人都会问这样的问题：市场上那些股份被低估了？被低估了多少？通过本章的学习，我们可以了解股票分析师如何发现错估证券的方法，以及他们是如何通过上市公司当前和未来的盈利能力来评估公司真实的市场价值。

【关键概念】

除权价格 票面价格 市盈率 市净率 内部收益率 股权自由现金流

第一节 股 票 定 价

一、股票价格种类

股票分析师在进行股票投资和分析中，经常遇到诸如票面价格、发行价格、除权价格等，这里我们就对这些价格的含义分别予以介绍。

(一)票面价格

票面价格又称股票票值、股票票面价值，是股份公司在所发行的股票票面上标明的票面金额，它以元/股为单位，其作用是用来表明每一张股票所包含的资本数额。它表明每股股票对公司总资本所占的比例，以及股票持有者在获得股利分配时所占的份额。其公式为

$$股票面值=资本总额/发行股数 \tag{11-1}$$

由公式可见，股票面值的大小可划分为三个区间，即大于 1、等于 1 和小于 1。当公司资本总额大于其所发行的股数时，股票面值即大于 1；当公司资本总额等于其所发行的股数时，股票面值即等于 1；而当公司资本总额小于其所发行的股数时，其股票面值即小于 1。

目前，在我国上海和深圳证券交易所流通的股票面值均为每股 1 元。股票面值的作用之一是表明股票的认购者在股份公司的投资中所占的比例，作为确定股东权利的依据。第二个作用就是在首次发行股票时，将股票的面值作为发行定价的一个依据。一般来说，股票的发行价格都会高于其面值。当股票进入流通市场后，股票的面值就与股票的价格没有什么关系了。股票的市场价格有时高于其票面价格，有时低于其票面价格。但是，不论股票市场价格发生什么变化，其面值都是不变的，尽管每一股份实际代表的价值可能发生了很多变化。

股票票面价值的最初目的，是为了保证股票持有者在退股之时能够收回票面所标明的资产。随着股票的发展，购买股票后将不能再退股，所以股票面值现在的作用是表明股票

的认购者在股份公司投资中所占的比例，作为确认股东权利的根据。

(二)发行价格

发行价格指股份有限公司出售新股票的价格。在确定股票发行价格时，可以按票面金额确定，也可以超过票面金额确定。在我国证券市场，发行价格一般要高于票面价格。其定价方法有市盈率法、净资产倍率法和竞价法。后面我们将详细介绍。

阅读资料 11.1

股票发行价格方式介绍

当股票发行公司计划发行股票时，就需要根据不同情况，确定一个发行价格以推销股票。一般而言，股票发行价格有以下几种：面值发行、时价发行、中间价发行和折价发行等。

面值发行

即按股票的票面金额为发行价格。采用股东分摊的发行方式时一般按平价发行，不受股票市场行情的左右。由于市价往往高于面额，因此以面额为发行价格能够使认购者得到因价格差异而带来的收益，使股东乐于认购，又保证了股票公司顺利地实现筹措股金的目的。

时价发行

即不是以面额，而是以流通市场上的股票价格(即时价)为基础确定发行价格。这种价格一般都是时价高于票面额，二者的差价称溢价，溢价带来的收益归该股份公司所有。时价发行能使发行者以相对少的股份筹集到相对多的资本，从而减轻负担，同时还可以稳定流通市场的股票时价，促进资金的合理配置。

按时价发行，对投资者来说也未必吃亏，因为股票市场上行情变幻莫测，如果该公司将溢价收益用于改善经营，提高了公司和股东的收益，将使股票价格上涨；投资者若能掌握时机，适时按时价卖出股票，收回的现款会远高于购买金额，以股票流通市场上当时的价格为基准，但也不必完全一致。在具体决定价格时，还要考虑股票销售难易程度、对原有股票价格是否冲击、认购期间价格变动的可能性等因素，因此，一般将发行价格定在低于时价约 5%～10%的水平上是比较合理的。

中间价发行

即股票的发行价格取票面额和市场价格的中间值。这种价格通常是时价高于面额，公司需要增资但又需要照顾原有股东的情况下采用。中间价格发行对象一般为原股东，在时价和面额之间采取一个折中的价格发行，实际上是将差价收益一部分归原股东所有，一部分归公司所有用于扩大经营。因此，在进行股东分摊时要按比例配股，不改变原来的股东构成。

折价发行

即发行价格不到票面额，是打了折扣的。折价发行有两种情况。

一种是优惠性的，通过折价使认购者分享权益。例如公司为了充分体现对现有股东优惠而采取搭配增资方式时，新股票的发行价格就为票面价格的某一折扣，折价不足票面额的部分由公司的公积金抵补。现有股东所享受的优先购买和价格优惠的权利就叫作优先购股权。若股东自己不享用此权，他可以将优先购股权转让出售。这种情况有时又称作优惠售价。

　　另一种情况是该股票行情不佳，发行有一定困难，发行者与推销者共同议定一个折扣率，以吸引那些预测行情要上浮的投资者认购。由于各国已规定发行价格不得低于票面额，因此，这种折扣发行需经过许可方能实行。

(三)除权价格

　　我们首先要了解什么是股票除权以及什么时候要进行除权。股票除权是由于公司股本增加，每股股票所代表的企业实际价值(每股净资产)有所减少，需要在发生该事实之后从股票市场价格中剔除这部分因素，而形成的剔除行为。上市公司以股票股利分配给股东，也就是公司的盈余转为增资时，或进行配股时，就要对股价进行除权。上市公司将盈余以现金分配给股东，股价就要除息。

　　接下来我们还要了解什么是除权价格。上市公司进行利润分配或配股前夕，其股票属于含权股票，即含有享受此次利润分配或参与配股的权利。当本次利润分配或配股实施后，公司股票即成为除权股票，即享有此次利润分配或参与此次配股的权利已实施完毕，此时股票的价格称为除权价格。

　　利润分配会直接降低每股净资产，配股则会摊薄每股净资产，因此除权价格一般都低于除权前(含权)的价格。

(四)其他价格

　　在股票市场上，除了上述所列的票面价格、发行价格、除权价格外，还有其他一些价格，例如：市场价格、清算价格、重置成本，我们还需要对这些概念进行了解。

　　股票市场上的市场价格：是指股票在交易过程中交易双方达成的成交价。市场价格直接反映着股票市场的行情，是股民购买股票的依据。市价处于经常性的变化之中。从理论上来讲，市场价格应是股票未来收益的现值，即股票的内在价值，也是股票能为投资者带来的所有现金的现值。

　　每股清算价格更好地衡量了股票的价格底线。清算价格是指公司破产后，变卖资产、偿还债务以后余下的可向股东分配的价值，若一家公司的市场价格低于其清算价格，公司将成为被并购的目标，因为并购者发现买入足够多的股票获得公司的控制权是有利可图的。

　　重置成本是重置公司各项资产的价值(成本)减去负债项目后的余额。重置成本基本上代表了公司的市值，一般而言重置成本不可能低于市值。这是因为，如果重置成本低于市价，投资者就可以复制该公司，再以市价出售,这种行为将降低(类似)公司的市价或提升重置成本。

二、发行价格的确定

　　股票发行价格的确定主要有以下三大方法。

(一)市盈率法

　　按照市盈率方法，股票发行定价公式为

$$发行价=每股净收益×发行市盈率 \qquad (11-2)$$

式中，每股净收益=税后利润/股份总额，该数据须有证券资格的会计师审核；市盈率=股票市价/每股净收益，而发行市盈率一般由证监会、券商、发行公司共同确定。

【例 11-1】 假设某公司准备发行股票，其税后利润为 10000 万元，计划发行 5 亿股。该公司所属行业的平均市盈率为 50，为了确保发行成功，券商和发行公司等共同确定的发行市盈率为 45。则该公司股票的发行价格是多少？

解： 首先我们确定该公司的每股净收益。根据上面的公式，其每股净收益=10000/50000=0.2 元/股。其次，根据式(11-2)，该公司股票的发行价为

$$发行价=0.2×45=9(元/股)$$

(二)资产净值法

所谓资产净值法，是指通过资产评估和相关会计手段确定发行人拟募股资产的每股净资产值，然后根据证券市场的状况将每股净资产值乘以一定的倍率，以此确定股票发行价格的方法。其定价公式为

$$发行价格=每股净资产值×溢价倍率(或折扣倍率) \qquad (11-3)$$

(三)竞价法

竞价法是一种较彻底的市场化定价方法。它是指由各股票承销商或者投资者以投标方式相互竞争确定股票发行价格，其实际的发行价格由市场决定。

阅读资料 11.2

股票发行制度介绍

股票发行制度主要有三种，即审批制、核准制和注册制，每一种发行监管制度都对应一定的市场发展状况。

审批制是一国在股票市场的发展初期，为了维护上市公司的稳定和平衡复杂的社会经济关系，采用行政和计划的方式分配股票发行的指标和额度，由地方政府或行业主管部门根据指标推荐企业发行股票的一种发行制度。

核准制则是介于注册制和审批制之间的中间形式。它一方面取消了政府的指标和额度管理，并引进证券中介机构的责任，判断企业是否达到股票发行的条件；另一方面证券监管机构同时对股票发行的合规性和适销性条件进行实质性审查，并有权否决股票发行的申请。在核准制下，发行人在申请发行股票时，不仅要充分公开企业的真实情况，而且必须符合有关法律和证券监管机构规定的必要条件，证券监管机构有权否决不符合规定条件的股票发行申请。

注册制是在市场化程度较高的成熟股票市场所普遍采用的一种发行制度，证券监管部门公布股票发行的必要条件，只要达到所公布条件要求的企业即可发行股票。发行人申请发行股票时，必须依法将公开的各种资料完全准确地向证券监管机构申报。

在《证券法》实施之前，我国的股票发行制度是带有浓厚行政色彩的审批制。自 2001 年 3 月开始，正式实行核准制，取消了由行政方法分配指标的做法，改为按市场原则由主承销商推荐、发行审核委员会独立表决、证监会核准的办法。2015 年 12 月 9 日，国务院常

务会议通过《关于授权国务院在实施股票发行注册制改革中调整适用有关规定的决定(草案)》，明确在决定施行之日起两年内，授权对拟在上海证券交易所、深圳证券交易所上市交易的股票可以考虑公开发行实行注册制度。

股票发行注册制改革有利于提高直接融资比重、优化社会融资结构、转移和化解金融风险；有利于完善我国资本市场的功能和秩序，特别是有助于推动供给侧改革和化解产能过剩，推动经济的创新转型和稳定增长。在注册制改革过程中应秉持市场经济的思路，完善以信息披露为核心的配套法律法规，以渐进的方式稳步推进，实现从核准制到注册制的平稳过渡。

三、除权价格的确定

现在我们来具体分析股票除权价格的确定。根据公司送、配股和派息的不同情况，除权价格有不同的计算方法。

(一)送股除权价的确定

沪深股市的上市公司进行利润分配时，一般只采用股票红利和现金红利两种。当上市公司向股东送红股时，就要对股票进行除权。股权登记都通过计算机交易系统自动进行，只要在登记的收市时还拥有股票，股东就可自动享有分红的权利。

进行股权登记后，股票将要除权除息，也就是将股票中含有的分红权利予以解除。除权除息都在股权登记日的收盘后进行。除权之后再购买股票的股东将不再享有分红派息的权利。除权价的公式为

$$P = \frac{p^{-1}}{1+R} \tag{11-4}$$

式中，p^{-1} 为除权日前一天的收盘价；R 为送股率。

【例 11-2】 假如某公司推出每 20 股送 4 股的分红方案，其股票除权前一天的收盘价为 24 元/股，请确定该股票的除权价。

解：根据送股除权价的确定公式，该公司股票的除权价为

$$P = \frac{24}{1+0.2} = 20 \,(\text{元/股})$$

(二)配股除权价的确定

配股是上市公司向原股东发行新股、筹集资金的行为。按照惯例，公司配股时新股的认购权按照原有股权比例在原股东之间分配，即原股东拥有优先认购权。配股除权价的公式为：

$$P = \frac{p^{-1} + p_d \times R_d}{1+R_d} \tag{11-5}$$

式中，R_d 为配股率。对于配股率，一般不得超过 30%；p_d 为配股价，它一般会低于公司目前的市价。

【例 11-3】 某公司决定进行配股融资，并确定其配股价为 8 元/股，配股率为每 10 股配 4 股，实施配股前一天的收盘价为 20 元/股。请确定其除权价。

解：根据配股除权价的确定公式，该公司的除权价为

$$P = \frac{20 + 0.4 \times 8}{1 + 0.4} = 16.57 \quad (元/股)$$

(三)送股、配股、派息同时进行的除权价

如果公司送股、配股和派息同时进行，则其股票的除权价公式为

$$P = \frac{p^{-1} + P_d \times R_d - e}{1 + R + R_d} \tag{11-6}$$

式中，e 为每股股息。

阅读资料 11.3

中国证券市场除权过程

当一家上市公司宣布送股或配股时，在红股尚未分配、配股尚未配股之前，该股票被称为含权股票。要办理除权手续的股份公司先要报主管机关核定，在准予除权后，该公司即可确定股权登记基准日和除权基准日。凡在股权登记日拥有该股票的股东，就享有领取或认购股权的权利，即可参加分红或配股。除权日(一般为股权登记日的次交易日)确定后，在除权当天，上海证券交易所会依据分红的不同在股票简称上进行提示，在股票名称前加 XR 为除权，XD 为除息，DR 为权息同除。除权当天会出现除权报价，除权报价的计算会因分红或有偿配股而不同，其全面的公式如下：除权价=(除权前一日收盘价+配股价×配股率－派息率)/(1+配股比率+送股比率)。

除权日的开盘价不一定等于除权价，除权价仅是除权日开盘价的一个参考价格。当实际开盘价高于这一理论价格时，就称为填权，在册股东即可获利；反之实际开盘价低于这一理论价格时，就称为贴权，填权和贴权是股票除权后的两种可能，它与整个市场的状况、上市公司的经营情况、送配的比例等多种因素有关，并没有确定的规律可循，但一般来说，上市公司股票通过送配以后除权，其单位价格下降，流动性进一步加强，上升的空间也相对增加。不过，这并不能让上市公司任意送配，它也要根据企业自身的经营情况和国家有关法规来规范自己的行为。

第二节 股利贴现模型及其应用

威廉姆斯(Williams)1938 年提出了公司(股票)价值评估的股利贴现模型(DDM)，为定量分析虚拟资本、资产和公司价值奠定了理论基础，也为证券投资的基本分析提供了强有力的理论根据。股票的现金流量由股利现金流量和资本利得两部分构成。其中的资本利得，即投资者买卖股票的差价。

在本节，我们假设持股期无限，即投资者买入股票后永不卖出，这样，也就不会产生资本利得，从而我们的模型只考虑股利现金流量。

一、股利贴现模型的分类

(一)零增长的股利贴现模型

零增长模型是假定股利固定不变，即股利增长率为零。零增长模型不仅可以适用于普通股的价值分析，而且也适用于优先股和统一公债的价值评估。其一般形式是

$$V = \sum_{t=1}^{\infty} \frac{D_t}{(1+k)^t} \tag{11-7}$$

式中，V 为股票价值；D_t 为每期股利；k 是为贴现率；t 为持股期。

股息的零增长是一种简化的股利贴现模型，它假设每期期末公司支付给投资者的股利增长率为零。换言之，投资者每期所得到的股息量是保持不变的，即

$$D_t(本期股利)=D_{t-1}(上期股利)$$

在股息零增长状态下，再加上持股期无限的假定，即使得计算股票未来现金流量即是计算一笔终身年金的价值。根据终身年金估值公式

$$PV = \sum_{t=1}^{\infty} \frac{A}{(1+k)^t} \tag{11-8}$$

或

$$PV = \frac{A}{k} \tag{11-9}$$

可得股息零增长下的股利贴现估价公式

$$PV = \sum_{t=1}^{\infty} \frac{D_0}{(1+k)^t} \tag{11-10}$$

即

$$PV = \frac{D_0}{k} \tag{11-11}$$

当依据股利贴现模型所得到的股票价值大于其二级市场价格时，即产生了所谓市场低估，投资者即可实行买入或持有的策略；反之则实行卖出的策略。

【例 11-4】 如果 Zinc 公司预期每年支付股利每股 8 美元，预期收益率是 10%，问该股票的内在价值是多少？如果 Zinc 公司股票目前的市场价格是$65,问该公司股票是被高估还是被低估？

解：该公司股票被严重低估。投资建议：买入。

内在价值 $V = 8 \div 0.1 = 80$ 美元，大于 65 美元。

(二)固定增长的股利贴现模型

固定增长模型又称 Gordon(1962)模型，假设每期股利按一个不变的增长比率 g 增长，因此股利的一般形式是

$$D_t = D_0 (1+g)^t \tag{11-12}$$

将式(11-12)代入式(12-10)，得

$$PV = \sum_{t=1}^{\infty} \frac{D_0 (1+g)^t}{(1+k)^t} \qquad (11\text{-}13)$$

该式即固定增长条件下的股利贴现模型。如果我们进一步假定 $k > g$，即贴现率大于股息增长率，则可通过对式(11-13)右边求极限，而得到

$$V = \frac{D_1}{k-g} \qquad (11\text{-}14)$$

【例 11-5】 某投资者收到 S 公司支付的每股 1 元的上年度股利，并预期以后 S 公司的股利将以每年 7%的水平增长。已知 S 公司的每股市价为 20 元，投资者要求的股票收益率为 15%，那么该公司对投资者来讲，每股价值是多少？

解：$D_1 = D_0 \times (1+7\%) = 1 \times (1+7\%) = 1.07$ (元)

每股价值 $= 1.07 / (15\% - 7\%) = 13.37$ (元)

每股价值<每股市价，每股 S 公司股票被高估 6.63 元，投资者应当卖出该公司股票。

(三)多元增长的股利贴现模型

股利贴现模型的最一般形式——多元增长模型。多元增长模型假定在某一时点 T 之前的股利增长率不确定，但在 T 期之后股利增长率为一常数，这一假设使该模型更接近实际。

由上述的假设可见，此时股利现金流量可分为两部分。第一部分是 T 期内($T-$表示)预期股息流量现值，即

$$V_{T-} = \sum_{t=1}^{T} \frac{D_t}{(1+k)^t} \qquad (11\text{-}15)$$

第二部分则是 T 期后($T+$表示)所有股利流量的现值，即

$$V_{T+} = \frac{D_{T+1}}{(k-g)(1+k)^T} \qquad (11\text{-}16)$$

将式(11-15)和式(11-16)两部分的现金流量现值加总，得到多元增长条件下的估值模型，有

$$V = \sum_{t=1}^{T} \frac{D_t}{(1+k)^t} + \frac{D_{T+1}}{(k-g)(1+k)^T} \qquad (11\text{-}17)$$

二、股利折现模型的拓展

股利折现模型的理论基础在于现值原则：任何资产价值是资产预期现金流量和现金流量的风险度相适应的折现率进行折现而得到的现值。股利折现模型包括两个增长阶段：初始阶段是高速增长，接着是永续的稳定增长。

股票的价值=高速增长阶段的股利现值+期末价格的现值

$$P_0 = \sum D_t / (1+r)^t + P_n / (1+r)^n$$

式中：$P_n = D_{n+1}/(r_n - g_n)$；

　　D_t——第 t 年预期的每股红利；

　　r——超常增长阶段公司的要求收益率(股权资本成本)；

　　p_n——第 n 年年末公司的价格；

　　g——前 n 年的超常增长率；

　　g_n——n 年后永续增长率；

　　r_n——稳定增长阶段公司的要求收益率。

在超常增长率(g)和红利支付率在前 n 年中保持不变的情况下，这一公式可简化为：

$$P_0 = D_0(1+g)[1-(1+g)^n/(1+r)^n]/(r-g) + D_{n+1}/[(r_n - g_n)(1+r)^n]$$

这个模型有四个基本变量：首先规定高增长时期的长度，高增长时期越长，股票就越有价值；其次规定增长期内每一时期的每股股利，因为股利支付率随增长率变动，所以高增长时期的收益增长率和股利支付率要每年估计一次；再次根据分析人士的风险收益模型估计股东持有股票的要求收益率；最后利用对稳定增长率、股利支付率以及高增长时期后的要求收益率预期来估计高增长期期末的价格。

上述方法是二阶段模型(即包括高速增长阶段和稳定增长阶段)，在二阶段模型的基础上经过修正和改进又发展了"H"模型和三阶段模型。其中"H"模型中初始阶段的增长率不是固定不变的，而是随着时间的延续，增长率呈线形下降趋势，直至达到稳定状态下的固定增长率水平。

三阶段模型中现金流量的变动特征为：①第一阶段，盈利按一固定的高增长率逐年增加，股利支付率维持在一个较低的水平上且保持不变；②第二阶段，盈利逐期呈线性下降，直至达到第三阶段的固定增长率水平，在此期间股利支付率逐期提高；③第三阶段为固定增长阶段，增长率合理且永久保持不变，较高的股利支付率也保持不变。

三、股利贴现模型的应用

股利贴现模型的应用首先是帮助我们选择有投资价值的股票，然后依据资产组合理论去构建投资组合。而一旦确定投资组合后，由于股利现金流的发生，可以确定普通股的久期和资本成本。

(一)普通股久期的确定

由对固定收益证券久期的研究可见，久期从本质上是明确了证券持有期与其收益率之间的关系，而这一关系也适用于对普通股的分析。

股利固定增长的普通股久期 D_s，可表示为

$$D_s = (1+k)/(k-g) \tag{11-18}$$

【例 11-6】 已知一股票组合，其中 $k=20\%$，$g=4\%$，则该组合的久期为

$$D_s = (1+0.2)/(0.2-0.04) = 7.5 \text{ (年)}$$

这样，如果该组合的持有期也为 7.5 年，则由 k 的变动所带来的风险即可被最小化。

久期还可以用股利收益的倒数给以近似表示，即

$$D_s = 1/(k-g)$$

(二)资本成本的确定

资本成本是企业为了维持其市场价值和吸引所需资金而在进行项目投资时所必须达到的报酬率,或者是企业为了使其股票价格保持不变而必须获得的投资报酬率。利用不变增长模型可以估计权益资本成本的大小。

由式(11-14)所示的不变股利增长模型,我们得到

$$P_0 = d_1 / (k - g)$$

解出 k 为

$$k = d_1 / P_0 + g \tag{11-19}$$

该式即是利用股利贴现模型所得到的资本成本的确定公式,其中 P_0 为股票价格, d_1 为预期支付的股利。计算中所需要的数据 d_0 和 P_0 可以从市场中得到,而如果我们会计方法或点估计法计算出 g ,即可计算出 d_1 ($d_1 = d_0(1+g)$),从而可解出权益资本成本。

准确估计出权益资本成本对投资者的重要性在于,在投资决策中通常将资本成本视为投资项目的"最低收益率",看作是否采用投资项目的"取舍率",作为比较选择投资方案的主要标准。

【例 11-7】 假设对 A 股票我们有如下数据: $d_1 = 0.8$, $p_0 = 40$, $g = 1\%$,计算该股票的必要收益率。

解:根据式(11-19),我们有

$$k = (0.8 / 40) + 0.01 = 0.03$$

即投资者从对该股票的投资中能获得 3%的必要收益率。如果投资者所要求的收益率大于 3%,即不应对该股票进行投资;而如果投资者所要求的收益率小于 3%,该股票即是值得投资的。

(三)三阶段股利贴现模型应用

以陆家嘴(600663)股利贴现模型(三阶段)为例,由于陆家嘴尚处于高速扩张阶段,因此选择三阶段成长模型可以刻画其未来成长和股利支付轨迹。

1. 2002 年(预测基期)发行摊薄后的每股股利

每股收益=0.23(元)
股利支付率(b)=(1999—2002 年股利总和)/(1999—2002 年净利润总和)=18.23%
每股股利=0.23×18.23%=0.04(元)

2. 股利支付率在不同增长阶段分布预测

高速增长阶段:2003—2007 年,股利支付率为 18.82%。
过渡阶段:2008—2017 年,股利支付率逐年从 24.18%上升至 37%。
稳定增长阶段:股利支付率为 42%。

3. 股权成本估算

本文采用达摩达兰(Damodaran)发展起来的一个基于国家风险调整的 CAMP 修正模型:

$$R_e = R_{fc} + \beta(E_m - R_f + R_c)$$

式中：R_e——股权成本；

　　R_{fc}——长期国债利率，根据我国当前的国债收益率曲线，20 期国债利率为 4.06%；

　　E_m——市场预期收益率；

　　E_m-R_f——股权风险溢酬，用美国 1928—2001 年数据，其算术平均数为 6.84%；

　　R_c——国家风险溢酬，由穆迪公司的国家信用评级对应的溢价决定，我国为 A3 级，
　　　　　其对应值为 1.35%；

　　β——0.79(行业平均数)。

股权成本=4.06%+0.79×(6.84%+1.35%)=10.53%

4. 估价结果

1) 高速成长阶段(见表 11.1)

表 11.1　高速成长阶段估值

年　份	2003	2004	2005	2006	2007
成长率/%	18	18	18	18	18
每股收益/元	0.27	0.30	0.33	0.35	0.40
股利支付率/%	17.86	17.42	19.66	20.07	20.06
每股股利/元	0.05	0.05	0.06	0.07	0.08
股权成本/元	10.53	10.53	10.53	10.53	10.53
每股现值/元	0.05	0.05	0.05	0.06	0.07

2) 过渡阶段(见表 11.2)

表 11.2　过渡阶段估值

年　份	2008	2009	2010	2011	2012	2013	2014	2015	2016	2017
成长率/%	7.50	9.30	29.78	4.920	−14.06	36.36	14.66	0	5	11
股利支付率/%	24.18	23.92	23.51	28.44	30.11	30.02	35.01	35.01	36	37
每股收益/元	0.45	0.47	0.61	0.64	0.55	0.75	0.86	0.86	0.90	1.00
每股股利/元	0.11	0.11	0.11	0.18	0.17	0.23	0.30	0.30	0.32	0.37
股权成本/%	10.53	10.53	10.53	10.53	10.53	10.53	10.53	10.53	10.53	10.53
每股现值/元	0.10	0.10	0.10	0.16	0.15	0.21	0.27	0.27	0.29	0.33

3) 稳定成长阶段(见表 11.3)

表 11.3(a)　稳定成长阶段(2018—2026 年)估值

年　份	2018	2019	2020	2021	2022	2023	2024	2025	2026	2027
成长率/%	8	8	8	8	8	8	8	8	8	8
股利支付率%	38	39	40	41	42	43	44	45	46	47
每股收益/元	1.08	1.16	1.25	1.35	1.45	1.56	1.68	1.81	1.95	2.10

续表

每股股利/元	0.41	0.45	0.50	0.55	0.61	0.67	0.74	0.81	0.90	0.99
股权成本/%	10.53	10.53	10.53	10.53	10.53	10.53	10.53	10.53	10.53	10.53
每股现值/元	0.37	0.41	0.45	0.50	0.55	0.61	0.67	0.73	0.81	0.90

表 11.3(b)　稳定成长阶段(2018—2037 年)估值

成长率/%	股利支付率/%	股权成本率/%	每股现值/元
8.00	60	10.53	10

4)　各成长阶段每股股利现值总和(见表 11.4)

表 11.4　各成长阶段每股股利现值

高速增长阶段/元	过渡阶段/元	稳定增长阶段/元	总和/元
0.28	1.98	16	18.26

注：陆家嘴的每股价值为 18.26 元。

(资料来源：上海证券交易所网站(http：//www.sse.com.cn)，经计算整理而得。)

阅读资料 11.4

我国上市公司股利分配现状

据统计，截至 2018 年 6 月 1 日，境内中国上市公司总数达到 3577 家，沪、深两市股票市场总市值已达 539474.57 亿元，已进入二级市场流通的市值 431321.61 亿元，A 股投资者数量为 13937.76 万户，[①]为学者研究股利理论提供了极好的舞台和机遇。

上市公司股利分配基本上是现金股利和股票股利(又称红股、送股)两种。目前我国上市公司对股利政策普遍不够重视，股利政策制定的盲目性和随意性较大，股利只是被动地反映公司当年的利润情况，主要表现为：上市公司的股利支付率低、股利政策不稳定，许多上市公司将权益筹资看作"免费资金"，存在偏好权益筹资的倾向。

我国上市公司不合理的股利政策，使股东不能从现金股利中获得合理回报，热衷于从股票价格的短期波动中获得资本利得。在这种不完善的股票市场中，股利政策作为传递公司发展前景信号的机制不能得到有效体现，经营者可以不受信号传递假说的制约，随心所欲地制定股利政策。这些问题增加了我国股票市场的投机氛围，影响我国股票市场和公司的长远发展。

第三节　自由现金流贴现模型

美国学者拉巴波特(Alfred Rappaport)于 20 世纪 80 年代提出了自由现金流(Free Cash Flow，FCF)概念：企业产生的、在满足了再投资需求之后剩余的、不影响公司持续发展前

---

① 上海证券交易所(http：//www.sse.com.cn/)、深圳证券交易所(http：//www.szse.cn/)、中国证券登记结算有限公司(http：//www.chinaclear.cn/)经作者整理而得.

提下的、可供企业资本供应者/各种利益要求人(股东、债权人)分配的现金。

麦肯锡(McKinsey & Company，Inc.)资深领导人之一的汤姆·科普兰(Tom Copeland)教授于 1990 年阐述了自由现金流量的概念并给出了具体的计算方法：自由现金流量等于企业的税后净经营利润，即将公司不包括利息费用的经营利润总额扣除实付所得税税金之后的数额)加上折旧及摊销等非现金支出，再减去营运资本的追加和物业厂房设备及其他资产方面的投资。其经济意义是：公司自由现金流是可供股东与债权人分配的最大现金额。本节将对应用得最多的股权自由现金流(Free Cash Flow to Equity，FCFE)贴现模型进行介绍。

一、FCFE 的定义

股权自由现金流量是在公司用于投资、营运资金和债务融资成本之后可以被股东利用的现金流，它是公司支付所有营运费用，再扣除投资支出，所得税和净债务支出(即利息、本金支付减发行新债务的净额)后可分配给公司股东的剩余现金流量。其计算公式为

FCFE=净收益+折旧-资本性支出-营运资本追加额-税后利息费用+债务净增加 (11-20)

二、FCFE 的分类

(一)不变增长条件下的 FCFE 贴现模型

如果公司未来业绩保持稳定的增长率,对这个公司则可使用一阶段 FCFE 贴现模型进行估值。具体形式为

$$P_0 = \mathrm{FCFE}_1 / (k - g) \tag{11-21}$$

式中，P_0 为股票当前的价值，FCFE_1 为公司下一年预期的每股的 FCFE，k 为公司的股权资本成本，g 为公司 FCFE 的稳定增长率。

这一模型非常适用于那些增长率等于或者稍低于名义经济增长率的公司，并且与股利贴现模型相比，该模型得到了很大的改进，因为那些稳定增长的公司每年股利的支付事实上也是很难确定的。如果某一公司处于稳定增长阶段，而且其支付的股利与 FCFE 贴现始终保持一致，那么通过一阶段 FCFE 贴现模型得到的公司价值与股利贴现模型的计算结果是一致的。

【例 11-8】 S 公司每年保持 5%的增长速度，当前每股收益为 1.5 美元，每股资本性支出为 1 美元，每股折旧为 0.5 美元。假定公司资本性支出、折旧和收益的增长速度相同，公司权益报酬率为 10%，同时公司没有任何债务且不进行营运资本追加。计算公司当前的每股价值。

解：首先根据式(11-20)，有

$$\mathrm{FCFE}_0 = 1.5 - 1 + 0.5 = 1(美元)$$

其次，根据式(11-21)，我们可以计算出当前公司的每股价值为

$$P_0 = 1 \times (1 + 5\%) / (10\% - 5\%) = 21(美元)$$

(二)多元增长条件下的 FCFE 贴现模型

与股利贴现模型道理相同，我们改变不变增长条件下 FCFE 贴现模型中 FCFE 按特定的

比例增长的假设,而是假设在一定时期(T期)内FCFE没有固定的增长率,而T期后再遵循一个不变的增长率即,分为两阶段的增长情况:高速增长和永续增长。

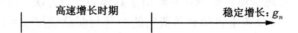

那么该模型的表达形式变为

$$P_0 = \sum_{t=1}^{T} \text{FCFE}_t / (1+k)^t + P_T / (1+k)^T \tag{11-22}$$

其中

$$P_T = \text{FCFE}_{t+1} / (k-g) \tag{11-23}$$

以上两式中,FCFE_t代表公司t期的每股FCFE,P_T为公司在稳定增长阶段期初的每股价值,g代表公司稳定增长阶段的FCFE增长率。

【例11-9】 上海电力(600021)电力行业部分估价。

上海电力主导产品为:电力、技术服务、热力、维护与检修、销售电力相关设备、销售燃料以及运输服务等;其中,电力行业占主营业务收入的96.41%(2015年年报)。随着近年来电力体制改革的不断深化,电源结构不断优化,可再生能源增长成亮点,公司产品需求呈稳定增长态势。从较长时间看,该项业务是稳定增长业务,可以使用简化的模型来分析其价值。试分析公司的电力业务价值。

公司电力行业部分业务受上下游产业影响,呈周期性变化,但与纯火电发电企业有很大不同,不能用普通火电发电公司的比率来预测其盈利比例,公司电力部分业务的盈利只能根据历史水平来估计(见表11.5)。

FCFE=净收入+折旧和摊销−追加维持正常业务性资本

表11.5 公司电力业务的净利润估计

年 份	2016	2015	2014	2013	2012	2011	2010	2009
所属母公司净利润/百万元	1545	1332	1326	1181	883	463	193	384
电力业务盈利比例/%	95.28	95.28	88.24	90.37	88.56	89.25	90.12	88.56
电力业务净利润/百万元	1472	1269	1170	1067	782	413	174	340
FCFE/百万元	1466	1265	1102	1011	746	385	165	333

注:由于公司没有单独公布电力业务部分的净利润,所以上述数据是估计数。

(资料来源:Wind咨询金融终端2015,经编者整理计算而得.)

$R = R_f + \beta(E[R_m] - R_f)$,其中 R_f 为无风险利率,目前为0.03,考虑目前利率水平较低,取0.035。$E[R_m]$为市场预期收益率,目前资产委托的要求收益率为10%。上海电力的β由长江证券研究所金融工程部提供,为1.30473。

计算得,$R=0.11981$。

FCFE 的增长率比较难预测，历史增长率又没有规律，长期来看与行业增长率相近。估计公司的增长率可以维持在 7%～10%左右。

　　公司电力业务价值=1466/(0.119 81-0.07)=29431.84(百万元)

　　电力业务每股价值=29431.84/2139.74=13.75(元)

　　不同的增长率下估价也不同，见表 11.6。

表 11.6　不同增长率分摊每股估价不同

增长率/%	7	8	9	10
冶炼业务每股估价/元	13.75	17.21	22.98	34.58

(资料来源：长江证券研究所童飞：《上海电力(600021)：业绩稳定增长，
清洁能源+海外拓展成未来增长动力》，并经编者整理计算而得.)

(三)公司自由现金流量估价

　　公司的自由现金流量(FCFF)是公司全部所有者所拥有的公司现金流量的总和，包括股东、债券持有人以及优先股股东。衡量公司自由现金流量有两种方法：

　　一是加总全部所有者的现金流量：

　　公司自由现金流量=股权自由现金流量+利息支出(1-税率)+本金偿付-净债券发行+优先股股利

　　另一种方法是利用息税前收益作为计算的基础：

　　　　公司自由现金流量=息税前收益(1-税率)+折旧-资本支出-营运资本变动

　　在 FCFF 模型一般形式中，公司的价值可以表示为预期 FCFF 的现值：

$$公司的价值=\sum FCFF_t/(1+WACC)^t$$

式中：$FCFF_t$——第 t 年的 FCFF；

　　　t——从 1 至无穷大。

　　如果公司在 n 年后达到稳定增长状态，稳定增长率为 g_n，则该公司的价值可以表示为：

$$公司的价值=\sum FCFF_t/(1+WACC)^t+[FCFF_{n+1}/(WACC_n-g_n)]/(1+WACC)^n$$

式中：t——从 1 至无穷大；

　　　$WACC_n$——稳定增长阶段的资本加权平均成本。

　　公司自由现金流量和股权自由现金流量的区别主要在于和债务相联系的现金流量(利息支出、本金偿付和新债发行)和其他的非股票索取权，例如优先股股利。一般而言，公司自由现金流量大于股权自由现金流量。

　　【例 11-10】　亚马逊公司自由现金流贴现模型。

　　亚马逊公司自由现金流贴现如表 11.7 所示。

　　假设亚马逊公司的高速增长期为 10 年，稳定资本收益率是 20%，稳定的增长率是 6%。

　　公司第 11 年的现金流为 188100 万美元，稳定的资本成本为 9.61%，则可计算出期末价值：

　　公司期末价值(Terminal Value)10=$FCFF_{11}$/(资本成本-稳定的增长率)

　　　　　　　　　　=1881000000/(0.0961-0.06)=\$52148000000

表 11.7 亚马逊公司自由现金流贴现

年	FCFF/$	期末价值/$	资本成本/%	复合资本成本/%	现值/$
1	-931		12.84	112.84	-825
2	-1024		12.84	127.33	-805
3	-989		12.84	143.68	-689
4	-758		12.83	162.11	-468
5	-408		12.81	182.87	-223
6	-163		12.13	205.05	-80
7	177		11.62	228.88	77
8	625		11.08	254.25	246
9	1174		10.49	280.90	418
10	1788	52148	9.61	307.89	17518
公司营运资产价值	15170				
现金和非营运资产价值	26				
公司价值	15196				

（资料来源：[美]大卫·T.拉勒比等编，王晋忠等译. 估值技术[M]. 北京：机械工业出版社，2015.）

我们总结以上内容可知，一套 FCFE 估值模型的要素包括下述各点。

(1) 如何定义当期的 FCFE。

(2) 如何确定未来各期的 FCFE。

(3) 如何选择适当的贴现率(WACC)。

(4) 按照何种方法进行贴现？(两段/三段/或者说无限期？)

可以看出：这个模型的难点有以下几点。

(1) 预测未来各期的 FCFE。

(2) 适当的贴现率 WACC 对于模型最终结果影响很大，但是该贴现率的算法很难有统一的标准。

(3) 采用何种方式进行贴现关系到如何定义该企业在企业经营周期中处的地位，以及预测企业发展周期的时间。这个其实和第一点一样非常难。

但是学习这个模型也可以给我们带来几点启发。

(1) 多关注企业的自由现金流，而不是仅仅关注收益。但是需要注意不同行业的现金流存在形式是不同的。

(2) WACC 实际上就是企业所有负债的加权平均期望成本。也就是说，企业发行了股票，向银行借贷用于生产，它必须承担一定的成本。因此，企业拿着这些钱必须投向比 WACC 收益率更高的领域才能保证生存和发展。因此，要关注企业募集资金或借贷资金投入项目的预期收益率与 WACC 相比是否存在明显的优势。

(3) 要关注企业所处行业周期和企业经营周期。

第四节 比 率 分 析

比率分析(Ratio Analysis)包括资产负债表项目或损益表项目之间的比率，它们常常能对公司的风险水平、为股东创造利润的能力等方面提供独特的视角。这些比率的简单计算(常常是把一个数据除以另一个数据)以及对它们的解释就是我们所说的广义上的比率分析。我们在本节所说的比率分析主要应用于股票价值评估。

本章第一节在研究股票发行定价时，我们曾给出了市盈率定价法。实际上，市盈率除了用于股票发行定价外，它还被广泛地应用于对股票价值的评估。此外，市净率、价格与销售收入比率也是进行股票价值评估时常用的方法。

一、市盈率法确定股票投资价值

市盈率(Price Earnings Ratio，P/E)也称"本益比""股价收益比率"或"市价盈利比率(简称市盈率)"。市盈率是最常用来评估股价水平是否合理的指标之一，由股价除以年度每股盈余(EPS)得出(以公司市值除以年度股东应占溢利亦可得出相同结果)，在本质上所反映的是投资于股票的投资回收期。计算时，股价通常取最新收盘价，而 EPS 方面，若按已公布的上年度 EPS 计算，称为历史市盈率(Historical P/E)；计算预估市盈率所用的 EPS 预估值，一般采用市场平均预估(Consensus Estimates)，即追踪公司业绩的机构收集多位分析师的预测所得到的预估平均值或中值。何谓合理的市盈率没有一定的准则。

【例 11-11】 如果 A 股票的收盘价是 88 元，其年每股盈余是 4 元，试求该股票的市盈率。

解：$P/E = 88/4 = 22$

也就是说，如果投资者以每股 88 元购买该股票，他将在 22 年后收回其全部投资。当投资者所期望的投资回收期小于 22 年时，该股票即没有投资价值。换言之，以市盈率方法判断股票投资价值的标准是：将市盈率所表明的投资回收期与期望的投资回收期相比较，当前者小于后者时，股票具有投资价值；反之则不具有投资价值。

市盈率方法除了可以对个股投资价值进行判断外，还可用于对市场走势的判断，其判断依据是：如果整个市场的市盈率非常低，股市将上扬；反之股市将下跌。

(一)市盈率方法的缺陷

市盈率指标用来衡量股市平均价格是否合理具有一些内在的不足。

1. 计算方法本身的缺陷

成分股指数样本股的选择具有随意性。各国各市场计算的平均市盈率与其选取的样本股有关，样本调整一下，平均市盈率也跟着变动。即使是综合指数，也存在亏损股与微利股对市盈率的影响不连续的问题。举个例子，2001 年 12 月 31 日上证 A 股的市盈率是 37.59 倍，如果中石化 2000 年度不是盈利 161.54 亿元，而是 0.01 元，上证 A 股的市盈率将升为 48.53 倍。更有讽刺意味的是，如果中石化亏损，它将在计算市盈率时被剔除出去，上证 A 股的市盈率反而升为 43.31 倍，真所谓"越是亏损市盈率越高"。

2. 市盈率指标很不稳定

随着经济的周期性波动，上市公司每股收益会大起大落，这样算出的平均市盈率也大起大落，以此来调控股市，必然会带来股市的动荡。1932 年是美国股市最低迷的时候，市盈率却高达 100 多倍，如果据此来挤股市泡沫，那是非常荒唐和危险的，事实上当年是美国历史上百年难遇的最佳入市时机。

3. 每股收益只是股票投资价值的一个影响因素

投资者选择股票，不一定要看市盈率，很难根据市盈率进行套利，也很难根据市盈率说某某股票有投资价值或没有投资价值。令人费解的是，市盈率对个股价值的解释力如此之差，却被用作衡量股票市场是否有投资价值的最主要的依据。实际上股票的价值或价格是由众多因素决定的，用市盈率一个指标来评判股票价格过高或过低是很不科学的。

(二)市盈率方法的可用性

市盈率方法虽然存在上述的问题，但在下述情况下，市盈率法与股利贴现模型所得到的投资价值评估结果将是一致的。

(1) 在所有年份内公司的盈余固定不变，且其盈余全部作为股利分派。此时市盈率的倒数——收益、价格比为 E/P，其中 $E=d$；股利贴现模型为 $d/P+g$，其中 $g=0$。二者结果完全相同。然而，这种情况仅仅是一种理论上的推论，它在现实中是完全不存在的：没有哪家公司在其生命期内盈余是固定不变的；也没有哪家公司在任何年度都将其盈余完全作为现金股利发放。

(2) 盈余和股利都保持固定增长，且这一固定增长是一种正常增长，而不是高速增长，同时公司每年把固定比例的盈余作为股利发放。在这种情况下，至少从权益资本成本的角度，用固定股利增长模型和使用市盈率方法所得到的结果是一致的。[①]这种情况在公司处于生命期的成熟阶段时还是有一定的现实性的。

除了上述两种理论上的情况外，在实际投资中，市盈率方法在如下两种情况下也有其应用的合理性。这也正是现实中市盈率法得到市场认可的原因所在，体现在：首先，虽然任何单独一家公司的市盈率都可能存在歪曲，但对整个市场或某一行业的平均而言，市盈率指标则可作为判断市场或某行业是否具有投资价值的依据。此外，市盈率还可用于判断公司是否具有高成长性：在正常情况下，一般具有较高市盈率的股票表明投资者认为该公司具备高成长的潜力。其次，现实中，经常会有公司在某些年度不支付现金股利，此时股利贴现模型的应用即出现困难。这种情况下，一个简便的替代方法，就是确定这类公司的市盈率，然后用市盈率乘以该公司的每股盈余，以此作为对该公司股票的估值。

【例 11-12】 A 公司已连续两年没有给予投资者现金分红，目前它的每股盈余是 0.3 元，市场价格是 10 元，由于该公司潜在的高成长性，投资者预计其市盈率应为 20。请问该股票目前是否具有投资价值？

解：由于该公司没有给予投资者现金分红，所以用市盈率方法确定其投资价值。根据已知条件，该股票的价值为

$$V = 20 \times 0.3 = 6 \ (元)$$

由于该股票目前的市场价格是 10 元，大于其理论价值，所以该股票已不具有投资价值。

(三)计算当前市盈率要考虑的因素

可以将影响市盈率内在价值的因素归纳如下。

(1) 股息发放率 b 。显然，股息发放率同时出现在市盈率公式的分子与分母中。在分子中，股息发放率越大，当前的股息水平越高，市盈率越大；但是在分母中，股息发放率越大，股息增长率越低，市盈率越小。所以，市盈率与股息发放率之间的关系是不确定的。

(2) 无风险资产收益率 R_f 。由于无风险资产(通常是短期或长期国库券)收益率是投资者的机会成本，是其期望的最低报酬率。无风险利率上升，投资者要求的投资回报率上升，贴现利率的上升导致市盈率下降。因此，市盈率与无风险资产收益率之间的关系是反向的。

(3) 市场组合资产的预期收益率 K_m 。市场组合资产的预期收益率越高，投资者为补偿承担超过无风险收益的平均风险而要求的额外收益就越大，投资者要求的投资回报率就越大，市盈率就越低。因此，市盈率与市场组合资产预期收益率之间的关系是反向的。

(4) 无财务杠杆的 β 系数。无财务杠杆的企业只有经营风险，没有财务风险，无财务杠杆的 β 系数是企业经营风险的衡量，该 β 系数越大，企业经营风险就越大，投资者要求的投资回报率就越大，市盈率就越低。因此，市盈率与无财务杠杆的 β 系数之间的关系是反向的。

(5) 杠杆程度 D/S 和权益乘数 L 。两者都反映了企业的负债程度，杠杆程度越大，权益乘数就越大，两者同方向变动，可以统称为杠杆比率。在市盈率公式的分母中，被减数和减数中都含有杠杆比率。在被减数(投资回报率)中，杠杆比率上升，企业财务风险增加，投资回报率上升，市盈率下降；在减数(股息增长率)中，杠杆比率上升，股息增长率加大，减数增大导致市盈率上升。因此，市盈率与杠杆比率之间的关系是不确定的。

(6) 企业所得税率 T 。企业所得税率越高，企业负债经营的优势就越明显，投资者要求的投资回报率就越低，市盈率就越大。因此，市盈率与企业所得税率之间的关系是正向的。

(7) 销售净利率 M 。销售净利率越大，企业获利能力越强，发展潜力越大，股息增长率就越大，市盈率就越大。因此，市盈率与销售净利率之间的关系是正向的。

(8) 资产周转率 TR 。资产周转率越大，企业运营资产的能力越强，发展后劲越大，股息增长率就越大，市盈率就越大。因此，市盈率与资产周转率之间的关系是正向的。

阅读资料 11.5

广证恒生：弱市下如何寻找高"护城河"的价值标的
——"高股息率+低市现率+低市净率+低市盈率"四维度

2015 年 8 月 26 日双降释放近 7000 亿元流动性，27 日进行 1400 亿元 SLO 操作，加上上周二增量逆回购 1500 亿元，近期央行已投放万亿基础货币，流动性方面的担忧得以缓解。但我们一直强调市场整体趋势已走弱，估值体系面临重构需求；而市场的风险偏好也持续下降，后市股指有进一步走弱的动能，黎明的曙光仍需耐心等待。

遵循"高股息率+低市现率+低市净率+低市盈率"四维度寻找弱市下高"护城河"的价值标的。在利率下调后具备高股息率的个股此时更有安全边际。此时，我们叠加其他维度以增强标的的配置价值。

筛选过程如下：①股息率由高至低排序；②依次剔除市现率、市净率和市盈率三项指标排名低于 25%分位值的标的。

前 20 只分别是: 上汽集团、深高速、福耀玻璃、农业银行、工商银行、建设银行、浦发银行、大秦铁路、宁沪高速、光大银行、中国神华、中国银行、交通银行、鲁西化工、华能国际、兴业银行、雅戈尔、中国石化、华电国际、华域汽车。

二、市净率、价格销售比的定义

市净率(Price/Book Value Ratio, *P/BV*),指的是每股股价与每股净资产的比率。市净率可用于股票投资分析,一般来说市净率较低的股票,投资价值较高;反之,则投资价值较低。但在判断投资价值时还要考虑当时的市场环境以及公司经营情况、盈利能力等因素。

对那些盈利为负,无法用市盈率来进行估价的公司可以使用市净率进行估价。

当公司的市净率低于行业平均市净率时,则可认为该公司的价值被低估了,相反,则可认为该公司的价值被高估。

市销率(Price-To-Sales Ratio, *P/S*)是股票市价与销售收入的比率。它主要用来评估股票估值相对本身往绩、其他公司及市场总体的水平。

市销率指标的引入主要是为了克服市盈率等指标的局限性,在评估股票价值时需要对公司的收入质量进行评价。由于主营业务收入对于公司未来发展评价起着决定性的作用,因此市销率有助于考察公司收益基础的稳定性和可靠性,有效把握其收益的质量水平。一般而言,价值导向型的基金经理选择的范围都是"每股价格/每股收入<1"之类的股票。当然,对于不同行业而言,市销率评价标准不同,例如软件等行业由于其利润率相对较高,市销率也较高,而是食品零售商则仅为 0.5 左右。

三、应用多种比率的相对估价法

相对估值的重要环节是确定参照物。从估价的角度看,参照公司是指具有相似现金流量、增长潜力和风险的公司。理想中的状况是,公司价值可以根据完全相同的公司的定价情况进行分析。在实际工作中,参照公司一般是指与被分析公司处于同一行业的公司。在两种情况下相对估价法难以使用:一是当同行业公司数量相对很少时,二是当行业内公司间风险、增长率和现金流量情况的区别显著时,如美国有几百家的计算机软件公司,但这些公司的差异相当大,使用相对估价法意义不大。

(一)市盈率和市净率比较估值

市盈率和市净率比较估值(见表 11.8)。

表 11.8 市盈率和市净率比较估值

	股价/元	每股收益/元	市盈率/倍	每股净资产/元	市净率/倍
A	16.71	0.287	58.22	2.31	7.23
B	13.88	0.325	42.71	1.58	8.78
C	17.76	0.360	49.33	1.42	12.51

(二)EV/EBITDA 倍数比较估值

EV/EBITDA 倍数比较估值(见表 11.9)。

表 11.9 EV/EBITDA 倍数比较估值

	股价/元	总市值/万元	净负债/万元	EBITDA/万元	EV/EBITDA/倍
A	16.71	326068.8	61230	39211	9.88
B	13.88	214133.7	25336	13747	17.42
C	17.76	223012.3	−27618	10488	18.63

其中：EV=总市值+净负债；

净负债=银行贷款 −现金；

EBITDA=利润总额+折旧+摊销+财务费用。

(三)EV/销售额(见表 11.10)

表 11.10(a) EV/销售额横向比较

公 司	食 品		公 司	非食品	
	EV/销售额	EV/EBITDA		EV/销售额	EV/EBITDA
CARREFOE	91%	16.5	P-P-R	129%	23.8

表 11.10(b) EV/销售额纵向比较

年份	1999	2000	2001	2002
福田汽车	0.63	0.90	1.63	2.82

本 章 小 结

本章我们研究了股票定价与估值。诸如票面价格、除权价格、发行价格、市场价格等。股票的票面价格又称面值，它表明每股股票对公司总资本所占的比例，以及股票持有者在获得股利分配时所占的份额。其公式为

股票面值=资本总额/发行股数

从理论上讲，市场价格应是股票未来收益的现值，即股票的内在价值。公式为

市场价格=股息红利收益/利息率

股票发行价格的确定主要有以下三大方法。

一是按照市盈率方法。股票发行定价公式为

发行价=每股净收益×发行市盈率

二是资产净值法。它是指通过资产评估等手段确定发行人拟募每股资产的净现值和每股净资产，然后根据市场状况将每股净资产乘以一定的倍率(若市场好)或折扣(若市场不好)。其定价公式为

发行价格=每股净资产×溢价倍率(或折扣倍率)

三是竞价法。它一般是由发行公司与券商经过充分协商后，确定出该股票不得低于的底价，而其实际的发行价格由市场决定。

除权价格的确定根据送股、配股和派息的不同情况，可分为送股时除权价的确定，公式为 $P = \dfrac{p^{-1}}{1+R}$。配股时的除权价确定，公式为 $P = \dfrac{p^{-1} + p_d \times R_d}{1+R_d}$。以及送股、配股、派息同时进行的除权价确定，其公式为

$$P = \frac{p^{-1} + P_d \times R_d - e}{1 + R + R_d}。$$

股票的价值是由一系列未来现金流量的现值决定的。股票的现金流量由股利现金流量和资本利得两部分构成，即：

$$V = \sum_{t=1}^{T} \frac{d_t}{(1+\rho)^t} + \frac{R_T}{(1+\rho)^t}$$

对股票的价值评估，最为重要的方法是股利贴现模型。所谓股利贴现模型，即将股利收入资本化以确定普通股价值。其一般形式是

在股息零增长状态下，股息零增长下的股利贴现估价公式为

$$PV = \sum_{t=1}^{\infty} \frac{D_t}{(1+k)^t}$$

如果假设每期股利按一个不变的增长比率 g 增长，即得到不变增长条件下的股利贴现模型为

$$PV = \sum_{t=1}^{\infty} \frac{D_0}{(1+k)^t}$$

如果假设在一定时期(T 期)内股息没有固定的增长率，而 T 期后再遵循一个不变的增长率，即得多元增长条件下的估值模型为

$$PV = \sum_{t=1}^{\infty} \frac{D_0(1+g)^t}{(1+k)^t}$$

在我们实际应用股利贴现模型选择股票时，必须解决的问题是对贴现率或投资者所要求的必要收益率 k 和股息增长率 g 两个参数的估计。我们可以通过股利贴现模型、资本资产定价模型，或股利收益率的历史平均值来估算 k。并可通过点估计法和净资产收益率法估计 g。

股利贴现模型的首要应用，当然是帮助我们选择有投资价值的股票，然后依据资产组合理论去构建投资组合。而一旦确定投资组合后，股利贴现模型则可帮助我们确定普通股的久期，还可以帮助我们确定资本成本。

股利固定增长的普通股久期 D，可表示为

$$D_s = (1+k)/(k-g)$$

从融资的角度看，贴现率即是指在给定公司风险的情况下股东要求的权益资本成本。利用不变增长模型可以得

$$k = d_1/P_0 + g$$

该式即是利用股利贴现模型所得到的资本成本的确定公式。

除了股利贴现模型外，自由现金流贴现法也被广泛采用。如果公司未来业绩保持稳定的增长率，对这个公司则可使用一阶段 FCFE 贴现模型进行估值。具体形式为

$$P_0 = \text{FCFE}_1 / (k - g)$$

如果假设在一定时期(T 期)内 FCFE 没有固定的增长率，而 T 期后再遵循一个不变的增长率。那么该模型的表达形式变为

$$P_0 = \sum_{t=1}^{T} \text{FCFE}_t / (1+k)^t + P_{T+1} / (1+k)^{T+1}$$

除了以上两种模型以外，市盈率方法也被广泛地应用于对股票价值的评估。特别是在下述两种情况下，市盈率法与股利贴现模型所得到的投资价值评估结果将是一致的。

(1) 在所有年份内公司的盈余固定不变，且其盈余全部作为股利分派。

(2) 盈余和股利都保持固定增长，且这一固定增长是一种正常增长，而不是高速增长，同时公司每年把固定比例的盈余作为股利发放。

此外，在实际投资中，市盈率方法在如下两种情况下也有其应用的合理性。首先，虽然任何单独一家公司的市盈率都可能存在歪曲，但对整个市场或某一行业的平均而言，市盈率指标则可作为判断市场或某行业是否具有投资价值的依据；其次，现实中，经常会有公司在某些年度不支付现金股利，此时股利贴现模型的应用即出现困难。这种情况下，一个简便的替代方法，就是确定这类公司的市盈率，然后用市盈率乘以该公司的每股盈余。以此作为对该公司股票的估值。

练　习　题

一、名词解释

除权价格　票面价格　市盈率　市净率　内部收益率　股权自由现金流

二、简答题

1. 简述股票除权价格的确定方法。

2. 简述不变增长条件下的股利贴现模型含义及其公式。

3. 简述多元增长条件下的自由现金流贴现模型含义及其公式。

4. 投资者的卖出行为是否会对股票价值产生影响？为什么？

三、计算题

1. 某公司已连续 3 年没有给予投资者现金分红，目前它的每股盈余是 0.6 元，市场价格是 36 元，由于该公司潜在的高成长性，投资者预计其市盈率应为 30。请问该股票目前是否具有投资价值？

2. 如果某股票的收盘价是 10 元，其年每股盈余是 1.0 元，该股票的市盈率是多少？

3. 假设对某投资组合有如下数据：k=10%，g=2%，请计算该组合的久期，并说明该久期的含义。

4. H公司决定进行配股融资，并确定其配股价为10元/股，配股率为每10股配2股，实施配股前一天的收盘价为5元/股。请确定其除权价。

5. 某公司前3年保持6%的增长速度，3年以后每年保持3%的增长速度，当前每股收益为6美元，每股资本性支出为2美元，每股折旧为2美元。假定公司资本性支出、折旧和收益的增长速度相同，公司权益报酬率为10%，同时公司没有任何债务且不进行营运资本追加。计算公司当前的每股价值。

第十二章 衍生证券分析

【学习要点及目标】

随着金融创新的不断发展，衍生证券已成为全球主要资本市场中一个主要的交易品种。衍生证券可分为远期、期货和期权三大类。通过本章的学习，可以了解衍生证券的概念，掌握远期合约和期货定义，了解远期合约和期货的定价原理，掌握期权的相关概念，了解期权的定价模型及投资策略。

【关键概念】

远期合约　期货　基差　期权卖方　期权买方　B-S 期权定价模型　二项式期权定价模型

第一节 远期合约与期货的定价

一、远期合约、期货的定义

(一)远期合约的定义及主要内容

远期合约指合约双方同意在未来日期按照固定价格交换金融资产的合约，承诺以当前约定的条件在未来进行交易的合约，会指明买卖的商品或金融工具种类、价格及交割结算的日期。远期合约是必须履行的协议，不像可选择不行使权利(即放弃交割)的期权。签订一份远期合约，其内容主要包括：标的资产，即合约所要交易的资产；交割日，即履行合约交割资产的时间；交割价格，即合约中规定的交易价格。远期合约规定了将来交换的资产、交换的日期、交换的价格和数量，合约条款因合约双方的需要不同而不同。远期合约主要有远期利率协议、远期外汇合约、远期股票合约。

远期合约是现金交易，买方和卖方达成协议在未来的某一特定日期交割一定质量和数量的商品。价格可以预先确定或在交割时确定。

远期合约是场外交易，如同即期交易一样，交易双方都存在风险。因此，远期合约通常不在交易所内交易。

远期合约中的买方(也称多方)承诺在未来某特定日期、以某特定价格购买合约的标的资产，称为持有多头头寸或简称多头。

合约的卖方(也称空方)承诺在该日期、以该价格出售标的资产，称为持有空头头寸或简称空头。

如果将 t 时刻标的资产的价格记为 S_t，以 K 代表交割价格，到期日为 T。则到期日远

期合约多方的收益为

$$S_T - K$$

而空方的收益为

$$K - S_T$$

(二)远期合约的特点

正是由于远期合约是一种非标准化合约,所以与其他标准化衍生证券(如期货)相比,远期合约具有以下特点。

(1) 合约的规模和内容按交易者的需要而制定,不像期货、期权那样具有标准化合约。

(2) 合约代表了货币或其他商品的现货交易,不像期货、期权那样只需在交割日前进行反向交易即可平仓了结。远期合约90%以上最终要进行实物交割,因此其投机程度大大减少,"以小搏大"的可能性被降至最低。

(3) 合约本身具有不可交易性,即一般不能像期货、期权那样可以随意对合约进行买卖。远期合约一般由买卖双方直接签订,或者通过中间商签约。合约签订后,要冲销原合约,除非与原交易者重新签订合约或协议且说明撤销原合约。因此,远期合约流动性较小。

(4) 合约交易无须交易保证金。金融远期主要在银行间或银行与企业间进行,不存在统一的结算机构,价格无日波动的限制,只受普通合约法和税法的约束,因此无须支付保证金。

(三)期货的定义及主要内容

期货是包括金融工具(如股票、债券等)或未来交割实物商品(如黄金、原油、农产品等)为标的标准化可交易合约,体现了对一种指数或商品在未来某一日期的价值。

期货是一种跨越时间的交易方式。买卖双方通过签订标准化合约(期货合约),同意按指定的时间、价格与其他交易条件,交收指定数量的现货。通常期货集中在期货交易所进行买卖,但亦有部分期货合约可通过柜台交易(Over the Counter,OTC)。

期货是一种衍生性金融商品,按现货标的物之种类,期货可分为商品期货与金融期货两大类。参与期货交易的双方,套保者(或称对冲者)通过买卖期货,锁定利润与成本,减低时间带来的价格波动风险。投机者则通过期货交易承担更多风险,伺机在价格波动中谋取利润。

不少期货市场发展自远期合约,指一对一个别签订的跨时间买卖合同,交易细则由买卖双方自行约定。期货合约则由交易所统一标准化,让四方八面的交易者可在同一个平台上方便地撮合交易。期权(选择权)是从期货合约上再衍生出来的另一种衍生性金融商品。

(四)期货的特点

(1) 期货合约的商品品种、交易单位、合约月份、保证金、数量、质量、等级、交货时间、交货地点等条款都是既定的,是标准化的,唯一的变量是价格。期货合约的标准通常由期货交易所设计,经国家监管机构审批上市。

(2) 期货合约是在期货交易所组织下成交的,具有法律效力,而价格又是在交易所的交易厅里通过公开竞价方式产生的;国外大多采用公开叫价方式,而我国均采用计算机交易。

(3) 期货合约的履行由交易所担保，不允许私下交易。

(4) 期货合约可通过交收现货或进行对冲交易来履行或解除合约义务。

阅读资料 12.1

期货的产生与发展

期货的英文为 Futures，是由"未来"一词演化而来，其含义是：交易双方不必在买卖发生的初期就交收实货，而是共同约定在未来的某一时候交收实货，因此中国人就称其为"期货"。

最初的期货交易是从现货远期交易发展而来，最初的现货远期交易是双方口头承诺在某一时间交收一定数量的商品，后来随着交易范围的扩大，口头承诺逐渐被买卖契约代替。这种契约行为日益复杂化，需要有中间人担保，以便监督买卖双方按期交货和付款，于是便出现了 1571 年伦敦开设的世界第一家商品远期合同交易所——皇家交易所。为了适应商品经济的不断发展，1848 年，82 位商人发起组织了芝加哥期货交易所(Chicago Board of Trade，CBOT)，目的是改进运输与储存条件，为会员提供信息；1851 年芝加哥期货交易所引进远期合同；1865 年芝加哥谷物交易所推出了一种被称为"期货合约"的标准化协议，取代原先沿用的远期合同。使用这种标准化合约，允许合约转手买卖，并逐步完善了保证金制度，于是一种专门买卖标准化合约的期货市场形成了，期货成为投资者的一种投资理财工具。1882 年交易所允许以对冲方式免除履约责任，增加了期货交易的流动性。

(资料来源：http://zhidao.baidu.com/question/30432120.html.)

二、远期合约的定价

(一)现货—远期平价定理

现货—远期平价定理的内容是：假设远期的到期时间为 T，现货价格为 S_0，e 为自然数 2.7183，在连续复利的情况下，0 时刻的远期价格 F_0 必定满足 $F_0 = S_0 e^{rT}$。

如果上述现货—远期平价定理被违背，比如出现 $F_0 > S_0 e^{rT}$ 的情况，那么投资者可采取如下的投资策略：在当前(0 时刻)借款 S_0 用于买进一个单位的标的资产，同时卖出一个单位的远期合约，价格为 F_0。借款期限为 T，远期合约到期时(T 时刻)，投资者用持有的标的资产进行远期交割结算，获得 F_0，偿还借款本息需要支出 $S_0 e^{rT}$。因此，在远期合约到期时，该投资者的投资组合的净收入为 $F_0 - S_0 e^{rT}$，而他的初始投入为 0，这是一个典型的无风险套利。

反之，如果出现 $F_0 < S_0 e^{rT}$ 的情况，即远期价格小于现货价格的终值，则套利者就可进行反向操作，即卖空标的资产 S_0 的同时，将所得收入以无风险利率进行投资，期限为 T，同时买进一份该标的资产的远期合约，交割价为 F_0。在 T 时刻，投资者收到投资本息 $S_0 e^{rT}$，并以 F_0 现金购买一单位标的资产，用于归还卖空时借入的标的资产，从而实现 $S_0 e^{rT} - F$ 的利润。

投资者的上述行为必然使市场上的套利机会消失，即市场恢复所谓无套利均衡，从而现货—远期平价定理成立，即 $S_0 e^{rT} = F_0$。

现在我们考虑这样一种情况：在远期合约到期前空方会获得一定的收益。这种情况下，如果空方所获得收益的现值为 I，则现货—远期平价定理即成为

$$F_0 = (S_0 - I) e^{rT} \qquad (12\text{-}1)$$

进一步，如果远期的标的资产提供连续支付的红利；并假设红利率为 d。在不考虑红利时，该资产的现价 S_0 等价于 $S_0 e^{-dT}$，由此，考虑红利因素后，现货—远期平价公式即为

$$F_0 = S_0 e^{-dT} e^{rT} \qquad (12\text{-}2)$$
$$= S_0 e^{(r-d)T}$$

(二)远期合约的价值

显然，在 0 时刻，远期合约的价值为 0。即交割价格 $S_0 e^{rT} = F_0 = K$。但前面对远期价格的定义中我们已经指出，随着时间推移，远期理论价格有可能改变，而原有合约的交割价格则不可能改变，因此原有合约的价值就可能不再为 0，比如在任意时刻 t，根据定义，远期价格为

$$F_t = S_t e^{r(T-t)} \qquad (12\text{-}3)$$

即远期合约的价值(现值)为

$$f = (S_T - K) e^{-r(T-t)} \qquad (12\text{-}4)$$

【例 12-1】 假设某股票现在的市场价格为 12 元，年平均红利率为 3%，无风险利率为 5%，若该股票 6 个月远期合约的交割价格为 15 元，求该合约的价值与远期价格？

解：由于要考虑红利因素，根据式(12-2)并结合式(12-4)有

$$f = 12 e^{-0.03 \times 0.5} - 15 e^{-0.05 \times 0.5}$$

再根据远期价格的定义，有

$$0 = S_0 e^{-dT} - F e^{-rT}$$
$$= 15 e^{-0.03 \times 0.5} - 12 e^{-0.05 \times 0.5}$$
$$F = 15 e^{0.02 \times 0.5}$$

三、期货合约的定价

(一)基差定义

所谓基差，是指某一特定时点同一资产的现货价格与其期货价格之间的差，用公式表示，即

$$B_{0,t} = S_0 - F_{0,t} \qquad (12\text{-}5)$$

式中，$B_{0,t}$ 为到期日为 t 的某资产的基差；S_0 为当前现货价格；$F_{0,t}$ 为到期日为 t 的期货合约的当前价格。

从实际市场运行中我们会看到，现货价格与期货价格之间的差别会随着到期日的临近而降低，即基差随着到期日的临近而趋于零。这就是所谓现货—期货价格的收敛性。

(二)持仓成本模型

我们从套利定价的理念出发可以推导期货合约的定价模型——持仓成本模型。从上面的研究可见，期货合约的重要功能之一是进行套期保值投资。如果套期保值是完全的，那么由期货合约与其他证券所构成的组合就是无风险的，从而该组合所获得的收益率也就应与其他无风险投资所获得收益率(无风险收益率)相同，否则将存在套利机会。这就是所谓套利定价理念。

假设某投资者以 S_0 的投资额(即股票现价)投资于指数基金，持有期为 1 年。为了规避市场指数波动的风险，该投资者同时进行套期保值，即卖出该指数期货合约，并假设该期货合约的年底交割价格为 F_0。进一步，我们假设指数基金年底一次性向投资者支付红利为 D。由于期货空头不需要初始现金，这样，该组合(由指数基金和期货合约构成)的总投资 S_0 到期末时的价值为 F_0+D。则该组合的收益率为

$$完全套期保值的组合收益率 = \frac{(F_0+D)-S_0}{S_0} \tag{12-6}$$

由于是完全的套期保值，所以式(12-6)所示的收益率即无风险收益率，或者说，它与其他无风险投资所获得的收益率是相同的——否则即存在套利机会，而套利行为必将使二者恢复相等。因此有

$$\frac{(F_0+D)-S_0}{S_0} = r_f \tag{12-7}$$

对式(12-5)进行整理，即得到期货合约的定价为

$$F_0 = S_0(1+r_f) - D$$
$$= S_0(1+r_f - d) \tag{12-8}$$

式中，$d = D/S_0$，为股票资产组合的红利率；$r_f - d$ 为相对于期货来说，持有现货的持仓成本率。

式(12-8)也被称作现货—期货平价定理，即持仓成本率会被基差所抵消——当达到公式所示的 $F_0 = S_0(1+r_f - d)$ 时，基差正好抵消了持仓成本。

式(12-8)实际上是一个单期期货合约定价公式，当推广到多个时期时，假设有效期为 T，则现货—期货平价关系为

$$F_0 = S_0(1+r_f - d)^T \tag{12-9}$$

以上从股票期货角度导出了期货合约的定价模型，只要针对不同金融期货品种的特点进行适当调整，这一模型对所有的金融期货都是适用的，比如对黄金期货来说，我们可将式(12-9)中的红利率 d 设为零，对于债券期货来说，即可用债券的息票利率代替股票的红利率。

阅读资料 12.2

大连商品交易所黄大豆 2 号期货合约

大连商品交易所黄大豆 2 号期货合约一个具体的期货合约如表 12.1 所示。

表 12.1　一个具体的期货合约

项　目	内　容
交易品种	黄大豆 2 号
交易单位	10 吨/手
报价单位	元(人民币)/吨
最小变动价位	1 元/吨
涨跌停板幅度	上一交易日结算价的 4%
合约月份	1 月，3 月，5 月，7 月，9 月，11 月
交易时间	每周一至周五 9:00～11:30，13:30～15:00
最后交易日	合约月份第十个交易日
最后交割日	最后交易日后第三个交易日
交割等级	符合《大连商品交易所黄大豆 2 号交割质量标准(FB/DCE D001—2005)》
最低交易保证金	合约价值的 5%
交割地点	大连商品交易所指定交割仓库
交易手续费	不超过 4 元/手
交割方式	实物交割
交易代码	B
上市交易所	大连商品交易所

(资料来源：大连商品交易所.)

第二节　期权的定价及投资策略

一、期权相关概念

期权又称为选择权，是一种衍生性金融工具。是指买方向卖方支付期权费(指权利金)后拥有的在未来一段时间内(指美式期权)或未来某一特定日期(指欧式期权)以事先规定好的价格(指履约价格)向卖方购买或出售一定数量特定标的物的权利，但不负有必须买进或卖出的义务(即期权买方拥有选择是否行使买入或卖出的权利，而期权卖方都必须无条件服从买方的选择并履行成交时的允诺)。它又可分为买入期权和卖出期权，前者又称看涨期权，它给予其持有者在将来一定时期内以一个预定价格买入一定数量相关资产的权利；后者又称看跌期权，它给予其持有者在将来一定时期内以一个预定价格卖出一定数量相关资产的权利。

(一)期权买方

期权买方是期权合约的购买者。该购买者既可以购买一份买入期权，也可以购买一份卖出期权。买入期权给予其持有者以履约价格购买相关资产的权利。比如，如果购买一份普通股的买入期权，则通过履约，即可以以预先确定的价格，即履约价格或敲定价格或执行价格购买该普通股。

卖出期权则给予其持有者以履约价格卖出相关资产的权利。比如，如果购买一份普通股的卖出期权，通过履约，期权买方即可以以履约价格卖出该普通股。

期权的买方包括购买买入期权和购买卖出期权两种行为。无论是买入期权还是卖出期权，买方都是期权市场中的多头。

(二)期权卖方

期权卖方也称期权销售者，其可以销售买入期权和卖出期权。期权卖方是期权市场中的空头。如果期权买方决定履约，则期权卖方有责任遵守期权合约条款。

(三)期权合约

期权合约是一种赋予交易双方在未来某一日期，即到期日之前或到期日当天，以一定的价格——履约价或执行价——买入或卖出一定相关工具或资产的权利，而不是义务的合约。期权合约的买入者为拥有这种权利而向卖出者支付的价格称为期权费。一般而言，一份期权合约的主要内容包括期权到期日、期权金、建立交易和撤销交易、履约方式等内容。建立交易是指建立新的买空或卖空部位；撤销交易是指撤销一种已形成的交易部位，即对建立交易的卖出。

(四)期权的分类

我们按照期权买方权利的不同、买方执行期权时限的不同，以及标的资产的不同，可以对期权进行不同的相应分类。

按照期权买方权利的不同可以将期权分为看涨期权与看跌期权。看涨期权，简称买权(Call Options)，指赋予合约的买方在未来某一特定时期以交易双方约定的价格买入标的资产的权利；看跌期权，简称卖权(Put Options)，指赋予合约的买方在未来某一特定时期以交易双方约定的价格卖出标的资产的权利。

当期权持有者执行期权能获得利润，称此期权为实值期权(In The Money)，当执行期权无利可图，称此期权为虚值期权(Out Of The Money)。当执行价格低于资产价值时，看涨期权为实值期权；当执行价格高于资产价值时，看涨期权为虚值期权。没有人会行权，以执行价格购买价值低于执行价格的资产。相反，当执行价格高于资产价值时，看跌期权是实值期权，因为期权持有者可以以更高的执行价格出售低值资产。当执行价格等于资产价格时，期权称为平价期权(At The Money)。

美式期权(American Option)允许持有人在期权到期日或之前任何时点行使买入(如果是看涨期权)或卖出(如果是看跌期权)标的资产的权利。欧式期权(European Option)规定持有者只能在到期日当天行权。美式期权比欧式期权的余地多，所以一般来说价值更高。实际上，美国国内交易的所有期权都是美式期权，但是外汇期权和股票指数期权除外。

阅读资料 12.3

郁金香炒作事件

在期权发展史上，我们不能不提到 17 世纪荷兰的郁金香炒作事件。众所周知，郁金香是荷兰的国花。在 17 世纪的荷兰，郁金香更是贵族社会身份的象征，这使得批发商普遍出售远期交割的郁金香以获取利润。为了减少风险，确保利润，许多批发商从郁金香的种植者那里购买期权，即在一个特定的时期内，按照一个预定的价格，从种植者那里购买郁金香。而当郁金香的需求扩大到世界范围时，又出现了一个郁金香球茎期权的二级市场。

随着郁金香价格的盘旋上涨，荷兰上至王公贵族，下到平民百姓，都开始变买卖他们的全部财产用于炒作郁金香和郁金香球茎。1637年，郁金香的价格已经涨到了骇人听闻的水平。与上一年相比，郁金香总涨幅高达5900%！1637年2月，一株名为"永远的奥古斯都"的郁金香售价更高达6700荷兰盾，这笔钱足以买下阿姆斯特丹运河边的一幢豪宅，而当时荷兰人的平均年收入只有150荷兰盾。随后荷兰经济开始衰退，郁金香市场也在1637年2月4日突然崩溃。一夜之间，郁金香球茎的价格一泻千里。许多出售看跌期权的投机者没有能力为他们要买的球茎付款，虽然荷兰政府发出紧急声明，认为郁金香球茎价格无理由下跌，劝告市民停止抛售，但这些努力都毫无用处。一个星期后，郁金香的价格已平均下跌了90%，大量合约的破产又进一步加剧了经济的衰退。绝望之中，人们纷纷涌向法院，希望能够借助法律的力量挽回损失。但在1637年4月，荷兰政府决定终止所有合同，禁止投机式的郁金香交易，从而彻底击破了这次历史上空前的经济泡沫。毫无疑问，这样的事情损害了期权在人们心目中的形象，直至100多年后，伦敦期权交易也依然被认为不合法。

(资料来源：冠通期货经纪有限公司.期权的历史与发展[J/OL].
https://wenku.baidu.com/view/9699d849fe4733687e21aa89.html.)

二、期权定价模型

(一)二项式期权定价模型

没有坚实的数据基础，要完全理解通常使用的期权定价公式是很困难的。二项式期权定价模型(Binomial Option Pricing Model，BOPM)认为在期权合约到期前，其对应的股票价格所发生的变化呈现非连续的要么上升要么下降的二项式分布的特征。实际上，几家大型财务公司已经使用这种模型的变体来对期权与具有期权特征的证券进行定价。假定①投资不存在交易成本，即市场为无摩擦市场(Frictionless Market)。②投资者是价格接受者，即单个投资者的交易行为不能显著地影响价格。③允许完全使用卖空所得资金。卖空意味着卖出并不拥有的股票，在将来必须补进同等数量的股票。④允许以无风险利率借入和贷出资金。⑤未来股票的价格将是两种可能值的一种。

在上述假定基础上，二项式期权定价模型可通过以下几个步骤导出。

(1) 分析股票价格的变动规律。假定某种股票目前的价格为S_0，其未来的价格变化为S_u和S_d中的一种，其中"u为价格上涨，d为价格下跌。设$S_u = u \cdot S_0$，$S_d = d \cdot S_0$，其中u和d固定，且假定$d < 1+r < u$，以图表示即

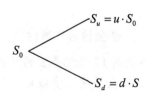

(2) 列出看涨期权(即买入期权)的价格分布。可以把看涨期权的价格(C_0)分布描述为

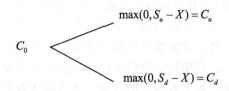

$$\max(0, S_u - X) = C_u$$

$$C_0$$

$$\max(0, S_d - X) = C_d$$

(3) 构建对冲投资组合(hedged portfolio)。该组合包括一个看涨期权和一只股票,以期通过抛出看涨期权来抵消股票投资风险,以得到未来确切的现金流。构建对冲投资组合,首先要抛出一个看涨期权,其结果是在今天(0)产生相当于期权价格的正值现金流($+C_0$),但在到期日要支付期权值($-C_u$ 或 $-C_d$);然后购入一定数量的股票 h_c。(其值在下一步确定),抛出股票将得到 $h_c \times S_u$ 或 $h_c \times S_d$;最后,将上述交易所得现金流加总,即得到净现金流。

(4) 解出 h_c。是每一个抛出的看涨期权所必须购买的股票数量。当股价上涨为 S_u 时,得到对冲组合的净现金流;当股价下跌为 S_d 时,使其等于上述净现金流,从而有

$$-C_u + h_c \times S_u = -C_d + h_c \times S_d \tag{12-10}$$

求解式(12-10),得

$$h_c^* = (C_u - C_d)/(S_u - S_d)$$

以 $u \cdot S_0$ 表示 S_u,以 $d \cdot S_0$ 表示 S_d,得到

$$h_c^* = (C_u - C_d)/S_0(u - d) \tag{12-11}$$

可见,h_c^* 是一个比率,称为保值比率(Hedge Ratio),用来表示为了得到无风险投资组合,每购入一股股票所对应的要抛出的看涨期权数。

(5) 用净现值法(NPV)解出买入期权的价格。如果选 h_c^* 作为要买入的股数,则现金流是确定的。以无风险利率 r 为贴现率,则未来现金流的净现值为

$$NPV = [CF_1/(1+r)] - I$$

其中,CF_1 为第一期的现金流,I 为投资支出。假定 $t=1$,则

$$CF_1 = -C_u + h_c^* \times S_u = -C_d + h_c^* \times S_d \tag{12-12}$$

且

$$I = (C_0 - h_c^* \times S_0)$$

解 C_0 得

$$C_0 = h_c^* \times S_0 + (C_d - h_c^* \times S_d)/(1+r) \tag{12-13}$$

式(12-13)即二项式期权定价模型对看涨期权定价的一般形式。以同样的思路,我们也可以对看跌期权进行定价。二项式期权定价模型所解得的期权价值是一种均衡价值,期权价格对该价值的任何偏离,都会导致无风险套利机会的出现,从而最终使期权价格恢复均衡。

(二)B-S 期权定价模型

尽管我们介绍过的二项式模型非常灵活,但这种方法在实际交易中需要用计算机。B-S期权定价公式更为简单,没有二项式模型中复杂的算法。只要作两个假设,公式就可以使用,这两个假设是无风险利率与股票价格的波动率在期权有效期内保持不变。在这种情况

下，到期日前的时间被细分成更多的间隔，到期日股票价格分布渐近于对数正态分布。

B-S 期权定价模型的假设主要包括以下五点：①投资不存在交易成本。该假设与二项式期权定价模型一致，即市场上不存在税收、交易佣金等。②投资者是价格接受者。该假设也与二项式期权定价模型一致，意味着单个投资者的交易不能显著地影响价格。③允许完全使用卖空所得资金。与二项式期权定价模型一样，投资者不受卖空所得资金使用限制方面的约束。④允许以无风险利率借入和贷出资金。该假设使有关研究得到简化，不必再考虑利率的差异。⑤过去的价格走势不能用来预测未来的价格变化，即股票价格呈随机性变化。

在上述假定基础上，对一个看涨期权来说，B-S 期权定价模型表述为

$$C_0 = S_0 N(d_1) - Xe^{-rt} N(d_2) \qquad (12\text{-}14)$$

式中，C_0 为买入期权的均衡价格，即看涨期权的现价；S_0 为股票的现价；X 为期权的执行价格；e 等于 2.7183，为自然对数的底；r 为以连续复利计算的无风险利率；t 为离期权到期日的年数；$N(d)$ 为概率算子，是正态函数在自变量为 d 时的累计和，可通过标准统计表解出。其中

$$d_1 = [\ln(S_0/X) + (r + \sigma^2/2)t] / \sigma\sqrt{t} \qquad (12\text{-}15)$$

$$d_2 = [\ln(S_0/X) + (r - \sigma^2/2)t] / \sigma\sqrt{t} \qquad (12\text{-}16)$$
$$= d_1 - \sigma\sqrt{t}$$

式中，a 为按连续复利计算的股票年收益率的标准差。这里需要我们注意的是，在很多情况下，根据式(12-15)和式(12-16)所解出的 d_1 和 d_2 的值，在标准统计表中并没有与其所对应的 $N(d_1)$ 和 $N(d_2)$ 的值，需要我们用插值法进行估计。插值法的公式为

$$N(d) = N(d_L) + (d - d_L)[N(d_H) - N(d_L) / d_H - d] \qquad (12\text{-}17)$$

式中，d_L 和 d_H 分别表示标准统计表中最接近根据式(12-15)和式(12-16)所解出的 d 值的低于一侧和高于一侧的值。B-S 期权定价模型的含义是，当根据模型计算的 C_0 大于期权的市场价格时，意味着该期权定价过低，可买入期权而卖空股票。买入卖空的量根据 $N(d_1)$ 确定，如 $N(d_1) = 0.5$，即每买入一个期权，应卖出 0.5 股的股票。

【例 12-2】 假设我们已获得如下参数：$S_0 = 100$ 元，$X = 100$ 元，$\alpha = 30\%$，$r = 7\%$，$t = 1/2$ 年。求解看涨期权的价格。

解：首先，解出 d_1 和 d_2。根据已知条件和式(12-15)，

$$d_1 = (0 + 0.0575)/(0.3 \times 0.70711) = 0.2711$$

根据式(12-16)得

$$d_2 = 0.2711 - 0.3\sqrt{1/2} = 0.2711 - 0.3 \times 0.70711 = 0.0590$$

其次，解出 $N(d_1)$ 和 $N(d_2)$ 的值。由于本例题所解出的 d_1 和 d_2 在标准统计表中没有对应的 $N(d)$ 值，所以根据式(15-17)用插值法计算得

$$N(d_1) = 0.6064 + (0.2711 - 0.27) \times 0.38 = 0.6068$$

$$N(d_2) = 0.5219 + (0.0590 - 0.055) \times 2.2 = 0.5235$$

最后，计算看涨期权的价格得

$$C_0 = S_0 N(d_1) - Xe^{-rt} N(d_2)$$
$$= 100 \times 0.6068 - 100 \times 0.5335 \times e^{-0.07/2} = 10.13(\text{元})$$

即均衡状态下看涨期权的价格为 10.13 元。

三、期权投资策略

(一)购买保护性看跌期权

所谓购买保护性看跌期权,是指当投资者已持有原生资产(如股票)时,为了防止该资产价格大幅下跌所造成的损失,通过购买该资产的看跌期权,为投资损失设定下限,从而获得确定现金流的一种投资策略。

例如,某投资者以每股 10 元购入某公司股票,该股票价格有可能上升到每股 20 元,也可能下跌为每股 5 元。为了尽可能享受到该股票价格上升所带来的收益,并规避其大幅下跌所造成的损失,该投资者可同时购买该股票的看跌期权。假设履约价格为每股 9 元,由于该履约价格小于日前的股票市价,因此这是一种虚值看跌期权。当股票价格下跌到每股 9 元时,投资者的股票投资损失 1 元,同时该看跌期权变为平值期权,从而总损失为 1 元;而当股票价格下跌为每股 8 元时,投资股票的损失为 2 元,但此时看跌期权变为实值期权,投资者履约获得 1 元收益,从而总损失还是 1 元。总之,股票市价与看跌期权的履约价格相比每下跌 1 元,购买股票的损失即增加 1 元,而看跌期权则给投资者带来 1 元的收益,从而使总收益(损失)不变,达到了为投资损失设定下限并获得确定现金流的目的。

(二)抛补的买入期权

所谓抛补的看涨期权,是指当投资者已持有原生资产(如股票)时,为了获得更高的收益,通过出售该资产的看涨期权,为投资收益设定上限,从而获得确定现金流的一种投资策略。这里之所以称为"抛补的",是因为投资者未来交割股票的义务正好被其持有的股票所抵消。

例如,某投资者以每股 10 元购入某公司股票,该投资者希望在股票价格市场升幅的基础上获得更高的收益率,即可同时出售该股票的看涨期权,其履约价格为每股 12 元。当股票价格上升为每股 12 元时,投资者的股票投资获利 2 元;当股票价格上升为每股 13 元时,投资者的股票投资获利 3 元,但此时其出售的看涨期权的买方将行权,导致该投资者以每股 12 元的价格出售了市价每股 13 元的股票,亏损 1 元,从而总收益还是 2 元。总之,股票市价比其出售的看涨期权的履约价格每上升 1 元,投资股票的收益即增加 1 元,而出售该股票看涨期权即损失 1 元,从而使总收益不变,达到了为投资收益设定上限并获得确定现金流的目的。

(三)差价期权

差价期权是指买入一个期权的同时卖出另一个同一种类的期权。所谓的同一种类是指:两个期权要么同为看涨期权,要么同为看跌期权,而且标的物相同。

一个差价期权可以由两个看跌期权或两个看涨期权所构成,但不可能既是看涨期权又是看跌期权。这些期权或者有不同的到期期限,或者有不同的执行价格。

垂直差价期权(Vertical Spreads)是指有不同执行价格但是到期时间相同的期权组成的差价期权。水平差价期权(Horizontal Spreads)是由有着不同到期时间,但是执行价格却相同的期权组成，它们之所以被称为水平差价期权是因为有着相同执行价格的不同期权在报纸上是以水平的方式列出的，水平差价期权也被称为时间差价期权或日历差价期权。对角线差价期权(Diagonal Spreads)包括垂直差价期权和水平差价期权的混合组合，它们包含那些到期时间和执行价格都不相同的期权，不管它们是被买进还是卖出，任何一个差价期权都属于这三类中的一种：垂直差价期权、水平差价期权或对角线差价期权。

另一个为差价期权分类的方法是基于差价期权的价格为其持有者产生净的现金流入或是流出。差价期权的期权费收入超过它们相关成本的被称为贷方差价期权(Credit Spreads)，而借方差价期权(Debit Spreads)则在一开始就使投资者有一个净的现金流出。

差价期权为投资者提供了一个较小的收益但同时只具有有限的风险。它不能使人发横财，但它确实能"修饰"风险，并能在正确的预期下获得收益。差价期权的降低风险机制是通过买进一个期权的同时卖出另一个期权来实现的。例如，当股价下跌时，看涨期权多头的损失会在一定程度上被看涨期权空头的盈利所冲销。而盈利是否会超过亏损取决于两种看涨期权价格随股价变动的程度。假设两个期权都持有到期，同时，买进的看涨期权具有较低的执行价格而卖出的看涨期权具有较高的执行价格。当股价上涨时，投资者将获利，因为这时低执行价格看涨期权多头产生的收益将大于高执行价格看涨期权空头产生的损失。而在熊市中，情况则恰恰相反。对于这种买进低执行价格看涨期权同时卖出高执行价格看涨期权的策略我们称为牛市差价期权策略。而买进高执行价格看涨期权同时卖出低执行价格看涨期权称为熊市差价期权策略。

交易成本也是一个应该考虑的因素，而且差价期权涉及两个或多个期权的交易，所以交易成本在投入资金中的比例更大。为了分析的简便，我们暂不考虑交易过程中的交易成本。

本 章 小 结

远期合约是买卖双方约定在未来某一确定时间，按确定的价格交割一定数量资产的合约。期权是一种法律合约，它给予其持有者在一定时期内以一预定的价格买入或卖出一定数量相关资产的权利。它又可分为买入期权和卖出期权。根据相关资产的当前市场价格与期权履约价格的关系，期权可分为实值期权、虚值期权和平值期权。

现货—远期平价定理是进行远期合约定价的基础，该定理的内容是：假设远期的到期时间为 T，现货价格为 S_0，在连续复利的情况下，0 时刻的远期价格 F_0 必定满足 $F_0 = S_0 e^{rT}$。如果该定理被违背，将违背无套利均衡。

期货合约的定价为： $F_0 = S_0(1 + r_f - d)$

该式也被称为期货合约定价的持仓成本模型，因为式中的 $r_f - d$ 相对于期货来说，即持有现货的持仓成本率。同时，由于持仓成本率会被基差所抵消——当达到公式所示的 $F_0 = S_0(1 + r_f - d)$ 时，基差正好抵消了持仓成本，所以该模型也被称为现货—期货平价定理。

二项定价模型认为在期权合约到期前，其对应的股票价格所发生的变化呈现非连续的要么上升要么下降的二项式分布的特征。其对看涨期权定价的一般形式为

$$C_0 = h_c^* \times S_0 + (C_d - h_c^* \times S_d)/(1 + r)$$

B-S 定价模型的特点在于假定股票价格所发生的变化呈现一种对数正态分布,因此股票价格是一种连续性的变化。该模型建立在投资者能合理进行对冲,且套利行为将使对冲交易最终达到无风险收益率这一共识基础上。模型的结果是期权价值准确反映了市场对它的真实评价,既没有高估,也没有低估。对一个看涨期权来说,B-S 定价模型表述为

$$C_0 = S_0 N(d_1) - Xe^{-rt} N(d_2)$$

B-S 看跌期权定价模型为: $p_0 = Xe^{-rt}[1 - N(d_2)] - S_0[1 - N(d_1)]$

练 习 题

一、概念题

远期合约　远期利率协议　基差　期权　买入期权　期权的卖方　期权投资策略

二、简答题

1. 简述期货与远期合约的异同。

2. 简述二项式期权定价模型的假设及其对看涨期权定价的模型表述。

3. 什么是购买保护性看跌策略?

4. 什么是抛补的看涨期权策略?

三、计算题

1. 假设某股票现在的市场价格为 12 元,年平均红利率为 3%,无风险利率为 5%,若该股票 6 个月远期合约的交割价格为 15 元,求该合约的价值与远期价格?

2. 假设我们已获得如下参数: S_0=10 元, X=10 元, a=30%, r=5%, t=1/2 年。请用 B-S 期权定价模型求解看涨期权和看跌期权的价格。

第五部分

大数据时代量化投资：功能、挑战与监管

　　随着计算机和互联网的普及，人类已经从小数据时代正式迈入大数据时代。在云计算、物联网、大数据技术应用背景下，主观判断或定性投资的逻辑已失去光环，取而代之的是在客观准确及时地度量并锁定风险的基础上获取更高收益的量化投资。量化投资(Quantitative Investment)是指以数据为基础、以模型为中心、以程序化交易为手段的一种交易方式，即运用现代统计学、数学、金融物理学方法，从大量的历史及实时数据中寻找价值洼地，构建能够带来高收益的各种"大概率"投资策略，并依其所购建的数量化模型的运行结果进行决策，力求获得稳定、持续、高于平均收益的投资回报。

　　量化投资在国外的发展已长达 30 余年，理性的投资风格、稳定优异的业绩促使其越来越成为基金经理的重要决策依据。量化投资的概念早已在新世纪进入中国，但真正的量化基金在国内却寥寥无几。量化投资在中国的非有效市场条件下更易把握 α(Alpha)盈利机会，拥有广阔的发展前景。但是我们需要清醒地认识到量化投资在中国当代的挑战性。2015年中国资本市场经历了异常波动。为平稳市场，政府出台了一系列的监管措施，其中，量化投资也成为监管层的重点关注对象之一，这引起了市场对量化金融行业未来发展的普遍关注。

第十三章　量化投资概述

【学习要点及目标】

通过本章的学习，可以掌握量化投资的内涵、量化投资的内容、流程，了解量化投资的特点与种类及优缺点。

【关键概念】

量化投资　技术型量化投资　金融型量化投资

第一节　量化投资的内涵、特征及种类

一、量化投资的理论基础

20 世纪 50 年代马柯维茨提出投资组合模型理论。事实上，量化投资理论是严格基于经典投资理论的两个假设而建立的，这两个假设分别是市场有效假设和无套利机会原则。市场有效假设认为，在现代有效金融市场中，市场是不可能被打败的，也就是说，不存在超额回报，回报与风险必然成正比。市场中天然蕴含着一个风险与收益交换的机制，其中投资者提出需求而市场提供供给，在一个有效的市场中，风险回报机制也意味着超额回报由承担超额风险而来。与市场有效假设紧密相关的是无套利机会原则，也就是金融市场是不可预测的，无风险套利机会并不存在。主流的金融理论主张市场是不可预测的，因为一旦市场能够被预测，那么它就不再有效，获取超额回报可以不再承担多余的风险。而投资者会蜂拥而至，最终抹平无风险套利机会，市场将重新恢复有效。

量化投资的基本核心在于其从理论上完成了对证券价值和交易流程的完整概念梳理，并且通过数理模型的方式用计算机程序模拟出来。关键是，量化交易理论认为投资在市场中关于收益与风险的机制是动态的，它并没有排除资产回报是有可能超额并且可以预估的这种可能性。在以市场有效假设和无套利机会原则为基础的理论中，量化投资对市场风险和收益模型提出了自己的看法。

二、量化投资的内涵

从实践的角度上来看，量化投资即是利用模型来投资。量化投资与定性投资的主要区别是，它在定性的理论基础上进行数量建模，通过计算机强大的处理大量信息的能力，全范围内筛选符合"标准"的股票，避免出现投资"盲点"，能够无遗漏地捕捉到"标准"的投资对象。任何一个完整的关于投资的想法，我们都可以开发成投资模型，然后通过一

定的测试过程来检验这个模型是否有效。如果最终有效，它就是一个可以用作量化投资的投资模型。因此量化投资为我们提供了检验和选股的数学工具，也可以帮助我们规避人为的情绪化和低效率。由于计算机借助量化模型进行程式化交易，从而避免了基金经理人情绪、偏好等心理因素对投资组合的干扰，能精确反映基金管理人的投资意愿，实现最大限度的"理性"投资。

其次，量化投资的各种工具包括系统的投资决策手段和数学模型。从中国量化策略基金的实践来看，金融数量化的程度还处于初步阶段，量化投资的流程还比较简单。中国量化策略基金的量化投资途径多采用从一级股票库初选，并从二级股票库精选，最后对行业进行动态配置的三步法。以中海量化策略基金的量化投资风格为例，第一步是根据公司盈利能力，选择代表性较强的公司盈利能力指标，如过去三年平均每股收益、资产回报率以及毛利率，以所有 A 股上市公司为样本，筛选得到一级股票库。第二步是通过相关指标体系，如估值指标和一致预期指标体系，并借助熵值法确定指标权重后，对一级股票库中的股票进行打分和排名，进一步筛选得到二级股票库。其中，一致预期指标值选取各大券商的估值结论，得出市场对上市公司的平均预期值，以此作为市场对公司未来现金流的权威预期。第三步是采用 B-L 行业量化模型对股票组合进行动态行业配置，对每一个行业形成最佳的权重股组合，提高投资的夏普比率。

再次，量化投资是在对市场深入理解的基础上形成的合乎逻辑的投资方法，而不仅仅是基本面或技术分析。量化投资与传统投资方法的不同之处在于，它是将投资专家的投资思想、经验和直觉通过计算机程序反映在量化投资模型中，利用计算机帮助人脑处理大量的信息，进行投资决策，而不是以个人的主观判断来管理资产。量化投资也不是基本面分析的对立者，它同样需要基本面分析，90%的量化投资模型是基于基本面因素，同时又必须考虑技术因素。

最后，量化投资与现在已经很普遍的指数型基金不同，是一种主动投资。这是因为量化投资和指数化投资的理论基础完全不同。指数化等被动投资的理论基础认为市场是完全有效的，这一理论的依据是基金的历史业绩除去基金的管理费用，要弱于大市。因此，对投资者来说，更合理的手段是试图复制市场，以获得和市场相同的长期收益，同时规避所有的非系统性风险。而量化投资的理论基础认为市场是无效的，或者是弱有效的，这一理论的依据在于总有优秀的基金经理可以发现市场的阿尔法收益。支持量化投资的基金经理认为可以通过对经济环境、行业基本面以及公司的分析，主动构建能够超过市场平均收益率的超额收益组合，因此，量化投资属于主动投资的一种策略。综上所述，量化投资并不是一种被动投资，数量化模型的选择、指标的运用就是量化投资中的主动部分，好的量化投资是主动的人为判断和被动的模型筛选的结合。

三、量化投资的特点

定量投资和传统的定性投资本质上是相同的，二者都是基于市场非有效或是弱有效的理论基础，而投资经理可以通过对个股估值、成长等基本面的分析研究，建立战胜市场，产生超额收益的组合。不同的是，定性投资管理较依赖对上市公司的调研以及基金经理个人的经验及主观的判断，而定量投资管理则是"定性思想的量化应用"，更加强调数据。

(一)纪律性

所有的决策都是依据模型作出的。我们有三个模型：一是大类资产配置模型、二是行业模型、三是股票模型。根据大类资产配置决定股票和债券投资比例；按照行业配置模型确定超配或低配的行业；依靠股票模型挑选股票。纪律性首先表现在依靠模型和相信模型上，每一天决策之前，首先要运行模型，根据模型的运行结果进行决策，而不是凭感觉。有人问，模型出错怎么办？不可否认，模型可能出错，就像电子计算机断层摄影(Computed Tomography，CT)机可能误诊病人一样。但是，在大概率下，CT机是不会出错的，所以，医生没有抛弃CT机，我的模型在大概率下是不出错的，所以，我还是相信我的模型。

纪律性的好处很多，可以克服人性的弱点，如贪婪、恐惧、侥幸心理，也可以克服认知偏差，行为金融理论在这方面有许多论述。纪律化的另外一个好处是可跟踪。定量投资作为一种定性思想的理性应用，客观地在组合中去体现这样的组合思想。一个好的投资方法应该是一个"透明的盒子"。

我们的每一个决策都是有理有据的，特别是有数据支持的。如果有人质问我，某年某月某一天，你为什么购买某只股票，我会打开系统，系统会显示出当时被选择的这只股票与其他股票相比在成长面上、估值上、动量上、技术指标上的得分情况，这个评价是非常全面的，只有汇总得分比其他得分更高才有说服力。

(二)系统性

系统性具体表现为"三多"。首先表现在多层次，包括在大类资产配置、行业选择、精选个股三个层次上我们都有模型；其次是多角度，定量投资的核心投资思想包括宏观周期、市场结构、估值、成长、盈利质量、分析师盈利预测、市场情绪等多个角度；再者就是多数据，也就是海量数据的处理。

人脑处理信息的能力是有限的，当一个资本市场只有100只股票时，这对定性投资基金经理是有优势的，他可以深刻分析这100家公司。但在一个很大的资本市场，比如有成千上万只股票的时候，强大的定量投资信息处理能力能反映它的优势，能捕捉更多的投资机会，拓展更多的投资渠道。

(三)套利思想

定量投资正是在找估值洼地，通过全面、系统性地扫描捕捉错误定价、错误估值带来的机会。定性投资经理大部分时间在琢磨哪一个企业是伟大的企业，哪只股票是可以翻倍的股票；与定性投资经理不同，定量基金经理大部分精力花在分析哪里是估值洼地，哪一个品种被低估了，并买入低估的，卖出高估的。

(四)概率取胜

这表现为两个方面，一是定量投资不断地从历史中挖掘有望在未来重复的历史规律并且加以利用。二是依靠一组股票取胜，而不是一只或几只股票取胜。

四、量化投资的种类

量化投资也有多种不同的种类。

从投资方法来看，大致可将量化投资分为基于算法和基于基本面两大类。基于算法的有高频交易模型、统计套利模型和其他一些寻找市场交易机会的模型等。基于基本面的量化模型市场容量较大，应用最为广泛，可分为选股模型、宏观模型、行业轮动模型、事件驱动套利模型等。

从投资标的的角度，量化投资可以投资于股票、债券、期货(商品和股指期货等)、货币、期权等不同的投资工具。

从投资策略的角度，量化投资又可分为：选择个券模型、宏观配置模型、择时模型和套利模型等。在投资持有期限上，量化投资又可分为：高频(日间)、短期(几天)、中期(1～3月)、长期(4～6个月或以上)等。

量化投资又可以分为技术型量化投资和金融型量化投资两类。

技术型量化投资可定义为，通过广义或狭义的市场技术分析工具，利用高频或低频历史数据，进行操作策略的检验，从而达到良好的收益交易模式和战略，并最终由计算机或交易软件终端程序执行，如交易趋势、套利、短期类型的交易计划等。广义的技术分析工具，不仅包括技术指标，如股票估值指标，盈利指标和图形，还包括各种技术分析基本面的指标。技术型量化投资有统计套利的意义，其理论基础是，利用历史数据测试交易获利的概率或盈利幅度具有统计意义上的显著性。量化投资选取更广泛的样本数据，具有更充分的统计学意义和更完善的交易策略，从而有效避免了传统技术分析工具的缺陷。

金融型量化投资可以定义为以金融理论的不断发展为基础来定价的金融产品(股票、债券、期货、期权等)，通过计算机交易软件终端捕捉金融市场价格异常波动产生的交易机会，进行跨市场、跨时期、多产品的高频率或低频率交易投资。金融型量化投资主要用于股票、债券及相关的期货和期权，这就需要一个相对健全的金融体系和金融环境。此外，金融型量化投资计算金融资产的理论价值，是与金融理论的发展相适应的，如 Markowitz 的投资组合理论，Fama 的有效市场假说，Black-Scholes 的期权定价理论等。

国外量化投资在投资领域有广泛的应用，交易规模大，投资模式相对成熟。技术型量化投资和金融型量化投资相互交织，共同构成了量化投资的总体。2009 年，纽约证券交易所的程序化交易量占到总交易量的 30%。技术型量化投资和金融型量化投资的侧重点有所不同，技术型量化投资通常适用于商品期货及期权交易，金融型量化投资主要适用于股票、债券、金融期货和期权交易。

金融型量化投资是西方金融市场的主要交易方式。20 世纪 80 年代初，Black-Scholes 期权定价模型理论的创始人之一 Black 加入高盛，从事多产品套利交易，从此拉开了现代金融量化投资的序幕，金融理论与金融投资紧密相连。金融型量化投资不仅体现在自动化交易程序上，而且各种中期和长期的交易策略的制定都具有量化投资的性质，因此无法准确衡量金融市场量化投资的份额。但可以肯定的是，当前的金融型量化投资更加完美，从原来单纯的理论价值模型开始转向交易速度模式。金融型量化投资最初通过价值—价格关系，制定出使金融理论和金融工具完美结合的交易策略。但是，1998 年长期资本管理公司的破产暴露出这种模式的缺陷，数学理论完美的推导，有时并不符合实际情况，金融理论存在的限制，"肥尾"涉及重叠掉期交易以及过多的流动性不足的头寸，是导致长期资本管理公司破产的原因(忻海，2010)。从此以后，金融量化投资更多地转向对高频数据的应用、交易速度的追求、控制投资组合头寸的比例，从而减少了市场风险。

五、量化投资的优缺点

量化投资作为一种有效的主动投资工具，是对定性投资方式的继承和发展。实践中的定性投资是指以深入的宏观经济和市场基本面分析为核心，辅以对上市公司的实地调研、与上市公司管理层经营理念的交流，发表各类研究报告作为交流手段和决策依据。因此，定性投资基金的组合决策过程是由基金经理在综合各方面的市场信息后，依赖个人主观判断、直觉以及市场经验来优选个股，构建投资组合，以获取市场的超额收益。与定性投资相同，量化投资的基础也是对市场基本面的深度研究和详尽分析，其本质是一种定性投资理念的理性应用。但是，与定性投资中投资人仅依靠几个指标作出结论相比，量化投资中投资人更关注大量数据所体现出来的特征，特别是挖掘数据中的统计特征，以寻求经济和个股的运行路径，进而找出阿尔法盈利空间。与定性投资相比，量化投资具有以下优势。

(一)量化投资可以让理性得到充分发挥

量化投资以数学统计和建模技术代替个人主观判断和直觉，能够保持客观、理性以及一致性，克服市场心理的影响。将投资决策过程数量化能够极大地减少投资者情绪对投资决策的影响，避免在市场悲观或非理性繁荣的情况下作出不理智的投资决策，因而避免不当的市场择时倾向。

(二)量化投资可以实现全市场范围内的择股和高效率处理

量化投资可以利用一定数量化模型对全市场范围内的投资对象进行筛选，把握市场上每个可能的投资机会。而定性投资受人力、精力和专业水平的限制，其选股的覆盖面和正确性远远无法和量化投资相比。

(三)量化投资更注重组合风险管理

量化投资的三步选择过程，本身就是在严格的风险控制约束条件下选择投资组合的过程，能够保证在实现期望收益的同时有效地控制风险水平。另外，由于量化投资方式比定性投资方式更少依赖投资者的个人主观判断，因此避免了由于人为误判和偏见产生的交易风险。

当然，无论是定性投资还是量化投资，只要适当应用都可以获取阿尔法超额收益，二者之间并不矛盾，相反可以互相补充。量化投资的理性投资风格恰可作为传统投资方式的补充。

量化投资是一种非常高效的工具，其本身的有效性依赖于投资思想是否合理有效，因此换言之，只要投资思想是正确的，量化投资本身并不存在缺陷。但是在对量化投资的应用中，确实存在过度依赖的风险。量化投资本身是一种对基本面的分析，虽然与定性分析相比，量化分析是一种高效、无偏的方式，但是应用的范围较为狭窄。例如，某项技术在特定行业、特定市场中的发展前景就难以用量化的方式加以表达。通常量化投资的选股范围涵盖整个市场，因此获得的行业和个股配置中很可能包含投资者不熟悉的上市公司。这时盲目地依赖量化投资的结论，依赖历史的回归结论以及一定指标的筛选，就有可能忽略不能量化的基本面，产生巨大的投资失误。因此，基金经理在投资的时候一定要注意不能单纯依赖量化投资，一定要结合对国内市场基本面的了解。

经典金融理论认为，人的决策能够被理想化等同于理性预期、风险规避、严格效用最大化的理性人模型。但是大量的心理学研究表明，人们的实际投资决策并非如此。实际上，并非每个市场参与者都能完全理性地按照理论中的模型去行动。同时，由于非理性人的存在，理性人也被迫采取与传统金融理论不一致的决策行为，因此人的非理性行为在经济系统中发挥着不容忽视的作用。我们不能再将人的情感因素作为无关紧要的因素排斥在投资理论之外，而应将行为分析纳入理论分析中，从而作出正确的投资决策。这正是量化投资方式在中国的着眼点所在。与国外相比，目前国内股票市场仅属于非有效或弱有效市场，非理性投资行为依然普遍存在，将行为金融理论引入国内证券市场是非常有意义的。国内有很多实证文献讨论国内 A 股市场未达到半强势有效市场。目前对中国市场特点的一般共识包括：首先，中国市场是一个个人投资者比例非常高的市场，这意味着市场情绪可能对中国市场的影响特别大。其次，中国作为一个新兴市场，各方面的信息搜集有很大难度，有些在国外成熟市场唾手可得的数据，在中国市场可能需要自主开发。这尽管加大了工作量，但也往往意味着某些指标关注的人群少，存在很大机会。最后，中国上市公司的主营比较繁杂，而且变化较快，这意味着行业层面的指标可能效率较低。而中国的量化投资实际上就是从不同的层面验证这几点，并从中赢利。例如，考虑到国内 A 股市场个人投资者较多的情况，我们可以通过分析市场情绪因素的来源和特征指标，构建市场泡沫度模型，并以此判断市场泡沫度，作为资产配置和市场择时的重要依据。

另一方面，由于国内股票市场还不够成熟，量化投资在中国的适用性很大程度上取决于投资小组的决策能力和创造力。以经济政策对中国量化投资的影响为例。中国的股市有"政策市"之称，中国股市的变化极大地依赖于政府经济政策的调节，但是经济政策本身是无法量化的。基金建仓应早于经济政策的施行，而基于对经济政策的预期，但预期的影响比经济政策的影响更难以量化。例如，在现阶段劳动力成本不断上升、国际局势动荡、国际大宗商品价格上升的情况下，央行何时采取什么力度的加息手段，对市场有何种程度的影响，这一冲击是既重要又无法量化的。为解决这个在中国利率非市场化特点下出现的问题，需要基金投资小组采取创造性的方式，将对中国经济多年的定性经验和定量的指标体系结合起来，方能提高投资业绩。

第二节　量化投资的内容及操作流程

一、量化投资的内容

量化投资的内容包括量化选股、量化择时、股指期货套利、商品期货套利、统计套利、算法交易，资产配置，风险控制等。[①]

(一)量化选股

量化选股就是采用数量的方法判断某个公司的股票是否值得买入的行为。根据某个方法，如果该公司满足了该方法的条件，则放入股票池，如果不满足，则从股票池中剔除。量化选股的方法有很多种，总体来说，可以分为公司估值法、趋势法和资金法三大类。

举例：

```
1   #语言：python
2   #工具：Ricequant 米筐量化交易平台
3   #可以自己 import 我们平台支持的第三方 python 模块，比如 pandas、numpy 等。
4   Import numpy as np
5   #在这个方法中编写任何的初始化逻辑。context 对象将会在你的算法策略的任何方法之间做传递。
    definit(context):
6   #查询 revenue 前十名的公司的股票并且他们的 pe_ratio 在 55 和 60 之间。打
7   fundamentals 的时候会有 auto-complete 方便写查询代码。
8   fundamental_df=get_fundamentals(
9   query(
10  fundamentals.income_statement.revenue,
11  fundamentals.eod_derivative_indicator.pe_ratio
12  ).filter(
13  fundamentals.eod_derivative_indicator.pe_ratio > 55
14  ).filter(
15  fundamentals.eod_derivative_indicator.pe_ratio < 60
16  ).order_by(
17  fundamentals.income_statement.revenue.desc()
18  ).limit(
19  10
20  )
21  )
22  # 将查询结果 dataframe 的 fundamental_df 存放在 context 里面以备后面之需：
23  context.fundamental_df=fundamental_df
24  #实时打印日志看下查询结果，会有我们精心处理的数据表格显示：
25  logger.info(context.fundamental_df)
26  update_universe(context.fundamental_df.columns.values)
27  # 对于每一个股票按照平均现金买入：
28  context.stocks=context.fundamental_df.columns.values
29  stocks_number=len(context.stocks)
30  context.average_percent=0.99/stocks_number
31  logger.info("Calculatedaverage percent for each stock is: %f"%
32  context.average_percent)
33  context.fired=False
34  # 你选择的证券的数据更新将会触发此段逻辑，例如日或分钟历史数据切片或者是实时数据切
35  片更新
36  Def handle_bar(context, bar_dict):
37  # 开始编写你的主要的算法逻辑
38  #bar_dict[order_book_id]可以拿到某个证券的 bar 信息
```

① 丁鹏. 量化投资——策略与技术［M］. 北京：电子工业出版社，2012：2-3.

```
39    # context.portfolio 可以拿到现在的投资组合状态信息
40    # 使用 order_shares(id_or_ins, amount)方法进行落单
41
42    #TODO：开始编写你的算法吧！
43    #对于选择出来的股票按照平均比例买入：
44    If not context.fired:
45    For stock in context.stocks:
46    order_target_percent(stock, context.average_percent)
47    logger.info("Bought: " + str(context.average_percent) +"%for stock:
      "str(stock))
48    context.fired=True
```

(二)量化择时

股市的可预测性问题与有效市场假说密切相关。如果有效市场理论或有效市场假说成立，股票价格充分反映了所有相关的信息，价格变化服从随机游走，股票价格的预测则毫无意义。众多的研究发现我国股市的指数收益中，存在经典线性相关之外的非线性相关，从而拒绝了随机游走的假设，指出股价的波动不是完全随机的，它貌似随机、杂乱，但在其复杂表面的背后，却隐藏着确定性的机制，因此存在可预测成分。

(三)股指期货

股指期货套利是指利用股指期货市场存在的不合理价格，同时参与股指期货与股票现货市场交易，或者同时进行不同期限，不同(但相近)类别股票指数合约交易以赚取差价的行为，股指期货套利主要分为期现套利和跨期套利两种。股指期货套利的研究主要包括现货构建、套利定价、保证金管理、冲击成本、成分股调整等内容。

(四)商品期货

商品期货套利盈利的逻辑原理是基于以下几个方面：①相关商品在不同地点、不同时间都对应一个合理的价格差价；②由于价格的波动性，价格差价经常出现不合理；③不合理必然要回到合理；④不合理回到合理的这部分价格区间就是盈利区间。

(五)统计套利

有别于无风险套利，统计套利是利用证券价格的历史统计规律进行套利，是一种风险套利，其风险在于这种历史统计规律在未来一段时间内是否继续存在。统计套利在方法上可以分为两类，一类是利用股票的收益率序列建模，目标是在组合的 β 值等于零的前提下实现 alpha 收益，我们称之为 β 中性策略；另一类是利用股票的价格序列的协整关系建模，称之为协整策略。

(六)期权套利

期权套利交易是指同时买进卖出同一相关期货但不同敲定价格或不同到期月份的看涨或看跌期权合约，希望在日后对冲交易部位或履约时获利的交易。期权套利的交易策略和方式多种多样，是多种相关期权交易的组合，具体包括：水平套利、垂直套利、转换套利、反向转换套利、跨式套利、蝶式套利、飞鹰式套利等。

(七)算法交易

算法交易又被称为自动交易、黑盒交易或者机器交易。它指的是通过使用计算机程序来发出交易指令。在交易中，程序可以决定的范围包括交易时间的选择、交易的价格甚至可以包括最后需要成交的证券数量。根据各个算法交易中算法的主动程度不同，可以把不同算法交易分为被动型算法交易、主动型算法交易、综合型算法交易三大类。

(八)资产配置

资产配置是指资产类别选择和投资组合中各类资产的适当配置以及对这些混合资产进行实时管理。量化投资管理将传统投资组合理论与量化分析技术相结合，极大地丰富了资产配置的内涵，形成了现代资产配置理论的基本框架。

它突破了传统积极型投资和指数型投资的局限，将投资方法建立在对各种资产类股票公开数据统计分析的基础上，通过比较不同资产类的统计特征，建立数学模型，进而确定组合资产的配置目标和分配比例。

(九)风险控制

市场上，针对不同的投资市场，投资平台和投资标的，量化策略师按照自己的设计思想，设计了不同的量化投资模型。这些量化投资模型，一般会经过海量数据仿真测试、模拟操作等手段进行试验，并依据一定的风险管理算法进行仓位和资金配置，实现风险最小化和收益最大化。但是潜在的风险，可能来自以下几个方面：①历史数据的完整性、行情数据的完整性都可能导致模型对行情数据的不匹配。行情数据自身风格转换，也可能导致模型失效，如交易流动性、价格波动幅度、价格波动频率等。这一点是目前量化界最难克服的。②模型设计中没有考虑仓位和资金配置，没有安全的量化交易过程、策略测试、资金增长曲线量化的交易过程，策略测试，资金增长曲线风险评估和预防措施，可能导致资金、仓位和模型的不匹配，而发生爆仓现象。③网络中断，硬件故障也可能对量化投资产生影响。④同质模型产生竞争交易现象导致的风险。⑤单一投资品种导致的不可预测风险。

规避或减小风险的策略包括以下几点：①保证历史数据的完整性。②在线调整模型参数，在线选择模型类型。③在线监测和规避风险。④严格利用最大资金回撤设计仓位和杠杆。⑤备份操作。⑥不同类型量化模型组合。⑦不同类型标的投资组合。

二、量化投资策略中的操作流程

量化投资过程中的操作流程(参见图13.1)包括：数据输入—策略书写—回测输出。

(一)数据输入

1. 如何获取数据

(1) Wind 资讯(http：//www.wind.com.cn/)：数据来源最全，但是要付费，学生可以有免费试用的机会，Wind 有很多软件(比如 Excel，Matlab，Python，C++)的端口。

(2) 预测者网(http：//yucezhe.com/)：一个免费提供股票数据的网站，可用 CSV 格式下载数据。

(3) TB(Tradeblazer)交易开拓者(http：//www.tradeblazer.net/)：可提供数据源。

(4) TuShare(http：//tushare.waditu.com/)：TuShare -财经数据接口包，基于 Python 免费、开源的财经数据包，可利用 Python 摘取数据。

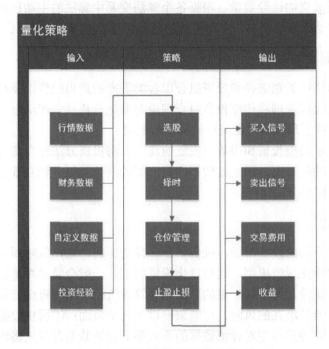

图 13.1　量化投资过程中的操作流程

2．如何存储数据

应用关系型数据库管理系统(如 Mysql)进行数据存储。

3．如何预处理数据

(1) 空值处理，利用 DataFrame 的 fill.na()函数，将空值(Nan)替换成列的平均数、中位数或者众数。

(2) 数据标准化。

4．数据如何分类

可按行情数据、财务数据、宏观数据分类。

(二)计算语言&软件

1．该选择什么语言

建议用 Python 语言。和量化结合比较紧密的有下述几种。

(1) Numpy&Scipy：科学计算库，矩阵计算。

(2) Pandas：金融数据分析神器，原 AQR 资本员工写的一个库，处理时间序列的标配 Matplotlib：画图库。

(3) scikit-learn：机器学习库。

(4) statsmodels：统计分析模块。

(5) TuShare：免费、开源的 Python 财经数据接口包。

(6) Zipline：回测系统。

(7) TaLib：技术指标库。

(8) matlab：主要在矩阵运算、科学运算这一块很强大，优点是 WorkSpace 变量。

2. 可视化

(1) Python 的 Numpy+Scipy 两个库完全可以替代 Matlab 的矩阵运算。

(2) Matplotlib 完全替代 Matlab 的画图功能。

(3) Python 还有很多其他的功能。

(4) Pycharm(Python 的一款 IDE)有很好的调试功能，能代替 Matlab 的 WorkSpace 变量可视化。

3. 推荐的 Python 学习文档和书籍

关于 Python 的基础，建议用 Python 教程，[1][2]适合于没有程序基础的人来先看，涉及 Python 的基本数据类型、循环语句、条件语句、函数、类与对象、文件读写等很重要的基础知识。

如涉及数据运算的话，其实基础教程没什么应用，Python 各类包都帮你写好了，最好的学习资料还是它的官方文档，文档中不仅有 API，还有实例教程。比如：pandas、statsmodels、scipy numpy、matplotlib 和 TuShare 等文档。可参考《利用 Python 进行数据分析》。[3]

(三)回测框架和网站

1. 两个开源的回测框架(参见图 13.2)

PyAlgoTrade - Algorithmic Trading

Zipline，a Pythonic Algorithmic Trading Library

2. 国内量化投资回测网站

回测平台，基本应该都是仿照 Zipline，包括果仁网、优矿聚宽网、BotVS 网、米宽网、factors 网等。另外量化论坛：清华大学经济金融论坛。

国内这些平台的优缺点如下：①提供了数据和回测的框架，确定了语言，你所做的就是第四步——策略书写和优化，大大提高了效率；②可以看到其他人的代码和策略，有论坛，方便交流沟通；③数据接口不足以满足需求，代码保密性不强，API 不够完善；④方便操作，适合不会编程的开发人员；⑤API 有点不好用，数据还是很全；⑥API 很不错，比如 Quantopian，一般较常用。

---

① (美)鲁特兹(Lu tz. M.). Python 学习手册(第 4 版)[M]. 李军，等，译. 北京:机械工业出版社,2015(11).

② 蔡立尚. 量化投资以 python 为工具[M]. 北京：电子工业出版社， 2017，02.

③ (美)麦金尼. 利用 Python 进行数据分析[M]. 唐学韬，等，译. 北京:机械工业出版社，2014，01.

排名	项目	Star	开发语言	分类
1	zipline	3764	Python	策略回测框架
2	tushare	1910	Python	数据下载工具
3	vn.py	1616	Python	量化交易平台
4	finmarketpy	1369	Python	策略回测框架
5	gekko	1117	Node.js	策略模型（比特币）
6	High-Frequency-Trading-Model-with-IB	1014	Python	策略模型（套利）
7	pyalgotrade	887	Python	策略回测框架
8	pytrader	772	Python	策略模型（比特币）
9	xchange	627	Java	策略模型（比特币）
10	bateman	608	Java	策略模型（股票）

数据日期：2016-10-03

图 13.2　量化开源的框架

三、常见的量化交易问题与学习网站

(一)目前市面上的量化交易平台网站

https://www.zhihu.com/question/24392513

(二)学习量化交易如何入门网站

https://www.zhihu.com/question/22211032

(三)中国的 Python 量化交易工具链

https://www.zhihu.com/question/28557233
Top Quant 极宽量化社区(Python 量化学习论坛)
http://www.topquant.vip

(四)Python 学习网站

https://www.shiyanlou.com/courses/

四、国内外量化交易平台(以 Python 语言为主)

(一)国内量化平台

1. 商业 Wind 自带量化交易平台

Wind 开发的量化平台，较权威，用的人数较多，所用的量化语言基本覆盖所有常用语言，如 Matlab、VBA、R、Python、C++、C#。
http://www.dajiangzhang.com/

2. 优矿量化平台

大数据和机器智能时代的量化投资平台，可为量化研究者提供华尔街专业机构的装备(python 编写)。

https://uqer.io/home/

3. 米筐量化交易平台(python 编写)

https://www.ricequant.com

4. BigQuantity 量化交易平台(python 编写)

https://bigquant.com

5. JoinQuant 目前主要支持沪深 A 股、ETF、LOF、分级基金，后续我们会逐步支持股指期货、商品期货、现货、外汇等其他金融衍生品。(python 编写)

https://www.joinquant.com/

6. 掘金量化交易平台

最专业、最开放的量化交易平台：覆盖量化交易完整生命周期，支持策略研发，策略回测，仿真交易与实盘交易； 覆盖全球主要市场； 覆盖所有主流开发语言。

http：//www.myquant.cn/downloads/

7. 京东量化平台(python 编写)

https://quant.jd.com/index

(二)国外量化平台：(全英文)

https://www.quantopian.com/investor_relations

五、量化投资策略涉及的基础知识

量化投资策略主要涉及数学和金融的基础知识，因为策略的来源主要是一些统计学知识和一些投资概念。

(1) 矩阵运算，线性代数：这是科学计算的前提。

(2) 概率统计学：这是金融数据分析的前提。

(3) 计量经济学：也就是多元统计线性回归，推荐《计量经济学导论：现代观点》。

(4) 多因子模型：首先应该阅读有关法玛三因子模型的论文，有一些基本的研究方法和思路在里面。

(5) 投资学：介绍了一些投资学的基础知识和基本模型，例如马柯维茨、法玛三因子等，推荐经典的《投资学》。

(6) Barra：现在非常主流的量化模型，有很多可以参考的资料。

(7) 金融研报：各券商研究员的分析。

(8) 学术期刊论文：各种论文不仅有助于理解上面的基础知识，还可以在其中找到一些量化的灵感。

(9) 机器学习：是计算机科学中数据处理的重要分支，推荐 Peter Harrington《机器学习实战》。

(10) 时间序列分析：金融数据的基础。

(11) 小波分析：包括最基础的傅里叶变换。

阅读资料

用量化投资多方位挖掘市场机会

量化基金近 5 年收益超沪指 4 倍。Wind 数据显示，截止到 11 月 4 日，量化基金近 5 年平均收益率为 96.41%，同期上证综指涨幅 23.61%，凭借长期稳健的表现，国内量化基金从发展初期的"冷门"逐步受到市场"追捧"。建信基金经理日前表示，在目前的经济环境下，A 股市场将延续区间震荡格局，而量化投资因具有严格的纪律性，能够在处理海量数据的基础上，客观选择交易策略，降低情绪影响，在分散投资风险的同时，也能多方位挖掘市场机会。量化基金总规模超过 400 亿元，国外量化投资发展已有 30 多年历史，其投资业绩稳定，市场规模和份额不断扩大，也得到了众多投资者的认可和追捧。一方面，量化投资策略本身已非常成熟和精细；另一方面，海外市场以机构投资者居多，有效性远高于国内市场，量化投资成效显著。

国内量化基金经过十来年的发展，投资成效不断显现。Wind 数据显示，2015 年量化基金的平均收益率达 36.90%，而在今年以来大盘下跌的情况下，量化基金仍取得了正收益。稳健的业绩表现使量化基金这个"舶来品"逐步受到国内投资者认可。广发证券发展研究中心指出，2010 年国内市场上仅有 11 只量化基金，总规模不足 100 亿元，而截至 2016 年 3 季度，市场上的量化基金数量达到了 64 只，总规模超过 400 亿元。相比之下，国内量化还存有较大发展空间。

多因子选股模型提高收益不同于其他基金，量化基金的投资核心是模型。量化投资模型从最初搭建框架到开发因子，再到不断做回测等，都需要时间的磨砺，而成功构建的模型也并非一成不变，在后续的投资运作中，还需辅助以定期的调整与完善。

做量化投资非常注重"稳健"的原则，建信基金的量化投资模型主要由多因子模型与风险模型构成，基于不同基金产品的策略会对模型进行微调。风险模型主要控制整个基金投资组合的行业分布、市值以及投资风格；对于个股进行具体筛选的 α 模型，即多因子选股模型，覆盖情绪、动量、质量、估值等多类型因子以及大数据投资因子。多因子量化模型中的参数，会随着市场变化有所改变，当其变化积累到一定程度超过临界值时，该参数的权重会被适当修正。通过这种量化的选股策略，筛选出的单只股票可能不会获取很大的超额收益，但整体投资组合将获取显著超越指数表现的超额收益，更为重要的是，基金长期业绩表现比较稳定。

从整体来说，风险模型负责控制风险，多因子选股模型负责提高收益。对于指数型量化投资基金，检验其投资成果的主要指标是信息比率，即基金获取的超额收益与跟踪误差之比，信息比率高，意味着以较小的跟踪误差为代价，而获取较大的超额收益，是指数增强型基金业绩水平的重要衡量标准。超额收益的稳定的长期叠加，将有效放大投资者的收益。

(资料来源：张婷. 建信基金：用量化投资多方位挖掘市场机会[N]. 股市动态分析周刊，2016，43：56.)

本 章 小 结

本章阐述了量化投资的内涵、特征、种类、内容及操作流程。

量化投资是指以数据为基础、以模型为中心、以程序化交易为手段的一种交易方式，即运用现代统计学、数学、金融物理学方法，从大量的历史及实时数据中寻找价值洼地，构建能够带来高收益的各种"大概率"投资策略，并依其所购建的数量化模型的运行结果进行决策，力求获得稳定、持续、高于平均收益的投资回报。其内涵包括：①利用模型来投资；②量化投资的各种工具包括系统的投资决策手段和数学模型；③是在对市场深入理解的基础上形成的合乎逻辑的投资方法；④是主动投资。量化投资具有纪律性、系统性、套利思想和概率取胜的特点。

量化投资从投资方法来看，大致可分为基于算法和基于基本面两大类。基于算法的有高频交易模型、统计套利模型和其他一些寻找市场交易机会的模型等。基于基本面的量化模型市场容量较大，应用最为广泛，可分为选股模型、宏观模型、行业轮动模型、事件驱动套利模型等。从投资标的的角度，量化投资可以投资于股票、债券、期货(商品和股指期货等)、货币、期权等不同的投资工具。从投资策略的角度，量化投资又可分为：选择个券模型、宏观配置模型、择时模型和套利模型等。在投资持有期限上，量化投资又可分为：高频(日间)、短期(几天)、中期(1~3 月)、长期(4~6 个月或以上)等。量化投资又可以分为技术型量化投资和金融型量化投资两类。

量化投资的内容，包括量化选股、量化择时、股指期货套利、商品期货套利、统计套利、算法交易，资产配置，风险控制等。量化投资过程中的操作流程包括：数据输入—策略书写—回测输出。

练 习 题

一、概念题

量化投资　技术型量化投资　金融型量化投资

二、简答题

1. 简述量化投资的内涵、特点。

2. 简述量化投资有哪几种分类？

3. 简述投资的内容及操作流程。

第十四章　量化投资的挑战与监管

【学习要点及目标】

通过本章的学习，可以掌握量化及高频交易对资本市场的风险与挑战，了解国内外量化投资的发展历程以及政府对量化投资的监管思路与对策。

【关键概念】

量化投资　高频交易　风险　挑战　监管

第一节　量化投资的发展历程

一、量化投资发展的阶段

(一)国外量化投资实践的发展

量化投资在国外已有 30 多年的发展历史。相比其他投资策略，量化投资的运用已取得了更佳的业绩。1971 年，美国巴克莱投资管理公司发行了世界上第一只指数基金，这标志着量化投资的开始，时至今日，量化投资已经成为美国金融市场的一种重要投资方法。到 2009 年，这个比重已经上升到了 30%以上，主动投资产品中有 20%~30%使用了定量的技术(丁鹏，2012)。今天量化投资方法已经成为全球基金投资的主流方法之一。在美国投资界，西蒙斯所管理的大奖章基金，从 1989 年到 2006 年之间的年化收益率高达 38.5%。西蒙斯的年化净回报率远超巴菲特同期的 21%，西蒙斯因此而被誉为"最赚钱基金经理"和"最聪明亿万富翁"(德圣基金研究中心，2010)。巴菲特所用的是"价值投资"方法，而西蒙斯则依靠的是数学模型和计算机管理自己旗下的基金，即通过数学模型来捕捉市场机会，由计算机作出投资决策(纳兰著，郭剑光译，2012)。计算机依据数学模型进行投资，比个人主动投资可以更有效地降低风险、克服心理因素的影响。量化投资在国外的发展已经经历了四个发展阶段：

(1) 第一阶段从 1949 年至 1968 年：对冲阶段。该阶段是量化投资的萌芽阶段，该阶段具体的量化投资实践很少，主要是为量化投资提供了理论基础和技术准备。量化投资脱胎于传统投资，对抗市场波动，通过对冲稳定 Alpha 收益，但收益率较低。

(2) 第二阶段从 1969 年至 1974 年：杠杆阶段。在该阶段，量化投资从理论走入了实践。在投资思路上，因为原本的 Alpha 策略收益有限，通过放杠杆扩大第一阶段的稳定收益。实践方面，1969 年，美国麻省理工学院数学系前教授爱德华·索普(Ed Thorp)首创了第一个量化对冲基金，进行可转债套利，他是最早的量化投资使用者。1971 年，巴莱克国际投资公司(BGI)发行了世界上第一只被动量化基金，标志着量化投资的真正开始。

(3) 第三阶段从 1975 年至 2000 年：多策略阶段。在这一阶段，虽有一定的挫折，但总体上量化投资得到了平稳的发展。在投资思路上，由于上一阶段通过杠杆放大收益的副作用产生，放大以后的波动率又增大，从而转向继续追求策略的稳定收益，具体的手段是采用多策略稳定收益。实践方面，1977 年，美国的富国银行指数化跟踪了纽约交易所的 1500 只股票，成立了一只指数化基金，开启了数量化投资的新纪元。1998 年，据统计共有 21 只量化投资基金管理着 80 亿美元规模的资产。[①]

(4) 第四阶段从 2000 年至今：量化投资阶段。这一阶段，量化投资得到了迅猛的发展，并且发展速度越来越快。投资思路上，运用量化工具，策略模型化，注重风险管理。在实践方面，在 2008 年全球金融危机以前，全球对冲基金的规模由 2000 年的 3350 亿美元在短短的 7 年时间内上升至危机发生前的 1.95 万亿美元，受美国次贷危机的影响全球对冲基金规模有较大的回落，直到 2008 年之后，在全球经济复苏的大背景下对冲基金规模才开始反弹。

(二)我国量化投资的发展[②]

到目前为止，我国量化投资的发展的主要经历了三个阶段。

(1) 第一阶段从 2004 年至 2010 年：起步阶段。在这一阶段，由于我国没有足够的金融工具，量化投资在我国发展缓慢。2004 年 8 月，光大保德信发行"光大保德信量化股票"，该基金借鉴了外方股东量化投资管理理念，这是我国最早涉足量化投资的产品。2010 年 4 月 16 日，准备多年的沪深 300 股指期货在中金所上市，为许多对冲基金产品提供了对冲工具，从此改变了以前我证券市场只能单边进行做多的局面。

(2) 第二阶段从 2011 年至 2013 年：成长阶段。2011 年被认为是我国量化对冲基金元年，而随着股指期货、融资融券、ETF 和分级基金的丰富和发展，券商资管、信托、基金专户和有限合伙制的量化对冲产品的发行不断出现，这个阶段的量化投资真正意义上开始发展，促使该阶段发展的直接原因就是股指期货的出现。

(3) 第三阶段从 2014 年至今：迅猛发展阶段。2014 年被认为是"值得载入我国私募基金史册的一年"，基金业协会推行私募基金管理人和产品登记备案制，推动了私募基金的全面阳光化，加速了私募基金产品的发行，其中包括量化对冲型私募产品。2014 年称得上我国量化对冲产品增长最迅速的一年，以私募基金为代表的各类机构在量化对冲产品上的规模均有很大的发展，部分金融机构全年销售的量化对冲基金规模超过了百亿元。

2015 年，上证 50ETF 期权于 2 月 9 日正式推出，这对我国的量化投资有着极大的促进作用。4 月 16 日，上证 50 与中证 500 两只股指期货新品种的上市给量化投资带来更多的策略的运用，金融衍生品的不断丰富和发展，为量化投资提供了更多的对冲手段，也提供了更多的套利机会。

---

① Ludwig B. ，Chincarini. The Crisis of Crowding： Quant Copycats，Ugly Models and the New Crash Normal [M]. Wiley Press，2013.

② 陈健，宋文达. 量化投资的特点、策略和发展研究[J]. 时代金融，2016，10： 245-247.

二、发展量化投资前提

量化投资这种投资方法的科学性在海外已经得到了证明，但这是有几个前提条件相配合的。

(1) 市场结构不同，海外成熟市场多是机构投资者占据主流地位，购买量化基金的也主要是机构投资者。因为要将运用模型进行计算操作的量化投资这样复杂的投资方法向普通投资者解释清楚并让他们理解认可确实不易。而在中国这样一个散户占多数的市场中，要想大力推广量化投资的产品，还需要做大量的基础工作，高风险也并不一定代表着高收益(汪昊，2011)。

(2) 成熟市场有悠久的历史，数据供应市场发达，有价值线(Value line)这样备受称赞的数据供应商，而量化投资需要统计以往规律，极为依赖数据，与定性投资方法不同，模型设计不能仅靠经验和直觉，它必须经历一个科学求证并加以改进的过程。在美国，进行量化投资建模通常会向前看 30 年，这样用长期历史数据检验出来的模型可能更为有效。而中国 A 股市场发展仅 20 余年，无论在数据的厚度上，还是供应商的水平都难以一蹴而就。

(3) 从量化产品在海外的实践来看，确实有业绩长期超越基准的产品存在。但事实上，在任何一类基金中，如果要想找出业绩出色的产品，总能找得到。更何况由于诸多定量化投资公司均是私募公司，其业绩并不公开，由于数据的不完整性，量化投资在整体上与指数相比到底有多大优势也难以得知。但是从量化投资的特点上来看，由于量化投资需要不断寻找机会，买入一大批股票，而不会在几只股票上重仓押注，在投资结果上，其换手率和分散化程度都较高。这样一来，在短期内，量化基金的业绩一般而言都难以有突飞猛进的表现，可能需要较长的时间段才能体现出该模型选股选时操作的优越性。在海外，量化投资业集中度比较高，因为这个行业存在一定进入壁垒，定量比定性投资管理更趋集中化。

美国的数据显示，最大的 10 家定量投资公司掌控了 40%～60%的资产。所以，这对中国基金也是个提醒，没有必要大家都要去凑这个热闹，紧抓自己的特色产品，一样能做大做强。

因此，基金公司和投资者对此都应有清醒的认识，定量化投资和以价值投资为代表的定性化投资是投资道路上的不同分支，不是有了模型，一切问题都能解决，计算机改变不了行业发展的规律和本质。至于投资者，究竟选择哪种方法，还是要在仔细研究观察后，根据自己的战略思路或者喜好来确定。量化投资从最初的技术分析手段，逐渐发展演变成为如今有金融理论支撑的金融设计工具，最后到以计算机程序算法主导的高频交易，量化投资的方法在西方金融发展历程中始终占据着重要的地位。资本市场结构的变化是量化投资技术不断更新的原动力，西方金融投资采用"委托代理"为主的理财模式，个人选择投资公司为其理财，这就需要投资公司提供良好的服务和产品业绩。同质化的产品在相对完善的市场制度下，已经难以保证稳定的收益水平，金融服务公司面临着越来越大的竞争压力，只有采用先进的方法获得更高投资收益的金融公司才能脱颖而出。

相对于海外成熟市场，我国 A 股市场的发展历史较短，投资者队伍参差不齐，投资理念还不够成熟。国内 A 股市场仍属于非有效市场，而投资者非理性行为也广泛存在，市场信心及政策信号的变化常常引起市场的过度反应或反应不足。量化投资通过科学理性的统计研究和实证分析使投资决策行为中的人类共性偏差、人为失误、非理性主观因素等产生的投资风险得到最大限度地降低，在充分考虑风险收益配比的原则上构建符合投资目标的有效投资组合，从而有效保证了投资决策的客观性、严谨性和科学性。量化投资的技术和方法在国内处于刚刚起步阶段，几乎没有竞争者，这也给量化投资创造了良好的发展机遇。

由于市场结构的差异，国内量化投资情况与国外有很大不同。技术型量化投资的应用主要集中在期货市场，并且有较高的推崇程度；金融型量化投资的应用主要集中在股票市场，由于需要应用的时间数据周期相对较长，实际应用中并不普遍。目前，中国金融市场正处于迅速发展的阶段，很多新的金融工具在不断被引进，用量化投资方式来捕捉这种机会，也是非常合理的。量化投资在海外的发展相对成熟，已有30多年的发展历程，当前其市场规模和份额正在不断扩大，并已逐渐成了市场交易的主流方式。但相比较而言，我国的量化投资发展还处于起步阶段。在国内，由于股票市场较期货市场发展更为成熟，因此量化投资首先是在股票市场上得到了应用。但就目前的发展情况来看，量化投资还只是在部分机构投资者中推行，普通的投资者对此可以说除了"神秘"之外一无所知。

一般而言，从市场饱和度的角度来看，目前量化投资在中国仍是一块未开垦的处女地，未来的发展空间是非常巨大的。随着中国基金业的发展，市场急需多元化的投资理念，国际上流行的量化投资有望在未来成为A股市场的主流投资方法之一。

随着A股市场的股票数量不断增加，基金规模的不断扩大，基本面研究的成本也会逐步增加，个股对基金业绩的贡献下降，再加上信息的快速传输，依靠基金经理对基本面研究获取超额收益变得更加困难。在这种情况下，量化基金在我国有良好的发展前景。在A股市场，量化投资将能大展身手。随着中国的股票市场和投资机构资金规模的扩大，量化投资能最大程度避免非理性市场和不合理投资目标造成的负面影响，通过客观的量化模型准确地捕捉市场波动获得超额收益。在中国金融市场的不断发展阶段，融资融券和股指期货的推出结束了中国金融市场不能做空的历史，量化投资策略面临着重大机遇。运用量化投资的机理和方法，将成为中国市场未来投资策略的一个重要发展趋势。量化投资在给投资者进行规避风险和套利的同时，也会带来一定的风险，对证券具有助涨助跌的作用。通过研究国外市场的发展和中国市场的特点，对中国市场上的监管创新，制定相关的法律法规也势在必行。

第二节　量化投资和高频交易给资本市场带来的风险及挑战[①]

一、引言

2008年9月，雷曼兄弟公司的破产引发了全球金融危机，不少人将金融危机归咎于金融创新过度。2010年5月6日，美国道琼斯指数狂跌，导致"闪电崩盘"事件。无独有偶，2013年8月16日，我国股票市场发生了光大证券有限责任公司(以下简称光大证券)"乌龙指"事件。此次事件由光大证券使用的"铭创高频交易投资系统"发生技术故障引

---

① 彭志. 量化投资和高频交易：风险、挑战及监管[J]. 南方金融，2016，10：84-89.

发，该故障导致系统生成大量委托订单并同时向交易所发出，市场瞬间出现爆发式上涨。其他金融机构的高频交易系统因此被触发，纷纷进行跟风交易，因而光大证券交易系统故障引发的"蝴蝶效应"瞬间变成了一场金融风暴。光大证券"乌龙指"事件让我们感受到了量化投资(Quantitative Investment)和高频交易(High Frequency Trade)所带来的风险。

量化投资是建立在金融理论的高度数学化以及计算机技术高度发展的基础之上。一方面，金融理论数学化的深入促使通过统计和定量方式研究资产价格走势成为可能，该方法克服了人的思维局限性和心理因素造成的操作偏差；另一方面，计算机技术的高度发展使对高频数据的采集和分析变为可能。相较于低频数据，高频数据具有统计学上更高的可靠性。目前，量化投资已经融入投资决策的全部环节：①估值与选股。量化投资通过量化手段与基本面研究相融合的方法，判断投资标的价值，分析权重选择，挖掘资本市场的运行规律，构建选股策略，包括动量反转选股方法、多因素选股方法等。②资产配置与组合优化。长期趋势资产配置方法包括马柯维茨资产配置模型、均值—LPM 资产配置模型、VaR 约束下的资产配置模型和基于贝叶斯估计的资产配置模型。短期调整资产配置方法包括行业轮动策略、风格轮动策略，Alpha 策略和投资组合保险策略等。③基于指数预测的时点择取。主要包括灰色预测模型、神经网络预测模型和支持向量机预测模型。④行为金融下的投资策略。包括小盘股策略、集中投资策略、反向投资策略和惯性交易策略。⑤程序化交易(包含高频交易)与算法交易。程序化交易通过制定程序化、制度化的规则来选择投资标的。算法交易与程序化交易相似，但算法交易主要运用于经纪商，其应用主要集中在交易量加权平均算法等方面。

高频交易，是指利用高频率的交易来捕捉正常情况下无法利用的短暂市场机会而进行的程序化交易方式。欧洲证券监管委员会(CESR)将高频交易定义为：高频交易是自动化交易的一种形式，利用复杂的 IT 系统和计算机，以毫秒级的速度执行交易并且日内短暂持有仓位。高频交易包括很多策略，如 Delta 中性策略、非 Delta 中性策略，主要通过使用不同种类的金融工具来获取细微利润，并在不同市场上采取超高频交易提高利润。高频交易与算法交易有所不同。算法交易是指先设定好交易策略，然后写入计算机程序，利用计算机平台自动执行。

高频交易可以看成是特殊的算法交易，但算法交易不能都当成高频交易。高频交易的成功实施至少包含两种算法：一是产生高频交易信号的算法，二是优化交易执行的算法。

当前，量化投资在国内资本市场得到了越来越广泛的应用，但由于我国 A 股市场采取 T+1 交易模式，并且设置了涨跌停板，我国尚不具备高频交易快速发展的基础性条件。随着我国金融改革和创新的进一步深化，我国 A 股交易模式可能从 T+1 转为 T+0 并推出做市商制度，金融衍生产品的种类将日益增加，这些都将推动量化投资和高频交易的发展。因此，有必要提高对金融交易模式创新的风险认识，迎接金融创新对风险管理提出的新挑战。

二、量化投资和高频交易给资本市场带来的风险及挑战

(一)量化投资和高频交易带来的风险

(1) 技术风险。量化投资、高频交易对计算机设备和技术的依赖性非常高。通常而言，硬件带来的风险比较小，而软件往往比较脆弱，因而技术风险主要来源于软件。软件设计

的一个小缺陷都有可能导致整个程序化交易策略失效，从而带来风险和波动。

(2) 策略模型风险。在现有的量化投资策略中，设计者往往采用许多复杂的、深奥的策略模型，但是对模型本身的缺陷却缺乏充分认知。同时，市场上各主要机构投资者采用的套利策略模型同质化趋向非常明显。当出现相同的交易信号时，往往导致"助涨杀跌"，加大了系统性风险。

(3) 操作风险。在操作层面上，部分机构为了赚取超额收益，可能会放弃稳定的模型，冒险采用稳定性较低的量化策略模型。同时，模型使用者的水平良莠不齐，对模型不熟悉的操作者容易出现操作失误，甚至酝酿出更大的风险。

(二)量化投资和高频交易带来的挑战

光大证券"乌龙指"事件表明，类似高频交易的程序化交易在我国已经开始应用，可能对市场产生较大冲击。随着我国资本市场与国际接轨的进度加快，高频交易将会成为日益重要的投资决策手段。在促进我国资本市场价格发现功能的同时，高频交易也将给资本市场带来多重挑战。

(1) 高频交易对交易所的订单处理能力提出挑战。由于高频交易系统通过量化分析手段，在短时间内利用计算机程序进行大量自动分析交易，这对交易所的订单处理能力提出巨大挑战。特别是在市场剧烈波动时，高频交易的订单发送量呈倍增态势，可能导致交易所系统的崩溃。

(2) 高频交易可能加剧市场波动。如果市场上有大量采用趋势交易策略的高频交易软件在执行投资决策，交易程序的同质化将导致市场在同一时间收到大量高度相似的交易订单。市场波动将随着交易量的放大而加剧，这可能影响市场稳定性，加大系统性风险。

(3) 高频交易对资本市场监管提出挑战。为了避免高频交易危及市场稳定、损害其他投资者利益，必须对其进行有效监管。高频交易建立在数理化的交易程序上，采用的模型往往比较复杂。因此，要对高频交易进行有效监管，监管人员必须具备较高的数学和金融学素养。

第三节　对量化投资的监管分析

一、对量化投资和高频交易违法违规行为的认定

(一)国外对量化投资和高频交易违法违规行为的认定

(1) 操纵市场行为的认定。欧洲证券与市场管理当局(ESMA)具体界定了通过高频交易操纵市场的行为，其判断标准包括下述各点。

① 行为人的操纵行为是否干扰或者延迟交易系统的正常运转。

② 操纵行为是否影响了金融资产的供求，给其他投资者带来误导。

③ 操纵行为是否影响到其他投资者的交易决策。操纵市场行为主要分两种情形：a.技术优势型操纵，b.跨市场操纵。技术优势型操纵是指凭借先进的技术手段如程序化交易、算法交易等，对市场进行操纵的行为。跨市场操纵一般指跨期货市场和现货市场的操纵。

常见的跨市场操纵行为包括操纵现货市场影响期货市场价格和操纵期货市场影响现货市场价格，这两种操纵行为经常糅合在一起。在跨市场操纵中，操纵者往往利用量化投资和高频交易技术操纵股票价格或股指期货价格。美国和英国对利用高频交易进行市场操纵的行为进行严格限制，并制定了严厉的处罚措施。2011 年 8 月至 10 月，Panther Energy 公司和交易员 Michael Coscia 在极短的时间内发出大量欺骗性指令，在发出买入指令后又在短时间内迅速撤销，以致其他买家迅速跟风买入，上述行为极大地干扰了大豆、石油、股指等商品期货市场。2013 年 7 月，美国商品期货交易委员会、芝加哥商品交易所和英国金融行为监管局对 Panther Energy 公司和交易员 Michael Coscia 进行了处罚，这是境外首例针对高频交易的处罚案例。

(2) 内幕交易的认定。目前，国外还没有出台有关规定，对量化投资和高频交易中存在的内幕交易行为进行明确界定。但在实践中，高频交易也出现了"内幕交易"的影子。有些高频交易策略通过"穿梭"于传统投资者交易指令的间隙，提前窥探到大单走向，并且抢先一步成交。上市公司信息刚公开时，投资者往往有一个短暂的消化期，此时信息尚未被市场完全吸收，其对股价的影响尚未得到充分体现。有些机构采取高频交易策略，利用先进的技术迅速搜集到上市公司的公开信息，并抢先买入或者卖出。

(二)我国对量化投资和高频交易违法违规行为的认定

我国对量化投资和高频交易违法违规行为的认定，典型案例就是 2013 年光大证券"乌龙指"事件。2013 年 11 月 15 日，中国证监会认定光大证券"乌龙指"事件为内幕交易，并对光大证券进行行政处罚。该事件被认定为内幕交易的主要原因包括：第一，光大证券因程序错误导致下单错误的情况没有及时进行信息披露，市场上其他人不掌握该信息，因而该信息符合内幕信息的基本特征，即非公开性。第二，该信息符合重大性标准。所谓重大性，在实务中就是该信息公开时，能给证券市场造成重大影响，导致股票价格大幅波动。光大证券将错单情况公布后，股票价格受此影响而迅速下跌，因而该信息属于证券监管部门根据内幕交易兜底条款认定的内幕信息，光大证券卖出股指期货空头合约的行为构成内幕交易。

二、我国量化投资和高频交易监管存在的漏洞和不足

2013 年 8 月 13 日光大证券"乌龙指"事件暴露出我国量化投资和高频交易监管在多个层次和环节上存在漏洞和不足。

(一)在证券公司层面，部分证券公司在内部风险控制尤其是授权管理方面存在着较大缺陷

完善的风险管理系统应该为每个交易员设置单独的交易额度，该交易员的交易权限在没有授权的情况下不允许超出系统要求的范围。当某交易员的交易额度超过系统限制时，风险控制系统将向总部的风控与合规部门提交权限申请；只有经过总部审批部门的批准后，系统才能执行交易命令。光大证券"乌龙指"事件暴露了有的证券公司风险控制系统存在重大漏洞，数十亿元的订单在不需要系统和审批部门授权的情况下就直接执行。显然，光

大证券在授权管理方面没有为每个交易员单独设立权限,进而导致"乌龙指"事件的发生。英国巴林银行由于交易员的操作失误而倒闭,一个重要原因就是没有为交易员设定管理权限。由此可见,在量化交易管理中,交易权限的管理是至关重要的。

(二)在交易所层面,股票市场的预警和异常交易处置制度有待完善

在光大证券"乌龙指"事件发生的过程中,交易所作为监测市场异动的第一个把关机构,在市场出现异常时未能有效发挥预警作用。此次事件还暴露了交易所在处理异常交易以及系统性风险控制方面存在的一些问题。虽然上海和深圳证券交易所都出台了异常交易事件处理细则,但均未就订单错误等重大操作失误的认定和处置作出相应界定,错误交易后的交易撤销制度也尚未制定等。

(三)在监管层面,尚未出台有关法律法规授权监管部门对异常程序化交易和高频交易进行规制

证券市场中的交易异动事件有着较大的随机性,当其出现时将引起不可预计的多米诺骨牌效应,其传导速度之快、破坏力之大需要引起监管部门的高度重视。因此,监管部门必须在事件发生时作出快速反应,并提出有效、公平的应对措施。2015 年 10 月,中国证监会就《证券期货市场程序化交易管理办法(征求意见稿)》广泛征求社会各界的意见,旨在规范程序化交易,防范因程序化交易导致的系统性风险。

三、完善我国量化投资和高频交易监管的思路及对策

当前,量化投资和高频交易在我国市场交易中的比重还不高,但随着我国资本市场的发展,各种成熟市场的组合及对冲交易策略将在我国资本市场上得到越来越广泛的应用。然而,运用这些策略的机构在交易经验和风险控制等方面可能有所不足,量化投资和高频交易蕴含的风险应当引起监管部门的高度关注和重视。如何进一步完善跨金融市场的风险监测体系,以防范系统性风险,是我国证券监管部门面临的一大挑战。为了避免类似光大证券"乌龙指"事件带来的风险,基于境外成熟市场的监管经验并结合我国实际情况,提出以下对策建议。

(一)监管原则:公平交易、定性监管、分类监管

(1) 公平交易原则。公平交易原则是资本市场有效运行的基础保障。为了消除投资者对高频交易破坏资本市场公平交易的忧虑,监管部门应在监管要求中强调公平交易原则的重要性,并设立监管红线,切实保护投资人利益。

(2) 定性监管原则。由于量化投资和高频交易策略大多是以前沿的金融、数学理论为基础编制的,其程序更新换代速率快,在监管指标界定上难以用量化方式划分,因而需要从定性的角度对不同量化交易进行界定,具体的认定标准需要根据市场运行情况制定。

(3) 分类监管原则。在对量化投资和高频交易的监管中应采用分类监管模式,而针对不同性质、类型的量化交易机构,需要实行灵活的管理模式,应特别注重防止高频交易对交易系统安全性和市场公平交易的破坏,防范高频交易产生的道德风险。

(二)监管机制：构建市场机构、交易所和清算部门三道风险防线[①]

(1) 建立在市场机构的风控部门、量化投资部门以及计算机系统的开发商、服务商。这些机构和部门是高频交易策略的设计开发者和使用者。对计算机系统的开发商和服务商，应该设置一定的准入门槛。只有具有一定资质和技术水准的开发商和服务商才允许其开发设计高频交易系统。对使用高频交易的市场机构应该提出高标准的风控指标和要求，并借助系统自动实现，高频交易系统开发完毕后应经过严格的压力测试才能投入使用。在实际交易过程中，风险监控系统要能够及时发现异常情况并及时切断。

(2) 建立在交易所内，包括证券交易所和期货交易所。在交易所的交易规则设置上，应借鉴海外成熟市场的经验，针对高频交易的准入机制、指令成交比例、容量、指令频率等作出一些限制。在交易所前端建立预警分析系统，一是针对异常的指令流(超大规模和超高频率)进行监控；二是针对市场大盘指数、沪深 300 指数、期货指数等进行监控，发现异常指数波动时，及时进行预警并反馈。各交易所应加强合作及数据共享，以便实时跟踪整个金融市场的交易和资金情况。

(3) 建立在清算部门即证券登记结算公司。针对高频交易的发展，证券登记结算公司的风险防控主要体现在价差风险和本金风险的防范上。对日内超过一定交易量、交易频繁的高频交易采取实时盯市的方式，一旦发现较大风险，及时停止清算。

(4) 监管模式：推行交易所、地方证监局、证监会"三位一体"监管模式。采取"三位一体"的监管模式，即交易所、地方证监局、证监会协同监管，交易所负责最前端，地方证监局次之，证监会负责最末端，依次递进。交易所负责实时监控量化投资和高频交易的异常情况，及时预警、及时采取限制交易措施，同时向监管机构报告。地方证监局负责监控、掌握辖区内量化投资和高频交易的应用状况，会同证监会和交易所共同处理辖区内发生的异常交易事件。证监会牵头制定规制量化投资和高频交易的规章制度，建立高频交易违法违规行为的预警机制。

在操作层面上，应明确量化投资和高频交易异常事件的监管流程，具体如图 14.1 所示。当交易所监控系统发现异常事件时，首先判断是否具有重大性要件(重大性标准的设计由交易所制定并报监管机构备案)；如达到重大性标准，则立即启动应急机制，成立应急处置小组；然后再判断是否涉嫌违法违规，如果涉嫌违法违规，由地方证监局或证监会立案稽查，并及时公布处罚结果。证监会、地方证监局和交易所应提出相应的整改措施，并修订、完善相关制度。

(三)具体监管措施

1. 建立完善的算法报备制度

当前，我国开展程序化交易的几家期货交易所，已经实现了程序化交易报备制度，但沪深证券交易所还未开展此项工作。下一步，应要求各市场机构的量化投资部门将高频策略的算法信息向交易所、监管部门报备，具体应包括算法策略、合规风控情况、系统测试细节等，以消除监管机构和市场机构之间的信息不对称性，使监管机构能够有效进行事前

---

①彭志. 量化投资和高频交易：风险、挑战及监管[J]. 南方金融，2016，10：84-89.

与事后监督，控制市场风险。

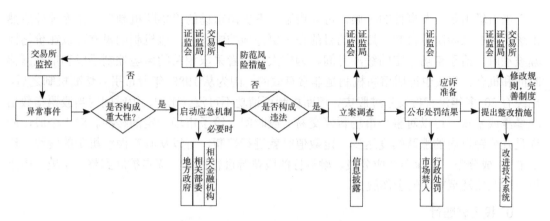

图 14.1 量化投资和高频交易监管流程

2. 交易所加强对异常情况的监控并及时响应

交易所开发更先进的监控系统，进行跨市场违规预警，实时同步监控期现货市场、内外盘市场；对量化投资的交易量、交易频率和买卖指令等进行监控，并在高频交易对市场产生重大异常影响时提供及时的反馈；预警并视情况决定是否暂停交易，并能够关注、提醒或限制某些账户的交易。另外，监管部门也应设置该系统的客户端，一旦发生异常情况，能够接收到系统的报警并实施同步追踪，并及时触发应急处置机制。

3. 设置订单最低存续时间

程序化交易可以自动将一个大单拆分成多笔小单，这些订单不一定都能成交。一些市场操纵者往往频繁申报、频繁撤单，以制造股票成交活跃的假象，吸引其他投资者跟进买入，从而达到操纵股价并牟利的目的。因此，建议规定订单在下单后的某个给定时间内(比如 200 毫秒)不允许撤单。

4. 程序化交易的监管[①]

程序化交易的监管，主要针对程序化交易中容易出现的程序出错、金额出错、交易指令出错等能给市场带来重大影响的交易行为，其主要目的在于尽可能地降低相关事故对市场和普通投资者的影响。首先，监管者应当对账户每天的交易进行限额，对程序化交易客户的接入端口限定流量，比如当出现突破限定的异常大流量时，应拒绝相关的报单；其次，交易所应当设定一个意外界定的标准，一旦出现意外，交易所应该有一个即时的预警，及时告知投资者；再次，加强对期指套利账户的监管，对大单进行追踪，防止通过操纵市场价格套利的违法行为；最后，当程序化交易账户的金额超过一定限额时，应当对其交易策略和程序在交易所做一个保密性报备，为今后可能发生的事件进行责任认定时提供参考，比如借鉴美国当前的监管方法，要求诸如大型对冲基金、私募股权基金等透明度不高的基金，向交易所报备交易信息。

---

① 郭喜才. 量化投资的发展及其监管[J]. 江西社会科学，2014，(03)：58-62.

5. 市场应急机制

当市场出现突发事件的时候，可以借鉴一下美国市场的"熔断机制"。作为国外成熟市场重要的风险防范机制，熔断的目的在于更好地控制风险。该机制的设立可以在价格巨幅波动时，给予市场一定的缓冲时间，为广大投资者采取相关的风险控制手段和措施赢得时间和机会。事实也证明熔断机制是非常有效的，因为从 1988 年股市引入熔断机制之后，已经有 20 多年没有再发生过股灾，熔断机制可谓功不可没。比如，短时间内当股票指数出现暴涨或暴跌，可以对整个市场暂停交易一段时间，给予市场一定的缓冲。对于个股，同样是几分钟以内的涨跌幅度达到一定数值时就进行熔断，可以从具有做空机制的股票，比如 ETF 成分股、沪深 300 成分股、融券标的股票等进行试点，逐步扩展到整个主板、中小板、创业板及至市场的全部股票。

6. 投资者赔付

量化交易会造成普通投资者的损失，应当建立一套投资者赔付机制。首先，监管部门应当完善相关的司法解释，通过明确法律法规支持投资者对损失的索赔；其次，市场也应当建立相应的机制应对此类突发状况。事实上，当前我国证监会已经设立了一个通过向证券公司收取风险保证金作为赔付金的投资者保护基金。由于量化交易存在着较大的可能，包括扰乱市场、损坏普通投资者利益，因而监管层可以探讨通过收取一定比例的交易费用，作为投资者保护基金进行赔付的可能性。此外，从法律制度上，应当有一套完善的认定需要该保护基金赔付投资者损失的标准和规则。

7. 事件认定

对于既成事实的恶性事件，应该在事后进行认定，对于内幕交易、非法套利等违法事件应当加大惩罚力度，给予后来者以警示威慑作用。就量化投资而言，特别是程序化交易总是存在着异常交易的可能，如果没有统一的标准将很难让人信服，比如"光大乌龙指事件"的属性认定至今仍备受大众质疑和诟病。因而，应当根据量化交易的特点，设立一套标准的事件认定规范。在规范内，如果行为人已经履行了必要的履约义务，只需要进行相关损失的赔付，同时在监管制度上进一步完善。但是，对于利用意外事件进行非法套利的行为，相关责任人和单位除进行必要的巨额经济罚单外，还应当对其提起相关刑事诉讼，以警示后来者。

阅读资料

全球首例幌骗案件分析及启示

2015 年 11 月 3 日，美国联邦法院裁定高频交易员 Michael Coscia 商品交易欺诈以及幌骗(Spoofing) 罪名成立，这是全球针对这种违法交易行为的首例刑事指控，也是美国多德·弗兰克法案(Dodd Frank Act)出台以来关于其中"禁止 Spoofing 等市场干扰行为"的首个案例，具有里程碑意义。2011 年 8 月至 10 月，Coscia 使用其开发的交易系统在芝加哥商品交易所(Chicago Mercantile Exchange，CME)和洲际交易所(Inter Continental Exchange，ICE)的多个品种上进行了高频交易。其核心交易策略为进行小额申报并同时进行反方向大额申报以影响价格，使小额申报以有利于自己的价格成交。

2013 年 7 月 22 日，商品期货交易委员会(Commodity Futures Trading Commission，CFTC)

对 Panther Trading LLC 公司和 Coscia 处以 140 万美元罚款，没收其 140 万美元的非法利益，并处以一年市场禁入，理由是其于 2011 年 8 月 8 日至 2011 年 10 月 18 日间在 CME 集团 Globex 电子交易平台的 18 个期货品种上进行 Spoofing 交易，这是 CFTC 第一次以 Spoofing 的名义进行处罚。CFTC 指出其处罚的依据为多德·弗兰克法案中的反市场干扰行为条例 (Dodd Frank Antidisruptive Practices Provision)。在同一天，CME 也对 Coscia 处以 20 万美元罚款，6 个月禁止在 CME 交易，并没收 Coscia 和其公司非法利益 $1，312，947.02。CFTC 指出，CME 对 Coscia 没收的非法利益部分可以用于抵消 CFTC 没收的 140 万美元的非法利益。CME 根据以下几个指标来判断这些大额申报不以成交为目的：买卖申报的明显不均衡、大额报单撤单率和报单的维持时间等。同时 CME 发现，Coscia 让其公司雇员通过其 Globex 的 6 个 ID 同时下单。以上行为违反了 CME 交易规则 432.B.2，432.Q，432.T，576，主要涉及不公平交易、损害交易所利益和声誉、从事不道德行为和多账户交易等。2013 年 7 月 3 日，英国金融行为监管局 (UK Financial Conduct Authority, FCA) 也针对 Coscia 在 ICE Futures Europe 的交易对 Coscia 处以 $903176 罚款，理由是故意操纵商品市场 (Deliberate Manipulation of Commodities Markets)，这是 FCA 第一次对高频交易做出的处罚。

从国际上对程序化交易的监管动向来看，放开发展但同时加强监管是主流。本次对 Cosica 的 Spoofing 行为定罪，表明监管部门对违规交易，特别是高频交易中的违规交易监管力度进一步加大。《证券期货市场程序化交易管理办法(征求意见稿)》(下简称《征求意见稿》)的发布是我们监管的进步，符合国际上监管的趋势和潮流。过去对于程序化交易仅采取报备制度，而现在《征求意见稿》中对程序化交易中的违规行为做出了更具体的描述，比如第十八条(五) "进行申报价格持续偏离申报时的市场成交价格的大额申报，误导其他投资者决策，同时进行小额多笔反向申报并成交"。随着我国期货市场品种多样化、交易形式多样性特点，以及经济形势的复杂性的日益突出，我们今后在监管工作中应进一步加强行为判别分析和定量分析，不断积累和完善对程序化交易的监管能力。同时，《证券期货市场程序化交易管理办法》也有待于市场检验，我们应一直跟踪研究，从其实际效果出发，不断改善监管法规。同时，Spoofing 等违规交易的监管不能只针对高频交易。例如 10 月 19 日 CFTC 指控 3 Red 公司的交易员 Igor B. Oystacher 进行 Spoofing 交易，在指控中 CFTC 提到其交易员的申报是通过手动进行，而且影响到许多为市场提供流动性的高频交易者。这说明其监管是从违规交易对市场造成的实际结果出发，而不是首先去认定交易者是否从事高频交易或程序化交易。另外，应当增强市场手段在监管中的作用。例如，CME 和 ICE 对 Spoofing 的调查是从其收到其他交易公司对此类交易的投诉之后开始的，Citadel 等高频交易公司还为 CFTC 提供了 Spoofing 的证据，Citadel 和 GSA Capital 的高频交易员也是此次 Coscia 案的证人。我们在监管工作中也应该积极听取市场参与者的意见，不断改进监管水平。

(资料来源：陶然. 全球首例幌骗案件分析及启示[R]. 期货与金融衍生品，2016，(05): 73-76.)

本 章 小 结

本章在阐述量化投资发展历程的基础上，分析了量化投资及高频交易在我国资本市场的风险与挑战，并针对量化投资及高频交易的违法违规行为，分析了监管存在的漏洞和不足，进而提出完善我国量化投资和高频交易监管的思路及对策。

量化投资在国外的发展已经经历了对冲、杠杆、多策略与量化投资四个阶段，在我国经历了起步、成长与迅猛发展阶段。量化投资的技术和方法在国内处于刚刚起步阶段，几乎没有竞争者，这也给量化投资创造了良好的发展机遇；但同时量化投资及高频交易也给资本市场带来了技术、策略模型与操作上的新风险，对交易所的订单处理能力、加大系统性风险、对资本市场监管提出新的挑战。量化投资和高频交易的一些违法违规行为说明我国在量化投资微观企业的管理、市场的预警和异常交易处置制度以及监管等方面，尚存在一定漏洞和不足，需要从原则、机制、模式及具体措施上加强监管。

练 习 题

一、简答题

1. 简述量化投资的发展历程。
2. 简述量化投资及高频交易的风险及挑战。

二、思考题

案例分析：2015 年中国资本市场经历了异常波动。为平稳市场，政府出台了一系列的监管措施，其中，量化投资也成为监管层的重点关注对象之一。2015 年 10 月 9 日，中国证监会组织起草《证券期货市场程序化交易管理办法》，沪深证券交易所和中金所同时发布《程序化交易实施细则》，这引起了市场对量化金融行业未来发展的普遍关注。海外业界和学术界的实证研究表明，在正常市场条件下，多数量化投资和高频交易策略可以提高市场流动性、降低交易成本，有助于价格发现。但是在极端市场条件下，高频交易也容易因为技术共振等特殊原因加大市场波动。试分析论述：我国发展量化投资应如何解决规范监管与创新发展相脱节的问题？并提出相应对策。

第六部分

实业投资

    实业投资是指投资者为获取预期收益,通过购买生产要素而将货币收入转化为产业资本,形成固定资产、流动资产和无形资产的经济活动。作为除金融资产投资之外的实物资产投资也是投资学的重要分支内容。实业投资部分设第十五章、第十六章,主要介绍实业投资以及不确定条件下实业投资的策略分析。

第十五章　实业投资概述

【学习要点及目标】

通过本章的学习，可以掌握实业投资的概念、分类、特点、基本过程及其作用；了解实业投资和金融投资之间的区别与联系、项目投资内涵及其评估的内容。

【关键概念】

实业投资　创业投资　项目投资　项目评估

第一节　实业投资的内涵、分类及特点

一、实业投资的含义

实业投资又称为产业投资(Industrial Investment)，是指投资者为获取预期收益，通过购买生产要素而将货币收入转化为产业资本，形成固定资产、流动资产和无形资产的经济活动。它是指一种对企业进行股权投资和提供经营管理服务的利益共享、风险共担的投资方式。

实业投资是一种企业的微观投资活动，它与企业的生产与经营相联系。从企业的角度来看，实业投资会造成企业总资本的增加。从实业投资对企业的作用来看，一方面如果该实业投资是对生产性实物投资的话，这有利于企业生产规模的扩大；另一方面，随着产业资本流动推动生产规模的扩张，并且可以切入更多不同的生产领域，促成企业的多元化产品生产。

实业投资所针对的对象可以是物质产品，也可以是精神产品，还可以是抽象的服务类产品的生产与流通。具体从行业来看，投资针对的对象涵盖了第一产业(比如农业)、第二产业(比如工业)、第三产业(比如通信与运输、商贸服务业等物质性生产与服务部门，同时也囊括了文化教育、信息知识、艺术体育等精神产品生产与服务部门)。

实业投资的资本形态可分为不变资本和可变资本，其中不变资本包括厂房、机器、设备和原材料，而可变资本主要包括工人的劳动力价值等，这些资本在企业的不同发展阶段又表现为不同的资本形态。

实业投资和我们通常了解比较多的股票投资等纯粹的金融投资有所不同，因为纯粹的金融投资主要表现为所有权的转移，这与企业生产能力的增长并不存在多大直接联系，但是实业投资却是实实在在地投向生产，它对于经济的生产能力和经济的增长都是一种经济的推动因素。

实业投资作为现代投资的重要内容之一，它主要涉及的内容有：资金的来源、产业的

发展方向、产业区位的选择、生产性实物投资的时机抉择、企业的兼并以及企业的财务分析等。

二、实业投资的分类

实业投资作为一种对企业进行股权投资和提供经营管理服务的利益共享、风险共担的投资方式，在实践当中，我们通常按风险的大小程度将其分为两类。

(一)创业投资(Venture Capital Investment)

创业投资是以风险投资公司为代表的投资主体所关注的高风险、高回报投资。在美国，创业投资被定义为对实行专业化管理、对新兴的以增长为诉求的未上市公司进行的股权式投资。创业投资常常被誉为"经济增长的发动机"，正因为如此，近些年来我国政府提出了一系列鼓励创业的举措，初步形成了全民创业的氛围，创业投资也加入到这轮创业热潮当中来。

创业投资的积极作用体现在两个方面，①创业投资对创新起着直接的推动作用，根据国外相关的实证研究，1 美元的创业投资所产生的专利数量是传统公司 1 美元投资所产生专利数量的 4～6 倍。②创业投资有利于优质著名企业的出现，微软、苹果、英特尔等公司的发家史都可以找到创业投资对它们的重要作用，近年来我国许多公司都享受了创业投资所带来的红利，然后得到了非常惊人的增长，比如阿里巴巴、京东、小米等，这些都是创业投资在背后推动的。由此可见，创业投资的发展水平是一个国家或地区的创业精神、技术进步和商业性投资运作综合作用的结果。

(二)传统产业投资

传统产业投资，其目标是风险性较小、收益稳定的基础设施建设等投资。住房、汽车、城市化、高速公路等都是所谓的"传统产业"，虽然进入互联网时代，新兴产业经济的拉动作用愈加明显，但是不可否认的是，传统产业依然是经济增长的支柱，像汽车、房地产、生物制药这些传统行业与我们的生活直接相关，它们在国民经济中也占据着比较大的份额。尽管我们印象当中的传统产业显得老化，停滞不前，但近年来，很多传统产业经过改造升级，以全新的姿态重新焕发生机，这也给传统产业投资创造了机遇，带来了相对丰厚的回报。

三、实业投资的特点

实业投资作为区别于金融投资的一种投资方式，具有以下几个特点。

(一)资金投入多，回收周期相对较长且较慢

在实业投资当中，大部分项目所需要的资金量都非常巨大，并且回收的速度都比较缓慢。从不变资本和可变资本的比例来看，不变资本的投入要远远大于可变资本，特别是固定资产的投入量更是巨大，根据其寿命周期来看，它的使用期通常在一年以上，所以回收这部分资金的时间比较长。

(二)对企业的影响程度大，影响时间也较长

从企业内外部来看，对企业的内外部进行的实业投资，其对企业经营活动的影响和作用将是持续性和持久性的。不同形式的实业投资，其对企业经营绩效的影响程度大小不同，比如有些实业投资能够在短时间内提高企业的绩效，这主要体现在劳动力价值和存货投资两方面；而有些实业投资要促进绩效的话，就需要较长时间，比如人力资本和固定资产的投资，这就需要一定的时间才能看到效果。最后，还需要指出的是，一旦实业投资的决策发生失误的话，很可能会给企业的财务带来困境，最终的结果会导致企业破产，然后走向清算。

(三)实业投资风险多，存在不确定性

实业投资的风险性决定了投资项目的收益存在着不确定性。我们通常习惯将实业投资的风险分为经营性风险和财务性风险，这是从产生风险的原因来划分的；而从实业投资的大环境来划分风险的话，可以分为系统性风险和非系统性风险；再从风险的具体形态来划分的话，实业投资的风险有投资风险、筹资风险、收益风险等。实业投资和金融投资一样，一般来看，适用风险与收益相对称的规律，实业投资的风险越高，其所产生的收益当然也越高，但是任何投资都有特例，也存在着高风险、低收益的可能，这就出现了我们通常所说的"风险和收益悖论"。

四、实业投资和金融投资的联系

实业投资和金融投资是当今企业的主要投资形式，特别是大型企业集团，除了其根本性的生产性投资外，相应地还组建了企业财务公司或资产管理公司，用于金融投资操作。那么实业投资和金融投资有什么联系呢？下面我们将从三个角度进行阐述。

(一)实业投资和金融投资二者相互依赖

实业投资和金融投资存在着一种互相制约与互相促进的关系。我们通常所说的实业投资主要是固定资产投资，比如投资先进技术和厂房建设，通过这些方式来壮大企业规模和企业经营，从而使经济效益提高。而金融投资获取收益的方式主要是通过股利和股息。虽然二者作为企业的不同投资方式，但是金融投资和实业投资之间存在紧密的联系。

(二)实业投资和金融投资共促企业发展，互惠互利

实业投资和金融投资是企业两种主要的投资方式，二者共同为企业创造利益。所以企业的发展前景如何直接受到实业投资和金融投资决策的影响。企业能获得更多的利益很大程度上取决于其决策的正确与否，甚至可以这么说，企业的投资决策一旦错误，严重地会使企业破产。实业投资和金融投资二者的一个共同目标是使企业的利益得到最大化的实现，二者只有相互配合才能互惠互利，从而推动企业的发展。

在企业发展中，起着重要的基础作用的是实业投资，而金融投资则仅作为一种企业获得更多收益的手段。实业投资和金融投资两种投资方式各有优劣，实业投资的投入资金相对量比较大，并且回收周期比较长。所以，当企业在作实业投资决策时，必须深思熟虑，

三思而后行，保证准确地进行实业投资。而金融投资作为企业实业投资的衍生投资方式，其应该建立在实业投资的基础上。考虑到金融投资资金回收速度快，这会加速企业的资本积累。

(三)实业投资与金融投资的投资比例问题是重要决策

为了能为企业获取更多的经济利益，科学合理地分配实业投资与金融投资的比例十分重要。特别是在企业投资能力有限的时间里，实业投资和金融投资比例的分配更是有着重要的意义。为了能有效地降低投资风险，企业必须把握实业投资与金融投资分配的正确性。

现在，许多企业在投资时，忽视了长远利益，而只注重眼前利益。特别是金融投资的报酬率大于实业投资的报酬率时，大部分企业都会减少实业投资的比例，从而导致实业投资萎缩而金融投资过度繁荣。而当金融投资旺盛到一定程度时，越来越多的企业会参与到当中来，造成金融投资竞争加剧，从而使金融投资的报酬率降低，这个时候，企业开始转向实业投资，实业投资就增加，因此，实业投资和金融投资的比例就是这种此消彼长的关系，这样不断地循环反复。企业投资过程当中最忌讳的就是脱离自身的经营实际情况，一味地从众，缺乏自身独立的决策机制，最终给企业造成无法估量的损失。因此，保持企业实业投资和金融投资的合理比例对于企业的自身收益以及其投资行为都会起着重大的作用。由此可见，企业在进行投资决策的时候，需要建立在了解自身实际的经营状况的前提下，再对实业投资和金融投资的比例进行合理分配，从而真正做到理性投资。

第二节　实业投资的过程及其作用

一、实业投资的过程

实业投资按阶段可以划分为三个典型阶段，即投资前期、投资期、投资回收期。这三个阶段是承前启后、密不可分的关系。实业投资都必须经过这三个阶段(见图 15.1)，它们一环紧扣一环，前一个阶段往往起着为下一个阶段创造条件的作用，而下一个阶段则往往建立在上一个阶段的基础之上，缺少任何一个阶段，实业投资都是不完整的。

图 15.1　实业投资的运行过程

(一)投资前期

投资前期是整个实业投资的起点，起着启下的作用。我们将投资前期再细分成投资可行性研究和项目资金筹集这两个阶段。

(1)　投资可行性研究就是对实业投资项目的可行性进行全方位分析，为正式实施投资提供分析参考。将可行性研究再细分，主要有三个研究方式，即机会可行性研究、初步可行性研究以及详细可行性研究。

其中，机会可行性研究主要是对一个投资项目的未来机会进行评价与分析，通过甄别和简单验证，找出适合的机会。由此，可以对投资项目提出一个基本设想，再将这个设想通过投资建议的方式为潜在投资者所知，这样可以引起投资者对项目的注意，也就是吸引投资。一般来说，机会可行性分析往往比较笼统简略，因为其很大程度上是建立在简单的调查和与相似项目的对比而得出的粗糙数据之上的。并且机会的可行性研究的时间大都在短短的三个月以内，所用在这方面研究的前期费用相对比较少。由此可见，机会可行性研究是存在较大的误差的，从经验数据来看，一般的误差在30%左右。

初步可行性研究相对于机会可行性研究来讲，就显得更加详尽一些，其一般通过更加完善的报告形式呈现，在报告中一般包括了对项目的阐述分析，从而对项目设想得出一个初步的估计，对基本对项目投资机会的前景作出一个判断。如果投资机会的前景相对乐观，那么可以做更进一步的研究，以便作出投资决策；有些时候，为了彰显项目的吸引力，需要借助市场调查、实验等相关手段，进行深入的研究调查分析。在初步可行性研究的过程中，一般会提出多个概括性投资项目的初步方案，需要对这些初步方案进行筛选，从而确定相对较优的投资项目方案。从经验数据来看，一般的投资估算误差在20%左右。

详细可行性研究，顾名思义就是一种全方位的研究分析，对项目进行多角度的分析，因此，投资者相对比较信赖详细可行性研究报告。一般来说，详细可行性研究得出的投资估算其误差在10%左右。当然，因为详细可行性研究相对复杂，耗费的人力物力相对较大，故其投入的研究费用占整个项目总投资的比重比前两项研究更大。

(2) 项目的资金筹集。从财务管理的角度，企业的资金来源除了来自企业自身外，许多时候，很多资金都依赖于外部来源。

企业的内部资金来源主要是指企业所有者的出资以及企业生产经营活动所取得的资金。具体包括股东的出资额、资本公积金、盈余公积金、累计的折旧、资产的出售等；而企业的外部资金来源主要就是借款融资，主要表现为向银行借款，或者有能力的话就发行企业债券，还可以利用企业自身建立的信用进行商业信用融资。

资金的筹集方式的不一样直接导致融资成本的不同，这更进一步影响企业的经营管理，包括所有权的控制、利润分配形式、企业的未来决策等。因此，企业应该根据自身的发展特点，选择最佳的筹集资金的方式。

(二)投资期

投资期是实业投资的实施阶段，其建立在前期可行性研究的分析基础之上。一般来讲，在投资项目的实施阶段，包括项目的方案设计规划、然后根据方案进行委托施工或者自己施工，在施工结束之后，会有一个项目竣工验收的程序等，这个阶段就能够形成具有生产能力的固定资产，为未来的生产提供基本的保障。

(三)投资回收期

投资回收期是实业投资的一个重要考虑指标。投资回收期的长短直接影响着项目的可行性。投资回收阶段，项目开始通过运营获得收益，而这些收益首先必须收回前期的投入，只有在合理的时间内回收成本，才能有足够的时间真正产生更多的利润。

二、实业投资的作用

实业投资在整个经济生活当中起着重要的作用，这种作用主要体现在宏观和微观两个方面。

(一)宏观角度的作用

1. 实业投资对社会总需求的影响

通过影响社会总需求，在较短的时间内，会对产出和就业率产生作用。根据一般的投资规律，随着投资的不断增加，会促使内需的增长，进而带动全社会总需求的旺盛；而反过来说，当投资不断减少时，内需会跟着减少，最后造成社会总需求的降低。我们可以从短期来看，一般来讲，投资的幅度对产出量和就业率在一定程度上起着决定性作用，这体现在这样的一个过程：通过增加投资，带动社会总产出的增加，而与此同时也会创造更多的就业机会，这是一个循环往复的过程。

2. 实业投资对社会投资积累的影响

实业投资对社会的投资积累起着基础性作用，特别是社会的物质积累往往都是通过实业投资来拉动的。历史上每一次实业投资的浪潮都对社会投资的积累产生深远的影响，就从基础设施投资来看，这类投资对后期的很多其他实业投资起着铺垫的基础作用，从而会引起社会各种实业投资的增加，充分挖掘出整个社会潜在的生产能力，这对于国民经济的长期增长起着不可替代的作用。

(二)微观角度的作用

1. 实业投资可以增强和巩固投资者自身的实力(包括经济上和技术上)

通常来讲，随着一个投资项目的顺利实施，对投资者来讲，肯定会增加其财富资本，并且项目收益的增加，会帮助投资者获得更高的回报率。而投资者收益提高的同时，其防范和抵御各种风险的能力也会得到加强。

2. 实业投资能够鼓励投资者不断创新，迎接新机遇

提供项目投资，特别是一些高科技项目的投资，能够加快实现科技成果向商品和产业化转变的速度，这个转化的成功实现意味着源源不断的创新的利润，这会极大地带动投资者投资与创新的积极性，从而为投资者自身积累更多的发展潜在能力，这也可为其未来始终立于不败之地提供坚强的基础。

3. 实业投资可以增强投资者的市场竞争力

投资者要想在市场当中取得竞争的优势，需要从人力、技术实力和经济实力等多方面来考虑。人力方面主要体现为人才的竞争，投资者如果能够吸引到更多人才在自己的麾下，这是笔巨大的隐形财富，而如果再加上投资者对创新技术的重视以及自身的经济实力，这将极大地增强投资者的竞争力。在这种情况下，投资者通过实施一些项目，就能够扩大生

产规模，实现经济学上所说的"规模经济"，这样无论市场竞争多么激烈，也能让投资者轻松地面对，并且占有市场重要的一席之地。

第三节 实业投资的项目评估

一、项目投资的含义

项目投资(Project Investment)是一种长期性的投资行为，它针对的对象是特定项目，其一般与新建项目或改建项目直接相联系。这里我们所说的项目是指一项一次性的任务，这项任务需要在计划的一定时间内，并且按照预算的规定要求以及项目质量的标准要求完成。

通常来讲，所投资的项目大致可归为两类：第一类是新建的项目，主要是指那些能够新增生产能力的项目，比如说固定资产的投资项目和成套成体系的工业投资项目；第二类是更新改造项目，这类项目主要是为了生产能力的恢复与改进而对设备和技术进行改造更新，比如改良固定资产、扩充与更新项目以及技术改造项目。

项目投资的主要特点是投资量巨大、投资周期漫长、流动性弱以及风险高。这里我们主要介绍项目的投资周期，其一般囊括了从项目的设想、立项、决策、开发、建设直到竣工、投产以及总结评价的整个投资全过程。我们习惯上将投资周期分为三个阶段：投资前期、投资时期、生产时期。其中项目投资前期又包括项目的设想、选定、准备以及评估四个阶段。投资时期主要就是让项目付诸实施，待项目实施完成后，就进入项目的投产经营和总体评价阶段，这也就是生产时期。

与项目的投资周期相对应，项目计算期更加简练，其主要计算项目的有效持续期，包括从项目建设开始到清算整个过程。具体来说，就是建设期间和生产运营期间，二者之和就是项目计算期。

就项目的投资额来讲，我们应该把握两个概念，一个是原始总投资，另一个是投资总额。前者是一种对投资额静态的描述，主要包括建设投资和流动资金投资两项内容。后者投资总额就是一种动态的投资额，其考虑了时间的价值，一般是原始总投资和建设期资本化利息相加之和。

在决定投资项目之前，必须进行全方位地评估，包括项目的可行性分析、技术经济论证等，这被称作项目投资决策。任何一个投资者都希望在投入最低的情况下获得最大化的收益，这也正说明了进行科学合理的项目决策和评估的重要性。项目的投资决策要求对项目的可行性进行分析，这种分析必须是深入而细致的，这样才能得出经济效益最佳的方案。科学合理的项目决策对于资金的合理运用、失误的降低以及对收益的保证具有重要的意义，决策的正确与否直接关系到社会生产的扩大以及生产结构的合理化程度。

二、实业投资的项目决策过程及项目投资环境分析

(一)项目决策过程

任何项目决策都需要一定的过程，需要按照一定的先后顺序来进行。本章当中我们把

一个项目投资分为投资前期、投资时期以及生产时期。而根据我国大中型投资项目的决策过程，一个项目投资过程大致需要包括以下内容。

1. 项目的建议书和初步可行性研究报告

项目建议书一般是对项目的投资前期做一个初步的设想，简单地说明投资的必要性以及项目初步的可行性。一份完整的项目建议书一般涉及项目投资的必要性、产品方案、拟建规模、建设地点设想、资金筹措、项目的进度安排以及项目效益的评估等内容。

2. 完整的项目可行性研究报告的编制

完整的项目可行性研究报告的编制一般是交由有咨询或设计资质的单位负责，费用由建设单位承担。

一份完整的项目可行性研究报告要着重分析拟建项目将来的市场供给与需求状况、项目建设条件的调查和评测。在这个前提下，再对相关方面进行技术经济论证，这其中需要论证项目的技术先进性、经济上的合理性以及建设条件的可能性。最后再对比分析不同的方案，得出最佳的方案。

3. 计划任务书的编制

计划任务书在一个项目实施的前期非常重要，因为之后项目的投资以及工程的设计都需要以此为依据。前文当中我们提到的可行性研究报告所提出的方案经过修正和挑选等程序，都有可能成为计划任务书的重要内容。因此，项目计划任务书的编制环节是一个项目投资的重点环节。

4. 项目的评估

现在大型的建设单位都将项目的评估委托给专业的咨询评估机构，这些机构会对项目的可行性研究报告和计划任务书进行严格专业的审查评估，最后得出科学合理的评估报告。

5. 项目的审批

待项目的可行性研究报告、计划任务书以及第三方评估报告完成后，项目的决策负责单位会对这些材料进行进一步的核实，如果项目确实前景不可行，可以选择放弃；如果项目确实可行，则决策负责部门批准该项目。

(二)项目投资环境分析

这里我们所说的项目投资环境是一个大环境，指的是项目投资所面临的外部环境以及自身条件的总括。根据不同的标准，我们对项目的投资环境做如下分类。

(1) 项目投资环境按项目的投资过程可分为前期环境、建设期环境以及经营期环境。前期环境包括项目实施前的基础设施等硬件状况以及建设地点的自然地理条件；建设期环境就是生产所需的设备、人力等必须要素资源；经营期环境就是满足正常经营活动所需要的各种资产、设施。

(2) 按照投资环境考虑的因素划分，可以有狭义与广义的投资环境两类。其中狭义的投资环境就仅仅指经济环境，而广义的环境除了经济环境以外，还包括政治、法律、宗教、人文自然地理等各方面的环境。

(3) 按照投资环境的因素稳定性来划分，可以分为自然因素环境、人为自然因素环境以及人为因素环境。其中自然因素环境主要包括自然界已有的自然资源，以及社会生产中存在的人力资源等；人为自然因素环境指的是一些经过人类加工而成的自然因素，比如经济结构、劳动生产率等。人为因素环境就是一些因为人力的作用而形成的环境因素，比如说，我国近年来的开放程度等。

投资环境具有综合性、系统性、动态性、差异性和区域性的特征。投资环境的好与坏对于外资引进的速度以及外资的规模起着重要的作用，而且还对外商投资所带来的技术水平产生影响；如果一个地方的投资环境越好，其对该地区的经济效益肯定具有正面的作用。特别是在当今各地区招商引资竞争加剧的情况下，投资环境的好坏直接决定了引进外资的水平以及由于经济波动造成的风险。

三、实业投资的项目评估

项目评估(Project Evaluation)就是在直接投资活动中，在对投资项目进行可行性研究的基础上，根据有关法律、法规、政策、方法和参数，由有关责任机构从企业整体的角度对拟投资建设项目的计划、设计、实施方案进行全面的技术经济论证和评价，从而确定投资项目未来发展的前景。其目的是判断项目方案的可行性或比较不同投资方案的优劣。项目评估作为实业投资决策的一种重要手段之一，评估结果一般会作为实施项目的重要依据。由于实业投资类型、规模预计复杂状况的不同，这导致项目评估的内容和侧重点也不太一样，但是，从它们的共同之处来分析，项目评估的内容大致包括以下十一个方面内容。

(一)项目投资的概括评估

在项目实施以前，需要对实施的背景进行分析，然后对项目的实际情况得出初步的结论。就一般的新建设项目而言，需要对所投资项目的投资人、建设内容与性质、产品方案等方面进行评估。而就更新改造项目来看，其需要评估更多的内容，比如企业概况、企业的历史、企业的组织架构、企业的信用、技术水平等。

(二)项目投资的必要性评估

项目投资的必要性需要从宏观的角度来考虑，一般来讲国家的产业政策、特定地区的发展规划以及城市的整体布局直接关系到项目建设是否有建设的必要性。

(三)项目投资的市场供求状况分析

项目投资有无前景与其所处市场的实际情况密切相关，这包括该项目市场的目前状况以及未来的发展空间，具体说就是项目投资产生的产品在市场中是否具有一定的竞争优势。

(四)项目投资生产规模的确定

项目的必要性评估以及市场分析完成之后，就需要根据该项目的实际情况，比如投资规模、技术层次水平等，计算出一个最合理的生产规模。

(五)项目投资的生产条件评估

对项目建设生产条件的评估主要是对项目生产条件的实际评估,以此来确认项目建设的条件能否适应实际的生产经营的需要。

(六)项目的工程和技术评估

项目是否可行,还需要在技术上或者工艺上进行评估,这包括技术工艺的可行性,以及该技术工艺是否是行业领先、是否最集约、是否最有效。

(七)项目投资预算和资金筹集

项目投资预算和资金筹集就是在投资一个项目之前,需要对这个项目的整体投资总额进行估测,然后在这个前提下去筹集资金,最后对所筹集的资金制订合理的使用计划。

(八)项目投资财务上的效益分析

站在企业或者项目的角度,结合财务数据的估算结果,利用财务的价格,制作出对应的财务报表,得出相应的评价指标,然后根据这些指标分析项目的盈利能力和偿债能力。

(九)项目投资的国民经济效益分析

一个投资项目的建设对于国民经济有多大的贡献,一般很难量化,特别是当项目体量比较小的时候,但是对于一个大型的项目,比如三峡水电站这类大型项目,对国民经济肯定有重大影响。这需要收集相关的数据,确定一个合理的估计价格,计算相应的经济指标,才能最后得出项目到底对国民经济影响几何。

(十)项目投资的社会效益分析

一个项目的建设不仅需要考虑到它对企业产生多大效益,还需要顾及该项目所带来的社会效益。因此,需要估测社会对项目的评价大小,然后根据一定的估测价格,得出一些具有参考性的经济指标,最后评估出项目的社会效益。

(十一)不确定性分析

任何项目都具有不确定性,都会面临许多不一样的风险,这需要项目投资单位合理地预测与评估项目的风险,才能从容地经受风险的考验。

经过以上的评估分析,会得到一个评估结果,只有在这个结果的基础上才能对一些发现的问题给出建议与解决对策。

阅读资料

实业投资 10 禁忌

除了金融投资和证券投资之外,实业投资已成为人们的首选目标。鉴于实业投资牵涉合伙人的问题、投资方向和项目问题、投资人素质问题等,以下 10 条禁忌是值得注意的:

1. 别把钱孤注一掷

永远不能忘记并时刻警惕投资风险。金融投资不管利率高低,总不会丢了本儿。实业投资则往往有赔有赚，赚的时候固然收益颇丰，赔的时候也往往很惨。所以一个看起来十分乐观的项目，也不可把自己的钱全都投进去。因为"不怕一万，就怕万一"，老百姓存点钱不容易啊。

2. 别追求暴利

投资的利润率在一定的社会经济状况下一般处于一个上下波动但相对平衡的水平。投资项目的利润有高有低，但不会高得离谱。社会上的骗子正是以高收益率为诱饵行骗的，凡言暴利，必有问题，须谨防上当。

3. 别盲从，别跟风

决定一项投资之前，要进行周密的市场调研，分析主、客观条件。若不进行可行性研究，看人家干什么赚了钱也盲目跟着学，10 个有 9 个失败。

4. 别一下子就想干什么大买卖

干实业要根据自己的实力量力而行，从小干起，失败了可以再来，一下就干大的，万一不成功会一蹶不振。新加坡的"鱼丸大王"林文才是从摆摊卖鱼丸开始的。美国保险业巨子斯通是从卖报纸学习推销业务的。他们的经验不妨可以借鉴。

5. 别在自己不懂的领域投资

一般讲，对生疏的领域，人们不会贸然投资，但也不排除因受某种诱导脑袋一热就把钱拿出去的情况。自己比较熟悉的领域，发现问题有时可以采取补救措施，完全不懂则只能一筹莫展。

6. 不搞违法投资

倒卖走私货虽然赚大钱，可是弄不好不但货被查没，还可能吃官司，犯不上，以不正当途径而一味地利欲熏心，决不可取。

7. 不找亲戚做投资伙伴

亲戚是一种特殊的人际关系。亲戚间既有利害关系，又包含亲情色彩。而商品经济条件下的投资是一种"公事公办"，不讲面子、不顾人情的经济行为。亲戚间合伙干买卖有着诸多不便，最后弄得不欢而散甚至反目成仇的例子俯拾皆是。

8. 不跟不熟的人合作

与人合作投资，必须了解对方的底细，有的人并非有意骗人，可也会说得天花乱坠，华而不实。你不了解他就容易信以为真，最后他失败了，你也跟着倒霉。

9. 别忘了办理完备手续

这是一件真实的事。甲乙两人交往多年，商定合伙投资，暂由甲负责经营。半年后买卖没干好，乙要求退钱，说当初是借钱给甲。甲说损失应由两人共担，因为乙是入股不是借钱。由于开始没有文字协议，这官司到了法院也不好办。

10. 别失去最佳投资机会

讲了这么多投资禁忌，不要以为这也不行那也不妥，以至优柔寡断。投资是需要一定魄力和胆略的，市场瞬息万变，投资机会稍纵即逝，看准了便应当机立断，这也是实业投资者的一个不可缺少的素质。

(资料来源：亦筠. 实业投资 10 禁忌[J]. 中国供销商情投资与营销，2006.01: 7.)

本 章 小 结

实业投资又称为产业投资，是指投资者为获取预期收益，通过购买生产要素而将货币收入转化为产业资本，形成固定资产、流动资产和无形资产的经济活动。实业投资是一种企业的微观投资活动，它与企业的生产与经营相联系。实业投资所针对的对象可以是物质产品，也可以是精神产品，还可以是抽象的服务类产品的生产与流通。

在实践当中，我们通常按风险的大小程度将其分为两类：第一，创业投资(Venture Capital Investment)，是以风险投资公司为代表的投资主体所关注的高风险、高回报投资；第二，传统产业投资(产业投资机构一直密切关注)，其目标是风险性较小、收益稳定的基础设施建设等投资。

实业投资作为区别于金融投资的一种投资方式，具有以下几个特点：第一，资金投入多，并且回收周期相对较长且较慢；第二，对企业的影响力大，影响时间也比较长；第三，实业投资的风险多，存在不确定性。

实业投资与金融投资的联系主要表现在：首先，实业投资和金融投资二者相互依赖；其次，实业投资和金融投资共促企业发展，互惠互利；最后，实业投资与金融投资的投资比例问题是重要决策。

实业投资按阶段可以划分为三个典型阶段，即投资前期、投资期、投资回收期。这三个阶段是承前启后、密不可分的关系。投资前期是整个实业投资的起点，起着启下的作用。我们将投资前期再细分成投资可行性研究和项目资金筹集这两个阶段。投资期是实业投资的实施阶段，其建立在前期可行性研究的分析基础之上，这个阶段就能够形成具有生产能力的固定资产，为未来的生产提供基本的保障。投资回收期是实业投资的一个重要考虑指标，投资回收期的长短直接影响着项目的可行性。

实业投资在整个经济生活当中起着重要的作用，进一步来讲，这种作用主要体现在宏观和微观两个方面。从宏观的角度来讲，实业投资的作用体现在对社会总需求的影响以及对社会投资积累的影响。从微观的角度看，实业投资的作用在以下三个方面得到体现。

第一，实业投资可以增强和巩固投资者自身的实力(包括经济上和技术上)；第二，实业投资能够鼓励投资者不断创新，迎接新机遇；第三，实业投资可以增强投资者的市场竞争力。

项目投资(Project Investment)是一种长期性的投资行为，它针对的对象是特定项目，其一般与新建项目或改建项目直接相关。一个项目投资过程大致需要包括以下的内容：项目的建议书和初步可行性研究报告、完整的项目可行性研究报告的编制、计划任务书的编制、项目的评估、项目的审批。

项目投资环境是一个大环境，指的是项目投资所面临的外部环境以及自身条件的总括。根据不同的标准，我们对项目的投资环境做如下分类：按项目的投资过程可分为前期环境、建设期环境以及经营期环境；按照投资环境考虑因素的多少划分，可以有狭义与广义的投资环境的分类；按照投资环境的因素稳定性来划分，可以分为自然因素环境、人为自然因素环境以及人为因素环境。

项目评估作为实业投资决策的一种重要手段之一，项目的评估结果一般会作为实施项目的重要依据。项目评估的内容大致包括以下几方面内容：项目投资的概括评估、项目投资的必要性评估、项目投资的市场供求状况分析、项目投资生产规模的确定、项目投资的生产条件评估、项目的工程和技术评估、项目投资预算和资金筹集、项目投资财务上的效益分析、项目投资的国民经济效益分析、项目投资的社会效益分析以及不确定性分析等内容。

练 习 题

一、名词解释

实业投资　项目投资　创业投资　项目评估

二、简答题

1. 简述实业投资的分类。
2. 简要分析实业投资与金融投资的联系。
3. 简要说说实业投资的几个阶段。

三、论述题

1. 从微观和宏观的角度分析实业投资的作用。
2. 结合自己的观点，论述一个完整的项目投资应该包含哪些内容？

第十六章　不确定条件下的实业投资决策

【学习要点及目标】

通过本章的学习，可以掌握实业投资的不确定性与风险类型、了解敏感性分析的步骤与方法、掌握处理实业投资风险的五种方法，能够撰写投资项目的可行性分析报告，有能力选择实业投资的最优方案。

【关键概念】

实业投资　风险与收益　项目投资　可行性分析

第一节　实业投资的不确定性

一、实业投资的不确定性与风险

在前一章的经济效益分析中，我们不仅假定投资支出是可以准确估算的，而且还假定未来的收益也是可以准确预测的，因此，投资过程中的现金流出量和未来时期的现金流入量都是一个确定的数值。这就是说，我们做了确定性假设，据此所进行的投资决策即为确定性投资决策。投资分析的结论归纳起来只有两种：可行或不可行。例如，当我们以净现值或内部收益率评价投资效益时，如果投资项目的净现值大于零或内部收益率高于标准收益率，我们会认为投资是可行的；相反，我们将放弃这个项目。

但现实中未来往往并非是一个定数过程，而是一个随机过程，存在着固有的不可预测成分，决策者无法获得关于未来的完全信息，事物的发展在未来可能有若干不同的结果，我们却不能确定每种特定结果发生的概率，而只能对其结果可能发生的概率给予主观的判定。这就是所谓的不确定性。实业投资通常需要经历较长的建设时期方能形成有效的生产能力或服务能力，还必须利用投资所形成的资产从事生产经营，通过产品销售才能逐渐将投资回收。在这个长过程中，决定和影响投资效益的诸多因素都可能发生变化，因此投资的收益是不确定的。

在投资前，投资者持有的货币是一般的等价物，可以有多种选择，既可以投资于产业，也可以投资于股票和固定收益证券；既可以现在投资于产业，也可以在以后时期再投资于产业。但是，投资具有不可逆性，投资一旦形成具有专用性的固定资产或存货等，就会完全或部分变为沉没成本。实业投资项目上马后，即使半途而废，投资于在建项目的支出也会部分甚至全部损失；如果建成投产后获得的收益比预期的低，不能弥补已经支付的投资成本和生产经营成本，投资者就会遭受损失。这种遭受损失的可能性，就是人们通常所说的风险。因此，在不确定条件下，投资决策时，不能不考虑投资遭受损失的可能性。

不仅如此，实业投资项目一经展开，投资者就需要不断地追加投资支出，直到形成综合的生产能力或服务能力。在这个过程中，投资者不仅不能将已投入的资金再作其他用途，还要为将投资项目建成投产并保证生产经营正常运行准备充足的货币资金，他将不得不放弃其他可能的投资盈利机会。因此，在不确定条件下，投资决策还应考虑其他可能的投资机会。

在运用净现值等指标进行投资效益评价时，至少有两种情形被我们所忽略：一种情形是某个投资方案的预期净现值大于零，企业选择现在进行投资，不仅不会亏损，还能够盈利；但是，如果现在不投资，等待一定时期后，会有新的可以获得更多收益的投资机会，那么，投资者放弃现在投资的方案可能是一种更好的选择。另一种情形是某个投资方案的预期净现值小于零，企业选择放弃该投资方案；但是，未来的实际情况可能朝投资能够盈利的方向变化，如果这样，企业放弃该投资方案可能是一个错误的决策。这就表明，在不确定性条件下，必须考虑投资时机的选择问题。

二、实业投资风险的来源及其类型

(一)系统性风险和非系统性风险

所谓系统性风险，是指引起所有投资的收益都发生变动的风险。它主要包括自然风险、利率风险、购买力风险、政策法规风险和政治风险等。这类风险是单个投资者所无法消除的。但是，系统性风险对各种投资的影响程度又是不同的。这主要取决于三个因素：一是企业营业额对经济活动的整体水平和其他宏观因素的敏感度；二是固定成本占可变成本的比例；三是财务杠杆水平即债务资金与股权资金的比例。例如，自然风险对农业投资的影响通常要比对工业投资的影响强烈一些，利率风险对负债投资的影响比对股权投资的影响强烈得多。

所谓非系统性风险是指仅引起单项投资收益发生变动的风险。例如，某企业投资生产某种型号的汽车。由于市场对这种汽车的需求量减少，该企业的投资收益下降。这类风险是单个投资者可以回避或消除的。

(二)外生性风险和内生性风险

外生性风险是指由企业外部因素产生的风险。系统性风险属于外生性风险。非系统性风险也有一部分是外生性风险。例如，由于消费者的偏好和技术变化引起某企业的产品滞销，结果造成该企业投资收益变化。这类非系统性风险即为外生性风险。外生性风险是企业不能完全左右的。在投资决策阶段，投资者可以依据以往的经验数据和现期的信息资料，尽可能减少外生性风险在未来时期可能产生的负效应，但难以完全排除。在投资进入实施阶段以后，如果消费者偏好和技术出现没有预料到的变化，那么已投入资金的效益发生损失，就难以避免了。

内生性风险是企业内部因素产生的风险。投资决策失误，项目实施过程中缺乏严密的监督管理，项目建成投产后经营不善等，都会带来内生的经济风险。这就是说，内生经济风险来源于企业经营管理者本身的行为。投资决策失误，既可能是所收集的信息不真实所致，也可能是决策方法不当所致。但投资决策失误在客观上是可以避免的。风险分析的重要任务之一就是要避免内生性风险可能造成的损失。

外生性风险和内生性风险是可以相互作用的。例如，一座大坝可能由于建筑者的偷工减料(这是内生的)和意外严重的暴风雨(这是外生的)的联合作用而崩溃。

第二节 敏感性分析

敏感性分析是传统不确定性分析的重要方法。它是通过分析项目经济效果的主要指标(如净现值、内部收益率等)对主要变动因素变化的敏感程度，确定项目抗御风险的程度，并寻找回避和减少风险损失的措施。[①]在不确定条件下，各种估计的因素都可能发生变动，由此将引起项目投资效益的变化，甚至造成投资的失败。但是，各种估计因素变化对项目预期效益的影响是不同的，不同的投资方案对同一因素的影响也可能是不同的。如果某变动因素变动幅度小，但对项目经济效益指标的影响大，则认为该项目对该变量的不确定性是敏感的；相反，如果某变动因素变动幅度大，但对项目经济效益指标的影响小，则认为该项目对该变量的不确定性不敏感。如果某一因素的变化会使该项目扭盈转亏，则需要修正或放弃原来拟订的方案。

一、敏感性分析的类型

一是单变量敏感分析。单变量敏感分析就是假设各变量之间相互独立，每次只考察一项可变参数，其他参数保持不变。例如，假设其他条件不变，考察产品销售价格下降20%，可能给投资净现值及内部收益率等带来的影响，看净现值减少多少及内部收益率降低多少。单变量敏感分析的优点是计算比较简便，但忽略了各变量之间的相互作用。在一般情况下，多变量同时发生变化所造成的评价结果失真比单变量大。因此，对一些主要的、投资额大的项目除进行单变量敏感性分析外，还应进行多变量敏感性分析。

二是"三项预测值"敏感性分析。"三项预测值"敏感性分析是多变量敏感性分析方法中的一种。其基本思路是，对投资决策中的关键评估变量分别给出三个预测值：最乐观预测值、最可能预测值及最悲观预测值。根据各评估变量三个预测值的相互作用来分析、判断投资收益受影响的情况。当涉及的评估变量较多时，如果用人工分别计算每一种组合情况的结果是相当复杂的，为了简化，可以将所有变量全部按最乐观情况考虑，或者全部按最可能情况或最悲观情况考虑。

二、敏感性分析的基本步骤

(一)确定敏感性分析的对象

确定敏感性分析的对象主要应考虑投资的动机和项目的特点。在实际工作中，敏感性分析是有成本的，不仅有计算分析的实际投入成本，还有因进行敏感性分析而延迟决策的

---

① 张中华. 投资学(第三版)[M]. 北京：高等教育出版社，2014，01：295-298.

机会成本。因此，并不是所有的项目都要作敏感性分析，只有在分析成本小于其收益的情况下，敏感性分析才是必要的。在进行敏感性分析时，也不需要对全部经济效益指标统统计算一遍，而应选择最受投资者关注的指标作为分析对象。如一般投资项目，投资者最关注的是净现值指标，可选净现值为分析对象；对于合作经营项目，投资者十分关心在约定的时期内能否收回投资，可选投资回收期为分析对象；对一些建设工期有特殊要求的项目，还可以建设工期为分析对象。

(二)选取不确定因素

现实中制约投资效益的各项因素都可能发生变化，但基于对分析成本的考虑，不能对全部不确定因素都逐个分析，只需分析其中一些关键性因素。一般而论，影响项目投资效益的主要因素为：产品销售数量及单价；生产经营的固定成本及变动成本；总投资及利息率；建设期及投资收益有效朔。不同的项目及不同时期影响项目预期收益的主要因素是不同的，需要根据各个项目的特点及各个时期的具体情况而定。选择是否准确，不仅取决于分析人员的经验，更重要的还取决于分析人员对未来时期各因素变动趋势的判断是否准确。如果分析人员预计到未来时期原材料价格会有较大幅度的变化，自然会将原材料价格作为不确定因素加以分析。如果预计不准，分析人员认为不会发生变动的因素在未来时期发生了大的变化，而预计发生较大变动的因素却没有发生大的变化，就有可能导致分析结果的失误。

(三)设定不确定因素的变化范围

设定的方法和分析的目的与确定性分析的基础有关。如果只是一般地确定各种不确定因素的敏感程度，可以设定各因素以同一幅度向同一方向变化。但如果只考虑某一因素的变化是否改变项目的可行性，则需要根据具体的情况，对各因素的变动趋势进行较为精确的预测。如果确定性分析的结论乐观，通常应将各因素的估计值向保守方向或悲观方向进行调整；相反，如果确定性分析的结论悲观，通常应将各因素的估计值向乐观的方向进行调整。

(四)确定敏感性因素

在完成(一)至(三)步以后，即可根据所设定的不确定因素的变化幅度，调整有关的财务数据；再用调整后的财务数据，对分析指标重新加以计算；然后将分析指标的变化幅度与所选不确定因素的变化幅度加以对比，以确定分析指标对该不确定因素是否敏感；最后将各不确定因素的敏感性加以比较，则可确定分析指标对所选不确定因素何种最为敏感，何种次之，何种最不敏感等。

(五)提出规避或减少风险损失的措施

如果在设定的不确定因素变化范围内，项目由预期盈利转为亏损，通常需要放弃或修改原拟订方案。如果项目仍为盈利，表明该项目具有一定的抗御风险的能力，此项目可以接受。为了实现预期效益，在项目实施过程及未来的生产经营过程中，应特别注意对敏感性因素的监控，积极采取措施，促使它们向有利于提高投资效益的方向变化。

三、敏感性分析的方法

(一)量、本、利模型

税前利润(PTR)和总收入(TR)、总成本(TC)以及相关因素变量之间的关系为

$$PTR = TR - TC = TR - (FC + VC \times X)$$
$$= P \times X - (FC + (rc + c)X) \tag{16-1}$$

式中，P 为售价；X 为销售数量；FC 为固定成本；VC 为单位变动成本；rc 为原料成本；c 为单位其他变动成本。

表 16.1 为某投资项目的有关财务指标，按第一栏的估计值，用式(16-1)计算，税前利润为 75000 元。现假定销售数量增加 5%，其他条件不变，则利润变为 86 250 元，利润变动率为 15%。再设售价变动 5%，其他条件不变，则利润变为 105000 元，利润变动率为 40%。同理，还可分别计算出固定成本、原材料成本和其他变动成本变动时对利润的影响。

依据利润变动率的大小确定各因素的敏感程度的顺序。

表 16.1　某投资项目的有关财务指标

变　　量	初始估计值	变量增加 5%	变量改变后的利润	利润变动率	变动率顺序
销售数量/单位	15000	15750	86250	15%	3
售价/(元/单位)	40	42	105000	40%	1
固定成本/元	150000	157500	67500	−10%	4
变动成本/(K/单位)					
原料成本/元	5	5.25	71250	−5%	5
其他变动成本/元	20	21	60000	−20%	2

由表 16.1 可知，当所有变量都分别变动 5%，其对利润影响程度的大小依序为：售价、其他变动成本、销售数量、固定成本和原料成本，即售价为最具敏感性因素，而原材料成本为其中最不具敏感性因素。

(二)净现值模型

净现值的计算公式为

$$NPV = \sum_{t=0}^{n} \frac{F_t}{(1+r)^t} - F_0 \tag{16-2}$$

式中，NPV 为净现值；r 为贴现率；F_t 为第 f 年的净现金流量；n 为投资项目的预期收益年限；F_0 为初始投资额。

现有某投资项目的有关财务资料为：r 为10%，F_t 为每年 20 000 元，n 为 10 年，F_0 为 122892 元，运用式(16-2)计算可得 NPV 为-2。为了分析各因素的敏感性，我们先假设 r 降低 10%，即 r 为 9%，则运用式(16-2)计算可得 NPV 为 5428 元。然后，我们还可以分别变动 F_t、n 及 F_0，按同样的方法可以求出所对应的 NPV 值。将计算结果进行比较，就可以确定 NPV 值对各因素的敏感程度。

四、敏感性分析的局限

通过敏感性分析，可以找出项目经济效益的主要指标对主要变动因素的敏感程度，并能确定这些因素在一范围内变化将会给项目投资收益造成的影响，从而确定项目抗御风险的能力。这有利于提高项目决策的准确度，有利于明确决定项目投资效益的关键因素，并在项目实施过程中对这些因素加以严密监控，有利于及早采取规避或减少风险损失的措施。但是，敏感性分析也存在如下局限：一是不确定因素的选择及其变化幅度的确定带有很大的主观性，而且未能明确这些因素发生变动的概率。通常我们只能假定所选定的因素均按一定幅度向同一方向变动，或根据分析者的经验主观地给所选定的因素规定一个变动幅度，这显然带有一定的武断性。事实上，所选定因素的变化往往是不同比例的，甚至是朝不同方向变化的，而且发生变动的可能性也是不同的。二是单因素的敏感分析总以假定其他因素不变为前提，这个假定是简化敏感性分析的计算量所不可缺少的，但它客观上人为地割断了各因素之间的相互关联。现实中这些因素往往是相互联系的。例如缩短建设工期，可能提高工程成本，扩大初始投资；延长固定资产的使用年限则可能造成原材料消耗的增多。不考虑这些相互影响，计算出来的结果就可能失真。三是多因素敏感性分析可以避免单因素分析的局限，但计算量很大。如果每个因素分别取乐观值、最可能值及悲观值，然后加以组合，考虑三个因素就有 27 种组合。

第三节　处理实业投资风险的方法

企业处理实业投资风险的方法一般有如下五种。

一、风险回避

风险回避指在进行不确定性分析以后，放弃那些风险太大的投资方案。它是对付风险留底的方法，可以完全回避某一特定风险可能造成的损失。例如，某企业原计划投资开发一种新产品，但在试制阶段发现它问题很多，决定放弃此项计划。风险回避方法不是任何时候都可以采用的。这是因为：首先，采用风险回避的方法能使遭受损失的可能性降至为零，却同时也使获利的可能性降至为零。如果处处回避风险，便会丧失一些可以从潜在风险中获得的利益。其次，并不是所有风险都可以回避。例如系统性风险，只要投资，就可能遭受系统性风险带来的损失。回避一切风险，就只能停止投资活动。

实业投资中最常见的风险回避方法有以下几种。

(1) 改变投资地点。如将投资地点迁离污染严重的地点。

(2) 改变投资方向。如放弃投资生产试验不过关的产品，改为投资生产试验可靠的产品。

(3) 改变生产工艺流程及设备。

(4) 推迟或放弃投资方案。

二、风险抑制

风险抑制指不能避免风险时，设法降低风险发生的概率及减少经济损失的程度。风险抑制是投资者在不确定性分析的基础上，力图维持其原有决策，实施风险对抗的积极措施。

根据风险控制措施的作用时间可区分为损失预防和损失减轻。

(一)损失预防

损失预防可分为工程方法和行为管理方法。哈顿博士提出 10 种预防风险损失的工程方法如下所述。

(1) 防止危险因素的产生，如消除各种可能成为火源的物质。

(2) 防止已经存在的危险因素，如仓库重地禁止烟火等。

(3) 防止已经存在的危险因素的能量释放，如对建筑物进行加固。

(4) 减少危险源释放的速度和限制危险空间。

(5) 在时间和空间上将危险和保护对象进行隔离。

(6) 借助物质障碍将危险和保护对象进行隔离，如利用防水帆布遮挡水泥等建筑材料。

(7) 改善危险因素的基本属性。

(8) 加强被保护对象的防护能力。

(9) 救护被毁损的风险单位。

(10) 稳定、修理、更新遭受损害的物体。

行为管理法为 H. W. 海思里希所创。它所强调的是人们行为失误在风险损失中的作用。行为管理法已越来越受到人们的重视。在传统体制下，投资盈利与否与投资决策者的物质利益没有紧密联系，企业竞相争取投资项目，投资决策失误不可避免。进行经济体制改革，其重要内容之一就是要建立健全投资决策行为及实施过程中的约束机制。从一定意义上可以说，改革是为了强化对风险的行为管理。

(二)损失减轻

损失减轻是在风险发生时或发生以后采取有效措施，减轻风险损失的程度。如为了控制因建筑材料涨价提高工程成本，可以加快工程建设速度；为减轻因市场利率上升带来的财务风险，可以与贷款机构签订固定利率的贷款合同；房地产开发企业在工程竣工前预售楼盘等。

值得指出的是，采取一定措施抑制风险，企业往往需要耗费成本。如为了提高项目的技术可行性进行模拟实验；为取得固定利息贷款而同意支付较高的利息。在决定是否采取抑制风险方法时，应进行其成本效益分析。如果抑制风险的成本大于通过采取该措施所能避免的风险损失价值，那么，采取该项措施在经济上是不可取的。

三、风险自留

风险自留指当某种风险不能避免或冒该风险可能获得较大的利润时，企业自己将这种风险保留下来，自己承担风险所致的损失。风险自留可分两种情况：一是消极的非计划性的自我承担。那些没有意识到风险的存在，因而没有处理风险准备，或明知有风险，但低估了风险损失的程度，由此所产生的风险自留，都属于消极被动的或非计划性的风险自留。二是积极的或计划性的风险自留。那些明知风险存在且不可避免，却找不到适当的处理方法，或者因自己承担风险比其他处理方法更为经济，将风险保留下来，则属于积极的或计划性的风险自留。

风险自留的重要方法有：一是允许将风险损失计入成本。有的母公司允许将子公司的风险损失作为母公司总开支的一部分。二是建立风险损失基金。三是组织和经营专业自保公司。对多工厂的大公司特别是跨国公司，自我保险比向保险公司购买保险单要省钱得多。但对小企业来说，自我保险未必合适，因为要有一笔足以抵偿一幢建筑失火损失的钱，对小企业会是一个过重的负担。

在决定是否采取风险自留措施时，必须充分考虑企业的实力。必须把自留风险控制在企业所能承受的范围以内。企业承受风险的能力，主要的并不是取决于企业总资产的大小，而是主要取决于企业股权资金的多少。企业总资产规模大，股权资金的比重高，企业承受风险的能力就大；相反，企业承受风险的能力就小。

四、风险分散

风险分散是指企业将所面临的风险单位在空间、产业与时间上进行分离，或通过增加风险单位的数量来提高企业预防未来损失的能力。例如通过多角化经营，可以将投资风险分散于产业和项目；再如对大型工程的建设及开发区的建设，可以组织多个财团进行共同开发和投资，或与政府、金融机构共同投资。

五、风险转移

风险转移指风险承担者通过若干技术和经济手段将风险转移给他人承担。风险转移可分为保险转移和非保险转移。

保险转移是指投资者向保险公司投保，以交纳保险费为代价，将风险转移给保险公司承担。当投保风险发生后，其损失由保险公司按约进行补偿。

非保险转移指不是向保险公司投保，而是利用其他途径将风险转移给别人。例如，企业通过招标投资方式，将工程发包给工程承包公司。在签订工程承包合同时，投资者可以要求工程承包公司包投资额、包工期、包质量。这样，项目实施过程中的风险就转移给了工程承包公司。在项目建成投产以后，企业还可以将所建成的项目出租或出售给其他企业来经营。

以上五种方法作用不同，成本也不同。在实践中，投资者究竟采用何种方式来进行风险控制，必须本着以最小风险处理成本获得最佳效益的原则，反复比较权衡，择优选用。既不能不顾风险，也不能把回避风险和减少风险本身作为目的，而只能将回避风险和减少风险作为提高投资效益的一种手段。

第四节　风险调整的折现率、概率分析

一、风险调整的折现率

如果不考虑不确定性和风险因素，我们在计算投资方案的净现值时，可以用无风险利率作为折现率，如以国债利率或一年期存款利率作为折现率，国债或存款通常被视为无风险金融资产的近似物。在不确定条件下，投资要承担风险，从而也将要求获得风险收益；风险较大，理性的投资者只有在预期收益较高时才会投资。基于投资收益与风险的这种关系，为了全面地考虑不确定性，在进行投资收益的评价时，可以使用风险调整的折现率。

在证券投资中，我们曾以系数来测量股票或证券投资组合的风险程度。一只股票的 β 系数即等于股票预期收益与股票指数的协方差除以股票指数收益率的方差，当 $\beta > 1$ 时，表明股票的风险比市场风险大。在产业投资中，可以依据企业股票的 β 系数来调整投资项目的折现率。设企业股票的 β 系数为 β_b，企业总资产的 β 系数为 β_t，无风险收益率为 r，市场风险收益率为 r_m，企业股东权益值为 E，债务值为 D，风险调整折现率为 r'，则企业总资产 β_t 和 r' 可以下面的等式来表示：

$$\beta_t = \beta_b \frac{E}{E+D} \tag{16-3}$$

$$r' = r + (r_m - r)\beta_b \frac{E}{E+D} \tag{16-4}$$

例如，某公司股票的 β 值为 1.2，股权资金的比率为 80%，则该企业整个资产的 β 系数为 0.96。如果我们估计无风险利率为 5%，市场风险收益率为 9%，风险调整折现率可设定为 8.38%。

在现实中，我们还可以根据经验，用项目的风险等级来设定风险调整折现率。例如，将投资风险等级划分为高、中、低三级，分别在无风险利率之上加上 9%、5% 和 3%，作为风险调整折现率。

二、概率分析

概率论最早被马柯维茨用于证券投资风险分析，后来被推广到产业投资的不确定性分析。我们已经知道，概率是指随机事件发生的可能性，通常以出现某种随机事件的次数与各种可能出现随机事件次数总和的比率表示该随机事件的概率。依据定义，任何随机事件的概率均在 0 与 1 之间，越是接近于 0，该随机事件发生的可能性越小；越是接近于 1，该随机事件发生的可能性越大；如果等于 1，该事件则为必然事件。一事物所有可能发生的随机事件的概率总和应等于 1。如果把所有可能的事件或结果都列示出来，而且每一事件都给予一种概率，把它们列示在一起，便构成概率的分布。概率分析法就是以不同的有明确定义的随机变量的概率分布表示经济行为者行动的可能结果。它不仅可以揭示投资活动中所涉及的风险因素和不确定因素在未来时期的多种不同情况，还可以考虑这些不同情况出现的可能性。这无疑比敏感性分析进了一步。

在不确定分析中，我们将各随机变量乘以其相应的概率，可以得到该事件的期望值。期望值是随机变量的平均值，也是最大可能值。概率分布越集中，实际可能的结果越接近期望值，风险越小；相反，概率分布越分散，实际可能的结果越偏离期望值，风险越大。在证券投资分析时，我们已经给出投资收益期望值的计算公式。以 μ 表示期望收益率，h_i 为第 i 种情形发生的概率，r_i 为第 i 种情形的收益率，则 $\mu = \sum_{i=1}^{n} h_i r_i$；同时还可以预期收益方差 σ^2 或标准差 S 来测量投资风险的高低，其计算公式为：$\sigma^2 = \sum_{i=1}^{n} h_i [r_i - \mu]^2$，$S = \sqrt{\sigma^2}$。这套方法同样可用于产业投资分析。

如果我们将概率分析方法与净现值方法结合起来，只需要将预期的现金流出和流入量分别乘以它们可能发生的概率，便可以得到期望净现值。以 ENVP 表示期望净现值，则：

$$\text{ENVP} = \sum_{i=1}^{n} h_i \text{NVP}_i \qquad (16\text{-}5)$$

$$\sigma^2 = \sum_{i=1}^{n} h_i [\text{NVP}_i - \text{ENVP}]^2$$

式中，NVP_i 为第 i 种情形的净现值，h_i 则是第 i 种情形发生的概率。如果 A 方案的期望净现值大于 B 方案，且 A 方案的方差小于或等于 B 方案的方差，则应选择 A 方案。

例如，A 项目净现值为 100 万元的概率为 0.9，净现值为-10 万元的概率仅为 0.1，该项目净现值的期望值则为 89 万元；B 项目净现值为 100 万元的概率为 0.5，净现值为-10 万元的概率也为 0.5，该项目净现值的期望值则为 45 万元。如果仅仅分析可能出现的两种情况，而不考虑这两种情况发生的概率，投资者不能确定 A 和 B 项目谁优谁劣。在分析这两种情况发生的概率以后，投资者就不难作出谁优谁劣的判断了，从而也就使其投资决策更为科学化。在这个例子中，A 项目的期望净现值为 89 万元，概率分布高度集中，而 B 项目的期望净现值为 45 万元，概率分布高度分散，显然 A 项目优于 B 项目。

我们还可以用变异系数来反映概率分布相对离散程度。变异系数和标准差不同，标准差是一个绝对值，只能用来比较期望净现值或期望收益率相同的投资项目的风险程度。变异系数是一个相对值，可以用来比较期望净现值或期望收益率不同的授资项目的风险程度。

其计算公式为

$$V = \frac{\sigma}{E(x)} \times 100\% \qquad (16\text{-}6)$$

式中，V 为变异系数；σ 为标准差；$E(x)$ 为期望净现值或收益率。

依据式(16-6)，变异系数大，表明概率分布分散，投资项目的风险大；相反，变异系数小，表明概率分布集中，投资项目风险小。当两个项目的预期收益相同时，应选择变异系数小的项目；当一个项目的预期收益小于另一个项目，其变异系数大于另一个项目时，应选择另一个项目；当一个项目的预期收益大于另一个项目，其标准差大于另一个项目，但变异系数小于另一个项目时，也应该选择另一个项目。

例如，某企业现有 C 和 D 两个互斥性投资方案，C 项目的期望内部收益率为 0.1，D 的期望内部收益率为 0.4，D 的期望收益高于 C，这两个项目预期收益率的概率分布的标准差分别为 0.01 和 0.02，D 的标准差也高于 C，若不进一步计算，投资者不知选择何者才是最佳。因此计算变异系数。运用式(16-6)可得 C 项目的变异系数为 0.1，而 D 项目的变异系数为 0.05，D 项目的相对风险小于 C，理智的投资者会选择 D 项目。

变异系数的含义还可以图 16.1 来表示。图中 D 项目的期望内部收益率大子 C 项目的期望收益率，其标准差也高于 C，但 D 项目的变异系数小于 C 项目，因而 D 项目相对的风险小于 C 项目，所以 D 项目为优。

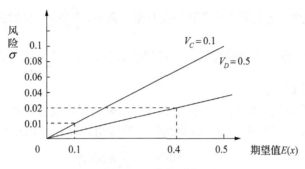

图 16.1　变异系数

证券投资与产业投资的不同点主要在于：证券投资的预期收益来源于股利和股票买卖差价收入，而产业投资的收益则来自于企业的生产经营收益；计算证券投资收益的标准差，通常可以利用股票市场的相关历史资料，计算产业投资预期收益的标准差却无系统的历史数据资料可资利用，而主要依据预测估计数据。

第五节　实业投资项目的可行性分析

本节通过对项目的市场需求、资源供应、建设规模、工艺路线、设备选型、环境影响、资金筹措、盈利能力等方面的研究，从技术、经济、工程等角度对项目进行调查研究和分析比较，并对项目建成以后可能取得的经济效益和社会环境影响进行科学预测，为项目决策提供公正、可靠、科学的投资咨询意见。项目可行性研究报告是企业从事建设项目投资活动之前，由可行性研究主体(一般是专业咨询机构)对市场、收益、技术、法规等项目影响因素进行具体调查、研究、分析，确定有利和不利的因素，分析项目必要性、项目是否可行，评估项目经济效益和社会效益，为项目投资主体提供决策支持意见或申请项目主管部门批复的文件。

报告体现如下几方面用途。

(1) 用于报送发改委立项、核准或备案。

(2) 用于申请土地。

(3) 用于申请国家专项资金。

(4) 用于申请政府补贴。

(5) 用于融资、银行贷款。

(6) 用于对外招商合作。

(7) 用于上市募投。

(8) 用于园区评价定级。

(9) 用于企业工程建设指导。

(10) 用于企业节能审查。

(11) 用于环保部门对项目进行环境评价。

(12) 用于安监部门对项目进行安全审查。

项目投资的可行性报告的目录：第一部分，项目总论；第二部分，项目建设背景、必要性、可行性；第三部分，项目产品市场分析；第四部分，项目产品规划方案；第五部分，项目建设用地与土建总规，第六部分，项目环保、节能与劳动安全方案；第七部分，项目组织和劳动定员；第八部分，项目实施进度安排；第九部分，项目财务评价分析；第十部分，项目财务效益、经济和社会效益评价；第十一部分，项目风险分析及风险防控；第十二部分，项目可行性研究结论与建议。①

一、投资项目总论

总论作为可行性研究报告的首要部分，要综合叙述研究报告中各部分的主要问题和研究结论，并对项目的可行与否提出最终建议，为可行性研究的审批提供方便。

(一)投资项目背景

包括：①项目名称；②项目的承办单位；③承担可行性研究工作的单位情况；④项目的主管部门；⑤项目建设内容、规模、目标；⑥项目建设地点。

(二)项目可行性研究主要结论

在可行性研究中，对项目的产品销售、原料供应、政策保障、技术方案、资金总额筹措、项目的财务效益和国民经济、社会效益等重大问题，都应得出明确的结论，主要包括：①项目产品市场前景；②项目原料供应问题；③项目政策保障问题；④项目资金保障问题；⑤项目组织保障问题；⑥项目技术保障问题；⑦项目人力保障问题；⑧项目风险控制问题；⑨项目财务效益结论；⑩项目社会效益结论；⑪项目可行性综合评价。

(三)主要技术经济指标表

在总论部分中，可将研究报告中各部分的主要技术经济指标汇总，列出主要技术经济指标表，对审批和决策者对项目作全貌了解。

(四)存在问题及建议

对可行性研究中提出的项目的主要问题进行说明并提出解决的建议。

二、投资项目建设背景、必要性、可行性

投资项目建设主要应说明项目发起的背景、投资的必要性、投资理由及项目开展的支撑性条件等。

---

① 佚名. 投资项目可行性研究报告模板. 中国产业竞争情报网，2012-09-4. http://www.chinacir.com.cn/xmkybg/cdbgbbcke.shtml

(一)投资项目建设背景

投资项目建设背景包括：①国家或行业发展规划；②项目发起人以及发起缘由；③可行性研究报告编制依据；④项目概况，包括拟建地点、建设规模与目标。

(二)投资项目建设必要性

投资项目建设必要性包括：①国家相关的产业政策；②行业的相关政策；③所在省份的支持力度；④企业自身的建设需要。

(三)投资项目建设可行性

投资项目建设可行性包括：①经济可行性；②政策可行性；③技术可行性；④模式可行性；⑤组织和人力资源可行性。

三、投资项目产品市场分析

市场分析在可行性研究中的重要地位在于，任何一个项目，其生产规模的确定、技术的选择、投资估算甚至厂址的选择，都必须在对市场需求情况有了充分了解以后才能决定。而且市场分析的结果，还可以决定产品的价格、销售收入，最终影响到项目的盈利性和可行性。在可行性研究报告中，要详细研究当前市场现状，以此作为后期决策的依据。

(一)投资项目产品市场调查

投资项目产品市场调查包括：①投资项目产品国际市场调查；②投资项目产品国内市场调查；③投资项目产品价格调查；④投资项目产品上游原料市场调查；⑤投资项目产品下游消费市场调查；⑥投资项目产品市场竞争调查。

(二)投资项目产品市场预测

市场预测是市场调查在时间上和空间上的延续，利用市场调查所得到信息资料，对本项目产品未来市场需求量及相关因素进行定量与定性的判断与分析，从而得出市场预测。在可行性研究工作报告中，市场预测的结论是制定产品方案，确定项目建设规模参考的重要根据。

投资项目产品市场预测具体包括：①投资项目产品国际市场预测；②投资项目产品国内市场预测；③投资项目产品价格预测；④投资项目产品上游原料市场预测；⑤投资项目产品下游消费市场预测；⑥投资项目发展前景综述。

四、投资项目产品规划方案

(一)投资项目产品产能规划方案

投资项目产品产能规划方案包括：①产能规划步骤；②需求预测；③产能规划方案制定与评价。

(二)投资项目产品工艺规划方案

投资项目产品工艺规划方案包括：①工艺设备选型；②工艺说明；③工艺流程。

(三)投资项目产品营销规划方案

投资项目产品营销规划方案包括：①营销战略规划；②营销模式，在商品经济环境中，企业要根据市场情况，制定合格的销售模式，争取扩大市场份额，稳定销售价格，提高产品竞争能力。因此，在可行性研究报告中，要对市场营销模式进行详细研究，包括：①投资者分成；②企业自销；③国家部分收购；④经销人代销及代销人情况分析。

五、投资项目建设用地与土建总规

(一)投资项目建设用地

投资项目建设用地包括：①投资项目建设用地地理位置；②投资项目建设用地自然情况；③投资项目建设用地资源情况；④投资项目建设用地经济情况；⑤投资项目建设用地人口情况。

(二)投资项目土建总规

投资项目土建总规包括：①项目厂址及厂房建设，其中包括厂址、厂房建设内容和厂房建设造价等；②土建总图布置，其中包括：a.平面布置，列出项目主要单项工程的名称、生产能力、占地面积、外形尺寸、流程顺序和布置方案；b.竖向布置，包括：场址地形条件、竖向布置方案和场地标高及土石方工程量等；c.技术改造项目原有建、构筑物利用情况；d.总平面布置图(技术改造项目应标明新建和原有以及拆除的建、构筑物的位置)；e.总平面布置主要指标表。

(三)场内外运输

场内外运输包括：①场外运输量及运输方式；②场内运输量及运输方式；③场内运输设施及设备。

(四)项目土建及配套工程

项目土建及配套工程包括：①项目占地；②项目土建及配套工程内容。

(五)项目土建及配套工程造价

项目土建及配套工程造价包括：①直接工程费；②施工组织措施费；③施工管理费；④安全防护费；⑤不含税造价；⑥税金。

(六)项目其他辅助工程

项目其他辅助工程包括：①供水工程；②供电工程；③供暖工程；④通信工程；⑤其他。

六、投资项目环保、节能与劳动安全方案

在项目建设中，必须贯彻执行国家有关环境保护、能源节约和职业安全方面的法规、法律，对项目可能造成周边环境影响或劳动者健康和安全的因素，必须在可行性研究阶段进行论证分析，提出防治措施，并对其进行评价，推荐技术可行、经济且布局合理、对环

境有害影响较小的最佳方案。按照国家现行规定，凡从事对环境有影响的建设项目都必须执行环境影响报告书的审批制度，同时，在可行性研究报告中，对环境保护和劳动安全要有专门论述。

(一)投资项目环境保护

投资项目环境保护包括：①项目环境保护设计依据；②项目环境保护措施；③项目环境保护评价。

(二)投资项目资源利用及能耗分析

投资项目资源利用及能耗分析包括：①项目资源利用及能耗标准；②项目资源利用及能耗分析。

(三)投资项目节能方案

投资项目节能方案包括：①项目节能设计依据；②项目节能分析。

(四)投资项目消防方案

投资项目消防方案包括：①项目消防设计依据；②项目消防措施；③火灾报警系统；④灭火系统；⑤消防知识教育。

(五)投资项目劳动安全卫生方案

投资项目劳动安全卫生方案包括：①项目劳动安全设计依据；②项目劳动安全保护措施。

七、投资项目组织和劳动定员

在可行性研究报告中，根据项目规模、项目组成和工艺流程，研究提出相应的企业组织机构，劳动定员总数及劳动力来源及相应的人员培训计划。

(一)投资项目组织

投资项目组织包括：①组织形式；②工作制度。

(二)投资项目劳动定员和人员培训

投资项目劳动定员和人员培训包括：①劳动定员；②年总工资和职工年平均工资估算；③人员培训及费用估算。

八、投资项目实施进度安排

项目实施时期的进度安排是可行性研究报告中的一个重要组成部分。项目实施时期亦称投资时间，是指从正式确定建设项目到项目达到正常生产这段时期，这一时期包括项目实施准备，资金筹集安排，勘察设计和设备订货，施工准备，施工和生产准备，试运转直到竣工验收和交付使用等各个工作阶段。这些阶段的各项投资活动和各个工作环节，有些是相互影响的，前后紧密衔接的，也有同时开展，相互交叉进行的。因此，在可行性研究阶段，需将项目实施时期每个阶段的工作环节进行统一规划，综合平衡，作出合理又切实可行的安排。

(一)投资项目实施的各阶段

投资项目实施的各阶段包括：①建立项目实施管理机构；②资金筹集安排；③技术获得与转让；④勘察设计和设备订货；⑤施工准备；⑥施工和生产准备；⑦竣工验收。

(二)投资项目实施进度

投资项目实施进度包括：①项目实施总体思路；②项目组织与管理；③项目验收与评估。

(三)投资剂项目实施费用

投资剂项目实施费用包括：①建设单位管理费；②生产筹备费；③生产职工培训费；④办公和生活家具购置费；⑤其他应支出的费用。

九、投资项目财务评价分析

(一)投资项目总投资估算

投资项目总投资估算，参见图16.2。

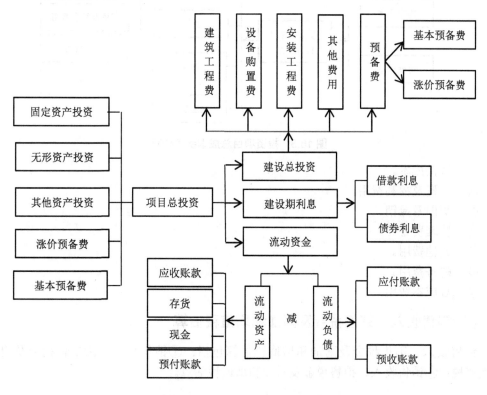

图16.2　项目总投资估算体系

(二)投资项目资金筹措

一个建设项目所需要的投资资金，可以从多个来源渠道获得。项目可行性研究阶段，资金筹措工作是根据对建设项目固定资产投资估算和流动资金估算的结果，研究落实资金的来源渠道和筹措方式，从中选择条件优惠的资金。可行性研究报告中，应对每一种来源渠道的资金及其筹措方式逐一论述。并附有必要的计算表格和附件。可行性研究中，应对资金来源和项目筹资方案等内容加以说明。

(三)投资项目投资使用计划

投资项目投资使用计划包括：①投资使用计划；②借款偿还计划。

(四)项目财务评价说明&财务测算假定

项目财务评价说明&财务测算假定包括：①计算依据及相关说明；②项目测算基本设定。

(五)投资项目总成本费用估算

投资项目总成本费用估算，参见图16.3。

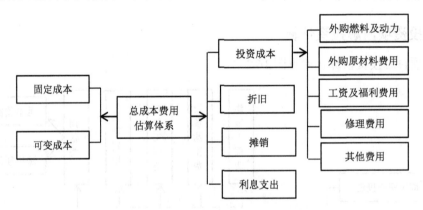

图16.3 投资项目总成本费用估算

① 直接成本。
② 工资及福利费用。
③ 折旧及摊销。
④ 修理费。
⑤ 其他费用。
⑥ 财务费用。
⑦ 总成本费用。

(六)销售收入、销售税金及附加和增值税估算

销售收入、销售税金及附加和增值税估算包括：①销售收入；②销售税金及附加；③增值税；④销售收入、销售税金及附加和增值税估算。

(七)损益及利润分配估算

损益及利润分配估算包括：①期初未分配利润；②本期净利润；③提取的各种盈余公积；④分出的利润；⑤以前年度损益调整的未分配利润估算。

(八)现金流估算

(1)　项目投资现金流估算(参见图 16.4)。

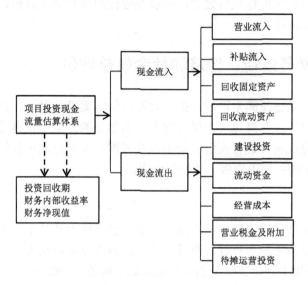

图 16.4　项目投资现金流估算

(2)　项目资本金现金流估算(参见图 16.5)。

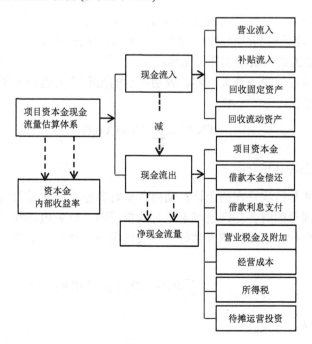

图 16.5　项目资本金现金流估算

(九)不确定性分析

在对建设项目进行评价时，所采用的数据多数来自预测和估算。由于资料和信息的有限性，将来的实际情况可能与此有出入，这对项目投资决策会带来风险。为避免或尽可能减少风险，就要分析不确定性因素对项目经济评价指标的影响，以确定项目的可靠性，这就是不确定性分析。根据分析内容和侧重面不同，不确定性分析可分为盈亏平衡分析、敏感性分析和概率分析。在可行性研究中，一般要进行的盈亏平衡分析、敏感性分配和概率分析，可视项目情况而定。

十、投资项目财务效益、经济和社会效益评价

在建设项目的技术路线确定以后，必须对不同的方案进行财务、经济效益评价，判断项目在经济上是否可行，并对比选出优秀方案。本部分的评价结论是建议方案取舍的主要依据之一，也是对建设项目进行投资决策的重要依据。本部分就可行性研究报告中财务、经济与社会效益评价的主要内容做一个概要说明。

(一)财务评价

财务评价是考察项目建成后的获利能力、债务偿还能力及外汇平衡能力的财务状况，以判断建设项目在财务上的可行性。财务评价多用静态分析与动态分析相结合，以动态为主的办法进行。并用财务评价指标分别和相应的基准参数——财务基准收益率、行业平均投资回收期、平均投资利润率、投资利税率相比较，以判断项目在财务上是否可行。

1. 财务净现值

财务净现值是指把项目计算期内各年的财务净现金流量，按照一个设定的标准折现率(基准收益率)折算到建设期初(项目计算期第一年年初)的现值之和。财务净现值是考察项目在其计算期内盈利能力的主要动态评价指标。

如果项目财务净现值等于或大于零，表明项目的盈利能力达到或超过了所要求的盈利水平，项目财务上可行。

$$\text{FNPV} = \sum_{t=0}^{n} (\text{CI} - \text{CO})_t (1 + i_c)^{-t} \tag{16-7}$$

2. 财务内部收益率(FIRR)

财务内部收益率是指项目在整个计算期内各年财务净现金流量的现值之和等于零时的折现率，也就是使项目的财务净现值等于零时的折现率。财务内部收益率是反映项目实际收益率的一个动态指标，该指标越大越好。一般情况下，财务内部收益率大于等于基准收益率时，项目可行。

$$\sum_{t=0}^{n} (\text{CI} - \text{CO})_t \times (1 + \text{FIRR})^{-t} = 0 \tag{16-8}$$

3. 投资回收期 P_t

投资回收期按照是否考虑资金时间价值可以分为静态投资回收期和动态投资回收期。

以动态回收期为例：

1) 计算公式

动态投资回收期的计算在实际应用中根据项目的现金流量表，用下列近似公式计算。

P_t =(累计净现金流量现值出现正值的年数+上一年累计净现金流量现值的绝对值)/出现正值年份净现金流量的现值。

2) 评价准则

(1) $P_t \leqslant P_c$ (基准投资回收期)时，说明项目(或方案)能在要求的时间内收回投资，是可行的；

(2) $P_t > P_c$ 时，则项目(或方案)不可行，应予拒绝。

4. 项目投资收益率 ROI

项目投资收益率是指项目达到设计能力后正常年份的年息税前利润或营运期内年平均息税前利润(EBIT)与项目总投资(TI)的比率。总投资收益率高于同行业的收益率参考值，表明用总投资收益率表示的盈利能力满足要求。

$$ROI = \frac{EBIT}{TI} \times 100\% \tag{16-9}$$

ROI $\geqslant$ 部门(行业)平均投资利润率(或基准投资利润率)时，项目在财务上可考虑接受。

5. 项目投资利税率

项目投资利税率是指项目达到设计生产能力后的一个正常生产年份的年利润总额或平均年利润总额与销售税金及附加与项目总投资的比率，计算公式为：

$$投资利税率=年利税总额或年平均利税总额/总投资×100\%$$

投资利税率$\geqslant$部门(行业)平均投资利税率(或基准投资利税率)时，项目在财务上可考虑接受。

6. 项目资本金净利润率(ROE)

项目资本金净利润率是指项目达到设计能力后正常年份的年净利润或运营期内平均净利润(NP)与项目资本金(EC)的比率。

$$ROE = \frac{NP}{EC} \times 100\% \tag{16-10}$$

项目资本金净利润率高于同行业的净利润率参考值，表明用项目资本金净利润率表示的盈利能力满足要求。

(二)国民经济评价

国民经济评价是项目经济评价的核心部分，是决策部门考虑项目取舍的重要依据。建设项目国民经济评价采用费用与效益分析的方法，运用影子价格、影子汇率、影子工资和社会折现率等参数，计算项目对国民经济的净贡献，评价项目在经济上的合理性。国民经济评价采用国民经济盈利能力分析和外汇效果分析，以经济内部收益率(EIRR)作为主要的评价指标。根据项目的具体特点和实际需要也可计算经济净现值(ENPV)指标，涉及产品出口创汇或替代进口节汇的项目，要计算经济外汇净现值(ENPV)，经济换汇成本或经济节汇成本。

(三)社会效益和社会影响分析

在可行性研究中，除对以上各项指标进行计算和分析以外，还应对项目的社会效益和社会影响进行分析，也就是对不能定量的效益影响进行定性描述。

十一、投资项目风险分析及风险防控

(1) 建设风险分析及防控措施。

(2) 法律政策风险及防控措施。

(3) 市场风险及防控措施。

(4) 筹资风险及防控措施。

(5) 其他相关风险及防控措施。

十二、投资项目可行性研究结论与建议

(一)结论与建议

根据前面各节的研究分析结果，对项目在技术上、经济上进行全面的评价，对建设方案进行总结，提出结论性意见和建议，主要内容有如下。

(1) 对推荐的拟建方案建设条件、产品方案、工艺技术、经济效益、社会效益、环境影响的结论性意见。

(2) 对主要的对比方案进行说明。

(3) 对可行性研究中尚未解决的主要问题提出解决办法和建议。

(4) 对应修改的主要问题进行说明，提出修改意见。

(5) 对不可行的项目，提出不可行的主要问题及处理意见。

(6) 可行性研究中主要争议问题的结论。

(二)附件

凡属于项目可行性研究范围，但在研究报告以外单独成册的文件，均需列为可行性研究报告的附件，所列附件应注明名称、日期、编号。

(1) 项目建议书(初步可行性报告)。

(2) 项目立项批文。

(3) 厂址选择报告书。

(4) 资源勘探报告。

(5) 贷款意向书。

(6) 环境影响报告。

(7) 需单独进行可行性研究的单项或配套工程的可行性研究报告。

(8) 需要的市场预测报告。

(9) 引进技术项目的考察报告。

(10) 引进外资的各类协议文件。

(11) 其他主要对比方案说明。

(12) 其他。

(三)附图

(1) 厂址地形或位置图(设有等高线)。

(2) 总平面布置方案图(设有标高) 。

(3) 工艺流程图。

(4) 主要车间布置方案简图。

(5) 其他。

本 章 小 结

本章阐明投资不确定性对投资决策的影响和投资风险的主要来源及其类型,介绍敏感性分析的定义、类型、步骤、方法,介绍企业处理实业投资风险的方法,通过案例介绍投资项目可行性分析报告的撰写框架、内容。

(1) 未来是一个随机过程,存在着固有的不可预测的成分,决策者无法获得关于未来的完全信息,事物的发展在未来可能有若干不同的结果,我们却不能确定每种特定结果发生的概率,而只能对其可能结果发生的概率给予主观的规定。这就是所谓不确定性。

(2) 实业投资的风险可分为系统性风险与非系统性风险、外生性风险和内生性风险。

(3) 敏感性分析是传统不确定性分析的重要方法。它是通过分析项目经济效果的主要指标(如净现值、内部收益率等)对主要变动因素变化的敏感程度,确定项目抗御风险的程度,并寻找回避和减少风险损失的措施。

(4) 企业处理实业投资风险的方法一般有如下五种:风险回避、风险抑制、风险自留、风险分散、风险转移。

(5) 项目可行性研究报告是企业从事建设项目投资活动之前,由可行性研究主体(一般是专业咨询机构)对市场、收益、技术、法规等项目影响因素进行具体调查、研究、分析,确定有利和不利的因素,分析项目必要性、项目是否可行,评估项目经济效益和社会效益,为项目投资主体提供决策支持意见或申请项目主管部门批复的文件。

练 习 题

一、简答题

1. 实业投资为什么要进行不确定性分析?

2. 实业投资的风险有哪些?

3. 敏感性分析的优点与局限性如何?

4. 如何计算实业投资的期望净现值?

二、计算题

1. 某企业有两项互斥性投资方案，其净现值的概率如表 16.2 所示。请问选择哪个投资方案为优？

表 16.2　两个投资方案净现值的概率

A 项目		B 项目	
概　率	净现值/元	概　率	净现值/元
0.1	3000	0.1	2000
0.2	3500	0.25	3000
0.4	4000	0.30	4000
0.2	4500	0.25	5000
0.1	5000	0.1	6000

2. 假定某企业的投资固定为 1500 元，企业每年将永远生产 1 单位的某个产品，营运成本为零，目前的价格为 250 元，下一年产品价格变动只有两种可能：下降或上升 40%，其概率各为 50%，无风险利率为 8%。请问：企业应当年投资还是应等待下一年投资？

3. 已知 A 方案在经济平稳运行状态下收益率为 10%，经济上行时收益率为 12%，经济下行时收益率为 8%；B 方案在经济平稳运行状态下收益率为 9%，经济上行时收益率为 10%，经济下行时收益率为 7%。已知经济平稳运行的概率为 0.5，经济上行的概率为 0.25，经济下行的概率为 0.25，请问投资者应该如何选择投资方案？

部分参考答案

第二章

三、计算分析题

1. 按不高于申买价和不低于申卖价的原则，首先可成交第一笔，即 13.28 元买入委托和 12.89 元的卖出委托，若要同时符合申买者和申卖者的意愿，其成交价格必须是在 12.89 元与 13.28 元之间，但具体价格要视以后的成交情况而定。这对委托成交后其他的委托排序如下：

序号	委托买入价/元	数量/手	序号	委托卖出价/元	数量/手
2	12.89	5	1	12.89	5
3	12.72	4	2	12.73	1
4	9.61	4	3	12.13	3
5	8.7	1	4	10.98	3

序号 2 的买入委托其价格要求不超过 12.89 元，而卖出委托序号 1 的委托价格符合要求，这样序号 2 的买入委托与序号 1 的卖出委托就正好配对成交，其价格为 12.89 元。第二笔成交后的委托情况如下：

序号	委托买入价/元	数量/手	序号	委托卖出价/元	数量/手
3	12.72	4	2	12.73	1
4	9.61	4	3	12.13	3
5	8.7	1	4	10.98	3

完成以上两笔委托后，因最高买入价为 12.72 元，而最低卖出价为 12.73 元，买入价与卖出价之间再没有相交部分，所以这一次的集合竞价就已完成，最后一笔的成交价 12.89 元就为集合竞价的平均价格。

2. 买入股票的盯市价值＝证券买入量×买入单价

$$= 5000×12=60000$$

垫金率＝自有资金/买入股票的盯市价值＝(60000-15000)/60000=75%

当股票市值上升到每股 15 元

买入股票的盯市价值＝证券买入量×买入单价

$$= 5000×15=75000$$

垫金率＝自有资金/买入股票的盯市价值＝(60000-15000)/75000=60%

第三章

三、计算题

1. 繁荣时期预期收益率=(15-10+0.4)/10=54%

正常运行时期预期收益率=(12-10+0.4)/10=24%

萧条时期预期收益率=(7-10+0.4)/10=−26%

期望收益率=0.25×54%+0.5×24%+0.25×(−26%)=19%

方差$=0.25×(54\%-19\%)^2+0.5×(24\%-19\%)^2+0.25×(-26\%-19\%)^2=0.0825$

2.
$$\sigma_{12}=\sigma_1\sigma_2\rho_{12}=0.30\times0.20\times\rho_{12}=0.01$$

$$\rho_{12}=\frac{1}{6}$$

资产 1 和资产 2 存在弱的正相关关系，相关系数为 1/6。

3.
$$p_1=7.23\times1000=7230,\ p_2=6.55\times2000=13100,\ p_3=6.67\times1000=6670$$

$$p=p_1+p_2+p_3=27000$$

$$x_1=p_1/p=0.2678,\ x_2=p_2/p=0.4852,\ x_3=p_3/p=0.2470$$

$$E=x_1r_1+x_2r_2+x_3r_3=6\%\times0.2678+8\%\times0.4852+7\%\times0.2470=7.2174\%$$

4. 首先计算概率之和是否等于 1， $p=0.20+0.10+0.15+0.25+0.15+0.10+0.05=1$，

$$E=(-30\%)\times0.20+(-20\%)\times0.10+(-10\%)\times0.15+0\times0.25+10\%\times0.15+$$
$$20\%\times0.10+30\%\times0.05$$
$$=-4.50\%$$

$$\sigma=\sqrt{0.20\times(-25.5\%)^2+0.10\times(-15.5\%)^2+0.15\times(-5.5\%)^2+0.25\times(4.5\%)^2+0.15\times(5.5\%)^2+0.10\times(15.5\%)^2+0.05\times(25.5\%)^2}$$
$$=14.99\%$$

5.
$$\sigma_p=\sqrt{\sigma_p^2}=\sqrt{0.25^2\times0.2^2+0.25\times0.75\times0.85\times0.2\times0.25+0.75^2\times0.25^2+0.75\times0.25\times0.85\times0.2\times0}$$
$$=\sqrt{0.05359375}\approx0.2315$$

6. $CV=\dfrac{\sigma}{E}, CV_A=\dfrac{9.5\%}{13.7\%}=0.6934,\quad CV_B=\dfrac{10.6\%}{18.3\%}=0.5792, CV_C=\dfrac{13.7\%}{20.5\%}=0.6683$

$$CV_B<CV_C<CV_A$$

投资者会优先选资产 B，其次是 C，最后是 A。

7. $\beta=\rho_{im}\dfrac{\sigma_i}{\sigma_m}, \beta_A=\rho_{im}\dfrac{\sigma_i}{\sigma_m}=0.55\times\dfrac{35\%}{20\%}=0.9625, \beta_B=\rho_{im}\dfrac{\sigma_i}{\sigma_m}=0.3\times\dfrac{60\%}{20\%}=0.9$

$$\beta_{组合}=x_A\beta_A+x_B\beta_B=70\%\times0.9625+30\%\times0.9=0.9438$$

第四章

三、选择题

1. 选 A。B 中连接的是无风险收益点和市场组合点，D 根据模型假设，不同的投资者对市场有相同预期，是投资者的风险偏好使他们在有效边界上选择不同的投资组合。

2. 选 D。

3. 没有答案，全错。A，①证券不是越多越好，从成本效益角度看一般 30 只证券的组合效益最好，一般组合中证券分散化效果边际效益递减，所以 B 错误，②证券的分散化效果要看资产间的相关性，如果 2 个相关系数为 1 的资产对冲，那它的风险分散效果不比 3 个资产的差，所以 D 错误，③非系统性风险会越来越小，但是系统性风险不会减少，综上三个理由 A 错误；C，分散化效果要标准差和期望收益的变化程度结合起来看，一般最低的要求是 Δ标准差的效用＜Δ期望收益的效用，否则就没有承担这些风险的必要——直接舍去的期望收益都比分散化后的大，但是有时候有些资产是想舍而舍不掉的，大家可以列举一些这种情况。

第五章

三、选择题

1. 选 A。判断高估或低估，我们需要比较证券的期望收益率(持有期收益率)与必要收益率(由 CAPM 算得)。

计算期望收益率=(期末证券价格−期初证券价格+期间现金净流入)/期初证券价格

本题中=(55−45+0)/45=22.2%

计算必要收益率=4.25%+(12.5%−4.25%)×2.31=23.3%

本题=4.25%+(12.5%−4.25%)×2.31=23.3%三个月的国债利率是年化利率，不用乘以 4

23.3%−22.2%=1.1%，期望收益＜必要收益，高估。

2. 选 D。

3. 选 BD。因为不知无风险收益率，利用极限思维。参见图 1、图 2。

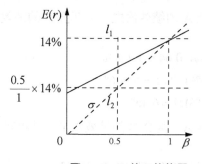
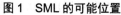

图 1　SML 的可能位置

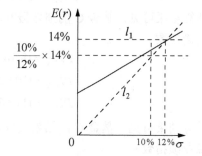

图 2　CML 的可能位置

如图 1，SML 可能的位置在线 l_1，l_2 之间，根据比例关系，R 的收益率可能在 7%～14%，而 7%<11%<14%，故不能确定。

如图 2，CML 可能的位置在线 l_1，l_2 之间，根据比例关系，R 的收益率可能在 11.67%～14%，而 11%<11.67%，故 R 在 CML 下方。

四、计算题

1. $\beta_i = \dfrac{E(r_p) - r_f}{E(r_m) - r_f} = \dfrac{17\% - 5\%}{15\% - 5\%} = 1.2$

2. 根据零 β 资产组合模型，无风险收益率代替期望收益率

$$E(r_i) = r_f + \beta[E(r_{z(M)}) - r_f]$$
$$= 8\% + 0.7 \times (17\% - 8\%) = 14.3\%$$

第六章

三、选择题

1. 选 A，$E(r_z) = 5\% + 0.5 \times 4\% + 0.3 \times (8\% - 5\%) = 7.9\%$

2. 选 C，$R_甲 = R_f + \beta_{GDP}\text{GDP}_t + \beta_{IR}IR_t + e_甲$

$R_f + 1.5 \times 6\% + (-1) \times 3\% = 10\%, R_f = 4\%$

$R_甲 = 4\% + 1.5 \times 5\% + (-1) \times 4\% + (-2\%) = 5.5\%$

3. 选 A。

4. 选 C。

第七章

三、计算题

1. 夏普指数

$$PI_{S,A} = (8.78\% - 5\%)/8.03\% = 0.471$$
$$PI_{S,B} = (10.02\% - 5\%)/11.17\% = 0.449$$
$$PI_{S,C} = (11.46\% - 5\%)/11.33\% = 0.570$$

由计算结果可见，基金 C 的绩效最好，基金 A 的绩效次之，而基金 B 的绩效最差。

特雷诺指数

$$PI_{T,A} = (8.78\% - 5\%)/0.64 = 5.906\%$$
$$PI_{T,B} = (10.02\% - 5\%)/0.85 = 5.906\%$$
$$PI_{T,C} = (11.46\% - 5\%)/1 = 6.46\%$$

有计算结果可见，基金 C 的绩效最好，基金 A、基金 B 的绩效水平几乎相同。

詹森业绩指数

$$PI_{J,A} = 8.78\% - 5\% - 0.64(11.46\% - 5\%) = -0.3544\%$$
$$PI_{J,B} = 10.02\% - 5\% - 0.85(11.46\% - 5\%) = -0.471\%$$
$$PI_{J,C} = 11.46\% - 5\% - 1(11.46\% - 5\%) = 0\%$$

由计算结果可知，基金 A、基金 B 都出现了超额损失，基金 C 由于是市场组合，其实际收益与期望收益—β 关系完全吻合，詹森指数所计算的基金绩效排序为 C、A、B。

2. 根据组合调整方法，新的组合中原基金所占的比例应为：

$$\frac{\sigma_M}{\sigma_P} = 7/13 = 0.538$$

相应加入国债的比例为 0.462，则该基金的 M^2 指标为

$$M^2 = r_p - r_M = 0.538 \times 8\% + 0.462 \times 3\% - 6\% = -0.31\%$$

可见，本案例中的基金 A 的 M^2 指标为负，业绩低于市场组合。

3. 夏普指数

$$PI_{S,A} = (10\% - 6\%)/18\% = 0.222$$
$$PI_{S,M} = (12\% - 6\%)/13\% = 0.461$$

根据夏普指数，投资组合并没有超过风险调整基础上的市场组合；

特雷诺指数：

$$PI_{T,A} = (10\% - 6\%)/0.60 = 6.67\%$$
$$PI_{T,M} = (12\% - 6\%)/1 = 6\%$$

根据特雷诺指数，投资组合超过了风险调整基础上的市场组合。

原因：夏普指数以资本市场线为衡量标准，其关注的是标准差；特雷诺指数以证券市场线为衡量标准，其关注的是 β 值；

夏普指数和特雷诺指数的适用对象是不同的，同一投资者不能同时应用这两个指标进行业绩评估。

第十章

三、计算题

1. 在半年期利率为 3% 的情况下，债券价值等于 40×年金因子 (3%,60) +1000×折现因子 (3%,60)，资本利得为 276.75 元，超过了当利率增长到 5% 时的资本损失为 189.29 元 (1000−810.71=189.29)。

2. 根据公式 $P = \sum_{t=1}^{T} \frac{C}{(1+y_{TM})^t} + \frac{FV}{(1+y_{TM})^T}$

到期收益率为

$$107.02 = \sum_{t=1}^{10} \frac{8}{(1+y_{TM})^t} + \frac{100}{(1+y_{TM})^{10}}$$

可以直接求出，$y_{TM} = 7\%$

第十一章

三、计算题

1. 该股票目前实际 PE 为 36÷0.6=60，60 大于 30，不具投资价值

2. PE 为 10

3. 久期=(1+0.1)÷(0.1-0.02)=13.75 年

4. $P=(5+0.2\times10)\div(1+0.2)=5.83$

5. $\text{FCFE}_0 =6-2+2=6$ 美元，$P_0 = \dfrac{6\times1.06}{1.1} + \dfrac{6\times1.06^2}{1.1^2} + \dfrac{6\times1.06^3}{1.1^3} + \dfrac{6\times1.06^3\times1.03^2/0.07}{1.1^4}$

$=90.69$。

第十二章

三、计算题

1. 由于要考虑红利因素，根据式(12-2)并结合式(12-4)有
$$f = 12e^{-0.03\times0.5} - 15e^{-0.05\times0.5}$$

再根据远期价格的定义，有
$$0 = S_0 e^{-dT} - Fe^{-rT}$$
$$=15e^{-0.03\times0.5} - 12e^{-0.05\times0.5}$$
$$F = 15e^{0.02\times0.5}$$

2. 看涨期权价格：$C_0 = S_0 N(d_1) - Xe^{-rt}N(d_2)$
$$=100\times0.6068-100\times0.5335\times e^{-0.07/2}$$
$$=10.13(元)$$

看跌期权价格：$P=6.69$ 元

第十六章

一、简答题

4. 如何计算实业投资的期望净现值？

净现值的计算公式为

$$\text{NPV} = \sum_{t=0}^{n} \frac{F_t}{(1+r)^t} - F_0 \tag{14-2}$$

式中，NPV 为净现值；r 为贴现率；F_t 为第 f 年的净现金流量；n 为投资项目的预期收益年限；F_0 为初始投资额。

现有某投资项目的有关财务资料为：r 为 10%，F_t 为每年 20000 元，n 为 10 年，F_0 为 122892 元，运用式(14-2)计算可得 NPV 为-2。为了分析各因素的敏感性，我们先假设 r 降低 10%，即 r 为 9%，则运用式(14-2)计算可得 NPV 为 5428 元。然后，我们还可以分别变动 F_t、n 及 F_0，按同样的方法可以求出所对应的 NPV 值。将计算结果进行比较，就可以确定 NPV 值对各因素的敏感程度。

二、计算题

1. 根据公式 $\text{ENVP} = \sum_{i=1}^{n} h_i \text{NVP}_i$

A 项目的期望净现值 $= 0.1\times3000 + 0.2\times3500 + 0.4\times4000 + 0.2\times4500 + 0.1\times5000 = 4000$ 元

B 项目的期望净现值＝$0.1 \times 2000 + 0.25 \times 3000 + 0.3 \times 4000 + 0.25 \times 5000 + 0.1 \times 6000 = 2920$

显然 A 项目优于 B 项目。

2. 依据净现值的计算公式可得第 0 年投资的净现值为：

$$NPV = -1500 + \sum_{t=0}^{\infty} \frac{250}{(1+8\%)^t}$$

$$= -1500 + 3375$$

$$= 1875$$

如果在第 0 年不投资，没有收益也没有支出。在第一年投资，只有当价格上升为 40% 时才进行投资，这时净现值在为：

$$NPV = (0.5)\left[\frac{-1500}{(1+0.08)^1} + \sum_{t=1}^{\infty} \frac{250 \times (1+40\%)}{(1+0.08)^t} \right]$$

$$= 1493$$

计算结果表明，现期投资的净现值大于递延一年投资的净现值，如果不存在其他特别的限制，投资者应选择现期投资。

3. A 方案：

$$E(i_A) = 0.5 \times 10\% + 0.25 \times 12\% + 0.25 \times 8\% = 10\%$$

$$\sigma_A^2 = \sum_{i=1}^{n=3} h_i[r_i - E(i_A)]^2$$

$$= 0.25(12\% - 10\%)^2 + 0.25(10\% - 8\%)^2$$

$$= 0.0002$$

$$\sigma_A = 0.0141$$

B 方案：

$$E(i_B) = 0.5 \times 9\% + 0.25 \times 10\% + 0.25 \times 8\% = 9\%$$

$$\sigma_B^2 = \sum_{i=1}^{n=3} h_i[r_i - E(i_B)]^2$$

$$= 0.25(10\% - 9\%)^2 + 0.25(8\% - 9\%)^2$$

$$= 0.00005$$

$$\sigma_B = 0.0071$$

$$V_A = \frac{\sigma_A}{E(i_A)} = 0.141$$

$$V_B = \frac{\sigma_B}{E(i_B)} = 0.079$$

变异系数越大，表明概率分布分散，投资项目的风险大，所以应该选择 B 方案。

参 考 文 献

[1] William F.Sharpe，Gorden J.Alexander. Jeffery V. Bailey，Investments，Six Edition[M]. Prentice Hall，1999.

[2] Lintner J. The valuation of risk assets and the selection of risky investments in stock portfolios and capital budgets[J]. Revin of Econemics and Statistics，1965，47.

[3] Madhavan，A Market Microstructure： A Survey[R]. Marshall School of Business University of Southern California Working Paper，2000.

[4] Glen J. An Introduction to the Microstructure of Emerging Market[R]. World Bank Working Paper，1994.

[5] Modigliani F，Miller M H. The Cost of Capital，Corporation Finance，and the Theory of Investment[J]. American Economic Review，1958，48： 261-297.

[6] Markowitz H M. Portfolio Selection[J]. Joumal of Finance，1952(7)： 77-91.

[7] Ross S A. The Arbitrage Theory of Capital Asset Pricing[J]. Journal of Economic Theory，1976，13： 341-360.

[8] Sharpe W F. Capital asset prices： a theory of market equilibrium[J]. Joural of Finance，1964，19： 425-442.

[9] Samuel H. Szewczyk，George P. Tsetsekos，and Zaher Zantout. Do Dividend Omissions Signal Future Earnings or Past Earnings?[J]. Joural of Investing, 1997.

[10] Adrei Shleifer. Inefficient Markets： An Introduction to Behavioral Finance[M]. Oxford： Oxford University Press，2000.

[11] (美)博迪，等. 投资学(第9版)[M]. 汪昌云，等，编译. 北京：机械工业出版社，2015.

[12] 马君潞，李学峰. 投资学(第二版)[M]. 北京：科学出版社，2012.

[13] 黄福光，李西文. 投资学[M]. 北京：清华大学出版社，2016.

[14] 周佰成，等. 投资学[M]. 北京：清华大学出版社，2012.

[15] 张中华. 投资学(第三版)[M]. 北京：高等教育出版社，2014.

[16] 郎荣燊. 投资学(第四版)[M]. 北京：中国人民大学出版社，2014.

[17] 朱孟楠. 投资学[M]. 北京：中国人民大学出版社，2014.

[18] 贺显南. 投资学原理及应用(第二版)[M]. 北京：机械工业出版社，2014.

[19] 高广阔. 证券投资理论与实务(第三版)[M]. 上海：上海财经大学出版社，2016.

[20] 王玉霞. 投资学(第三版)[M]. 大连：东北财经大学出版社，2013.

[21] 汪昌云. 投资学(第二版)[M]. 北京：中国人民大学出版社，2013.

[22] 徐晟. 投资学[M]. 大连：东北财经大学出版社，2013.

[23] 刘红忠. 投资学(第二版) [M]. 北京：高等教育出版社，2012.

[24] 吴晓求. 证券投资学(第四版)[M]. 北京：中国人民大学出版社，2014.

[25] 曹凤岐，刘力. 证券投资学(第三版) [M]. 北京：北京大学出版社，2013.

[26] 杨晔，杨大楷. 投资学[M]. 上海：上海财经大学出版社，2012.

[27] 赵昌文，俞乔. 投资学(第二版)[M]. 北京：清华大学出版社，2012.

[28] 高广阔. 证券投资分析[M]. 上海：上海人民出版社，2013.

[29] 杨大楷，刘庆生，等. 国际投资学(第三版)[M]. 上海：上海财经大学出版社，2008.

[30] 斯蒂芬·A. 罗斯. 公司理财(原书第 9 版)[M]. 吴世农，等，译. 北京：机械工业出版社，2015.

[31] 朱鸽，朱锦超. 投资者的代表性偏差：文献综述[J]. 华章，2010，(13).

[32] 陈其安，唐雅蓓，张力公. 机构投资者过度自信对中国股票市场的影响机制[J]. 系统工程，2009，07：1-6.